revista de derecho público

Allar

I0050640

http://www.allanbrewercarias.com

José Ignacio **HERNÁNDEZ G**, Sub-Director
jihernandez@ghm.com.ve

Mary **RAMOS FERNÁNDEZ**, Secretaria de Redacción
maryra77@gmail.com

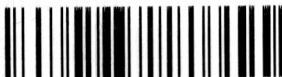

Revista de Derecho Público

Fundación de Derecho Público

Torre América, PH, Av. Venezuela, Bello Monte, Caracas 1050, Venezuela
Email: fundaciondederechopublico1@gmail.com.

Editada por la **Fundación Editorial Jurídica Venezolana**, Avda. Francisco Solano López, Torre Oasis, P.B., Local 4, Sabana Grande, Caracas, Venezuela. Telf. (58) 212 762–25–53/38–42/ Fax. 763–52–39
Apartado Nº 17.598 – Caracas, 1015–A, Venezuela.

Email: fejv@cantv.net

Pág. web: http://www.editorialjuridicavenezolana.com.ve

© 1980, FUNDACIÓN DE DERECHO PÚBLICO/EDITORIAL JURÍDICA VENEZOLANA

Revista de Derecho Público
N° 1 (Enero/marzo 1980)
Caracas.Venezuela

Publicación Trimestral

Hecho Depósito de Ley
Depósito Legal: pp 198002DF847
ISSN: 1317-2719
1. Derecho público–Publicaciones periódicas

Normas para el envío de originales

La Revista de Derecho Público aceptará artículos inéditos en el campo del derecho público. Los artículos deberán dirigirse a la siguiente dirección secretaria@revistadederechopublico.com

Se solicita atender a las normas siguientes:

1. Los trabajos se enviarán escritos a espacio y medio, con una extensión aproximada no mayor de 35 cuartillas tamaño carta.

2. Las citas deberán seguir el siguiente formato: nombre y apellidos del autor o compilador; título de la obra (en letra cursiva); volumen, tomo; editor; lugar y fecha de publicación; número de página citada. Para artículos de revistas u obras colectivas: nombre y apellidos del autor, título del artículo (entre comillas); nombre de la revista u obra colectiva (en letra cursiva); volumen, tomo; editor; lugar y fecha de publicación; número de página citada.

3. En su caso, la bibliografía seguirá las normas citadas y deberá estar ordenada alfabéticamente, según los apellidos de los autores.

4. Todo trabajo sometido deberá ser acompañado de dos resúmenes breves, en español e inglés, de unas 120 palabras cada uno y con una palabras clave (en los dos idiomas)

5. En una hoja aparte, el autor indicará los datos que permitan su fácil localización (N° fax, teléfono, dirección postal y correo electrónico). Además incluirá un breve resumen de sus datos académicos y profesionales.

6. Se aceptarán para su consideración y arbitraje todos los textos, pero no habrá compromiso para su devolución ni a mantener correspondencia sobre los mismos.

La adquisición de los ejemplares de la Revista de Derecho Público puede hacerse en la sede antes indicada de la Fundación Editorial Jurídica Venezolana, o a través de la librería virtual en la página web de la Editorial: http://www.editorialjuridicavenezolana.com

La adquisición de los artículos de la Revista en versión digital puede hacerse a través de la página web de la Revista de Derecho Público: http://www.revistadederechopublico.com

Las instituciones académicas interesadas en adquirir la Revista de Derecho Público mediante canje de sus propias publicaciones, pueden escribir a canje@revistadederechopublico.com

La Revista de Derecho Público se encuentra indizada en la base de datos CLASE (bibliografía de revistas de ciencias sociales y humanidades), Dirección General de Bibliotecas, Universidad Nacional Autónoma de México, LATINDEX (en catálogo, Folio N° 21041), REVENCYT (Código RVR068) y DIALNET (Universidad de la Rioja, España).

Portada: Lilly Brewer (1980)

Diagramado y montaje electrónico de artes finales: Mirna Pinto, en letra Times New Roman 9,5, Interlineado 10,5, Mancha 20x12.5

Hecho el depósito de Ley
Depósito Legal: lfi54020153401895
ISBN Obra Independiente: 978-980-365-309-5

Impreso por: Lightning Source, an INGRAM Content company para Editorial Jurídica Venezolana International Inc.
Panamá, República de Panamá.
Email: ejvinternational@gmail.com

Nº 135

Julio – Septiembre 2013

Director Fundador: Allan R. Brewer-Carías
Editorial Jurídica Venezolana
Fundación de Derecho Público

SUMARIO

LEGISLACIÓN

Información Legislativa

Comentarios Legislativos

JURISPRUDENCIA

Información Jurisprudencial

Comentarios Jurisprudenciales

ÍNDICE

Sobre la relación del Profesor Eduardo García de Enterría con Venezuela[*]

Allan R. Brewer-Carías

Profesor de la Universidad Central de Venezuela

Resumen: *Estas notas tienen por objeto destacar los muchos vínculos directos e indirectos del profesor Eduardo García de Enterría con el mundo académico de Venezuela, contados por quien le tocó, desde que lo conoció en 1963, el haber sido factor en el desarrollo y consolidación de las mismas.*

Palabras Clave: *Derecho Administrativo; Eduardo García de Enterría.*

Abstract: *These notes have the purpose of highlight the direct and indirect ties of professor Eduardo García de Enterría with the Venezuelan academic world, narrated by who was a key factor in the development and consolidation of them, since he met him in 1963.*

Key words: *Administrative Law; Eduardo García de Enterría.*

La relación que tuvo Eduardo García de Enterría con Venezuela, particularmente desde el punto de vista académico y de la formación jurídica, ciertamente no ha sido poca, y para constatarlo basta solo mencionar el hecho de que en las sentencias dictadas en las últimas décadas por la antigua Corte Suprema de Justicia y por el actual Tribunal Supremo de Justicia, el autor extranjero más citado ha sido Eduardo García de Enterría. Sus criterios y opiniones han sido, por ejemplo, el principal punto de referencia en las sentencias de la Sala Constitucional y de la Sala Político Administrativa, siendo sus obras más utilizadas: *La Lucha contra las inmunidades del Poder* (1959), su *Curso de Derecho Administrativo* escrito con el profesor Tomás Ramón Fernández (1974), y *La Constitución como Norma y el Tribunal Constitucional* (1981), aun cuando, ésta última, más por lo que se refiere a la segunda parte del título sobre la Jurisdicción Constitucional, que a la primera, pues en el ordenamiento constitucional de nuestros países latinoamericanos, desde el siglo XIX la Constitución tiene arraigo de norma, y no sólo de programa.

Esas citas a la obra de Eduardo, por lo demás, se incrementaron tan pronto comenzó la progresiva censura que impusieron los magistrados del Tribunal Supremo y de las Cortes contencioso administrativas, respecto de muchos de los autores nacionales, particularmente a partir de 1999. Globalmente, si se leen las sentencias de los últimos lustros que tocan temas de derecho constitucional y de derecho administrativo, parecería que Venezuela es un desierto doctrinal o un país ágrafo en materia jurídica, pues muy pocas citas a obras nacionales encuentra cabida en las mismas.

---

[*] Este texto, posteriormente se incorporó en las palabras de Allan R. Brewer-Carías, que fueron leídas, en su ausencia, en el Foro sobre el "Estado de derecho, Judicatura y democracia." Academia de Ciencias Políticas y Sociales. Caracas 28 de noviembre de 2013

Afortunadamente, sin embargo, para todos los autores nacionales olímpicamente ignorados, pienso que se tienen que sentir más que bien servidos al constatar, en todo caso, que a falta de las opiniones nacionales, se recurre a las opiniones del maestro Eduardo García de Enterría, de las cuales, por lo demás, todos los *ius publicistas* en el país hemos aprendido.

Sin embargo, no hay que dejar de mencionar que la censura respecto de autores nacionales ha sido de tal naturaleza que incluso, para apoyarse en una doctrina nacional, pero sin citarla, hay sentencias de los tribunales contencioso administrativo en las cuales se cita efectivamente la doctrina nacional, pero atribuyéndosela impropiamente a la pluma de Eduardo García de Enterría y Tomás Ramón Fernández. Les puede parecer asombroso, pero así es. Como yo leo, en mi carácter de director de la *Revista de Derecho Público*, toda la jurisprudencia que se publica trimestralmente en la misma desde 1980, se podrán imaginar mi asombro al leer, en su momento, una sentencia de la Corte Primera de lo Contencioso Administrativa de 1° de junio de 2000, bajo ponencia del abogado Carlos Enrique Mouriño Vaquero (Caso: *Julio Rico*), en la cual, para declarar que el acto de un juez de imposición de una sanción disciplinaria a un abogado litigante en un proceso, es sin duda un acto administrativo recurrible ante la jurisdicción contencioso administrativa, en virtud de que dichos actos no sólo emanan como dice la sentencia "de los órganos de la Administración Pública, sino también de los demás órganos del Estado cuando los mismos actúan en función administrativa," dicha Corte consideró, "oportuno citar el concepto de acto administrativo que plantean los autores Eduardo García de Enterría y Tomás Ramón Fernández," copiando el siguiente párrafo:

> "Hemos definido el acto administrativo como toda manifestación de voluntad de carácter sublegal, realizada, primero por los órganos del Poder Ejecutivo, es decir por la Administración Pública, actuando en ejercicio de la función administrativa, de la función legislativa y de la función jurisdiccional; segundo, por los órganos del Poder Legislativo (de carácter sublegal) actuando en ejercicio de la función administrativa; y tercero por los órganos del Poder Judicial actuando en ejercicio de la función administrativa y de la función legislativa. En todos estos casos, la declaración de voluntad constituye un acto administrativo cuando tiende a producir efectos jurídicos determinados, que pueden ser la creación, modificación o extinción de una situación jurídica individual o general o la aplicación, a un sujeto de derecho de una situación jurídica general."[1]

Cuando leí esta cita me pregunté a mí mismo cómo podía ser posible que mis queridos amigos Eduardo García de Enterría y Tomás Ramón Fernández hubieran escrito exactamente lo mismo que yo, en los mismos términos, sin yo saberlo?

Pero no. Vaga ilusión!! No se trataba de una cita del pensamiento de ellos, sino de una cita de un trabajo mío –honor que me hicieron los relatores de la antigua Corte, por supuesto, en ponerla en la pluma de ellos, pero falta que cometieron con ellos al ponerlos como autores de algo que nunca escribieron–; trabajo que estoy seguro muchos de ustedes conocen, sobre "El problema de la definición del acto administrativo" publicado en el *Libro Homenaje al Doctor Eloy Lares Martínez* en 1984.[2]

---

[1]   Véase en *Revista de Derecho Público*, N° 82, Editorial Jurídica Venezolana, Caracas 2000, pp. 415-416.

[2]   La cita, en efecto, proviene de mi trabajo sobre "El problema de la definición del acto administrativo" publicado en el *Libro Homenaje al Doctor Eloy Lares Martínez*, Tomo I, Facultad de Ciencias Jurídicas y Políticas, Universidad Central de Venezuela, Caracas 1984, pp. 25-78, donde se la puede leer así: "En esta forma, hemos definido el acto administrativo como toda manifestación de voluntad de carácter sublegal, realizada, primero por los órganos del Poder Ejecutivo, es decir, por la Administración

Pero aparte de esta anécdota, y del estrecho vínculo general de García de Enterría con Venezuela que deriva de haber sido la fuente de inspiración y referencia más importante tanto de nuestra muy amplia y desarrollada doctrina nacional, como de la jurisprudencia administrativa y constitucional, y que lo coloca a él, y a su obra, en un sitio privilegiado en el mundo del derecho de nuestro país; sobre su relación con Venezuela, quiero referirme a ella desde el punto de vista personal, que es el de los amigos, pues sin duda, entre todos los venezolanos, quizás yo fui el primero que entró en contacto personal con Eduardo García de Enterría, hace precisamente cincuenta años.

Estaba yo terminando de escribir mi tesis de grado en Paris, cuando en los días de Pascua del año 1963 hice un viaje de vacaciones a Madrid, donde pasé pocos días, los suficientes como para además de conocer esa espléndida ciudad, me ocupara de buscar y contactar a los profesores de derecho administrativo, cuyos trabajos tanto había leído en la preparación de mi tesis, particularmente a través de sus artículos en la *Revista de Administración Publica*, que para ese entonces tenía ya trece años de fundada. Eduardo García de Enterría, quien era el Secretario de Redacción de la *Revista*, había llegado a Madrid desde Valladolid, el año anterior, en 1962, instalándose como Catedrático en la Universidad Central, que es la actual Universidad Complutense. Esa era la Cátedra que antes la habían ocupado profesores de la talla de Manuel Colmeiro, Vicente Santamaría de Paredes, José Gascón y Marín, y Luis Jordana de Pozas, a quien Enterría sucedió, y cuyos libros también había consultado.

Llamé a Eduardo por teléfono, me atendió de inmediato, con su bonhomía de siempre, y desde entonces se entabló entre nosotros una amistad que siempre aprecié, pues fue a través de la misma que su relación con Venezuela se pudo consolidar. Eduardo era dieciséis años mayor que yo, lo que a pesar de que en ese entonces acentuaba la diferencia, no impidió que el Catedrático atendiera a un joven estudiante de postgrado latinoamericano que estaba de pasada y que lo había llamado, sin conocerlo –salvo por sus escritos-; como por lo demás siempre hizo con todos los que lo buscaron.

En aquella reunión, estoy seguro, fue que Eduardo quizás oyó hablar por primera vez algo sobre la situación del derecho en Venezuela, cuando nuestro país estaba iniciando el período democrático, recién promulgada la Constitución de 1961. Le hablé de mis investigaciones, sobre todo jurisprudenciales, que estaban en la base de mi tesis de grado. De ello, - y debo decir que de allí precisamente comencé a aprender sobre cómo se dirige una Revista Jurídica - me pidió que le mandara un artículo con uno de los temas que tenía redactados sobre el control judicial de la Administración. Ese interés lo vislumbraba como forjador que fue de lo que mi recordado amigo de las aulas de la Place du Panthéon, León Cortiñas Peláez, llamó "la Escuela democrática del derecho administrativo" en España, que quince años después de nuestro primer encuentro, a partir de la promulgación de la Constitución española de 1978, pudo sentar las bases para la progresiva democratización del Estado español.

Pública, actuando en ejercicio de la función administrativa, de la función legislativa y de la función jurisdiccional; segundo, por los órganos del Poder Legislativo (de carácter sublegal) actuando en ejercicio de la función administrativa; y tercero por los órganos del Poder Judicial actuando en ejercicio de la función administrativa y de la función legislativa. En todos esos casos, la declaración de voluntad constituye un acto administrativo cuando tiende a producir efectos jurídicos determinados, que pueden ser la creación, modificación o extinción de una situación jurídica individual o general o la aplicación, a un sujeto de derecho de una situación jurídica general." Ese texto por lo demás, se recogió en mi *Tratado de Derecho Administrativo. Derecho Público en Iberoamérica,* Editorial Thompson-Aranzadi Civitas, Madrid 2013, Tomo III, Actos administrativos y lo pueden leer en la página 143.

El trabajo que le envié, y que era uno de los temas de mi tesis, para su publicación en la *Revista de Administración Pública* fue uno titulado "Consideraciones sobre la ilegalidad de los actos administrativos en el derecho venezolano," el cual fue publicado en el N° 43 de la *Revista* en 1964. Ello lo recordaba el mismo Eduardo en 2008 al expresar en el acto de presentación de mi libro *La Ciudad Ordenada,* en Madrid, que:

> "Brewer es bastante más joven que los administrativistas españoles que en 1950 nos lanzamos a la magnifica aventura que ha sido la *"Revista de Administración Pública"*, pero ha estado directamente vinculado a nuestro grupo desde que comenzó a estudiar Derecho Administrativo. Así resulta de los índices de la propia Revista, en la que comienza a publicar artículos hace ya más de 40 años, en el número 43, cuando tenía escasos 25 años, pasando a ser uno más entre los colaboradores habituales de la misma."

Dicho trabajo fue además, sin duda, si no el primero, uno de los primeros trabajos de un profesor latinoamericano que apareció publicado en esa prestigiosa *Revista de Administración Pública*; habiendo el propio Eduardo materializado mi vínculo con la misma, al haberme incorporado a su Consejo Asesor, del cual sigo siendo el único miembro hispanoamericano.

A partir de aquel primer encuentro en 1963, durante los cincuenta años que transcurrieron, nunca dejamos de estar en contacto. Cada vez que pasé por Madrid, por el motivo que fuera, lo visité, y a través de él, desde aquellos mismos años sesenta, comencé a conocer y tratar personalmente a sus discípulos, todos amigos catedráticos de derecho administrativo, comenzando por los más viejos: Sebastián Marín-Retortillo, Lorenzo Martín-Retortillo, Alejandro Nieto, Ramón Martín Mateo y Ramón Parada Vázquez, y el primero de sus discípulos en la Licenciatura en Valladolid, Tomás Ramón Fernández; todos como Eduardo, amigos de Venezuela.

Por esa relación entre Eduardo y nuestro país, dos de esos primeros discípulos vinieron a vivir un tiempo entre nosotros. Primero, Sebastián Martín Retortillo, quien pasó con nosotros dos años, entre 1964 y 1965, como Director encargado del Instituto de Derecho Público de la Universidad Central de Venezuela durante el año sabático de nuestro Director, el profesor Antonio Moles Caubet. El querido amigo Chano Retortillo organizó, con la participación de todos los investigadores del Instituto, un memorable Seminario sobre Expropiación, actividad que luego me inspiró para la organización del trabajo del Instituto, primero como director de la sección de Derecho Administrativo a partir de 1965, y luego como Director del mismo a partir de 1978, enfocado siempre en temas monográficos.

Retortillo, incluso, en 1965, junto con el profesor Francisco Rubio Llorente –otro destacado profesor español que estuvo mucho tiempo entre nosotros en el Instituto de Estudios Políticos–, y conmigo, los tres, elaboramos tres proyectos de importantes leyes que se sometieron a la consideración del Ministerio de Justicia de entonces, las cuales posteriormente, sin duda, influyeron en la redacción de los textos de las leyes que luego fueron sancionadas. Esos fueron los proyectos de Ley de Procedimientos Administrativos, de Ley de la Jurisdicción Contencioso Administrativa, y de Ley de la Jurisdicción Constitucional de 1965, cuyo texto luego reformulamos cuando dirigí la Comisión de Administración Pública de la Presidencia en 1972.

Como el mayor de los discípulos de Enterría que era, Martín-Retortillo fue, sin duda, una vez de regreso a España, un factor fundamental en la consolidación posterior de las relaciones de Venezuela con la Escuela de Enterría. Incluso después de regresar, en los años setenta lo vinculé a los trabajos de la Comisión del Plan de Aprovechamiento de los Recursos Hidráulicos, donde colaboró con nosotros, entre otras cosas, en la elaboración del proyecto de la Ley de Aguas. Luego estuvo en el primer gobierno de transición a la democracia de España, como Ministro a cargo de las Administraciones Públicas y de las Autonomías territoriales.

De la misma Escuela de Enterría, otro de sus primeros discípulos, quien también vivió y trabajó en Venezuela, fue el profesor Ramón Martín Mateo, quien estuvo varios años durante los años sesenta y setenta, como director de un Programa de Naciones Unidas para el Desarrollo en temas relacionados con la ordenación del territorio y el ambiente, conceptos que sin duda, él contribuyó a difundir en el país. Él fue otro factor de consolidación del vínculo de la Escuela de Eduardo García de Enterría con nuestro país, aun cuando no desde Madrid, pues muy pronto iría a Alicante donde incluso fue Rector por muchos años.

En contraste con muchos de sus discípulos que viajaron por toda América Latina, García de Enterría no era muy amigo de los viajes, y menos de los largos como los que tenían como destino nuestro a Continente, que trataba de evitar. Por ello, comparado con la enorme influencia de su pensamiento jurídico *jus publicista* en nuestros países, sin embargo no fueron muchos los países de América Latina que visitó. Vino sin embargo, a Venezuela, atendiendo la invitación que le hice cuando dirigí el Instituto de Derecho Público, en noviembre de 1980, para participar en el importante y memorable *Seminario Internacional sobre Derecho Urbanístico* que organicé en Caracas, y en el cual participaron, además, lo más destacado de sus discípulos, todos muy apreciados catedráticos, y con el cual se consolidaron los estudios de derecho urbanístico en nuestro país. Vinieron a Caracas en aquella ocasión, además del mismo Eduardo García de Enterría, Ramón Martin Mateo, Luis Cosculluela Montaner, Luciano Parejo Alfonso, José Ramón Parada Vásquez y Tomas Ramón Fernández. En ese tiempo, además, Eduardo quedó formalmente vinculado a la Academia de nuestro país, al haber sido electo, por la Academia de Ciencias Políticas y Sociales, como Miembro Correspondiente Extranjero por España.

Ya para esas fechas, luego de instaurada la democracia en España, allí se comenzaron a consolidar los cursos de postgrado en derecho administrativo y constitucional, los cuales comenzaron a competir con los más tradicionales que se daban en Francia, Italia o Alemania. Madrid comenzó a ser, así, el nuevo punto de atracción para nuestros jóvenes graduados para seguir sus cursos de maestría y doctorado, para lo que, de nuevo, Eduardo García de Enterría y todos los profesores de su Escuela comenzaron a recibir y formar la pléyade de jóvenes profesores administrativistas que hoy tenemos y que son orgullo de Venezuela y de América Latina. A todos los puse en contacto directo con Enterría y con los otros profesores españoles, en particular más recientemente con los que dirigieron el Departamento de Derecho Público de la Complutense, entre ellos Lorenzo Martín-Retortillo, quienes siempre los recibieron con toda amabilidad y atención. Igual hizo otro de sus discípulos, Luciano Parejo Alfonso, desde la Universidad Carlos III de Madrid. El fruto de esa relación no sólo está en las excelentes tesis de grado que todos ellos prepararon y que se han publicado en el país, enriqueciendo nuestra bibliografía, sino en la formación que recibieron.

En ese contexto, el Seminario de Derecho Administrativo que el profesor García de Enterría siempre dirigió en la Complutense, y que se reunía todos los miércoles a las 10:30 de la mañana, comenzó así a tener la presencia regular de muchos de los jóvenes estudiantes venezolanos, a quien Eduardo invitaba muy amablemente a asistir. Además, los profesores de su Escuela siguieron viniendo a Venezuela a participar en diversos eventos, particularmente en los Congresos o Jornadas Internacionales de Derecho Administrativo que organizamos desde el Instituto de Derecho Público y que luego, durante los últimos veinte años, continuó organizando la Fundación de Estudios de Derecho Administrativo bajo la dirección de la profesora Belén Ramírez. En ese marco, vinieron a Caracas a participar en dichas Jornadas, entre 1995 y 2005, además de profesores de la talla de Fernando Garrido Falla, Jesús González Pérez, Jaime Rodríguez Arana, Enric Argullol I Murgadas y Marta Franch; los siguientes profesores de la Escuela de Enterría que indico por orden de comparecencia: Luciano Parejo Alfonso;

José Ramón Parada Vásquez, Juan Santamaría Pastor, Sebastián Martín Retortillo, Rafael Gómez Ferrer, Alejandro Nieto, Raul Bocanegra Sierra, Tomas Ramón Fernández, Tomás De La Cuadra Salcedo, y Santiago González Varas.

Sin haber sido yo alumno directo de Enterría, tuve el privilegio de pertenecer a su Escuela, por designación del propio Eduardo, no sólo por nuestra amistad personal desde 1963, sino además, por haber sido alumno de su primer discípulo, Sebastián Martín Retortillo en el Seminario que dictó en el Instituto de Derecho Público en Caracas en 1965. Y fue quizás por ello, que mi asistencia regular a la reunión anual de los profesores de la Escuela que siempre Eduardo impulsó, comenzó precisamente en la reunión que organizó Martín Retortillo en Panticosa, en los Pirineos españoles, en junio de 1978. Desde entonces asistí regularmente a las reuniones anuales, habiendo sido la última en la cual estuvimos juntos, la que se organizó en Zamora, en junio de 2011.

El pensamiento de Eduardo García de Enterría, que moldeó las bases del derecho administrativo y constitucional contemporáneo en España y en el mundo hispanoamericano, afincándose siempre en la historia, podríamos pasar años estudiándolo; y en relación con el mismo, en cuanto al vínculo de García de Enterría con Venezuela, sólo quisiera ahora mencionar su muy arraigado concepto democrático del derecho, que tanto estamos necesitando en estos tiempos, recurriendo a algunas frases de una de sus obras más queridas por él, y por todos los que nos hemos asomado a la historia del derecho público que tanto nos enseñó, que es su libro sobre la *Revolución Francesa y Administración Contemporánea,* publicado en Madrid, en 1972, el cual, por lo demás, fue el antecedente de su otra monumental obra: *La lengua de los derechos. La formación del Derecho Público europeo tras la Revolución Francesa*, originada en su discurso de incorporación a la Real Academia de la Lengua en 1994. Destaco, de la primera obra, sólo estas cuatro frases:

- "Todo el fin del Estado se concreta, pues, al Derecho, y en un Derecho cuyo objeto se reduce a asegurar la coexistencia de las libertades de los súbditos", p. 19.

- "El Derecho es, para esta vasta construcción política, pura y simplemente garantía de la libertad", p. 20.

- "El Estado debe limitarse a dictar leyes generales con ese contenido característico de garantía y límite externo de la libertad", p. 21.

- "El Estado ofrece, pues, un marco puramente formal dentro del cual la sociedad vive de su propio dinamismo espontáneo por la propia concurrencia indefinida de las libertades de sus miembros", p. 22.

Con releer estas frases queda claro el profundo arraigo liberal y democrático del derecho público en el pensamiento de García de Enterría, lo que nos permite comprender las expresiones de alarma que siempre manifestó frente al progresivo desmoronamiento del Estado de derecho y de la democracia en nuestro país en los últimos lustros, situación por la cual siempre se preocupó, expresando su apreciación en todas las ocasiones que tuvo.

Ello explica también, - y para concluir -, la absoluta solidaridad que tuvo Eduardo para conmigo – y con ello, con los académicos venezolanos - frente a la persecución política de la que he sido objeto desde 2005, cuando fui injustamente imputado de un delito que no cometí, como el de "conspirar para cambiar violentamente la Constitución" por hechos que habían acaecidos tres años antes. Ya en esa ocasión, García de Enterría enviaba un email el 17 de marzo de 2005, con el siguiente texto:

"Me uno sin reservas y con toda resolución, a la protesta por la injusta persecución de que está siendo objeto por parte de los poderes públicos de su país nuestro colega el Profesor Allan R. Brewer Carías, el formidable jurista venezolano, honra de todo el Derecho Público en lengua española, al que los juristas españoles profesamos la mayor y más sincera admiración y afecto."

Y concluía indicándome: "Puedes hacer el uso que proceda de esta resuelta toma de posición en la que represento a todos los *ius publicistas* españoles."

Luego, el 12 de diciembre de 2006, cuando se arreció la persecución en mi contra incluso pretendiendo el Estado utilizar indebidamente los canales de la Interpol en la persecución política, en una carta que me dirigió, me anunciaba que el Seminario de Derecho Administrativo de la Complutens, en la sesión de ese mismo día se había pronunciado "en el sentido de expresar su estimación y su apoyo resuelto al Profesor Allan R. Brewer-Carías, así como manifestar su rechazo total a la injusta persecución de que dicho Profesor ha venido siendo objeto últimamente por las autoridades de su país."

Al día siguiente, 13 de diciembre de 2006, en una carta personal, me reiteró su posición expresándome:

"Muy de verdad me parece obligado en estos momentos manifestarte el gran aprecio y admiración que te tengo, también como amigo, como profesor y como político, y correlativamente el rechazo rotundo a la increíble y arbitraria persecución de que estás siendo objeto en estos momentos por parte de las autoridades políticas de tu país, reiterándote mi estima y afecto, con la vieja amistad renovada."

Por toda esa relación y solidaridad de García de Enterría para conmigo y con nuestro país, el mismo día de su fallecimiento, el 16 de septiembre pasado, les escribí a todos los profesores miembros de su Escuela, expresándoles que:

"No olvido, por supuesto, que entre los profesores españoles, quien primero se solidarizó con mi causa en contra del régimen autoritario de mi país, que ha desmantelado a la vista de todo el mundo el sistema democrático que existía, y que me persigue desde 2005, fue precisamente Eduardo, con las manifestaciones de solidaridad de 2005 y 2006 que les adjunto, y que siempre conservé.

Ello, por supuesto, no se me olvida, pues muestran al Hombre Integral, amigo y solidario hasta el final, que fue nuestro querido Eduardo, de quien todos aprendimos y a quien todos lo quisimos."

Y por todo ello, además, todos los que nos ocupamos de esta disciplina, lo recordaremos, como hoy lo ha querido hacer la Academia de Ciencias Políticas y Sociales, la organización Acceso a la Justicia y la Universidad Metropolitana en este acto.

Muchas gracias.

La influencia del Profesor Eduardo García de Enterría en el Derecho Administrativo Venezolano

José Ignacio Hernández G.

*Profesor de Derecho Administrativo en la Universidad Central de Venezuela
y la Universidad Católica Andrés Bello
Director del Centro de Estudios de Derecho Público de la Universidad Monteávila*

Resumen: *El artículo analiza la influencia de Eduardo García de Enterría en el Derecho administrativo venezolano.*

Palabras Clave: *Eduardo García de Enterría.*

Abstract: *The article analyzes the influence of Eduardo García de Enterría in the Venezuelan administrative law.*

Key words: *Eduardo García de Enterría.*

Con ocasión a la Lección inaugural del curso de Derecho administrativo, impartida conjuntamente con los profesores José Antonio Muci y José Valentín González el pasado 25 de septiembre de 2013 en la Universidad Católica Andrés Bello, he querido sistematizar, o más bien esbozar esquemáticamente, la influencia en el Derecho administrativo venezolano del profesor Eduardo García de Enterría, a quien tuve la honra de conocer durante mi estancia en la Universidad Complutense de Madrid, en la cual obtuve el grado de Doctor (2002) bajo la tutoría de otro entrañable profesor de Derecho administrativo y discípulo del profesor García de Enterría, el profesor Sebastián Martín-Retortillo Baquer.

*

No parece necesario resaltar la pérdida que para el Derecho administrativo supone la desaparición física del profesor Eduardo García de Enterría, hecho acontecido el pasado 16 de septiembre de 2013. No sólo en España, sino en general, en todo el Derecho administrativo iberoamericano, la obra del profesor García de Enterría supuso un extraordinario vuelco de perspectiva del cual, hoy día, todavía estamos apreciando sus consecuencias.

En el *Prólogo* a una de las ediciones del *Curso* que escribiera junto al profesor Tomás-Ramón Fernández, llamaba la atención el profesor García de Enterría sobre el éxito que su obra había tenido en otras latitudes, siendo que era una obra pensada y escrita de cara al concreto ordenamiento jurídico español, en el cual sus ideas influenciaron directamente.

Ciertamente, la influencia de la obra del profesor Eduardo García de Enterría en el Derecho administrativo español es, sin duda, notable, al punto de haber incidido sobre diversas normas de la Constitución de 1978, en particular, sus artículos 9.3, 103 y 106, que conciben a la Administración Pública al servicio de los ciudadanos, con sometimiento pleno a la Ley y al Derecho y bajo el control judicial pleno de los Tribunales, como herramienta para proscribir la arbitrariedad. El profesor Lorenzo Martín-Retortillo Baquer, en la *REDA Nº 159,* acaba de recordar, precisamente, esta notable influencia.

Ahora bien, la obra del profesor García de Enterría propuso una nueva forma de entender y pensar al Derecho administrativo, a través de diversos principios básicos cuyo eje transversal es la defensa de la libertad –auténtico derecho público subjetivo- frente al poder. Un nuevo Derecho administrativo (con el cuidado que ha de tenerse siempre al emplear este tipo de expresiones) que en tal condición, se extendió más allá de España, influenciando hondamente al Derecho administrativo en Iberoamérica y, de manera particular, al Derecho venezolano.

Influencia presente en la propia Constitución de Venezuela 1999. Su artículo 7, por ejemplo, reproduciendo la obra del profesor García de Enterría (*La Constitución como norma y el Tribunal Constitucional,* 1981), así como la *Ley Orgánica del Tribunal Constitucional,* en cuya redacción participara, indica que la *Constitución es la norma jurídica suprema y el fundamento del ordenamiento jurídico.* El artículo 141 de la Constitución venezolana es, además, reproducción del artículo 103 de la Constitución de España, definiendo a la Administración Pública a partir del servicio a los ciudadanos con sometimiento pleno a la Ley y al Derecho.

**

De esa manera, las bases constitucionales del Derecho administrativo venezolano parten directamente de la obra del profesor Eduardo García de Enterría. Desde allí, podemos identificar cuatro áreas concretas de influencia de esa obra en nuestro Derecho administrativo.

.- La *primera* área de influencia reside en la concepción de la Administración como un poder completamente juridificado. En su obra *La lucha contra las inmunidades del Poder,* el profesor García de Enterría señaló tres datos fundamentales: *(i)* el Derecho administrativo atiende, principalmente, al *poder*; *(ii)* el Derecho administrativo debe propender al sometimiento pleno de la Administración, como poder, a la Ley, y *(iii)* ese sometimiento se erige como garantía primera de la libertad, verdadero derecho público subjetivo, por medio del control judicial de la Administración.

La obra, que tiene su origen en una conferencia impartida en 1962, será rápidamente asumida en Venezuela. Nuestro Derecho administrativo, como demostrara Brewer-Carías en su Tesis doctoral de 1963, se ha basado en el sometimiento *pleno* de la Administración a la Ley, incluso, en los actos discrecionales y los otrora denominados actos políticos. Este principio será además expresamente recogido en la *Ley Orgánica de Procedimientos Administrativos* de 1982, en la cual encontramos la influencia del profesor García de Enterría en varias normas, como por ejemplo, la inderogabilidad singular de los Reglamentos.

.- La *segunda* área de influencia la ubicamos en el rol que cumple la libertad general del ciudadano. En especial desde la Constitución de 1978, el profesor García de Enterría propuso la superación de la dicotomía entre el *derecho público subjetivo* y el *interés legítimo, personal y directo*, a fin de postular que, desde la libertad general y los derechos fundamentales, el ciudadano tiene un auténtico derecho subjetivo a reaccionar contra las ilegalidades de la Administración. Esta propuesta supuso centrar al Derecho administrativo en los derechos públicos subjetivos del ciudadano (como puede verse en su artículo "Sobre los derechos públicos subjetivos", *REDA N° 6,* 1975), lo que luego se apoyó en el carácter *normativo* de la Constitución, como tratara el autor en otro artículo de gran trascendencia, publicado en la *REDA N° 59* (1988): "Los ciudadanos y la Administración: nuevas tendencias en Derecho español".

Aun cuando la distinción entre el derecho público subjetivo y el interés legítimo, personal y directo perdura en nuestro Derecho, se ha venido insistiendo cómo el Derecho administrativo debe enfocarse a través de la *buena Administración* que para ser tal, ha de ser una

Administración al servicio de los ciudadanos y de sus derechos subjetivos, tal y como postula el artículo 141 constitucional, que sigue muy de cerca, como ya vimos, al artículo 103 de la Constitución española. Hay, así, toda una corriente que enfatiza la estrecha relación entre Derecho administrativo y democracia (Allan R. Brewer-Carías), bajo la primacía de los derechos humanos del ciudadano.

.- La *tercera* área de influencia deviene de la reconfiguración de la justicia administrativa, de un cauce objetivo y revisor del acto administrativo previo, a un medio de tutela judicial efectiva de los derechos del ciudadano, como el profesor García de Enterría propusiera en su obra *Hacia una nueva justicia administrativa* (1989).

La propuesta sería asumida y ampliada por el profesor Brewer-Carías en un conjunto de trabajos luego recogidos en su libro *Nuevas tendencias del contencioso-administrativo en Venezuela* (1993). Allí se sostiene, a partir de la Constitución, la universalidad en el control de la Administración Pública, pero a través de un cauce procesal de tutela judicial efectiva de los derechos del ciudadano.

.- Finalmente, y en *cuarto lugar,* la obra del profesor Eduardo García de Enterría ha sido fundamental en la configuración del sistema de responsabilidad patrimonial de la Administración, de acuerdo con los postulados que planteara en su obra *Los principios de la nueva Ley de Expropiación Forzosa,* que comentó la Ley de 1954. Toda lesión patrimonial que el ciudadano no esté en el deber de tolerar, causada por la Administración, debe dar lugar a una indemnización integral.

No puede dejar de recordarse cómo esa Ley de 1954 y la propia obra del profesor García de Enterría, influenciaron además en la teoría general de la expropiación pública en Venezuela, en parte, como consecuencia del curso que dictara el recordado profesor Sebastián Martín-Retortillo Baquer en la Universidad Central de Venezuela en la década de los sesenta. De esa experiencia, el profesor Brewer-Carías elaboraría una muy completa recopilación en la materia, publicada por la Universidad en 1966, con prólogo del profesor Martín-Retortillo Baquer.

Aquí incluso la jurisprudencia de la Sala Constitucional, confundiendo el sentido inicial de estos planteamientos (como el profesor García de Enterría aclarara en el *prólogo* al libro de Oriol Mir Puigpelat, *La responsabilidad patrimonial de la Administración. Hacia un nuevo sistema,* 2002), ha intentado señalar que esa responsabilidad es siempre y en todos los casos objetiva, lo cual sin duda es un indebido exceso.

***

Como se aprecia, la obra del profesor Eduardo García de Enterría ha sido de gran influencia en el Derecho administrativo venezolano, incluso, en su ordenamiento positivo. Nuestro Derecho administrativo asumió plenamente la idea central expuesta por el profesor García de Enterría: el sometimiento pleno de la Administración a la Ley y al control judicial, es garantía básica de la libertad del ciudadano frente a la arbitrariedad de la Administración.

Asimismo, se encargó de aclarar –como puede verse en el Tomo II del *Curso*- que el Derecho administrativo no puede en todo caso limitarse a la defensa de la libertad, pues también le corresponde procurar las garantías para el acceso a un conjunto de prestaciones necesarias para asegurar la "asistencia vital", como corresponde en el marco del Estado social y democrático de Derecho, que es la fórmula adoptada por la Constitución de Venezuela en su artículo 2.

La tensión entre la libertad y el poder (que el profesor García de Enterría tan bien retratara en *La lucha contra las inmunidades del poder*) es reflejo de la lucha contra la arbitrariedad de la Administración. Una lucha que los venezolanos tenemos hoy día muy presente, cuando las Leyes administrativas se han venido transformando en un sistema opresor de la libertad. En esta nueva lucha el profesor García de Enterría estuvo muy presente, al haber manifestado reiteradamente su preocupación por la degeneración del Estado de Derecho en Venezuela, con ocasión a diversos homenajes realizados a su amigo de tantos años, el profesor Allan R. Brewer-Carías.

En esta coyuntura, a los profesores venezolanos nos corresponde seguir el consejo con el cual concluyera el profesor García de Enterría su obra *La lucha contra las inmunidades del poder:* continuar la lucha por el Derecho, la gran empresa de todos los juristas.

ESTUDIOS

Artículos

La Resurrección -Parcial-
de la fallecida máxima según la cual sustituir a la
Administración es administrar

Sobre los límites al poder de sustitución del Juez administrativo,
sus tentaciones y otros problemas de fondo mucho más graves

Alfredo Parés Salas
Profesor de Derecho Administrativo en la
Universidad Católica Andrés Bello, Caracas

Resumen: *Desde hace mucho tiempo se ha dicho que el Juez administrativo puede sustituir plenamente a la Administración pública, siempre que se encuentre ante potestades regladas. Esa afirmación, empero, supone, como requisito previo, la existencia de un poder judicial autónomo e independiente. El ensayo se presenta como un límite a esos poderes de sustitución, recordando que el Juez administrativo no puede sustituirse a la Administración para enmendar sus errores, subsanar sus vicios o convalidar sus actos, pues su misión principal es la protección de los derechos y libertades individuales. La sustitución solo es posible cuando el Juez busca brindar tutela judicial efectiva al particular. El Juez administrativo, pues, debe ser el aliado del ciudadano individualmente considerado y censor del poder público.*

Palabras Clave: *Derecho Administrativo, Contencioso-Administrativo, Procesal Administrativo, Poder de Sustitución, Poderes del Juez, Independencia Judicial, Límites, Arbitrariedad Judicial.*

Abstract: *It has long been said that administrative judges can fully replace the public administration, as long as no discretionary powers are involved. That statement however, supposes as a prerequisite, the existence of an autonomous and independent judiciary. This essay deals with the limits of those judicial substitution powers. Administrative judges cannot take place of the public administration to amend its mistakes or correct its vices, as their primary mission is the protection of individual rights and freedoms. Substitution is only possible when the judge seeks to provide effective judicial protection to individuals and not to protect public administration.*

Key words: *Administrative Law, Administrative Litigation, Administrative Procedure, Powers of the Administrative Judge, Judicial Independence, Limits, Judicial Arbitrariness.*

1. *La tentación de sustituirse ante actos administrativos que cuentan con causa o motivos, pero que adolecen de otros vicios de nulidad.* 2. *La tentación de sustituirse en los casos de actos de gravamen que se traducen en medidas administrativas y la nulidad deja a un tercero desamparado o a una colectividad enfrentada a una grave y seria amenaza.* 3. *Conclusiones preliminares.*

IV. ALGUNOS PROBLEMAS QUE SE ESCONDEN TRAS BASTIDORES Y PRODUCEN ESTE TIPO DE CORTOCIRCUITOS

I. INTRODUCCIÓN

Si afirmáramos que es mucho lo que se ha escrito sobre los poderes de sustitución del Juez administrativo respecto de la Administración pública, probablemente nos quedaríamos cortos. Desde la perspectiva de la tutela efectiva de los derechos subjetivos de los ciudadanos, se ha combatido incansablemente el dogma conforme con el cual sustituir a la Administración sería tanto como administrar, lo que -con fundamento en el principio de distribución de funciones- equivalía a *usurpar* las competencias constitucionalmente atribuidas a órganos de otra rama del poder público y era, por tanto, algo *vedado o prohibido* al Juez administrativo.

Ese dogma de raigambre francesa, producto de la reinterpretación *extrema* del principio de separación de poderes, para potenciar y fortalecer la Administración postrevolucionaria en su momento primigenio, mediante su liberación del control judicial, que se encontraba en manos de personas cercanas o simpatizantes del antiguo régimen[1], cristalizó en una de las famosas disposiciones de la Ley 16-24 de agosto de 1790. Vista hoy en retrospectiva, esa Ley sería quizá de las que más daño pudo haber hecho al principio de *universalidad del control judicial*. De acuerdo con ella, las funciones administrativas y judiciales se encontraban *radicalmente separadas* y los jueces *no podían de ningún modo perturbar* la actuación de los órganos administrativos, ni citar ante sí a los administradores con ocasión del ejercicio de sus funciones, todo lo cual se aseguró, incluso, mediante su tipificación como delito.[2] Eso, sin embargo, fue hace más de doscientos años.

El anterior dogma, importado y arrastrado en nuestro subconsciente por siglos, sucumbió ante la doctrina y jurisprudencia. Empero, tanto se quiso enterrarle *definitivamente*, que quizá -y de ello es parte de lo que pretendo muy brevemente dar cuenta en este ensayo- pasamos por alto que en esta, como en muchas otras cosas, los extremos suelen tocarse y las posiciones radicales o extremistas, a la postre, tampoco suelen dejar nada bueno.

Quizá, nos enfocamos *tanto* en la tutela de la esfera jurídico-subjetiva, a través de la *protección judicial* -porque asumimos siempre a los jueces como garantes de nuestros derechos-, que no vimos la posibilidad de que en ciertas ocasiones -sobre todo en momentos aciagos para el Derecho administrativo y la independencia judicial, como los que en nuestro país vivimos actualmente- *la propia justicia administrativa* sea precisamente quien se erija como la violadora de esos derechos.

---

[1]   García de Enterría, Eduardo, *Revolución Francesa y Administración Contemporánea*, 5ª Edición, Editorial Civitas, Madrid, 1998, p. 47 y ss.

[2]   García de Enterría, Eduardo, *Op. cit.*, pp. 49 y 50.

Esto es, que tengamos que enfrentarnos a una justicia administrativa que se malentiende a sí misma como protectora de la Administración pública y que, por tanto, pretende subsanar los errores cometidos por aquella y *se abstiene de controlarla,* aun ante la violación de derechos subjetivos.

Es por este motivo por el que hemos querido resucitar -insistimos, *solo parcial, y muy parcialmente-* la máxima tantas veces aludida, conforme con la cual los jueces no pueden administrar, ni tampoco pueden sustituirse a la Administración. Esta resurrección *parcial* tiene por *único* objeto servir como *límite al poder* de un Juez que se quiere disfrazar de administrador, no ya para tutelar los derechos subjetivos del particular vulnerados por la Administración, sino para *remendar o subsanar* lo que era competencia inicial -y exclusiva- de aquella y que ejerció violentando derechos subjetivos del ciudadano.

Y dejando por sentado que no es nuestra intención generalizar indiscriminadamente respecto de los Jueces administrativos[3], lo que sí deseamos hacer en esta oportunidad es compartir una crítica a esa suerte de Juez saneador de los errores de la Administración, esa especie de Juez otorgador de segundas oportunidades, en fin, esa especie de Juez protector de los errores de la Administración pública, que se entiende, él mismo, como garante y tutor del bienestar público, el interés general y la colectividad. Los poderes de sustitución, pues, no son -como ningún poder puede serlo- absolutos e ilimitados. Son poderes que responden a una finalidad, tienen un objeto y una justificación que, desde ya lo adelantamos, en este caso es la *tutela judicial efectiva* y la *universalidad del control judicial.*[4]

Esa errada concepción del Juez administrativo como garante de la Administración o ciego custodio del erario público se contrapone a la visión constitucional histórica y actual de la justicia administrativa, que -como en Alemania enseña Hufen- entiende que el control de la Administración a través de jueces independientes es una exigencia fundamental del principio de Estado de Derecho y para la garantía de los derechos fundamentales. Así pues, la justicia administrativa es, *"en un Estado de Derecho, una forma indispensable de limitación del poder del Estado"*[5], es controladora de la Administración y protectora de la esfera jurídica los administrados. De hecho, para Jellinek el *"Estado de derecho significa, ante todo, Estado judicial"*[6].

Por ello, cuando la finalidad de la sustitución no sea precisamente esa, sino una pretendida tutela directa del interés público por parte del Juez administrativo -lo cual, insistimos, está encomendado constitucionalmente *únicamente* a la Administración- *no puede* el Juez

---

[3]   Valga esta breve nota para reconocer a los jueces administrativos y funcionarios públicos que, pese a las circunstancias actuales que vivimos, hacen sus mejores esfuerzos por impartir una justicia imparcial, idónea y efectiva. No somos amigos de las generalizaciones y si bien este artículo pretende dar cuenta de *una parte* de lo que nosotros consideramos una realidad, también queremos aclarar que somos conscientes de la existencia de esa *otra parte* de la misma. Por esta razón, al lado de la crítica -quizá a veces fuerte- viene un reconocimiento a quienes, desde sus posiciones, luchan por un verdadero Estado de Derecho y de respeto a la Ley, al orden y a los derechos y libertades individuales, como pilares de una sociedad digna y justa.

[4]   En propósito consúltese Brewer-Carías, Allan, *Estudios de Derecho Administrativo 2005-2007,* Editorial Jurídica Venezolana, Caracas, 2007, p. 52 y ss.

[5]   Hufen, Friedhelm, *Verwaltungsprozessrecht,* 8va Edición, Editorial C. H. Beck, Múnich, 2011, pp. 3 y 4.

[6]   Jellinek, Walter, "Alemania como Estado de Derecho", *Revista de Administración Pública,* 1951, Sep-Dic, II (6), p. 349.

sustituirse a la Administración que ha obrado equivocadamente. Y, si bien es cierto que nuestro ordenamiento reconoce la posibilidad de que los jueces ejerzan función administrativa, con fundamento en el principio constitucional de colaboración entre los órganos de las diversas ramas del poder público[7] -lo cual, dicho sea de paso, solo se da en supuestos tasados por Ley y atribuidos *directamente* al Juez[8]-, también lo es que aquel no es, ni puede entenderse tutor del interés general en asuntos que habían sido encomendados inicialmente a la Administración pública por la Ley.

El Juez administrativo, en definitiva, no está allí para sobarle el hombro a la Administración, consolarla, ayudarla y voltear la mirada ante sus errores. Un Juez tolerante le hace un flaco servicio a la Constitución, a la propia Administración pública y, en consecuencia, a quienes esta debe servir: a los ciudadanos. Si alguien preguntara en dónde debería estar el despacho de un Juez administrativo, no dudaríamos en responder que un sitio rodeado de ciudadanos y lejos del poder público. El Juez administrativo debe ser el aliado del ciudadano individualmente considerado y censor del poder público. Si el Juez y la Administración tutelan, ambos, el interés general, ¿quién cuidará entonces el interés individual?

Quisiéramos poner en contexto qué queremos decir cuando aludimos a un Juez que se sustituye en favor de la Administración. Hagámoslo brevemente de la mano de un ejemplo ficticio: Un conductor atraviesa un semáforo en rojo con su auto y un funcionario del Servicio Nacional Integrado de Administración Aduanera y Tributaria "Seniat" (nulidad absoluta por incompetencia manifiesta), que se encuentra en la esquina y se percata del hecho, sin procedimiento constitutivo previo (nulidad absoluta por prescindencia de procedimiento), sin oír sus alegatos o permitirle aportar pruebas (violación del derecho a la defensa y al debido proceso), impone, sin motivación alguna (nulidad por inmotivación), la multa prescrita en la vigente Ley de Transporte Terrestre. El afectado acude a la justicia administrativa y el Juez, basado en los elementos que cursan en autos, concluye que el ciudadano sí se cometió un ilícito administrativo y -pese a los vicios alegados por este en la demanda de anulación- sostiene que "*... anular un acto administrativo por razones estrictamente formales, sin pronunciarse sobre el fondo de los hechos debatidos, involucraría... permitir una conducta contraria a los deberes y obligaciones que debe tener todo funcionario público, poniéndose en riesgo el funcionamiento mismo de la Administración Pública*"[9].

---

[7]   Artículo 136: El Poder Público se distribuye entre el Poder Municipal, el Poder Estadal y el Poder Nacional. El Poder Público Nacional se divide en Legislativo, Ejecutivo, Judicial, Ciudadano y Electoral. Cada una de las ramas del Poder Público tiene sus funciones propias, pero los órganos a los que incumbe su ejercicio colaborarán entre sí en la realización de los fines del Estado.

[8]   Fundamentalmente, en los casos de administración de personal, esto es, el régimen de sus funcionarios, así como en el caso de atribución directa por Ley de potestades sancionatorias expresas para salvaguardar el orden y el decoro en audiencias orales o ante infracciones menores cometidas por litigantes, partes o personas que entren en relación con el tribunal (entre otros, artículos 24, 76, 98, 171 y 253 del Código de Procedimiento Civil). En todo caso, la distinción radica no en el mero hecho de que se acepte que el juez pueda efectivamente ejercer función administrativa, sino en el hecho de que la función administrativa que él ejerce, lo hace únicamente en los casos que el propio legislador ha decidido encomendarle directamente al juez esas potestades administrativas. Caso muy distinto es pretender sustituirse en el ejercicio de potestades administrativas que el legislador ha atribuido directamente a los órganos y entes de la administración pública, como tutora del interés general, como parte interesada.

[9]   La cita va precedida de la siguiente aseveración: "*... de admitir la posibilidad de que existiera un error procedimental... sería equivalente a dejar impune la actuación contraria a derecho de la querellante en el marco de las funciones que como funcionario público le fueron encomendadas, como*

Dice el Juez, en nuestro ejemplo imaginario, que de anularse el acto, se dejaría sin castigo la infracción, por lo que se abstiene de demoler la actuación, pese a su innegable disconformidad a Derecho.

El anterior caso -si bien extremo, no necesariamente irreal, aunque en supuestos probablemente más disimulados o mejor elaborados- nos sirve para iniciar nuestras reflexiones. Demos, entonces, en primer lugar, un vistazo a algunos criterios y disquisiciones que pueden ayudarnos a delimitar un poco más el ejercicio del poder de sustitución, para, en un segundo lugar, pasearnos por algunas circunstancias que hemos identificado como potenciales elementos tentadores que podrían brindar a los jueces -falsos- argumentos para pretender sustituirse a la Administración.

II. LOS LÍMITES CONCRETOS AL PODER DE SUSTITUCIÓN DEL JUEZ ADMINISTRATIVO

Tradicionalmente la doctrina ha reconocido que un primer límite a los poderes de sustitución del Juez se halla en la existencia de potestades -mayormente- discrecionales. Consideramos que a ese pacífico límite ha de sumarse un segundo límite: La imposibilidad de sustituirse en perjuicio del administrado. Veamos ambos.

1. *La sustitución y la discrecionalidad administrativa: El primer límite*

Como lo asevera Muci, es precisamente el derecho a una tutela judicial efectiva el fundamento para afirmar que *"si de lo que se trata... es de ejercer poderes reglados, no puede dudarse del poder del juez para sustituir a la Administración Pública... [y que]... no existe obstáculo que le impida al juez ocupar el lugar de la Administración para aplicar la ley al caso concreto"*[10]. Así, siempre y cuando la actuación del Juez se fundamente en Derecho y no en apreciaciones políticas, pareciera no haber obstáculos para la sustitución. Se trata, pues, en esencia de la misma operación jurídica que llevaría a cabo la Administración, al verificar que unos hechos determinados pueden ser subsumidos en una norma y, en consecuencia, debe ser actuada la consecuencia jurídica.

La doctrina alemana ha desarrollado las nociones de discrecionalidad administrativa y conceptos jurídicos indeterminados -nociones ambas que en estadios previos del desarrollo de nuestra disciplina no lograban diferenciarse con precisión- desde el punto de vista de la *estructura de la norma jurídica*. Así, los alemanes enseñan que la discrecionalidad administrativa es un fenómeno que se verifica solo en la *consecuencia jurídica* de la norma, en tanto la existencia de los conceptos jurídicos indeterminados se verifica en su *supuesto de hecho*.

Solo en tanto y en cuanto la Ley atribuye un elenco de alternativas igualmente justas a un mismo supuesto de hecho, puede hablarse de discrecionalidad administrativa: Cuando la norma, por ejemplo, autoriza a la Administración para decidir si actúa o no ante una situación determinada, nos encontramos con un primer tipo de discrecionalidad (*Entschließungsermessen*) que se relaciona con el llamado principio de oportunidad y que se suele llamar *discre-*

---

consecuencia de incurrir en un formalismo extremo" (Sentencia de la Corte Segunda de lo Contencioso-Administrativo, sin fecha en la versión digital, caso: *Auristela Villaroel de Martínez v. INAVI*, Exp. AP42-R-2005-000931).

[10]   Muci Borjas, José Antonio, "Los poderes del juez administrativo, Tutela judicial efectiva y control integral de la actividad administrativa", en: *Revista de Derecho*, Tribunal Supremo de Justicia N° 14, Editorial Texto, Caracas, 2004, p. 95.

cionalidad en la decisión.[11] Luego, una vez que ha decidido intervenir o cuando la intervención es obligatoria porque no existe discrecionalidad en la decisión, la Ley puede, además, prever un conjunto de alternativas ante un mismo supuesto de hecho, todas, en principio, igualmente justas (*Auswahlermessen*), a lo cual se le suele llamar *discrecionalidad en la elección.*[12] Para controlar judicialmente el uso de la discrecionalidad administrativa, la doctrina ha desarrollado varias técnicas, sobre las que García de Enterría y Fernández dan un recuento en su obra.[13] Así, hoy se admite que el Juez administrativo se encuentra habilitado para controlar la discrecionalidad, a través de (i) la verificación de los hechos determinantes que dieron pie a la actuación, así como (ii) el apego la finalidad prevista en la norma, mediante (iii) el deslinde de los conceptos jurídicos indeterminados o (iv) con fundamento en los principios generales del derecho, y muy particularmente, el de *proporcionalidad.*

Más allá de estas técnicas de control, nos encontraremos con el verdadero *núcleo duro* de la discrecionalidad administrativa, esto es, aquella que se identifica verdaderamente con los conceptos de oportunidad y conveniencia. Ese este núcleo duro el que realmente escapa del ámbito de control del Juez administrativo, pues, como dicen García de Enterría y Fernández, *"solo invocando el Derecho y en nombre del Derecho podrá el juez reprochar algo a la administración"*[14].

Solo, entonces, cuando estamos en presencia del ejercicio del *núcleo duro* de potestades *discrecionales*, esto es, decisiones esencialmente políticas, que se fundamentan en motivos de *"oportunidad y conveniencia"* no podríamos hablar de sustitución. En propósito -y a título ilustrativo- parafraseemos a Herrera Orellana, quien pone los siguientes casos como ejemplos en los que no cabría la sustitución: La expedición de un reglamento debido a la omisión de la Administración de dictarlo, la celebración de un contrato con el ganador de una buena pro, la asunción de la dirección de un establecimiento prestador de un servicio público sanitario debido a la mala prestación del mismo, la imposición de una sanción administrativa o la orden de ocupación temporal de un inmueble con fines expropiatorios, por considerar que existe un interés público en la construcción de una obra.[15]

La presencia del núcleo duro de potestades discrecionales se erige así como el primer límite tradicional al poder de sustitución. No obstante ello, como ya lo dijimos, no es este el único límite.

---

[11]	Maurer, Hartmut, *Allgemeines Verwaltungsrecht,* 15ta Edición, Editorial C. H. Beck, Múnich, 2004, p. 134.

[12]	Maurer, Hartmut, *Op. Cit.*, p. 135.

[13]	García de Enterría, Eduardo y Fernández, Tomás Ramón, *Curso de Derecho Administrativo,* Vol. I, 13[era] Edición, Thomson-Civitas, Navarra, 2006, p. 469. Véase también García de Enterría, Eduardo, *La Lucha contra las Inmunidades del Poder,* 2da Reimpresión, Civitas, Madrid, 1995, Fernández, Tomás Ramón, *De la Arbitrariedad de la Administración,* 5ta Edición, Editorial Thomson Civitas, Navarra, 2008

[14]	García de Enterría, Eduardo y Fernández, Tomás Ramón, *Curso de Derecho Administrativo,* Vol. II, 10ma Edición, Thomson-Civitas, Navarra, 2006, p. 593.

[15]	Herrera Orellana, Luis Alfonso, *"¿Goodbye* a la separación entre administración y jurisdicción?: A propósito de la sentencia de la Sala Constitucional N° 962", de 9 de mayo de 2006, en: *Revista de Derecho Público,* N° 108 (2006), Editorial Jurídica Venezolana, pp. 235-249.

2. La sustitución y el tipo de actividad administrativa: El segundo límite

El segundo límite surge en atención al *tipo de acto administrativo* del que se trate. Para ello retomaremos la clásica distinción entre los actos *favorables* y de *gravamen*, los cuales, en *principio*, se vinculan usualmente a los procedimientos administrativos iniciados por *solicitud o a instancia* del interesado, o de *oficio* por la propia Administración.

La aludida distinción entre el tipo de acto administrativo nos puede llevar a diversas conclusiones, ya que, en la medida en que el acto o prestación expresa o tácitamente denegada, se trate de un acto o prestación solicitada por el particular interesado, que *ampliaría su esfera jurídico-subjetiva* y en cuya expedición o ejecución es este el principal interesado -y siempre que tenga un derecho subjetivo a obtenerlo, por cuanto cumple con los requisitos *reglados* impuestos por la Ley para su obtención o se encuentra dentro de la esfera de los elementos de la discrecionalidad controlables judicialmente-, *deberá* el Juez administrativo sustituirse a la Administración y dictar el acto favorable denegado u omitido. En esta hipótesis, la Administración se nos presenta como un sujeto renuente, contumaz o rebelde a cumplir un deber impuesto por Ley. Es entonces cuando, con el objeto de salvaguardar los derechos subjetivos del ciudadano vulnerados por la Administración renuente, *puede -y debe- el Juez sustituirse* y ordenar que su decisión equivalga al acto denegado u omitido. Ante esa contumacia de la Administración, debe el Juez jugar un rol protagónico, proactivo.

Cosa diametralmente opuesta sucede cuando se está en presencia de actos de *gravamen*, producto *usualmente* de un procedimiento iniciado de oficio o por denuncia de un interesado, y que se enmarcan, también usualmente, en el Derecho administrativo sancionador. En estos casos, en los que la actuación de la Administración es de carácter *ablatorio o restrictivo*, y supone la imposición de una restricción producto del ejercicio de la función administrativa, el Juez no puede operar como un colaborador de la Administración que revisa y ajusta el acto contrario a Derecho para evitar su demolición. El Juez administrativo, como protector de los derechos subjetivos del particular, no puede convertirse en una suerte de superior jerárquico. Para eso el Legislador decide previamente sobre la conveniencia o no de establecer un régimen de recursos administrativos, que, desde cierta perspectiva, suelen ser entendidos como una segunda oportunidad para que la Administración corrija, en su seno interno, sus propios errores. No le corresponde al Juez hacerlo.

Pues bien, en estos casos, el Juez no puede sustituirse a la Administración para incorporar en su fallo una argumentación póstuma pretendiendo subsanar las irregularidades de la Administración. La motivación sobrevenida, que desde temprano ya la propia jurisprudencia se lo había prohibido a la Administración, rige igualmente para el Juez administrativo. Así las cosas, si ante el supuesto de la Administración renuente reclamábamos del Juez una actitud proactiva, en este caso opera precisamente lo contrario, puesto que el Juez no puede pretender una proactividad para pretender él mismo tutelar el interés general. La acción del Juez debe ser aquí reactiva y limitarse a anular el acto lesivo, para así brindar tutela judicial efectiva al afectado por la actuación contraria a Derecho.

Queda entonces claro que los poderes de sustitución solo pueden ser usados para salvaguardar los intereses, derechos subjetivos o libertades individuales del interesado, desconocidos o cercenados por la Administración reticente o contumaz.

III. LA TENTACIÓN DE SUSTITUCIÓN BAJO CIERTAS CIRCUNSTANCIAS PUNTUALES DE INTERÉS

No obstante que ya hemos dejado clara la imposibilidad del Juez administrativo de sustituirse a la Administración en los casos de una actuación de gravamen contraria a Derecho para subsanar los errores de aquella, reconocemos que pareciera existir una -errada- tentación de sustituirse cuando se presenta una o alguna de las circunstancias que analizaremos a continuación.

No se trata aquí de circunstancias exclusivas ni excluyentes. Puede pensarse en infinidad de casos que incluyan una o varias de ellas. Mientras más de estas circunstancias se suman a un mismo caso, más puede ser la tentación de pretender sustituirse a una Administración que no ha obrado conforme a Derecho. No obstante ello, como concluiremos en cada uno de los casos, los dos límites analizados *supra* no admiten excepciones fundadas en ninguna de esas circunstancias.

1. *La tentación de sustituirse ante actos administrativos que cuentan con causa o motivos, pero que adolecen de otros vicios de nulidad*

El problema surge en particular cuando al Juez se le presenta un acto administrativo que adolece de cualquier vicio de ilegalidad o inconstitucionalidad, salvo el de *falso supuesto*. Dicho en otras palabras, se trata de un acto administrativo *cuyos motivos o causa* -como elemento o requisito de validez de fondo- *son impecables*. Sabemos que en el caso inicial del conductor que comete la infracción en el semáforo, la multa debía ser impuesta, porque la conducta del ciudadano podía ser subsumida en el supuesto de hecho de la norma que habilitaba a la Administración a poner en movimiento la consecuencia jurídica legalmente prevista.

Cómo queda entonces el poder de sustitución del Juez administrativo ante actos administrativos que cuentan con motivos o causa, pero cuya nulidad viene determinada por la existencia de otro tipo de vicios, bien sean estos por motivos de contrariedad a Derecho (inconstitucionalidad o ilegalidad) o por violación de los requisitos de validez (de fondo o forma). ¿Puede el Juez, so pretexto de evitar la impunidad de una conducta tipificada por el Legislador como nociva para la sociedad y erigida en consecuencia como un ilícito administrativo, abstenerse de decretar la nulidad de un acto contrario a Derecho?

La respuesta es clara: No. Líneas atrás insistimos en que la competencia para sancionar una conducta que el Legislador entendió como negativa, el propio Legislador se la atribuyó únicamente a la Administración pública. Esta, sujeta a la Ley y al Derecho, debe ejercer sus competencias de manera impecable, esto es, ajustada al ordenamiento jurídico. En la medida en que el Juez exija a la Administración una conducta ejemplar, presenciaremos evolución de la sociedad. Los estándares no deben disminuirse para que la Administración cumpla su labor mediocremente, en desmedro de los derechos del ciudadano al que se le ha imputado la comisión de un ilícito administrativo.

Así pues, no corresponde al Juez ponderar la "justedad" de esa situación. La infracción no sancionada es única y exclusiva responsabilidad de la Administración pública. Infractor o no, todo ciudadano se encuentra en igualdad de condiciones cuando se demanda una actuación administrativa conforme al ordenamiento jurídico. Si el acto administrativo es contrario a Derecho o lesiona derechos subjetivos del particular, al Juez no lo queda más remedio que anularlo, no pudiendo sustituirse, so pretexto de la impunidad de la infracción. Solo en la medida en que la justicia administrativa le exija responsabilidad a la Administración y la reprenda cuando vulnere los derechos subjetivos de los ciudadanos -independientemente de la conducta de estos- la Administración pública se verá forzada a *mejorar sus prácticas*, a poner mayor celo en que su actuación esté apegada formal y materialmente a Derecho, lo cual es su deber constitucional y su estándar *mínimo* de actuación.

2. *La tentación de sustituirse en los casos de actos de gravamen que se traducen en medidas administrativas y la nulidad deja a un tercero desamparado o a una colectividad enfrentada a una grave y seria amenaza*

Hemos reconocido la existencia de otra circunstancia que puede despertar la idea de una errada sustitución, si consideramos la distinción entre los actos de gravamen que se traducen en una *sanción pecuniaria* y los que se concretan en una *medida administrativa*, diferente al pago de una multa.

En la primera de las hipótesis, resulta más sencillo afirmar que cuando el Juez se encuentra ante una multa viciada de ilegalidad, aun cuando existan elementos de convicción en autos de que el particular efectivamente incurrió en la infracción administrativa imputada y que debía ser castigada con dicha multa, debe declarar *irremediablemente* la nulidad del acto. Aquí la consecuencia no genera mayores trastornos: La anulación del acto supone que la Administración dejará de imponer y cobrar una multa. Por ello el grado de tentación puede ser menor.

Quizá la situación pueda variar ligeramente, esto es, la tentación de sustituirse pueda ser mayor, cuando la anulación de un acto que contiene una medida administrativa pueda poner en riesgo un interés general concretizado. Esta circunstancia se hace evidente en el caso de las medidas administrativas que suponen órdenes de hacer o no hacer, típicas, por ejemplo, en materia de salud pública[16], medioambiental[17], protección de la libre competencia[18] e, incluso, protección de usuarios y consumidores[19].

Para ilustrar las dos anteriores afirmaciones me apoyaré en los siguientes ejemplos: Es evidente que en el caso inicial del conductor que comete la infracción en el semáforo, la multa debe ser anulada, porque el acto es contrario a Derecho. No observamos, salvo la impunidad del ciudadano infractor, mayores consecuencias directas. Ese caso se diferenciaría, por ejemplo, de una -ilegal- orden de clausura temporal de un matadero industrial, cuyos desechos son vertidos en un río aledaño, generando un alto de nivel polución, particularmente, en un poblado un par de kilómetros aguas abajo. La anulación de la ilegal orden podría traer como consecuencia directa un gravamen de difícil reparación a los habitantes del poblado.

Las tentaciones, pues, pueden asaltar cuando la medida que ha de ser anulada -porque su contrariedad a Derecho es innegable- supone crear un *vacío* que puede (i) afectar negativamente a un ciudadano concreto que ha sostenido un interés antagónico al del que impugnó el acto en sede judicial (*procedimientos triangulares*) o (ii) generar un daño irreparable o difícilmente reparable a una colectividad determinada (*interés general concretizado*). Veamos ambos casos y las posibles alternativas para solventar estas situaciones de conflicto.

---

[16]   Artículo 65 de la Ley Orgánica de Salud (*Gaceta Oficial* N° 36.579 del 11 de noviembre de 1998).

[17]   Artículos 54, 111, 112 y 114 de la Ley Orgánica del Ambiente (*Gaceta Oficial* N° 5.833 Extraordinario del 22 de diciembre de 2006).

[18]   Artículo 29, numerales 2 y 4, de la Ley para Promover y Proteger el Ejercicio de la Libre Competencia (*Gaceta Oficial* N° 34.880 del 13 de enero de 1992).

[19]   La Ley para la Defensa de las Personas en el Acceso a los Bienes y Servicios (*Gaceta Oficial* N° 39.358 del 1° de febrero de 2010) contiene amplias medidas administrativas de dudosa constitucionalidad, por decir lo menos.

A. *El caso del interesado desamparado: Los procedimientos administrativos lineales y triangulares*

Sabemos que la doctrina suele hacer una distinción entre los llamados procedimientos lineales y triangulares. En los procedimientos administrativos *lineales* se da una relación entre uno o un grupo de administrados con un interés común, por un lado, y, por el otro, la Administración pública. En estos casos no cabe duda alguna de que la función ejercida es administrativa. Los *triangulares*, por el contrario, son aquellos en los que dos o más interesados mantienen posiciones antagónicas ante la Administración pública, procedimientos estos en los que una *parte de la doctrina* ha querido ver el ejercicio de función jurisdiccional.

Este sector de la doctrina entiende que, en la medida en que por haber identidad entre el interés general, del cual la Administración es tutora, y el interés de una de las partes que invoca derechos propios y pretende el restablecimiento de una situación jurídica infringida que constituye, a la vez, una infracción de una norma administrativa, la administración pareciera resolver una suerte de conflicto inter-partes, ejerciendo una *función jurisdiccional*. No en balde a la parte interesada en la sanción del supuesto infractor y que obra como denunciante, se le reconoce plenamente su derecho como parte del procedimiento administrativo. Esa parte no es un simple *"mirón de palo"* en el procedimiento, antes bien, tiene derecho de acceso al expediente, derecho a alegar y demostrar, es, pues, una verdadera parte.[20]

Pero para otra parte de la doctrina, no se trata aquí del ejercicio de función jurisdiccional alguna, sino *la misma función administrativa* que se ejerce cuando se tutelan los intereses generales en una relación lineal. Simplemente, en estos casos existe un tercero quien se identifica con el interés general en el caso concreto, que en nada afecta o modifica la situación descrita.[21]

Sin entrar sobre la discusión en torno a la función ejercida y la existencia o no de los llamados actos cuasijurisdiccionales, cuando nos planteamos el problema desde la perspectiva de una violación de una norma administrativa que se concreta en la imposición de una sanción pecuniaria, las diferencias entre ambos tipos de procedimientos se acortan, en tanto y en cuanto que el pago de la muta se dará a favor del Fisco, por lo que el denunciante no se beneficia de la misma, ni su *"pretensión"* se verá satisfecha, como sí lo haría de acudir ante un juez con competencia para dilucidar el conflicto inter-partes. Esa situación se identifica con la primera hipótesis del pago de una sanción pecuniaria a la que aludimos *supra* y sobre la que dijimos que parecía no haber mayores tentaciones.

Si aterrizamos, empero, en el campo de las órdenes de hacer o no hacer y la producción de un daño a un administrado, producto *reflejo* de la anulación de una actuación ilegal de la Administración pública, pero producto *directo* de la conducta de otro particular, nos toparemos con una primera variante digna de mención. Tomemos, por ejemplo, la comprobación por la Administración pública de la realización de una práctica contraria a la libre competencia por parte de un grupo de empresas y que se traduce en una grave e inminente amenaza de exclusión del mercado de una nueva e incipiente empresa concurrente. En efecto, se confirma la existencia de la práctica, pero el acto adolece de graves vicios de ilegalidad -*lato et impro-*

---

[20]   Brewer-Carías, Allan R., *El Derecho Administrativo y la Ley Orgánica de Procedimientos Administrativos*, Colección Estudios Jurídicos N° 16, Editorial Jurídica Venezolana, Caracas, 2008, pp. 113-114.

[21]   Grisanti Belandria, Rosibel, *La inexistencia de los actos cuasijurisdiccionales*, Colección Movimiento Humberto Cuenta N° 12, Vadell Hmeranos Editores, 1994, pp. 55 y ss.

prio sensu- y es, por tanto, anulado. En este caso, por tratarse de una relación triangular, nos encontramos con un *"doliente de carne y hueso"*, léase: la empresa que se vio obligada a cerrar sus puertas como consecuencia de la práctica restrictiva de la libre competencia, que ahora quedó *"impune"* ante la nulidad de la actuación. ¿Qué pasa con ese *"doliente"*? ¿Qué puede o debe hacer el Juez? ¿Cómo quedan los derechos subjetivos de aquel?

Pues bien, de entrada pareciera claro que un administrado que ha resultado favorecido por un acto administrativo que es considerado por otro ciudadano como contrario a Derecho y declarado así por el Juez, no puede poseer pretensión alguna para sostener su vigencia. Si el acto es contrario a Derecho, en principio, procede su anulación.[22] En casos como el planteado, esa afirmación puede ser matizada mediante una de las herramientas que el Derecho administrativo -como ordenamiento de equilibrio y balance que es- pone a disposición de sus operadores: La *responsabilidad patrimonial* de la Administración.

Así, el administrado que resultó afectado negativamente y cuyos intereses habían de ser tutelados mediante el acto que la Administración expidió en contra del Derecho y fue, por tanto, anulado, puede ser titular de una pretensión de indemnización, fundamentada en el funcionamiento anormal de aquella. En propósito -y aunque no ahondaremos aquí por la extensión de este ensayo- valdría la pena considerar ciertos elementos que pueden sumarse a la ecuación necesaria para resolver este planteamiento, tales como la eventual influencia en la declaratoria de responsabilidad del tipo de vicio -de forma o fondo- del que adolezca el acto anulado o el tipo de nulidad -absoluta o relativa- que genere el vicio del que se trate, así como el grado de responsabilidad que el funcionario público a título personal pueda tener. Por lo sumario de nuestro estudio, remitimos a las conocidas obras de Ortiz-Álvarez, quien ha ahondado en su estudio.[23]

Finalmente, amén de la respuesta que el propio Derecho administrativo da mediante el sistema de responsabilidad patrimonial extracontractual de la Administración, puede darse una mirada más allá de nuestra disciplina y buscar compensación a través de las vías ordinarias, al accionar directamente en contra del causante del daño que la Administración no tuteló conforme a la Ley. Aun cuando la sanción o medida administrativa que debía tomar la Administración para sancionar o hacer cesar el ilícito administrativo sea anulada, nada obsta para que el particular afectado pudiese accionar judicialmente de manera directa en contra del infractor que le genera un daño patrimonial.

B. *La colectividad desamparada ante una inminente y grave amenaza: El interés general concretizado y -mal- tutelado por la Administración*

La mala tutela del interés general concretizado puede llevar a un vacío declarado por el Juez administrativo, porque el acto administrativo en el que se concreta esa tutela del interés general se halla viciado y deba ser demolido. Pongamos no solo el caso del matadero industrial, tomemos también como ejemplo la anulación de la revocatoria de una autorización para

---

[22]   Salvo, por supuesto, que nos encontremos en presencia de una situación en la que el particular confió en la Administración, supuestos especiales en los que el principio de protección de la confianza legítima puede jugar un rol importante en la decisión del Juez en torno a la ilegalidad de un acto determinado. Normalmente estas situaciones presentan un conflicto entre la legalidad objetiva y la protección de los derechos subjetivos de un ciudadano.

[23]   Ortiz-Álvarez, Luis, *La Responsabilidad Patrimonial de la Administración Pública*, Editorial Sherwood, Caracas, 1995 y Ortiz-Álvarez, Luis, *La responsabilidad civil de los funcionarios públicos*, Colección Cuadernos N° 6, Editorial Sherwood, Caracas, 2002.

la distribución de un medicamento que, según estudios posteriores a su expedición, demostró generar graves efectos secundarios en los pacientes. ¿Qué puede o debe hacer el Juez administrativo al enfrentarse a la nulidad de un acto claramente contrario a Derecho, pero que dejará un vacío que permitirá la generación de un daño irreparable a una colectividad determinada?

Consideramos que en estos casos la respuesta de la responsabilidad patrimonial, al igual que la exigencia de la responsabilidad directa por el daño causado al administrado que fue sancionado por la Administración y luego absuelto por los errores de esta, y que aplicáramos al supuesto del interesado opositor en el procedimiento triangular, encuentran igual cabida. En la medida en que el daño o la amenaza de daño producto de la conducta de quien se vio favorecido por la declaratoria de nulidad, se concreta en individuos cuyo interés colectivo la Administración tutelaba, estos se hacen individualizables y tienen, cada uno de ellos, el derecho de accionar, bien individual o bien conjuntamente en contra del agente del daño. Aun más, el reconocimiento de acciones judiciales que tutelan intereses difusos para la protección de derechos fundamentales, puede constituir otra alternativa para lograr el equilibrio necesario roto por la acción del agente.

C.   *La tentación de trasladar el argumento de la ponderación de intereses en sede cautelar a la decisión de fondo para permitir al Juez sustituirse*

Finalmente, resta por mencionar una última y eventual tentación que resulta fácilmente descartable. Se ha dicho, por lo que atañe a la protección cautelar, que el Juez administrativo debe considerar un tercer requisito de procedencia, llamado la *ponderación de los intereses en presencia*.[24] ¿Debería entonces aplicarse al fondo lo que se ha admitido puede hacerse para la cautelar? Si se admite que el Juez, incluso en sede cautelar, esté habilitado para ponderar los intereses en juego, cómo entonces habría de negársele esa posibilidad al momento de resolver el fondo del asunto. ¿A qué se refiere la doctrina cuando habla de la ponderación de intereses, es esto, acaso, un supuesto de sustitución?

Primero, es importante precisar que el Juez, a diferencia de la ponderación que hace la Administración pública, debe hacer una ponderación como un tercero desinteresado y ajeno a la controversia, y desde el punto de vista del Derecho. La Administración pública aun cuando debe actuar objetiva e imparcialmente, no deja nunca de ser tutora el interés general, por tanto, sigue siendo, como usualmente se dice, Juez y parte interesada.

Lo clave aquí es que, si bien es entonces cierto que el Juez en sede cautelar debe ponderar los efectos reales que podría causar la suspensión temporal de un acto administrativo o una expedición de una medida cautelar innominada, también lo es el que en estos casos, antes de entrar a ponderar los intereses en juego, el Juez debe *estar convencido de la existencia* de un elevado *fumus boni iuris*, esto es, de que existen altas probabilidades de acoger la pretensión, o, dicho del modo contrario, una elevada probabilidad de que la actuación administrativa enjuiciada será declarada nula.

En este sentido, en caso de conflicto entre la ponderación de los intereses en juego y el *fumus boni iuris*, la balanza se inclina hacia la primacía de este último. Como bien lo señala Ortiz-Álvarez en su obra sobre medidas cautelares, para fraseando a Bacigalupo, "*no puede admitirse un interés público preponderante en la ejecutividad inmediata de un acto que con*

---

24   Ortiz Álvarez, Luis, *La protección cautelar en el contencioso-administrativo*, Editorial Sherwood, Caracas, 1999, p. 472.

toda probabilidad se revele como ilegal, tampoco se puede admitir un interés preponderante del afectado en que se restablezca el efecto suspensivo del recurso, si éste (sic.) es manifiestamente infundado"[25]. El Derecho se impone, siempre, a la oportunidad y conveniencia.

3. Conclusiones preliminares

De todo lo anterior, podemos derivar una primera conclusión a modo de principio general. Por una parte, dejando a salvo la protección de la confianza legítima, ninguna circunstancia puede llevar a un Juez administrativo a dejar en vigor un acto que fue dictado en violación del Derecho. Los jueces administrativos solo pueden sustituirse para salvaguardar los derechos y libertades individuales de los ciudadanos. Esto, empero, no quiere decir en ningún momento que los derechos de un ciudadano o el interés de una colectividad que era beneficiaria legítima del acto administrativo anulado, deban quedar desamparados, desprotegidos o desguarnecidos. El Derecho administrativo moderno, hemos insistido, debe ser entendido como un mecanismo de equilibrios y de balances racionales. El Derecho siempre ofrece soluciones, lo difícil a veces es vislumbrarlas. La llamada por la doctrina alemana protección judicial primaria (*Primärrechtsschutz*), que comprende fundamentalmente la teoría de las nulidades, se encuentra complementada por el sistema de protección secundaria (*Sekundärrechtsschutz*), compuesto por el sistema de responsabilidad patrimonial.[26] Lo mismo sucede en nuestro país. Los casos que no encuentran su punto de equilibrio a través del primero de aquellos, suelen hacerlo de la mano del segundo. Incluso nos hemos pasado por la posibilidad de acudir allende las fronteras de nuestra disciplina, con la idea de que el derecho o los intereses de aquellos a quien la administración debía tutelar, pero por su obrar negligente o descuidado que llevó a la anulación de su acto, no queden desamparados ante una conducta de un agente determinado.

Para proteger el fin, no podemos descuidar ni olvidar que los medios deben ser los correctos. En nuestro caso, el Juez no puede ser tolerante con la Administración bajo ningún pretexto, si queremos evolucionar. La disciplina y la exigencia hacen que las sociedades avancen.

IV. ALGUNOS PROBLEMAS QUE SE ESCONDEN TRAS BASTIDORES Y PRODUCEN ESTE TIPO DE CORTOCIRCUITOS

Creemos, la verdad, que uno de los grandes problemas de fondo al que aquí nos enfrentamos es que, durante décadas, hemos ido construyendo paulatinamente las categorías del Derecho administrativo entendiendo siempre al Juez como un *garante*, primero de la legalidad objetiva y, luego, con el avance de la ciencia jurídica, como un verdadero tutor y custodio de los derechos subjetivos de los ciudadanos frente al poder público, como un controlador de la arbitrariedad.

No obstante ello, en ciertas ocasiones nos enfrentamos con tribunales administrativos que se entienden a sí mismos como protectores de la Administración, porque están abierta y ciegamente comprometidos con el Ejecutivo nacional y con su llamado "*proceso*", incluso por encima y a costa del Derecho[27] -para ellos "*obsoleto*", como suele peyorativamente decír-

---

[25]   Ortiz-Álvarez, Luis, *Op. Cit.*, p. 474.

[26]   Maurer, Hartmut, *Op Cit.*, p. 747.

[27]   Según lo recogido en la nota de prensa del Tribunal Supremo de Justicia de fecha 28/11/2011, se desea "*un Poder Judicial en donde los jueces podamos llamarnos jueces nuevos, con una visión*

sele[28]- con jueces que, tildándolas de liberales e individualistas, reinterpretan y distorsionan las categorías elaboradas durante siglos por la doctrina sobre la base de la *libertad del individuo*, para subyugarlos a la opresión de las disímiles y efímeras *"masas"*, a través de la supuesta *"tutela"* del mal empleado concepto de *"interés general"*. Precisamente aquí se hilvanan las estratagemas del empleo de los conceptos jurídicos súper-indeterminados, a los que hemos aludido en otras ocasiones, con la finalidad de desmantelar las categorías elaboradas para asegurar la libertad y los derechos individuales.

Es obvio que, en ciertas ocasiones de conflicto, el interés general puede prevalecer sobre el interés particular, pero, como se ha dicho hasta el cansancio, el interés general *jamás* puede prevalecer sobre los *derechos fundamentales*. El Derecho administrativo debe buscar puntos de contacto, equilibrio, balance, debe ser, pues, un derecho de inclusión o dialéctico, y no un derecho pensado para aniquilar, aplastar o subyugar lo individual para dar cabida a lo general, esto es, como una suerte de *"Derecho administrativo del enemigo"*.

El retórico discurso -por demás, supremamente falaz- que, distorsionando totalmente el contenido, significado y alcance de la cláusula de Estado Social, pretende *identificar siempre* y *necesariamente* el *"interés general"* con las clases sociales menos favorecidas, entendidas como una masa o grupo impersonal e impreciso, fácilmente manejable y manipulable; contraponiéndolo al *"interés individual"*, encarnado por integrantes singulares de las clases pudientes, pareciera ser una forma de retomar el concepto de la lucha de clases, asumiendo siempre y de entrada un conflicto irresoluble entre ambos y que justifica la idea de la destrucción de uno para la supervivencia del otro, todo lo cual sirve para -dentro de esa mentalidad- utilizar la frase "la Administración es *'tutora'* del *'interés general'* " como título habilitante para representar o personificar de manera parcializada y no objetiva a ese colectivo y, en nombre de él, imponer la propia voluntad, para acabar con el interés particular o, mejor dicho, con cualquier individualidad que disienta, supuestamente defendiendo a los más pobres (interés general) de los más ricos (interés particular).

Pero lo que más preocupa de este asunto, insistimos, es que esa visión ha permeado y se ha solidificado en los órganos de la rama judicial del poder público, por lo que ahora, pareciéramos vernos forzados a tomar las categorías que fueron pensadas y desarrolladas bajo la concepción de que el Juez administrativo era el garante de la *libertad* y los *derechos fundamentales de los individuos* -lo que partía de la premisa de la confianza en el poder judicial como *primus inter pares*, porque, a diferencia del legislativo y ejecutivo que consideran la política en sus decisiones, aquel solo debía estricto apego al Derecho y nada más que al Derecho- y *reconstruirlas y rediseñarlas* para protegernos ahora de la arbitrariedad judicial, de jueces que ya no responden solo al Derecho, sino que quieren administrar, en el sentido de incorporar abierta y descaradamente considerandos no solo de orden político, sino, pero aún, de orden partidista, a sus decisiones.

---

diferente, que sirvan a este proyecto constitucional de Patria, en el cual estamos comprometidos" (recuperado en:

http://www.tsj.gov.ve/informacion/notasdeprensa/notasdeprensa.asp?codigo =9017).

[28]   De acuerdo con lo expresado en la nota de prensa del Tribunal Supremo de Justicia de fecha 01/06/2012, *"estamos frente a la deconstrucción del viejo Derecho a través de los nuevos paradigmas constitucionales; donde ahora existe un gran reto... sobre todo para los abogados, jueces y juezas que están llamados a la construcción de la nueva jurisprudencia"* (recuperado en:

http://www.tsj.gov.ve/informacion/notasdeprensa/notasdeprensa.asp?codigo=9358).

¿Será que experimentaremos lo que sucedió cuando pensábamos que era el Parlamento, representante de la voluntad popular, el garante frente al Monarca, y elaboramos toda la teoría de la irresistibilidad de la Ley formal y el principio de legalidad, como mecanismos para buscar amparo ante la arbitrariedad, pero después nos dimos cuenta que también el Legislador podía cometer arbitrariedades, como -por poner tan solo un ejemplo conocido- las leyes raciales nacionalsocialistas o *Nürnberger Rassengesetze*, y se tuvo que buscar amparo en el Derecho constitucional y en el desarrollo del concepto del Estado de Derecho material, así como en el consecuente reconocimiento de unos derechos fundamentales inalienables anclados en la norma suprema y que ni siquiera el propio Legislador podía desconocer?

Queda abierta la pregunta sobre si tendremos ahora que rediseñar esas categorías para protegernos también del *propio poder judicial*, categorías que, a pesar de haber sido elaboradas durante décadas, ladrillo a ladrillo, en un lago proceso de depuración y evolución, pretenden ser borradas por los propios integrantes del poder judicial de un plumazo… y sí, una y media décadas de involución es un mero plumazo, cuando la comparamos con siglos previos de historia.

Comentarios Monográficos

EL ABUSO Y EL PODER EN VENEZUELA. TERCERA Y ÚLTIMA PARTE: DE CÓMO LA SALA CONSTITUCIONAL, ARBITRARIAMENTE, INADMITIÓ LOS RECURSOS CONTENCIOSO-ELECTORALES RELACIONADOS CON LA ELECCIÓN DEL 14 DE ABRIL 2013

José Ignacio Hernández G.

Profesor de Derecho Administrativo en la UCV y en la UCAB
Director del Centro de Estudios de Derecho Público, Universidad Monteávila

*Cuando el supremo poder de un estado se halla en manos
de una o muchas personas cuya conducta no puede ser
inspeccionada por el pueblo, el goce de la libertad civil e
individual es débil, incierto e insubsistente*

Francisco Javier Yanes

Resumen: *El artículo estudia las sentencias de la Sala Constitucional que declararon inadmisibles los recursos contencioso-electorales interpuestos contra la elección presidencial del 14 de abril de 2013.*

Palabras Clave: *Corrupción electoral, nulidad de elecciones.*

Abstract: *The article studies the sentences of the Constitutional Chamber that declared non-admissible the judicial actions presented against the presidential election of April 14, 2013*

Key words: *Electoral corruption, elections nullity.*

INTRODUCCIÓN

Contra la elección presidencial del 14 de abril se ejercieron diversos recursos contencioso-electorales, denunciando los vicios a los cuales nos hemos referido en los dos artículos anteriores.

Como se recordará –así lo estudiamos en el segundo de esos artículos- la Sala Constitucional, en sentencia N° 795 de 20 de junio de 2013, de oficio (por "notoriedad judicial"), decidió avocarse a esos recursos contencioso-electorales que conocía la Sala Electoral.

Al margen que el avocamiento, en nuestra opinión, haya sido una decisión arbitraria, lo cierto es que la Sala Constitucional debía retomar el conocimiento de los juicios en el estado en el cual se encontraban, que no era otro que la admisión.

Sin embargo, el 7 de agosto de 2013 la Sala Constitucional declaro inadmisibles *todos* los recursos contencioso-electorales que habían sido interpuestos. Las diez decisiones dictadas ese día son inusuales.

Primero, pues no es usual que, en un mismo día, la Sala Constitucional decida declarar inadmisibles *todos* los recursos contencioso-electorales presentados en contra de una elección. Segundo, pues las propias decisiones de inadmisión eran inusuales, pues la regla –como se explica en este artículo– es que los recursos contencioso-electorales deben ser declarados admisibles.

De hecho, más que decisiones de inadmisión, las sentencias dictadas ese día por la Sala Constitucional valoraron anticipada e indebidamente el fondo de los recursos planteados. Al menos así sucedió con el recurso contencioso electoral interpuesto por el candidato Henrique Capriles Radonski, y cuyo contenido analizamos en nuestro anterior artículo.

La sentencias de la Sala Constitucional de 7 de agosto de 2013, cerraron un ciclo de abusos que se inició con la ausencia del Presidente de la República, primero, en diciembre de 2012 y luego, con su muerte, el 5 de marzo de 2013. Esos abusos son signos de la debilidad de nuestro Estado de Derecho y, por ende, de la debilidad de nuestro sistema democrático. Así, la Sala Constitucional cerró las vías legales internas para poder efectuar una revisión objetiva de la elección del 14 de abril, revisión de la cual la democracia hubiese salido fortalecida.

I.   BREVE INTRODUCCIÓN SOBRE LA ADMISIÓN DEL RECURSO CONTENCIOSO ELECTORAL

Es necesario, preliminarmente, realizar algunas consideraciones puntuales sobre la naturaleza de la sentencia de admisión del recurso contencioso electoral. La regulación de esa sentencia está contenida en los artículos 180 y 181 de la Ley Orgánica del Tribunal Supremo de Justicia. Recordemos el contenido de esas normas:

Artículo 180

Requisitos de la demanda

En el escrito correspondiente se indicará con precisión la identificación de las partes y contendrá una narración circunstanciada de los hechos que dieron lugar a la infracción que se alegue y de los vicios en los que haya incurrido el supuesto o supuesta agraviante.

Artículo 181

Causas de inadmisión

El incumplimiento de los extremos antes señalados provocará la inadmisión de la demanda, salvo que se trate de omisiones no sustanciales que no impidan la comprensión de las pretensiones interpuestas.

El artículo 180 regula los aspectos formales que debe cumplir la demanda que contiene el llamado recurso contencioso electoral, similares a los que exige el artículo 206 de la Ley Orgánica de Procesos Electorales para los recursos administrativos. Básicamente, se exigen dos condiciones: *(i)* la identificación de las "partes" y *(ii)* la "narración circunstanciada" de los hechos en los cuales se fundamenta la demanda y los vicios alegados. Es decir, la demanda debe indicar los –llamados- motivos de impugnación.

Nótese que la inadmisión no se supedita a la valoración de la pertinencia o no de los vicios alegados, o de la existencia de pruebas de tales vicios. En realidad, la Ley exige un requisito formal: indicar, en el texto del libelo, los vicios que se alegan. Que estos vicios sean procedentes o no, es cuestión de fondo que, como tal, escapa el juicio relativo a la admisibilidad del recurso contencioso electoral.

De acuerdo con la teoría general del Derecho Procesal, y la propia jurisprudencia de la Sala Electoral, la admisión del recurso contencioso electoral tiene dos grandes principios:

.- El *primer* principio es el carácter restrictivo de las causales de inadmisión, con lo cual, la admisión es la regla. La decisión de inadmisión debe basarse sólo en las razones taxativamente establecidas en la Ley, las cuales además deben ser interpretadas restrictivamente. Salvo que sea evidente que tales causales de inadmisión están presentes, la decisión debe ser, por ello, admitir la demanda[1].

.- En *segundo* lugar, y relacionado con lo anterior, el cumplimiento de los requisitos del artículo 180 debe ser valorado conforme al derecho a la tutela judicial efectiva, tal y como ha señalado la Sala Electoral en diversas decisiones. Por ejemplo, en sentencia de 2 de junio de 2011, caso *Maribel del Valle Suarez Mancha,* la Sala Electoral resumió su doctrina en este punto:

> "Una vez asumida la competencia, corresponde pronunciarse en torno a la admisión del recurso incoado y, en tal sentido, se observa que la Ley Orgánica de Procesos Electorales consagra en su artículo 206 los requisitos de admisibilidad del recurso jerárquico que son los mismos que deben ser apreciados al momento de examinarse la admisibilidad del recurso contencioso electoral, ello conforme con los lineamientos establecidos en la sentencia número 147 dictada por esta Sala Electoral en fecha 11 de noviembre de 2009, así como los contenidos expresamente en los artículos 213 *eiusdem,* y 19 párrafo cinco de la Ley Orgánica del Tribunal Supremo de Justicia, aplicable ésta última por remisión expresa del artículo 214 de la ya mencionada Ley Orgánica de Procesos Electorales.

> En este sentido, se observa que el numeral 2 del artículo 206 de la Ley Orgánica de Procesos Electorales exige que el escrito contentivo del recurso jerárquico (aplicable según se dijo al recurso contencioso electoral) contenga una serie de requisitos que permitan orientar la labor del juzgador, los cuales se circunscriben, en el supuesto de impugnarse actos electorales, a identificar el acto recurrido y a imputarle los vicios de que adolece, cuya finalidad es ayudar al Juzgador a apreciar mediante elementos objetivos la admisibilidad o no de los recursos que conozca, quedando claro que los recursos presentados en forma genérica deben ser declarados inadmisibles.

> *Sin embargo, resulta oportuno señalar que en estos casos las disposiciones legales deben ser interpretadas de conformidad con los lineamientos consagrados en la Constitución de la República Bolivariana de Venezuela, especialmente respecto al principio de una justicia sin formalismo, previsto en su artículo 257, el derecho constitucional a una tutela judicial efectiva, artículo 26 eiusdem, y el principio pro actione o de la interpretación más favorable al ejercicio de la acción, que se desprende de la última norma citada. De allí, que deban atemperarse dichas exigencias legales en cuanto no constituyan las mismas una formalidad esencial para la admisión del recurso.*

---

[1]   Por ejemplo, la Sala de Casación Civil, en sentencia N° RH.00190 de 19 de diciembre de 2003, estableció que: "(…) *los Tribunales cuya jurisdicción, en grado de su competencia material y cuantía, sea utilizada por los ciudadanos a objeto de hacer valer judicialmente sus derechos, deben admitir la demanda, siempre que no sea contraria a las buenas costumbres o a la ley, ello puede interpretarse de la disposición legislativa cuando expresa "el Tribunal la admitirá"; bajo estas premisas legales no le está dado al juez determinar causal o motivación distinta al orden establecido para negar la admisión in limine de la demanda, quedando legalmente autorizado para ello, siempre y cuando, dicha declaratoria se funde en que la pretensión sea contraria al orden público, a las buenas costumbres o alguna disposición expresa de la Ley. Fuera de estos supuestos, en principio, el juez no puede negarse a admitir la demanda".*

Dicha sentencia, dictada con anterioridad a la entrada en vigencia de la Ley Orgánica del Tribunal Supremo de Justicia cuyo artículo 180 consagra, expresamente, los requisitos que debe contener el recurso contencioso electoral, centró su análisis en el contenido del numeral 2 del artículo 206 de la Ley Orgánica de Procesos Electorales, norma que establece los requisitos del recurso jerárquico que, para ese momento, eran aplicables supletoriamente al recurso contencioso electoral. Ahora bien, la interpretación que se realiza en dicho fallo respecto a la precisión de los vicios imputados al acto, actuación u omisión impugnados debe darse por reproducida en el caso de autos, considerando que el artículo 180 de la Ley que rige las funciones de este Máximo Tribunal hace expresa mención a la obligación de indicar tales vicios" (destacado nuestro).

De esa manera, la admisión del recurso contencioso electoral no puede partir de la interpretación extensiva de las condiciones de admisibilidad establecidas en la Ley. Por el contrario, esas condiciones deben interpretarse restrictivamente, favoreciendo el derecho de acceso a la justicia, atributo del derecho a la tutela judicial efectiva. Bastara así que los fundamentos de hecho y de Derecho de la pretensión deducida estén claramente desarrollados, para que el recurso deba ser admitido.

II. LA SENTENCIA DE LA SALA CONSTITUCIONAL QUE INADMITIÓ EL RECURSO CONTENCIOSO ELECTORAL INTERPUESTO CONTRA LA ELECCIÓN DEL 14 DE ABRIL DE 2013

Dentro de los recursos de nulidad interpuestos contra la elección del 14 de abril, encontramos la demanda presentada por quien fuera candidato en esas elecciones, Henrique Capriles Radonski. De los fundamentos de ese recurso ya nos pronunciamos en el anterior artículo. Basta con señalar que en la demanda presentada se alegaron una serie de vicios que conformaban lo que los demandantes llamaron "corrupción electoral". Tales vicios se identificaron antes, durante y después de la elección del 14 de abril. Su identificación fue precisada en el libelo, el cual incluso recogía diversas noticias de prensa que otorgaban verosimilitud a la demanda presentada[2].

Por ello, objetivamente, esa demanda cumplía con las condiciones de admisibilidad establecidas en la Ley, en tanto contenía una descripción clara de los vicios alegados y sus fundamentos. Obviamente, el libelo no acompañó la prueba de tales vicios, simplemente, pues tales pruebas debían ser aportadas durante el proceso. Aclaramos que la Ley no exige que el libelo de la demanda acompañe la prueba de todos sus fundamentos, sino que por el contrario, contenga una "narración circunstanciada".

Sin embargo, la sentencia número 1.115 de la Sala Constitucional –una de las sentencias dictadas el 7 de agosto- declaró inadmisible ese recurso contencioso electoral, básicamente, al considerar que éste no estaba debidamente fundado:

"En este sentido, conviene recordar que la representación actora genéricamente argumentó que antes, durante y después de la jornada electoral llevada cabo el 14 de abril del presente año, se produjeron irregularidades que condicionaron la libertad de los electores. En lo que atañe al primer grupo de denuncias, en la fase pre-comicial, la parte actora se limitó a narrar supuestos abusos cometidos por los órganos del Poder Público, pero en modo alguno señala con certeza el impacto que lo que ella caracteriza como mera "corrupción electoral" afectó la voluntad del electorado manifestada el día de los comicios, o llanamente acusa la colusión de los órganos del Poder Público para favorecer la candidatura del ciudadano Nicolás Maduro

---

[2]   La demanda de nulidad puede ser vista aquí:
http://www.sumate.org/2013/Cartas/RECURSO_ante_tsj.pdf

Moros en supuesto perjuicio del actor, especialmente de esta Máxima Juzgadora Constitucional, cuando –como se dijo supra- ésta actuó de conformidad con las atribuciones que la propia Carta Magna le encomienda y en total consonancia con los precedentes jurisprudenciales que ha instituido"

La Sala Constitucional no cuestionó que el libelo de la demanda omitiese una "narración circunstanciada", que es lo que la Ley exige. En realidad, la Sala Constitucional cuestionó que los vicios alegados eran infundados o genéricos. Nótese además que la Sala Constitucional exige un requisito que no está, sin embargo, determinado en Ley alguna como condición de inadmisión: explicar cuál es el "impacto" de la alegada corrupción electoral. Si la corrupción electoral incidió o no en la voluntad de los electores es una cuestión de fondo, no de forma. Y en todo caso, en el libelo presentado se explicó que, vista la diferencia con la cual fue adjudicado el cargo –menos de 2%- los vicios alegados tenían la entidad suficiente para incidir en el resultado electoral.

Tal interpretación se reitera a lo largo de la sentencia, para algunos de los vicios que fueron señalados. Simplemente, la Sala Constitucional consideró que tales vicios no estaban debidamente soportados. Para citar a la Sala textualmente, se consideró que la demanda no explicó *"con amplitud suficiente en qué consistieron las irregularidades y su concatenación con los vicios electorales contenidos en los artículos 215 del 220 de la Ley Orgánica de Procesos Electorales"*.

Tal pronunciamiento excede, muy mucho, de la naturaleza propia de la sentencia de admisión. Si los vicios alegados estaban o no fundados, en tanto constitutivos del vicio de "fraude" o corrupción electoral, se insiste, era una cuestión de fondo. El demandante simplemente debía cumplir con enumerar los vicios e indicar sus fundamentos.

Hay incluso un dato revelador. Pese que la sentencia consideró que los vicios estaban infundados, el resumen del libelo de demanda comienza en la página 13 de la sentencia y culmina en la página 67. La sentencia tiene 78 páginas, de las cuales, 54 (más de la mitad) se dedican a resumir los argumentos de la demanda que fue declarada inadmisible por considerarla "genérica". De haberse incumplido con esa carga, la narrativa de la sentencia hubiese sido mucho más resumida[3].

La sentencia desvirtuó completamente el sentido de los artículos 180 y 181 de la Ley Orgánica del Tribunal Supremo de Justicia. La inadmisión allí regulada debe reservarse para casos en los cuales la demanda es imprecisa, inentendible o genérica, siempre y cuando esos vicios no puedan ser subsanados. Al margen de la veracidad o no de los hechos alegados – materia que correspondía, insistimos, a la etapa probatoria- la demanda por fraude electoral contra la elección del 14 de abril contenía una "narración circunstanciada" suficiente para conocer cuáles eran sus fundamentos.

Esta misma interpretación se siguió en las otras sentencias dictadas ese día. Por ejemplo, la sentencia número 1.120 declaró inadmisible la demanda incoada por la Mesa de la Unidad Democrática, que como vimos, se basó en vicios de nulidad de actas y actos electorales[4]. Al tratarse de una demanda dirigida contra actos concretos, el cumplimiento de los citados artículos 180 y 181 era incluso más sencillo: la demanda identificó los actos impugnados y sus vicios, de acuerdo con la metodología derivada de la Ley Orgánica de Procesos Electora-

---

[3]   Este cálculo lo hacemos de acuerdo a la sentencia publicada en la página del Tribunal.

[4]   La demanda puede ser vista aquí:
      http://www.sumate.org/2013/Cartas/RecursoanteTSJ2P.pdf

les y la jurisprudencia. Sin embargo, la Sala Constitucional consideró que esa demanda debía ser declarada inadmisible, pues los vicios no fueron debidamente fundamentados, ni se indicó cómo esos vicios podían incidir en la voluntad del electorado. Para sostener ello, la sentencia asume una interpretación de las causales de inadmisión distinta a la interpretación tradicional de la Sala Electoral, antes resumida:

> "De allí que toque a la justicia electoral realizar un acucioso examen para estimar la procedencia de esta clase de demandas y, correlativamente, al reclamante corresponda la carga de exponer de manera clara, precisa y completa las circunstancias cuyo acaecimiento encuadre en los supuestos específicos de nulidad que prevé la ley. Ello abona no sólo a la necesidad de que el órgano administrativo o judicial establezca sin ambages los límites de la controversia, sino que potencia la comprensión por parte de las partes e interesados en el juicio y, por tanto, su capacidad para aportar argumentos o rebatir los formulados y, con ello, modelar el ejercicio pleno de su derecho al debido proceso, a la defensa y su efectiva tutela judicial"

No es cierto que la admisión del recurso contencioso electoral responda a un "acucioso examen". En realidad, como vimos al comentar la doctrina de la Sala Electoral, la admisión de tal recurso depende de que no resulte *evidente* que tal recurso incumple las condiciones de admisibilidad, de interpretación restrictiva. Nuevamente la Sala Constitucional confundió el examen de forma necesario para declarar la admisibilidad del recurso, con el examen de fondo en cuanto a la pertinencia de los vicios alegados, lo cual constituye un exceso que viola el derecho a la tutela judicial efectiva, en concreto, por denegación de justicia.

Incluso, en la sentencia número 1.115, la Sala Constitucional no sólo inadmitió el recurso formulado por Henrique Capriles Radonski sino que, además, consideró que la demanda resultaba ofensiva al haber cuestionado la actuación de la Sala Constitucional en la elección del 14 de abril, lo cual derivó en la imposición de una multa y la exhortación al inicio de una investigación penal[5]. Estas medidas represivas eran improcedentes, pues los cuestionamientos que a la actuación de la Sala Constitucional se indicaron en el libelo, eran parte de los argumentos jurídicos esgrimidos, sin que el lenguaje empleado haya sido ofensivo. Cuestionar, con argumentos jurídicos, la autonomía e independencia de la Sala Constitucional –o de cualquier otro Tribunal- no es, en sí, una ofensa a la majestad del Poder Judicial.

---

[5]   Para la sentencia, los cuestionamientos contenidos en el libelo de la demanda sobre la Sala Constitucional son "fatuas acusaciones" que, "en toda su amplitud, no sólo dirigió sus cuestionamientos contra este órgano del Poder Judicial, sino contra otros órganos del Poder Público que, por añadidura, son naturalmente ajenos al debate electoral y a la diatriba política, como los que integran el Poder Ciudadano. En definitiva, para la representación actora, y esta viene a ser la piedra fundamental de sus argumentos, los diversos órganos que integran el Poder Público actuaron en colusión para favorecer y asegurar la candidatura de una opción política determinada.

Este llamamiento no puede ser tenido a la ligera, no sólo por cuanto revela un palmario desconocimiento en torno al papel que toca a esta Sala acometer como máxima garante de la Constitución y que fue explicado arriba, sino porque empaña el ejercicio de una garantía fundamental como el derecho de acceso a la justicia, pues bajo el manto de un reclamo plausible, se acude a la jurisdicción con el propósito velado de levantar sospechas sobre los mismos órganos a los que se pide su protección". Además de imponer la multa, la sentencia indicó que "en vista de la gravedad de las ofensas y términos irrespetuosos que el demandante vertió en su escrito, esta Sala Constitucional estima necesario remitir al Ministerio Público, como titular de la acción penal, copia certificada del presente fallo y del escrito presentado por la parte actora, con el objeto de que realice un análisis detallado de dichos documentos e inicie las investigaciones que estime necesarias a fin de determinar la responsabilidad penal a que haya lugar".

Por ello, la multa impuesta e incluso, el anuncio de la investigación penal, constituyen otra violación al derecho a la tutela judicial efectiva. No puede criminalizarse, como hace la sentencia, el derecho de acceso a la justicia.

De esa manera, no sólo la Sala Constitucional, indebidamente, se avocó a los juicios contencioso-electorales iniciados con ocasión a la elección del 14 de abril, sino que además, excediéndose en las facultades propias de la admisión de la demanda, la Sala Constitucional consideró que los recursos incoados eran genéricos y que por ello, debían ser inadmitidos. Se trató, más bien, de un pronunciamiento que anticipó la valoración de fondo de los recursos planteados, pese a que, al no haberse iniciado los respectivos juicios, los recurrentes –y demás interesados- no pudieron aportar pruebas.

Estas decisiones no sólo constituyen una violación al derecho a la tutela judicial efectiva, sino que además, implican una grave lesión al sistema democrático venezolano, pues negaron, infundadamente, la revisión judicial de las actuaciones de los órganos electorales. Los fundamentos constitucionales del Estado Democrático venezolano exigen que exista un sistema de justicia objetivo que asegure el acceso de cualquier interesado para cuestionar las actuaciones y omisiones de los órganos electorales. No sólo es ello exigencia del derecho a la tutela judicial efectiva, sino que en general, es exigencia del propio sistema democrático, que para ser tal, debe ser un sistema abierto a las impugnaciones y cuestionamientos que los ciudadanos puedan formular.

En realidad, estas sentencias demostraron que tal sistema es cerrado, en el sentido que no admite cuestionamientos o impugnaciones. No sólo –como vimos en los anteriores artículos- el Consejo Nacional Electoral impidió una auditoría exhaustiva de los instrumentos de la elección del 14 de abril, sino que además, la Sala Constitucional impidió la revisión judicial de tal elección, al declarar inadmisible *todas* las demandas de nulidad presentadas[6].

No puede haber auténtica democracia si el sistema electoral impide a los ciudadanos cuestionar e impugnar, abiertamente, las decisiones de los órganos electorales. Por ello, la Carta Democrática Interamericana señala que la democracia presupone, entre otras condiciones, el Estado de Derecho, condición necesaria para asegurar la transparencia de las instituciones (artículos 3 y 4). Las sentencias de la Sala Constitucional, al inadmitir, indebidamente, los recursos contencioso-electorales interpuestos, no sólo incurrieron en violación al derecho a la tutela judicial efectiva, sino que además, se apartaron de los fundamentos democráticos del Estado constitucional venezolano.

---

[6]   Importante es aclarar que el sistema democrático no exige que todo recurso contencioso electoral formulado sea declarado con lugar. Lo que exige ese sistema es que los ciudadanos puedan formular peticiones, quejas, reclamos o impugnaciones, y que los Poderes Públicos tramiten y resuelvan esas peticiones. Con las sentencias comentadas, la Sala Constitucional negó tal revisión, lo que lesiona la transparencia de nuestro sistema electoral.

LEGISLACIÓN

Información Legislativa

LEYES, DECRETOS NORMATIVOS, REGLAMENTOS Y RESOLUCIONES DE EFECTOS GENERALES DICTADOS DURANTE EL TERCER TRIMESTRE DE 2013

Recopilación y selección
por Marianella Villegas Salazar
Abogado

SUMARIO

VI. RÉGIMEN DEL DESARROLLO FÍSICO Y ORDENACIÓN DEL TERRITORIO

1. *Régimen de protección del medio ambiente y los recursos naturales.* 2. *Régimen del transporte y tránsito.* A. Transporte Terrestre: Servicio Conexo de Estacionamientos. B. Transporte y Tráfico Aéreo.

I. ORDENAMIENTO ORGÁNICO DEL ESTADO

1. *Régimen del Poder Público Nacional. Administración Central: Órganos Desconcentrados de las Regiones Estratégicas de Desarrollo Integral (REDI)*

Resolución N° 033 de la Vicepresidencia de la República, mediante la cual se corrige por error material la Resolución N° 031, de fecha 17 de junio de 2013. (Reimpresión *G.O.* N° 40.193, mediante el cual se establece la Estructura y Normas de Funcionamiento de los Órganos Desconcentrados de las Regiones Estratégicas de Desarrollo Integral (REDI). *G.O.* N° 40.198 de 1-7-2013.

Resolución N° 031 de la Vicepresidencia de la República, mediante la cual se establece la Estructura y Normas de Funcionamiento de los Órganos Desconcentrados de las Regiones Estratégicas de Desarrollo Integral (REDI). *G.O.* N° 40.202 de 8-7-2013.

Resolución N° 033 de la Vicepresidencia de la República, mediante la cual se corrige por error material la Resolución N° 031, de fecha 17 de junio de 2013. (Reimpresión *G.O.* N° 40.193, mediante el cual se establece la Estructura y Normas de Funcionamiento de los Órganos Desconcentrados de las Regiones Estratégicas de Desarrollo Integral (REDI). *G.O.* N° 40.203 de 9-7-2013.

Resolución N° 040 de la Vicepresidencia de la República, mediante la cual se dicta la Reforma Parcial de la Resolución que Establece la Estructura y Normas de Funcionamiento de los Órganos Desconcentrados de las Regiones Estratégicas de Desarrollo Integral (REDI). *G.O.* N° 40.223 de 7-8-2013.

II. RÉGIMEN DE LA ADMINISTRACIÓN GENERAL DEL ESTADO

1. *Sistema Financiero: Régimen del Endeudamiento*

Ley Especial de Endeudamiento Complementaria para el Ejercicio Fiscal 2013. *G.O.* N° 40.212 de 22-7-2013.

2. *Sistema de Personal: Remuneraciones de los funcionarios de la Administración Pública Nacional*

Decreto N° 405 de la Presidencia de la República, mediante el cual se establece la Escala de Sueldo para los Funcionarios y Funcionarias Públicos que laboran como Médicos y Médicas al Servicio de la Administración Pública Nacional. *G.O.* N° 40.253 de 18-9-2013.

Decreto N° 387, mediante el cual se establece la Escala Especial de Sueldo, aplicable a los funcionarios y funcionarias del Cuerpo de Policía Nacional Bolivariana. *G.O.* N° 40.249 de 12-9-2013.

Decreto N° 386, mediante el cual se establece la Escala Especial de Sueldo, aplicable a los funcionarios y funcionarias del Cuerpo de investigaciones Científicas, Penales y Criminalísticas. *G.O.* N° 40.249 de 12-9-2013.

3. *Sistema Impositivo*

A. *Registro Único de información Fiscal (RIF)*

Providencia N° SNAT/2013/0048 del SENIAT, mediante la cual se Regula el Registro Único de información Fiscal (RIF). *G.O.* N° 40.214 de 25-7-2013.

B. *Deberes de los sujetos pasivos: Deber de la Presentación Electrónica de las Declaraciones*

Aviso Oficial N° SNAT/2013/0045 del SENIAT, mediante el cual se corrige por error material la Providencia Administrativa N° SNAT/2013/0034, de fecha 17 de junio de 2013. (Corrección Providencia que establece el Deber de la Presentación Electrónica de las Declaraciones del I.S.L.R., *G.O.* N° 40.190). *G.O.* N° 40.207 de 15-7-2013.

Providencia N° SNAT/2013-0050 del SENIAT, mediante la cual se establece el deber de Presentación Electrónica de las Declaraciones del Impuesto Sobre Sucesiones. *G.O.* N° 40.216 de 29-7-2013.

C. *Impuesto Sobre La Renta: Exoneraciones*

Decreto N° 285, mediante el cual se exonera del pago del Impuesto Sobre la Renta, los enriquecimientos netos de fuentes venezolanas provenientes de la explotación primaria de las actividades agrícolas, forestales, pecuarias, avícolas, pesqueras, acuícolas y piscícolas, de aquellas personas que se registren como beneficiarias, conforme a lo establecido en el Decreto. *G.O.* N° 40.223 de 7-8-2013.

D. *Impuesto al Valor Agregado: Exoneraciones*

Decreto N° 312 de la Presidencia de la República, mediante el cual se exonera del pago del Impuesto al Valor Agregado, en los términos y condiciones previstos en este Decreto a las importaciones definitivas realizadas por los órganos y Entes del Poder Público Nacional, destinadas a garantizar la defensa y resguardo de la soberanía nacional, que en él se señalan. *G.O.* N° 40.227 de 13-8-2013.

Decreto N° 415, mediante el cual se exonera del pago de impuesto al Valor Agregado, en los términos y condiciones previstos en este Decreto, a las importaciones definitivas de bienes muebles corporales realizadas por los Órganos y Entes de la Administración Pública Nacional destinados exclusivamente al Proyecto de Construcción, Implementación y Operación de un Sistema de Deposición de Lodo en Seco (DLS) que en él se menciona. *G.O.* N° 40.257 de 24-9-2013.

Decreto N° 416, mediante el cual se exonera del pago de impuesto al Valor Agregado, en los términos y condiciones previstos en este Decreto, a las importaciones definitivas de bienes de higiene personal de primera necesidad, realizadas por los órganos y Entes de la Administración Pública Nacional, destinados al Plan Extraordinario de Adquisición de Productos de Aseo Personal para Abastecer el Mercado Nacional que en él se señala. *G.O.* N° 40.257 de 24-9-2013.

III. RÉGIMEN DE POLÍTICA, SEGURIDAD Y DEFENSA

1. *Derechos Humanos. Derechos Individuales: Derecho a la integridad personal*

Ley Especial para Prevenir y Sancionar la Tortura y Otros Tratos Crueles, Inhumanos o Degradantes. *G.O.* N° 40.212 de 22-7-2013.

2.   *Política de Relaciones Exteriores: Tratados, acuerdos y convenios*

A.   *Leyes Aprobatorias*

Ley Aprobatoria del Acuerdo de Cooperación entre el Gobierno de la República Bolivariana de Venezuela y el Gobierno de la República Popular China. *G.O.* N° 40.205 de 11-7-2013.

Ley Aprobatoria del Convenio de Cooperación entre el Gobierno de la República Bolivariana de Venezuela y el Gobierno de la República de Guyana sobre la Prevención del Uso Indebido y la Represión del Tráfico Ilícito de Estupefacientes, Sustancias Psicotrópicas y Precursores Químicos, así como de los Delitos Conexos. *G.O.* N° 40.205 de 11-7-2013.

Ley Aprobatoria del Memorándum de Entendimiento entre el Gobierno de la República Bolivariana de Venezuela y el Gobierno de la República Oriental del Uruguay en Materia Portuaria. *G.O.* N° 40.205 de 11-7-2013.

Ley Aprobatoria del Acuerdo de Cooperación entre la República Bolivariana de Venezuela y la República Oriental del Uruguay en el Sector Defensa. *G.O.* N° 40.205 de 11-7-2013.

Ley Aprobatoria del Protocolo de Adhesión del Estado Plurinacional de Bolivia al MERCOSUR. *G.O.* N° 40.217 de 30-7-2013.

Ley Aprobatoria del Protocolo Constitutivo del Parlamento del MERCOSUR. *G.O.* N° 40.217 de 30-7-2013.

Ley Aprobatoria del Protocolo Modificatorio del Protocolo de Olivos para la Solución de Controversias en el MERCOSUR. *G.O.* N° 40.217 de 30-7-2013.

Ley Aprobatoria del Acuerdo de Cooperación en Materia de Hidrocarburos, Petroquímica y Minera entre el Gobierno de la República Bolivariana de Venezuela y el Gobierno de la República Popular China. *G.O.* N° 40.217 de 30-7-2013.

Ley Aprobatoria del Acuerdo Marco de Cooperación en Usos Pacíficos del Espacio Ultraterrestre, Ciencia, Tecnología y Aplicaciones Espaciales entre el Gobierno de la República Bolivariana de Venezuela y el Gobierno de la República Argentina. *G.O.* N° 40.221 de 5-8-2013.

Ley Aprobatoria del Convenio de Reconocimiento de Certificados, Títulos o Diplomas de Educación Universitaria entre el Gobierno de la República Bolivariana de Venezuela y el Gobierno del Estado de Palestina. *G.O.* N° 40.221 de 5-8-2013.

Ley Aprobatoria del Protocolo de Enmienda al Acuerdo Marco de Cooperación en Usos Pacíficos del Espacio Ultraterrestre, Ciencia, Tecnología y Aplicaciones Espaciales entre el Gobierno de la República Bolivariana de Venezuela y el Gobierno de la República Argentina. *G.O.* N° 40.221 de 5-8-2013.

Ley Aprobatoria del Convenio de Cooperación entre el Gobierno de la República Bolivariana de Venezuela y el Gobierno del Estado Plurinacional de Bolivia para la Creación de Centros Complementarios de Innovación Textil. *G.O.* N° 40.221 de 5-8-2013.

Ley Aprobatoria del Convenio Marco de Cooperación en Materia Social entre a República Bolivariana de Venezuela y la República de Nicaragua. *G.O.* N° 40.221 de 5-8-2013.

Ley Aprobatoria del Convenio de Cooperación entre el Gobierno de la República Bolivariana de Venezuela y el Gobierno del Estado Plurinacional de Bolivia para la Formación y Aplicación Científica y Tecnológica en las Áreas de Usos Pacíficos del Espacio Ultraterrestre, Observación y Modelación Físico Territorial y Ciencias de la Tierra. *G.O.* N° 40.221 de 5-8-2013.

Ley Aprobatoria de la Modificación con Respecto al Artículo XII, (c) (ii) del Acuerdo Relativo a la Organización Internacional de Telecomunicaciones por Satélite. *G.O.* N° 40.221 de 5-8-2013.

Ley Aprobatoria del Memorándum de Entendimiento Sobre Cooperación entre el Gobierno de la República Bolivariana de Venezuela y el Gobierno del Reino de los Países Bajos. *G.O.* N° 40.221 de 5-8-2013.

Ley Aprobatoria del Acuerdo de Cooperación entre el Gobierno de la República Bolivariana de Venezuela y el Gobierno de la República Argentina en materia de Becas de Estudio. *G.O.* N° 40.261 de 30-9-2013.

Ley Aprobatoria del Acuerdo Internacional del Café de 2007. *G.O.* N° 40.261 de 30-9-2013.

B. *Publicación de Acuerdos, Convenios y Memorándum de Entendimiento*

Resolución N° DM/098 del Ministerio del Poder Popular para Relaciones Exteriores, mediante la cual se procede a la publicación de la Decisión N° 35/00 relativa a los «Mecanismos de Cooperación Consular entre los Países del MERCOSUR, Bolivia y Chile».-(Se reimprime por error de Imprenta).

Resolución N° DM/126 del Ministerio del Poder Popular para Relaciones Exteriores, mediante la cual se ordena la publicación del «Memorándum de Entendimiento entre el Gobierno de la República Bolivariana de Venezuela y el Gobierno de la República Federativa del Brasil para la Creación de un Grupo de Trabajo de Negociación del Acuerdo relativo al Establecimiento de Régimen Especial Fronterizo». *G.O.* N° 40.215 de 26-7-2013.

Resolución N° DM/127 del Ministerio del Poder Popular para Relaciones Exteriores, mediante la cual se ordena la publicación del «Memorándum de Entendimiento sobre Ferias de Acercamiento, Intercambio y Complementación entre el Gobierno de la República Bolivariana de Venezuela y el Gobierno de la República Árabe Siria». *G.O.* N° 40.215 de 26-7-2013.

Resolución N° DM/128 del Ministerio del Poder Popular para Relaciones Exteriores, mediante la cual se procede a la publicación del «Protocolo Modificatorio al Memorándum de Entendimiento entre el Gobierno de la República Bolivariana de Venezuela y el Gobierno de la República del Ecuador para la Creación del Fondo Ecuador-Venezuela para el Desarrollo (FEVDES)». *G.O.* N° 40.215 de 26-7-2013.

Resolución N° DM/129 del Ministerio del Poder Popular para Relaciones Exteriores, mediante la cual se ordena la publicación del «Acuerdo entre el Gobierno de la República Bolivariana de Venezuela y el Gobierno de la República Federal de Nigeria sobre la Supresión de Visas para los Portadores de Pasaportes Diplomáticos y Oficiales». *G.O.* N° 40.215 de 26-7-2013.

Resolución N° DM/130 del Ministerio del Poder Popular para Relaciones Exteriores, mediante la cual se ordena la publicación del «Acuerdo de Supresión de Visas en Pasaportes Ordinarios entre el Gobierno de la República Bolivariana de Venezuela y el Gobierno del Estado de Palestina». *G.O.* N° 40.215 de 26-7-2013.

Resolución N° DM/131 del Ministerio del Poder Popular para Relaciones Exteriores, mediante la cual se ordena la publicación del «Acuerdo entre la República Bolivariana de Venezuela y el Estado de Palestina sobre la Supresión del Requerimiento de Visas para Portadores de Pasaportes Diplomáticos o de Servicios». *G.O.* N° 40.215 de 26-7-2013.

Resolución N° DM/132 del Ministerio del Poder Popular para Relaciones Exteriores, mediante la cual se ordena publicar el «Memorando de Entendimiento para la Evaluación Conjunta de la Creación de una Zona Económica de Petrocaribe (ZEP)». *G.O.* N° 40.215 de 26-7-2013.

Resolución N° DM/133 del Ministerio del Poder Popular para Relaciones Exteriores, mediante la cual se ordena publicar el «Programa de Cooperación Cultural entre el Gobierno de la República Bolivariana de Venezuela y el Gobierno de la República Portuguesa 2013-2016». *G.O.* N° 40.215 de 26-7-2013.

Resolución N° DM/134 del Ministerio del Poder Popular para Relaciones Exteriores, mediante la cuales ordena publicar el «Programa de Trabajo entre la República Bolivariana de Venezuela y la República Portuguesa en materia Turística para el período 2013-2015». *G.O.* N° 40.215 de 26-7-2013.

Resolución N° DM/136 del Ministerio del Poder Popular para Relaciones Exteriores, mediante la cual se ordena publicar el «Acuerdo del Programa de Trabajo para la Evaluación Conjunta de la Constitución de la Zona Económica Petrocaribe».

C.   *Servicio Exterior*

Ley Orgánica del Servicio Exterior. *G.O.* N° 40.217 de 30-7-2013.

3.   *Seguridad y defensa*

A.   *Defensa del Espacio Aéreo*

Decreto N° 314 de la Presidencia de la República, mediante el cual se dicta el Reglamento de la Ley de Control para la Defensa integral del Espacio Aéreo. *G.O.* N° 40.227 de 13-8-2013.

B.   *Fuerza Armada Nacional Bolivariana*

Resolución N° 001215 del Ministerio del Poder Popular para la Defensa, mediante la cual se dictan las Normas que Regulan la Creación del Escudo y Heráldica de la Dirección General de Contrainteligencia Militar. *G.O.* N° 40.198 de 1-7-2013.

Resolución N° 002094 del Ministerio del Poder Popular para la Defensa, mediante la cual se dictan las Normas que regulan la creación e imposición del distintivo del cargo, Cruz del Comando Estratégico de la Fuerza Armada Nacional Bolivariana, Barra «Honor al Mérito», Botón de antigüedad del Personal Civil, Botón «Dama Honoraria de la Fuerza Armada Nacional Bolivariana» y Diploma de reconocimiento del Comando Estratégico Operacional de la Fuerza Armada Nacional Bolivariana. *G.O.* N° 40.234 de 22-8-2013.

C. *Cuerpos de Policía*

a. *Reconocimientos*

Resolución N° 241 del Ministerio del Poder Popular para Relaciones Interiores, Justicia y Paz, mediante la cual se dictan las Normas Sobre Reconocimientos y otras Distinciones para los Funcionarios y Funcionarias Policiales, Funcionarios Públicos, Funcionarias Públicas, Obreros y Obreras al servicio del Cuerpo de Policía Nacional Bolivariana y demás Cuerpos de Policía Estadales y Municipales. *G.O.* N° 40.204 de 10-7-2013.

b. *Habilitación, Intervención y Suspensión de los Cuerpos de Policía*

Resolución N° 259 del Ministerio del Poder Popular para Relaciones Interiores, Justicia y Paz, mediante la cual se dicta las Normas Sobre los Procesos de Habilitación, Intervención y Suspensión de los Cuerpos de Policía. *G.O.* N° 40.204 de 10-7-2013.

c. *Concurso de Buenas Prácticas Policiales*

Resolución N° 260 del Ministerio del Poder Popular para Relaciones Interiores, Justicia y Paz, mediante la cual se dicta las Normas que Regulan el Concurso de Buenas Prácticas Policiales. *G.O.* N° 40.204 de 10-7-2013.

III. RÉGIMEN DE LA ECONOMÍA

1. *Régimen Cambiario*

A. *Sistema Complementario de Administración de Divisas (SICAD)*

Resolución N° 13-07-01 del Banco Central de Venezuela (BCV), mediante la cual se dictan las Normas Generales del Sistema Complementario de Administración de Divisas (SICAD).

Aviso Oficial del Banco Central de Venezuela (BCV), mediante el cual se corrige por error material la Resolución N° 13-07-01, de fecha 2 de julio de 2013. (Reimpresión *G.O.* N° 40.200, sobre las Normas Generales del Sistema Complementario de Administración de Divisas SICAD). *G.O.* N° 40.201 de 4-7-2013.

Aviso Oficial del Banco Central de Venezuela (BCV), mediante el cual se informa a las entidades bancarias que podrán actuar como Instituciones Autorizadas a los fines de tramitar las Operaciones de compra y venta de divisas o títulos valores denominados en moneda extranjera, a través del Sistema Complementario de Administración de Divisas. *G.O.* N° 40.201 de 4-7-2013.

B. *Adquisición de Divisas destinadas al Pago de Actividades Académicas en el Exterior*

Providencia N° 116 de de la Comisión de Administración de Divisas (CADIVI), mediante la cual se establece los Requisitos y Trámites para la Solicitud de Autorización de Adquisición de Divisas Destinadas al Pago de Actividades Académicas en el Exterior.

2. *Fondos en divisas para entes del sector público*

Resolución N° 13-07-02 del Banco Central de Venezuela, mediante la cual se establece que los entes del Sector público distintos a la República deberán obtener autorización del Directorio del Banco Central de Venezuela, a los fines del mantenimiento de fondos en divisas de cualquier naturaleza, dichos fondos podrán ser mantenidos en cuentas abiertas al efecto de este Organismo en Bancos Universales del Sistema Bancario Nacional o en Instituciones Financieras del Exterior. *G.O.* N° 40.215 de 26-7-2013.

3. *Régimen de los Bancos y Otras Instituciones Financieras*

A. *Contribución a la Superintendencia de las Instituciones del Sector Bancario*

Resolución N° 100.13 de la Superintendencia de las Instituciones del Sector Bancario, mediante la cual se dictan las instrucciones relativas al pago de la cuota de la contribución que deben efectuar las Instituciones sometidas a la supervisión y control de este organismo. *G.O.* N° 40.205 de 11-7-2013.

B. *Comisiones, Tarifas yo Recargos*

Aviso Oficial mediante el cual se procede a la reimpresión del Aviso Oficial de fecha 6 de septiembre de 2012, publicado en la Gaceta Oficial de la República Bolivariana de Venezuela N° 40.002 de la misma fecha. (Contentivo de las Comisiones, Tarifas y/o Recargos que las instituciones Bancarias están autorizadas a devengar con ocasión de las operaciones y/o actividades que allí se mencionan). *G.O.* N° 40.205 de 11-7-2013.

C. *Patrimonio Contable*

Resolución N° 102.13 de la SUDEBAN, mediante la cual se «Modifica el Porcentaje del índice de Adecuación de Patrimonio Contable Previsto en el Artículo 6 de la Resolución N° 305.09, del 9 de julio de 2009». (No deberá ser inferior al 12%). *G.O.* N° 40.214 de 25-7-2013.

Resolución N° 145.13 de la SUDEBAN, mediante la cual se modifica el porcentaje del índice de Adecuación de Patrimonio Contable Previsto en el Artículo 6 de la Resolución N° 305.09, del 9 de julio de 2009. (No deberá ser inferior al 10%). *G.O.* N° 40.247 de 10-9-2013.

D. *Provisión Anticíclica*

Resolución N° 103.13 de la SUDEBAN, mediante la cual se dicta las «Normas Relativas a la Constitución de la Provisión Anticíclica». *G.O.* N° 40.214 de 25-7-2013.

Resolución N° 146.13 de la SUDEBAN, mediante la cual se dictan las Normas Relativas a la Constitución de la Provisión Anticíclica. *G.O.* N° 40.247 de 10-9-2013.

E. *Tasas de interés*

Resolución N° 13-07-03 del Banco Central de Venezuela, mediante la cual se establece que los Bancos Universales, así como los Bancos Comerciales en proceso de Transformación de acuerdo con lo previsto en la Ley que en ella se menciona, no podrán cobrar a partir del mes de agosto de 2013, por las operaciones crediticias que se destinen al sector manufacturero, una tasa anual superior al 18%. *G.O.* N° 40.217 de 30-7-2013.

F.   *Manual de Contabilidad*

Resolución N° 104.13 de la SUDEBAN, mediante la cual se modifica el Manual de Contabilidad para Bancos, Otras instituciones Financieras y Entidades de Ahorro y préstamo, emitido por este Órgano Regulador mediante la Resolución N° 270.01 del 21 de diciembre de 2001. *G.O.* N° 40.228 de 14-8-2013.

4.   *Régimen del comercio interno: Producción y comercialización de productos*

Resolución Conjunta N° DM/035, DM/087-13, DM/080 y DM/045-2013 de los Ministerios del Poder Popular de Finanzas, para el Comercio, para la Agricultura y Tierras y para la Alimentación, mediante la cual se fija en todo el Territorio Nacional el Precio Máximo de Venta al Público (PMVP) de los Productos Alimenticios y Rubros que en ella se señalan. (Harina de Maíz Precocida, Pan de Trigo Salado y Pasta Alimenticia). *G.O.* N° 40.234 de 22-8-2013.

Resolución N° DM/083/2013 del Ministerio del Poder Popular para la Agricultura y Tierras, mediante la cual se establece el Subsidio al Arroz Paddy, Maíz Blanco, Maíz Amarillo, Soya, Sorgo y Azúcar de Producción Nacional. *G.O.* N° 40.238 de 28-8-2013.

Resolución N° DM/092/2013 del Ministerio del Poder Popular para la Agricultura y Tierras, mediante la cual se corrige por error material la Resolución DM/N° 089/2013, de fecha 5 de septiembre de 2013. (Reimpresión *G.O.* N° 40.245, mediante la cual se establece el mecanismo de pago del subsidio al arroz paddy, maíz blanco, maíz amarillo, sorgo y soya de producción nacional). *G.O.* N° 40.248 de 11-9-2013.

Resolución N° DM/088/2013 del Ministerio del Poder Popular para la Agricultura y Tierras, mediante la cual se establece el Subsidio a la Producción Nacional de la Leche cruda con destino a la Industria Láctea Pasteurizadora. *G.O.* N° 40.254 de 19-9-2013.

5.   *Régimen Agrícola*

Providencia N° 006/2013 del Ministerio del Poder Popular para la Agricultura y Tierras (INSAI), mediante la cual se prorroga, a partir del 1° de septiembre de 2013, la vigencia de los registros y autorizaciones de interesadas e interesados, registros de productos que en ella se indican, otorgados por el extinto Servicio Autónomo de Sanidad Agropecuaria (SASA), vigentes al 31 de agosto de 2013. (Productos de uso agrícola animal, agrícola vegetal, domestico, salud pública e industrial). *G.O.* N° 40.251 de 16-9-2013.

6.   *Régimen de la Energía Eléctrica*

Resolución N° 024 del Ministerio del Poder Popular para la Energía Eléctrica, mediante la cual se prorroga durante 45 días hábiles, contados a partir del 27 de junio de 2013, el lapso previsto para el Registro y Suministro de la Información correspondiente a los Planes de Uso Racional Eficiente de Energía Eléctrica, en el portal Web de la Corporación Eléctrica Nacional S.A., CORPOELEC. *G.O.* N° 40.200 de 3-7-2013.

Decreto N° 277 de la Presidencia de la República, mediante el cual se dicta el Reglamento Especial de Zonas de Seguridad del Sistema y Servicio Eléctrico Nacional. *G.O.* N° 40.220 de 2-8-2013.

Resolución Conjunta N° 031, y 089-13 de los Ministerios del Poder Popular para la Energía Eléctrica y para el Comercio, mediante la cual se dicta el Reglamento Técnico para el Etiquetado de Eficiencia Energética en Aparatos de Refrigeración y Congelación. *G.O.* N° 40.235 de 23-8-2013.

Resolución N° 033 del Ministerio del Poder Popular para la Energía Eléctrica, mediante la cual se deroga en todas y cada una de sus partes la Resolución N° 080, de fecha 09 de septiembre de 2011. (*G.O.* N° 39.759, mediante la cual se dicta la Reforma Parcial de la Resolución N° 74, de fecha 10 de junio de 2011, publicada en la *G.O.* N° 39.694, de fecha 13 de junio de 2011). *G.O.* N° 40.236 de 26-8-2013.

Resolución N° 034 del Ministerio del Poder Popular para la Energía Eléctrica, mediante la cual se reforma parcialmente la Resolución N° 76, de fecha 10 de junio de 2011. (*G.O.* N° 39.694, mediante la cual se establece que las Personas Jurídicas del Sector Privado, que superen las Demandas Asignadas Contratadas, deberán realizar acciones para mantener una reducción de al menos un diez por ciento de su consumo mensual). *G.O.* N° 40.236 de 26-8-2013.

Resolución N° 035 del Ministerio del Poder Popular para la Energía Eléctrica, mediante la cual se establece que las Personas Jurídicas del Sector Privado, que superen una Demanda Asignada Contratada de un Megavoltioamperio (1MVA), deberán realizar acciones para mantener una reducción de al menos un diez por ciento (10%) de su consumo mensual con respecto al mayor valor entre el consumo facturado en el mismo mes o el consumo promedio mensual facturado, ambos referidos al año 2009. *G.O.* N° 40.236 de 26-8-2013.

Resolución N° 040 del Ministerio del Poder Popular para a Energía Eléctrica, mediante la cual se prorroga el lapso para el Registro y Suministro de la información correspondiente a los planes de Uso Racional y Eficiente de la Energía Eléctrica, en el portal Web de la Corporación Eléctrica Nacional S.A. (CORPOELEC). (75 días hábiles a partir del 02/09/2013). *G.O.* N° 40.247 de 10-9-2013.

7.   *Régimen de la Actividad Aseguradora*

Providencia N° FSAA-2-3-002186 de la Superintendencia de la Actividad Aseguradora, mediante la cual se aprueba con carácter general y uniforme las Condiciones Particulares que conforman el texto de la fianza de Fiel Cumplimiento que deben utilizar las empresas de seguros en la suscripción de contratos con personas naturales o jurídicas. *G.O.* N° 40.229 de 15-8-2013.

IV. RÉGIMEN DEL DESARROLLO SOCIAL

1.   *Régimen de la Educación: Educación Universitaria*

Resolución N° 4179 del Ministerio del Poder Popular para la Educación Universitaria, mediante la cual se establecen los Lineamientos a las Instituciones de Educación Universitaria para Garantizar los Cursos Intensivos 2013. *G.O.* N° 40.198 de 1-7-2013.

2.   *Régimen de la Salud*

A.   *Sistema de Asistencia Médica Integral de Salud para beneficiarios del Sistema Nacional de Vivienda y Hábitat*

Resolución N° 066 del Ministerio del Poder Popular para Vivienda y Hábitat, mediante la cual se crea el Sistema de Asistencia Médica Integral de Salud (SAMIS). *G.O.* N° 40.198 de 1-7-2013.

B.   *Control de Medicamentos*

Resolución N° DM/046-13 del Ministerio del Poder Popular para la Alimentación, mediante la cual se prorroga por cuarenta y cinco (45) días hábiles el plazo establecido en el Parágrafo Único del Artículo 16 de la Resolución Conjunta de fecha 25 de julio de 2012, emanada de los Ministerios que en ella se indican, en la cual se establecen los lineamientos y criterios que rigen la emisión de la Guía Única de Movilización Seguimiento y Control de Medicamentos, destinados tanto a la comercialización como a la distribución, en el territorio nacional. *G.O.* N° 40.235 de 23-8-2013.

3. *Régimen de la Vivienda: Gran Misión Vivienda Venezuela*

Resolución N° 079 del Ministerio del Poder Popular para Vivienda y Hábitat, mediante la cual se establece el procedimiento para la elaboración del Presupuesto y Forma de valuar obras a contratar con empresas públicas y privadas, o con gerencias técnicas, en el Marco de la Gran Misión Vivienda Venezuela. *G.O.* N° 40.212 de 22-7-2013.

Resolución N° 089 del Ministerio del Poder Popular para Vivienda y Hábitat, mediante la cual se establecen los lineamientos generales para el diseño y construcción de viviendas y nuevos desarrollos habitacionales en el marco de la Gran Misión Vivienda Venezuela. *G.O.* N° 40.215 de 26-7-2013.

Resolución N° 115 del Ministerio del Poder Popular para Vivienda y Hábitat, mediante la cual se resuelve que los terrenos y urbanismos propiedad del Instituto Nacional de la Vivienda (INAVI), que se encuentren amparados en el marco de la Gran Misión Vivienda Venezuela, deberán ser enajenados a través de transferencia a favor de la Empresa del Estado «Inmobiliaria Nacional S.A.». *G.O.* N° 40.260 de 27-9-2013.

4. *Régimen del Turismo*

Resolución N° 070 del Ministerio del Poder Popular para el Turismo, mediante la cual se establece que todos los beneficiarios del Crédito Turístico deben colocar y mantener en un lugar visible, dentro o fuera del establecimiento o unidad de transporte, una identificación que indique que es beneficiario de la cartera dirigida para el Sector Turismo. *G.O.* N° 40.209 de 17-7-2013.

Resolución N° 072 del Ministerio del Poder Popular para el Turismo, mediante la cual se establece las condiciones y requisitos que deberán acatar los prestadores y prestadoras de servicios turísticos, que soliciten a este Ministerio el incentivo por corresponsabilidad social por invertir parte de sus ganancias en las comunidades donde se desarrolle su actividad. *G.O.* N° 40.224 de 8-8-2013.

Resolución N° 073 del Ministerio del Poder Popular para el Turismo, mediante la cual se ordena la publicación de la Guía Básica de Buena Práctica para la Gestión Ambiental y Organizacional de los Prestadores de Servicios Turísticos. *G.O.* N° 40.224 de 8-8-2013.

Resolución N° 074 del Ministerio del Poder Popular para el Turismo, mediante la cual se establece las condiciones que deben cumplir los establecimientos de alojamiento turístico tipo Posada de Turismo, para optar a una categoría. *G.O.* N° 40.224 de 8-8-2013.

Resolución N° 075 del Ministerio del Poder Popular para el Turismo, mediante la cual se ordena la publicación del Instructivo de Servicio Complementario que ofrecen los prestadores de servicios turísticos de alojamiento. *G.O.* N° 40.224 de 8-8-2013.

Resolución N° 076 del Ministerio del Poder Popular para el Turismo, mediante la cual se establecen las condiciones que deben cumplir los establecimientos de alojamiento turístico tipo Hotel de Turismo, para optar a una categoría. *G.O.* N° 40.224 de 8-8-2013.

Resolución N° 085 del Ministerio del Poder Popular para el Turismo, mediante la cual se define y regula las condiciones que deben cumplir los Beneficiarios Especiales que dispone el Decreto que en ella se indica, con el propósito de que cuente con el acompañamiento y la tutela de este Ministerio y otros entes gubernamentales, en el desarrollo del Proyecto Turístico y demás avales formales que deben cumplir los prestadores de servicios turísticos. (Decreto con Rango, Valor y Fuerza de Ley Orgánica de Turismo). *G.O.* N° 40.243 de 4-9-2013.

VI. RÉGIMEN DEL DESARROLLO FÍSICO Y ORDENACIÓN DEL TERRITORIO

1. *Régimen de protección del medio ambiente y los recursos naturales*

Ley de Bosques. *G.O.* N° 40.222 de 6-8-2013.

2. *Régimen del transporte y tránsito*

A. *Transporte Terrestre: Servicio Conexo de Estacionamientos*

Providencia N° 573-2013 del Instituto Nacional de Transporte Terrestre, mediante la cual se fijan las nuevas tarifas únicas por concepto de la prestación del Servicio Conexo de Estacionamientos de Guarda y Custodia en materia de Transporte Terrestre y Unidades de Remolque (Grúas de Arrastre y Plataforma). *G.O.* N° 40.206 de 12-7-2013.

Providencia N° 574-2013, mediante la cual se dictan las Normas y Procedimientos que Regulan el Servicio Conexo de Estacionamientos, destinados a la Recepción, Guarda y Custodia, Conservación y Entrega de Vehículos Involucrados en Infracciones a la Ley de Transporte Terrestre y el Servicio de Remolque Público de Vehículos. *G.O.* N° 40.206 de 12-7-2013.

B. *Transporte y Tráfico Aéreo*

Providencia N° PRE-CJU-GDA-244-13 del INAC, mediante la cual se dicta la Normativa donde se Regulan las Operaciones de Aeronaves de Aviación General con Matrícula Extranjera Hacia y en el Territorio Nacional. *G.O.* N° 40.210 de 18-7-2013.

Comentarios Legislativos

PRINCIPIOS DEL PROCEDIMIENTO ADMINISTRATIVO EN LA LEY N° 107-13 DE LA REPÚBLICA DOMINICANA SOBRE PROCEDIMIENTOS ADMINISTRATIVOS DE 6 DE AGOSTO DE 2013

Allan R. Brewer-Carías

Profesor de la Universidad Central de Venezuela

Resumen: *Este Comentario está destinada a analizar los principios del procedimiento administrativo en la que es la última y más reciente Ley reguladora del procedimiento administrativo en América Latina, que es la de la República Dominicana, en la cual se ha recogido lo mejor de la tradición hispanoamericana en la materia.*

Palabras Clave: *Procedimiento administrativo. Derecho de petición. Debido procedimiento administrativo. Derecho a la defensa.*

Abstract: *This article has the purpose of analyzing the principles governing the administrative procedure according to the most new and recent Law on the matter in Latin America, the one enacted in the Dominican Republic, in which all the best of the Hispanic American legal tradition on the matter has been followed.*

Key words: *Administrative Procedure. Right to Petition. Administrative Due procedure. Right to Defense.*

I. LA LEY DOMINICANA DE PROCEDIMIENTO ADMINISTRATIVO EN LA LÍNEA GARANTISTA DE LAS LEYES DE PROCEDIMIENTO ADMINISTRATIVO DE AMÉRICA LATINA

La Ley N° 107-17 de 6 de agosto de 2013 de la República Dominicana sobre el Procedimiento Administrativo, es la última de las leyes reguladoras del procedimiento administrativo que se han sancionado en América Latina.[1] Por ello, se trata de un cuerpo normativo que en cierta forma se ha podido nutrir de la vasta experiencia en la materia desarrollada en nuestros países durante los últimos cuarenta años, desde que se dictó, en 1972, en la Argentina, la Ley 19.549 de Procedimientos Administrativos, que fue posteriormente reformada por la Ley 21.682.[2]

---

[1]   En general, sobre las leyes de procedimiento administrativo en América Latina, véase Allan R. Brewer-Carías, *Principios del Procedimiento Administrativo en* América *Latina*, Universidad del Rosario, Colegio Mayor de Nuestra Señora del Rosario, Editorial Legis, Bogotá 2003; y nuestro trabajo: "Principios del Procedimiento Administrativo. Hacia un estándar continental," en Christian Steiner (Ed) *Procedimiento y Justicia Administrativa en América Latina*, Konrad Adenauer Stiftung, n F. Konrad Adenauer, México 2009, pp. 163-199.

[2]   Sobre la Ley argentina nuestros comentarios en Allan R. Brewer-Carías, "La Ley de Procedimientos Administrativos de Argentina de 1972 en el inicio del proceso de positivización de los princi-

En efecto, luego de esa ley pionera, se dictó en Uruguay, en 1973, el Decreto Ley 640, sobre Procedimientos Administrativos, que luego fue sustituido por el Decreto 500 de 1991 sobre Normas Generales de Actuación Administrativa y Regulación del Procedimiento en la Administración Central. Un lustro más tarde, en 1978, se sancionó en Costa Rica la Ley General de la Administración Pública, en la cual, además del procedimiento administrativo, se regularon materialmente todos los aspectos esenciales del régimen del derecho administrativo[3]. Posteriormente, en 1981, se dictó la Ley Orgánica de Procedimientos Administrativos de Venezuela;[4] y unos años más tarde, en 1984, se reformó el Código Contencioso Administrativo de Colombia, agregándosele precisamente el Libro I sobre Procedimientos Administrativos; Código que ha sido reformado recientemente mediante Ley 1437 de enero de 2011, en la cual quedó con la denominación nueva de "Código de Procedimiento Administrativo y de lo Contencioso Administrativo." Posteriormente, en 1987, se dictó en Honduras la Ley de Procedimiento Administrativo; y luego de un período de casi diez años, en 1994, en México se dictó la Ley Federal de Procedimiento Administrativo. En ese mismo año, se dictó en Ecuador, el Estatuto del Régimen Jurídico Administrativo de la Función Ejecutiva (Decreto Ejecutivo 1634 de 1994), que reguló aspectos del procedimiento administrativo; y años después, en 1999, se sancionó en el Brasil la Ley 9.784 que regula el proceso administrativo en el ámbito de la Administración Pública Federal. Posteriormente, en 2000, se dictó en Panamá, la Ley N° 38 contentiva del Estatuto Orgánico de la Procuraduría de la Administración, que regula el Procedimiento Administrativo General; y al año siguiente, en 2001, se sancionó en el Perú, la muy importante Ley 27.444 del Procedimiento Administrativo General,[5] la cual tuvo su antecedente remoto en el Decreto Supremo 006-67-56 de 1967 el cual, aún cuando de rango parlamentario, puede considerarse como el primer cuerpo normativo en la materia en América latina.

---

pios del procedimiento administrativo en América Latina," en Héctor M. Pozo Gowland, David A. Halperin, Oscar Aguilar Valdez, Fernando Juan Lima, Armando Canosa (Coord.), *Procedimiento Administrativo. Tomo II. Aspectos generales del procedimiento administrativo. El procedimiento Administrativo en el derecho Comparado*, Buenos Aires 2012

[3]   Sobre la Ley costarricense véase nuestros comentarios en Allan R. Brewer-Carías, "Comentarios sobre los principios generales de la Ley General de la Administración Pública de Costa Rica" en *Revista del Seminario Internacional de Derecho Administrativo*, Colegio de Abogados de Costa Rica, San José 1981, pp. 31-57; y en "Comentarios sobre los principios generales de la Ley General de la Administración Pública de Costa Rica" en *Revista Internacional de Ciencias Administrativas*, Vol. XLVIII, Institut International des Sciences Administratives, Bruselas 1982, N° 1, pp. 47-58.

[4]   Sobre la ley venezolana véase nuestros comentarios en Allan R. Brewer-Carías, "Comentarios a la Ley Orgánica de Procedimientos Administrativos," en *Revista de Derecho Público*, N° 7, Editorial Jurídica Venezolana, Caracas, julio-septiembre 1981, pp. 115-117; "Comentarios sobre el alcance y ámbito de la Ley Orgánica de Procedimientos Administrativos en Venezuela," en *Revista Internacional de Ciencias Administrativas*, Vol. XLIX, N° 3, Institut International des Sciences Administratives, Bruselas 1983, pp. 247-258; "Introducción al régimen de la Ley Orgánica de Procedimientos Administrativos", en Allan R. Brewer-Carías et al., *Ley Orgánica de Procedimientos Administrativos*, Colección Textos Legislativos, N° 1, Editorial Jurídica Venezolana, Caracas 1981, pp. 7-51; y *El derecho administrativo y la Ley Orgánica de Procedimientos Administrativos. Principios del procedimiento administrativo*, Editorial Jurídica Venezolana, 6ª edición ampliada, Caracas 2002.

[5]   Sobre la Ley peruana véase nuestros comentarios en Allan R. Brewer-Carías, "La regulación del procedimiento administrativo en América Latina (con ocasión de la primera década de la Ley N° 27.444 del Procedimiento Administrativo General del Perú 2001-2011)," en *Derecho PUCP, Revista de la Facultad de Derecho, N° 67, El procedimiento administrativo a los 10 años de entrada en vigencia de la LPAG*, Fondo Editorial, Pontificia Universidad Católica del Perú, Lima 2011, pp. 47-77

Finalmente, antes de la Ley de la República Dominicana, se dictaron, en 2002, la Ley 2341 de Procedimiento Administrativo de Bolivia, y en 2003, la Ley N° 19.880 de Procedimientos Administrativos de Chile.

Todas esas leyes, sin duda, tuvieron en una forma u otra alguna influencia de la legislación española, a través de las ya derogadas Ley de Régimen Jurídico de la Administración del Estado de 1957 y Ley de Procedimientos Administrativos de 1958, las cuales fueron sustituidas por la Ley 30/1992 de Régimen Jurídico de las Administraciones Públicas y del Procedimiento Administrativo Común (modificada por Ley 4/1999 de 13 de enero de 1999), la cual, por su parte, también puede decirse que influyó en la redacción de la Ley de la República Dominicana.

El signo característico de todas esas leyes ha sido, en los respectivos países, el cambio del balance entre los poderes y prerrogativas de la Administración y los derechos y garantías de los administrados, lo que ahora recoge expresamente la Ley Dominicana en su artículo 1, al definir que su objeto es: "regular los derechos y deberes de las personas en sus relaciones con la Administración Pública, los principios que sirven de sustento a esas relaciones y las normas de procedimiento administrativo que rigen a la actividad administrativa," y por tanto, no sólo regular poderes y prerrogativas de la Administración. Como se expresó con claridad en el "Considerando Décimo Primero" de la Ley:

> "Que conforme ha tenido ocasión de apuntar reputada doctrina administrativa de América Latina, hasta la aparición de las leyes de procedimiento administrativo "casi todos los poderes, potestades y derechos habían estado en manos de la Administración, con muy pocos deberes y obligaciones frente al particular; y el administrado, lo que había encontrado normalmente ante la Administración, eran solo situaciones de deber, de sujeción, de subordinación, sin tener realmente derechos, ni tener mecanismos para exigir la garantía de su derecho".[6]

En todo caso, fue a partir de esas leyes que el acento se puso progresivamente de parte de los derechos y garantías de los administrados frente a la Administración, pudiendo considerarse la Ley No. 107-17 de la República Dominicana, como la culminación de un proceso de avance, habiendo quedado signada con un muy acentuado acento garantista de los derechos de los administrados, basado en la consideración de que "el modelo del Estado Social y Democrático de Derecho transformó la naturaleza de la **relación** entre la Administración Pública y las personas" ("Considerando Segundo"). Es con base en ello, además, que en el "Considerando Cuarto" de la Ley, se afirma que:

> "en un Estado Social y Democrático de Derecho los ciudadanos no son súbditos, ni ciudadanos mudos, sino personas dotadas de dignidad humana, siendo en consecuencia los legítimos dueños y señores del interés general, por lo que dejan de ser sujetos inertes, meros destinatarios de actos y disposiciones administrativas, así como de bienes y servicios públicos, para adquirir una posición central en el análisis y evaluación de las políticas públicas y de las decisiones administrativas."

---

[6]   La cita proviene de nuestros trabajos: Allan R. Brewer-Carías, "Introducción al régimen de la Ley Orgánica de Procedimientos Administrativos", en el libro Allan R. Brewer-Carías *et al.*, *Ley Orgánica de Procedimientos Administrativos*, Colección Textos Legislativos, N° 1, Editorial Jurídica Venezolana, Caracas 1981; y "Régimen general del procedimiento administrativo en la Ley Orgánica de Procedimientos Administrativos de Venezuela de 1981," en el libro en Héctor M. Pozo Gowland, David A. Halperin, Oscar Aguilar Valdez, Fernando Juan Lima, Armando Canosa (Coord.), *Procedimiento Administrativo. Tomo II. Aspectos Generales del Procedimiento Administrativo. El Procedimiento Administrativo en el Derecho Comparado*, Buenos Aires 2012.

El acento garantista de la posición de los administrados frente a la Administración, por supuesto, no sólo origina la consagración en la Ley de los derechos y garantías de los administrados que aquella está obligada a respetar, sino la transformación de la propia Administración, la cual se somete a estar al servicio del ciudadano. Es decir, como se afirma en el "Considerando Décimo Segundo" de la Ley:

"Que la redimensión de los derechos fundamentales de las personas conlleva la inclusión dentro de los mismos de un derecho fundamental a una buena administración, que no se manifiesta exclusivamente para las garantías jurídicas de las personas, sino que se orienta fundamentalmente en el aumento de la calidad de los servicios y actividades que realiza la Administración Pública, así como en el derecho de las personas de ser indemnizados a consecuencias de las lesiones a sus bienes o derechos ocasionadas por una actuación antijurídica de la Administración o en los casos de actuación regular cuando se ocasione un sacrificio particular."

La Ley, en este marco, regula los elementos básicos del procedimiento administrativo, que en definitiva son los relativos al debido proceso en sede administrativa, estableciendo como principio (de debido proceso) que "Las actuaciones administrativas se realizarán de acuerdo con las normas de procedimiento y competencia establecidas en la Constitución y las leyes, con plena garantía de los derechos de representación, defensa y contradicción," con la obligación expresa de la Administración de "Garantizar el debido proceso del procedimiento o la actuación administrativa de que se trate" (art. 6.4). Ese debido proceso se establece, por supuesto, como garantía del "derecho a la tutela administrativa efectiva" que proclama el artículo 3.22 de la ley, y que se complementa con el deber de la Administración de "Fomentar la tutela administrativa efectiva"(art. 6.1).

En ese contexto de derechos de los administrados y deberes de la Administración, se regula entonces el procedimiento administrativo en la Ley con el objeto de "establecer aquellas normas comunes a los procedimientos administrativos que procuran el dictado de resoluciones unilaterales o actos administrativos que afectan a los derechos e intereses de las personas, ya impliquen, entre otros, permisos, licencias, autorizaciones, prohibiciones, concesiones, o resolución de recursos administrativos o la imposición de sanciones administrativas y en general, cualquier decisión que pueda dictar la Administración para llevar a cabo su actividad de prestación o limitación" (art. 15).

Para garantizar la tutela judicial efectiva y el debido proceso, la Ley, ante todo, reafirma la necesidad del sometimiento de la Administración al ordenamiento jurídico, habiendo quedado expresado en el "Considerando Tercero" de la Ley, el principio de que "la Administración Pública debe actuar al servicio objetivo del interés general," o como lo indica el artículo 3, "la Administración Pública sirve y garantiza con objetividad el interés general", "especialmente en sus relaciones con las personas," siempre mediante "su sometimiento pleno al ordenamiento jurídico del Estado." Ello implica, por tanto, que la actuación de la Administración siempre tiene que desarrollarse "en el marco del respeto al ordenamiento jurídico en su conjunto," (art. 3),que se resume en la ley como "Principio de juridicidad", "en cuya virtud toda la actuación administrativa se somete plenamente al ordenamiento jurídico del Estado."(art. 3.1).

Para asegurar ese sometimiento, esta ante todo el principio de la competencia, que en el artículo 3.10 de la Ley se denomina como "Principio de ejercicio normativo del poder," conforme al cual, la "Administración Pública ejercerá sus competencias y potestades dentro del marco de lo que la ley les haya atribuido, y de acuerdo con la finalidad para la que se otorga esa competencia o potestad, sin incurrir en abuso o desviación de poder, con respeto y observancia objetiva de los intereses generales." Se fijan así los parámetros del ejercicio de la competencia, conforme a la finalidad perseguida por la norma atributiva de la misma, consagrándose expresamente el vicio de "desviación de poder" que afecta los actos administrativos cuando la competencia del funcionario para dictarlos se usa para el logro de otros fines distintos.

La consecuencia del principio de la competencia es que sólo pueden ser válidos, los actos administrativos "dictados por órgano competente, siguiendo el procedimiento establecido y respetando los fines previstos por el ordenamiento jurídico para su dictado" (art. 9). Al contrario, los actos administrativos se consideran inválidos, con vicios de dos tipos:

Primero, los vicios que acarrean la nulidad "de pleno derecho" que son los que derivan de actos que "subviertan el orden constitucional" o "vulneren cualquiera de los derechos fundamentales reconocidos en la Constitución" (art 14). Además, también son nulos de pleno derecho, los actos administrativos "dictados por órgano manifiestamente incompetente o prescindiendo completamente del procedimiento establecido para ello; los carentes de motivación, cuando sea el resultado del ejercicio de potestades discrecionales; los de contenido imposible; los constitutivos de infracción penal y los que incurran en infracciones sancionadas expresamente con nulidad por las leyes" (art.14).

Igualmente en el artículo 30.I de la Ley, se considera, "nulas de pleno derecho las normas administrativas, los planes o programas aprobados por la Administración que vulneren la Constitución, las leyes u otras disposiciones administrativas de rango superior, las que regulen materias reservadas a la ley, y las que establezcan la retroactividad de disposiciones sancionadoras no favorables o restrictivas de derechos individuales. En razón del procedimiento, incurrirán en nulidad de pleno Derecho la infracción o desconocimiento de los principios o reglas aplicables a la elaboración de reglamentos, planes o programas de alcance general, que se regulan en el Artículo 31 de la Ley. Conforme a ello, por tanto, sería nula de pleno derecho el ejercicio de la potestad sancionatoria que se ejerza sin habilitación legal expresa, es decir, vulnerando la reserva legal que existe en la materia (art. 35)

Segundo, lo vicios que acarrean la anulabilidad de los actos administrativos que se producen cuando "incurran en cualquier infracción del ordenamiento jurídico; los que vulneren las normas de procedimiento; los que carezcan de motivación suficiente en el ejercicio de potestades administrativas regladas; y los que se dicten en desviación de poder por cuanto aun respetando las formas externas de su producción se aparten del fin para el que se otorgó la potestad" (art. 30.II).

II.   EL RÉGIMEN GARANTISTA DEL DERECHO DE PETICIÓN ADMINISTRATIVA

Conforme al artículo 22 de la Ley, el procedimiento administrativo se puede iniciar de oficio o a instancia de parte interesada, siendo este último caso, la manifestación más concreta del derecho constitucional de petición que todas las personas tienen en relación con la Administración. Ello, por lo demás, se declara en la Ley expresamente, como derecho de los administrados, al preverse el "derecho a presentar por escrito peticiones" (art. 4.5); y como deber de la Administración, el de "facilitar la presentación de las peticiones a las personas"(art. 6.6).

A tal efecto de ejercer el derecho de petición, el artículo 17 la Ley identifica como interesados en el procedimiento administrativo a "quienes lo promuevan como titulares de derechos o intereses legítimos individuales o colectivos." A los efectos de la actuación en el procedimiento administrativo de las asociaciones y organizaciones representativas de intereses económicos y sociales, en la ley se las considera como "titulares de intereses legítimos colectivos."

En todo caso, durante el curso del procedimiento, a los efectos de la actuación de las partes, en mismo, artículo 17 identifica también como interesados en el procedimiento administrativo a quienes "sin haber iniciado el procedimiento, tengan derechos o intereses que puedan resultar afectados por las decisiones que se adopten en el mismo; aquellos cuyos intereses legítimos, individuales o colectivos, puedan resultar afectados por la resolución e intervengan en el procedimiento en tanto no se haya dictado resolución definitiva."

El derecho de petición por los interesados, y toda actuación de estos en el procedimiento puede ejercerse "a través de representante", lo que la Ley declara con derecho de los administrados (art. 4.29); estableciendo el deber correlativo de la Administración de "facilitar la actuación de las personas que lo deseen a través de representante en los procedimientos administrativos" (art. 6.26). El tema de la representación se desarrolla, además, en el artículo 18 de la Ley, al reiterar que los interesados pueden "actuar por medio de representante con capacidad de obrar, dejando constancia formal de tal representación mediante comparecencia o cualquier otro medio válido en derecho." En todo caso, la falta de acreditación de la representación es "subsanable en el plazo de diez días, permitiéndose provisionalmente la intervención del representante bajo la condición de subsanación del defecto."

Junto con la petición, los interesados deberán presentar toda la documentación necesaria para soportarla, teniendo e derecho, sin embargo, a "no presentar documentos que ya obren en poder de la Administración Pública o que versen sobre hechos no controvertidos o no relevantes" (art. 4.7). Ello se corrobora en la norma relativa a los deberes de la Administración al prescribir que la misma debe "resolver sin necesidad de solicitar documentos a las personas que obren en poder de la Administración Pública" (art. 6.8).

En la ley también se consagra como derecho de los administrados en de obtener "copia sellada de los documentos que presenten a la Administración Pública" (art. 4.22), estando la Administración obligada en la propia ley a "entregar copia sellada de los escritos presentados por los ciudadanos" (art. 6.20).

El ejercicio del derecho de petición por parte de los administrados, por otra parte, origina otros deberes a cargo del personal al servicio de la Administración, como el de "asesorar a las personas sobre la forma de presentación de las solicitudes y su tramitación" (Principio de asesoramiento) (3.16.). Ello implica que en el caso de que la solicitud formulada con la petición no contenga los requisitos exigidos en la ley para las mismas, el órgano competente está obligado a poner ello en conocimiento del interesado para que en un plazo de diez días pueda subsanar las carencias (art. 23.IV). Por lo demás, de acuerdo con el artículo 23.V de la ley, los funcionarios no pueden "negarse a recibir una petición," aún cuando deban advertir al interesado de cualquier omisión que hubiese constatado."

III. EL RÉGIMEN GARANTISTA DEL DERECHO AL DEBIDO TRÁMITE EN EL PROCEDIMIENTO ADMINISTRATIVO

De acuerdo con el artículo 7.5 de la Ley, entre los deberes que tiene el personal al servicio de la Administración Pública en relación con las personas que ante ella acudan en el marco de cualquier procedimiento o actuación administrativa, está el de "tramitar las peticiones que lleguen por cualquier medio razonable."

Hay por tanto, un derecho administrativo de los interesados al debido trámite del procedimiento administrativo, que debe desarrollarse, ante todo, en un marco de buena fe, "en cuya virtud, las autoridades y los particulares presumirán el comportamiento legal de unos y otros en el ejercicio de sus competencias, derechos y deberes. (art. 3.14). El principio de la buena fe no sólo obliga, por tanto, a la Administración sino también a los administrados en sus relaciones con la Administración Pública, de manera que conforme se prevé expresamente en el artículo 5.2 de la Ley, los mismos están obligados a "actuar de acuerdo con el principio de buena fe, absteniéndose de emplear maniobras dilatorias en los procedimientos, y de efectuar o aportar, a sabiendas, declaraciones o documentos falsos o hacer afirmaciones temerarias, entre otras conductas." Además, conforme al "principio de ética" tanto el personal al servicio de la Administración Pública, como las personas en general, deben "actuar con rectitud, lealtad y honestidad" (art. 3.21).

En este marco general es que debe desarrollarse el trámite en el procedimiento administrativo, que debe regirse por el "principio de facilitación", el cual, conforme al artículo 3.18 de la Ley, implica que las personas deben encontrar "siempre en la Administración las mayores facilidades para la tramitación de los asuntos que les afecten, especialmente en lo referente a identificar al funcionario responsable; a obtener copia sellada de las solicitudes; a conocer el estado de tramitación; a enviar, si fuera el caso, el procedimiento al órgano competente; a ser oído y a formular alegaciones o a la referencia a los recursos susceptibles de interposición."

Por su parte, en cuanto a la Administración la misma está obligada a "adoptar decisiones bien informadas" por lo que el procedimiento administrativo "constituye el instrumento para la obtención y el tratamiento de la información necesaria para adoptar la mejor decisión de que se trate en cada caso."Por ello, el artículo 26 de la ley autoriza a la Administración a recabar de oficio "todas las pruebas necesarias para adoptar la mejor decisión, en resguardo del derecho de los interesados" (art. 26).

Otro de los principios generales regulados en la Ley que deben guiar el trámite debido del procedimiento administrativo, es el que deriva del derecho a la igualdad y a la imparcialidad.

Conforme al "principio de igualdad de trato" "las personas que se encuentren en la misma situación deben ser tratadas de manera igual, "garantizándose, con expresa motivación en los casos concretos, las razones que puedan aconsejar la diferencia de trato" (art. 3.5).

Conforme al principio de imparcialidad, la Administración está obligada a prestar un "servicio objetivo a las personas" en el sentido de que en todas las actuaciones administrativas, que debe concretarse en el respeto a los derechos fundamentales de las personas, se proscriben las actuaciones administrativas "que dependan de parcialidades de cualquier tipo" (art. 3.2). En particular sobre esto, se define en la Ley como principio rector del procedimiento, el "**principio de imparcialidad e independencia**" que impone al personal al servicio de la Administración Pública el deber de:

"abstenerse de toda actuación arbitraria o que ocasione trato preferente por cualquier motivo y de actuar en función del servicio objetivo al interés general, prohibiéndose la participación de dicho personal en cualquier asunto en el que él mismo, o personas o familiares próximos, tengan cualquier tipo de intereses o pueda existir conflicto de intereses" (art. 3.11).

El principio se concreta además en el artículo 19 de la Ley al regularse lo que se denomina la "objetividad de los órganos," prohibiéndose a las autoridades y funcionarios el poder "participar en el dictado de un acto administrativo cuyo contenido afecte a sus intereses personales o los de las personas con las que mantienen una relación de consanguinidad, parentesco, amistad, enemistad o servicios profesionales."

En esos casos de causas de abstención, la ley impone al funcionario la obligación de inhibirse (art. 19.)); pero la Ley establece, además, los necesarios mecanismos para que los interesados puedan recusar a los funcionarios que puedan estar incursos en dichos motivo de abstención (art. 19.II); y además, puedan "solicitar a los tribunales la paralización de aquellos procedimientos en los que el incumplimiento del deber de objetividad contamine de forma más evidente los posibles resultados" (art. 19.IV).

En todo caso, la participación en un procedimiento de funcionario o autoridad incurso en potencial conflicto de intereses, conforme se establece en el artículo 19.III de la Ley, da lugar a la nulidad del acto si no se motivan adecuadamente las razones que justifican su no abstención o el rechazo de la recusación (art. 19.III).

Otro aspecto que regula la Ley para la garantía de trámite debido del procedimiento administrativo, es el relativo al manejo del "expediente administrativo" en torno al cual gira precisamente todo el trámite administrativo. Dicho expediente administrativo se define como el "conjunto de documentos en cualquier tipo de soporte, incluyendo los electrónicos, indiciados y ordenados cronológicamente por la Administración sobre un asunto determinado" (art. 21); estando la Administración obligada a "habilitar espacios idóneos para la consulta de expedientes y documentos, así como para la atención ordenada y cómoda de las personas" (art. 7.8). La Administración está además, obligada, en general, a "disponer de archivos, registros y base de datos administrativos físicos o digitales, debidamente ordenados y actualizados que permita el acceso sencillo para las personas" (art. 6.19, con la consagración del correlativo derecho de los interesados "a una ordenación racional y eficaz de los archivos, registros y bases de datos administrativos físicos o digitales" (art. 4.20).

Los interesados, por supuesto, respecto del expediente administrativo, tienen ante todo el derecho de acceso al mismo para la defensa de sus derechos, aún cuando "en el marco del respeto al derecho a la intimidad" de las personas, y a "las declaraciones motivadas de reserva" que puede adoptar la Administración respecto de documentos que en todo caso deben "concretar el interés general al caso concreto" (art. 4.19). En cuanto a lo primero, el artículo 3.20 de la Ley establece como principio del procedimiento administrativo, el "principio de protección de la intimidad," imponiéndole al personal al servicio de la Administración Pública que maneje datos personales, la obligación de respetar "la vida privada y la integridad de las personas, prohibiéndose el tratamiento de los datos personales con fines no justificados y su transmisión a personas no autorizadas." Y en cuanto a lo segundo, el artículo 3.7 de la Ley autoriza a la Administración a decidir el establecimiento las "reservas que por razones acreditadas de confidencialidad o interés general sea pertinente en cada caso."

En el trámite del procedimiento administrativo, también se consagra en la Ley el derecho de los interesados de "conocer el estado de los procedimientos administrativos que les afecten" (art. 4.26), que impone a la Administración la obligación correlativa de "informar periódicamente del estado de la tramitación de los procedimientos" (art. 4.23). Para asegurar el ejercicio de este derecho, la Ley consagra además, el derecho de los interesados "a conocer el responsable de la tramitación del procedimiento administrativo" (art. 4.25), con la correlativa obligación de la Administración de "identificar al responsable de la resolución del procedimiento administrativo de que se trate" (art. 6.22).

Por último debe mencionarse en el debido trámite del procedimiento administrativo, la consagración específica del derecho de los administrados a participar en el procedimiento de elaboración de reglamentos administrativos, planes y programas de alcance general, al consagrarse, no sólo la posibilidad de iniciativa privada para "presentar el correspondiente anteproyecto de reglamento, de plan o programa," siempre que "la legislación sectorial" así lo haya establecido (art. 31.1); sino el derecho de los ciudadanos de presentar alegaciones que siempre deben ser "tenidas en cuenta para hallar la mejor solución posible en el reglamento, plan o programa" (art. 31.3). La Ley consagra además, específicamente, el derecho de los ciudadanos "directamente afectados en sus derechos e intereses" por el acto normativo, de participar directamente o a través de las asociaciones que los representen, en la "audiencia" que la Administración está obligada a convocar, y que debe realizarse "en todo caso antes de la aprobación definitiva del texto reglamentario, plan o programa cuando puedan verse afectados en sus derechos e intereses legítimos. (art. 31.4). Ello, sin perjuicio de la obligación que tiene la Administración de garantizar el derecho del público en general de participar en la elaboración del texto normativo, "con independencia de que se vea o no afectado directamente por el proyecto de texto reglamentario, plan o programa," antes de la aprobación definitiva salvo texto legal (art. 31.5).

En estos casos, exige el artículo 31.6 de la Ley, que tanto la audiencia de los interesados, como la participación del público en general que se produzcan en el seno del procedimiento de elaboración de los reglamentos administrativos, planes y programas de alcance general, pueden extenderse también a los momentos iniciales o de elaboración de las prioridades y esquemas del borrador, así como a la fase de seguimiento y supervisión, una vez aprobado el texto reglamentario, plan o programa.

IV. EL RÉGIMEN GARANTISTA DEL DERECHO A LA DEFENSA: EL DERECHO A SER OÍDO Y EL DERECHO A FORMULAR ALEGACIONES Y RECURSOS

La esencia de la regulación del procedimiento administrativo, desde el punto de vista de la garantía de los derechos de los administrados, está en garantizar el derecho a la defensa que es el nódulo de la garantía del debido proceso, y que implica el derecho a ser oído y a formular alegaciones y pruebas. Por ello, entre los primeros derechos de los administrados que se declaran expresamente en la Ley, están los siguientes:

Primero, el derecho a ser "notificado por escrito o a través de las nuevas tecnologías de las resoluciones que les afecten en el más breve plazo de tiempo posible, que no excederá de los cinco días hábiles" (art. 4.27), con el correlativo deber de la Administración de "notificar por cualquier medio eficaz a las personas de las resoluciones que les afecten en el más breve plazo de tiempo posible, que no excederá de los cinco días" (art. 6.24).

Segundo, el "derecho a ser oído siempre antes de que se adopten medidas que les puedan afectar desfavorablemente" (art.4.8), con el correlativo deber de la Administración de "oír siempre a las personas antes de que se adopten resoluciones que les afecten desfavorablemente" (art. 6.9).

Tercero, el "derecho a formular alegaciones en cualquier momento del procedimiento administrativo" (art. 4.15), con el correlativo deber de la Administración de "facilitar la formulación de alegaciones por parte de las personas en cualquier momento del procedimiento o actuación administrativa de que se trate"(art. 6.15); y

Cuarto, el "derecho a presentar quejas, reclamaciones y recursos ante la Administración" (art. 4.16), con el correlativo deber de la Administración de "facilitar la presentación de quejas, recursos o reclamaciones ante la propia Administración Pública" (art. 6.16).

En todo caso, el detalle de la regulación del derecho a la defensa en la Ley de Procedimientos Administrativos de la República Dominicana solo se reguló en el Título V relativo a la Potestad Sancionadora, en el cual se establecen los siguientes principios que conciernen a dicho derecho a la defensa:

Primero, el derecho a ser notificado, que se concreta en la garantía del presunto responsable "a ser notificado de los hechos imputados, de las infracciones que tales hechos puedan constituir y de las sanciones que, en su caso, se le puedan imponer, así como de la identidad de los instructores, de la autoridad competente para sancionar y de la norma jurídica que atribuya tales competencias"(art. 42.2).

Segundo, el derecho del presunto responsable de formular alegaciones y de usar "los medios de defensa procedentes, los cuales deberán ser considerados en la decisión del procedimiento" (art. 42.3).

Tercero, el derecho a la presunción de inocencia del presunto responsable, que debe ser garantizado por la Administración, "mientras no se demuestre lo contrario" (art. 42.6).

Cuarto, el derecho del presunto responsable de que la carga de la prueba en el procedimiento administrativo sancionador, corresponde a la Administración (art. 43).

Por último, como manifestación igualmente del derecho a la defensa, como lo exige el artículo 9.I de la Ley, "para garantizar la posibilidad de su fiscalización, quedará constancia escrita del contenido de los actos administrativos, incluidos los verbales, con identificación de sus responsables," agregándose la previsión de la recurribilidad de los actos administrativos que "pongan fin a un procedimiento, imposibiliten su continuación, produzcan indefensión, lesionen derechos subjetivos o produzcan daños irreparables podrán ser directamente recurridos en vía administrativa" (art. 47).

En consecuencia, los interesados tienen derecho, conforme al artículo 4.17 de la Ley "a interponer recursos ante la autoridad judicial sin necesidad de agotar la vía administrativa previa" (art. 4.17), con lo cual la ley dominicana opta por darle carácter optativo de los recursos administrativos, que son el recurso de reconsideración y el recurso jerárquico. Por ello, el artículo 51 de la ley precisa que las personas, a su opción, pueden interponer los recursos administrativos o acudir directamente a la vía contenciosa administrativa. En caso de que se acuda a la vía judicial, ello hace perder la posibilidad de acudir a la vía administrativa. En caso de que se acuda a la vía administrativa, el interesado puede siempre desistir del mismo en cualquier estado a fin de promover la vía contenciosa, y además, siempre puede acudir a la vía judicial, mediante la interposición del recurso contencioso administrativo una vez que sea resuelto el recurso administrativo, o cuando haya transcurrido el plazo para decidir (art. 51).

V.   EL RÉGIMEN GARANTISTA DEL DERECHO A LA DEBIDA RESOLUCIÓN DE LAS PETICIONES

El procedimiento administrativo, como lo dispone expresamente el artículo 15.I de la Ley, tiene por finalidad esencial "garantizar el acierto de la decisión administrativa, al tiempo que se asegura la protección de los derechos e intereses de las personas," de lo que deriva el derecho de los administrados "a una resolución justa de las actuaciones administrativas (art. 4.4), con el correlativo deber de la Administración de "resolver con arreglo al ordenamiento jurídico del Estado" (art. 6.5).

De ello deriva que los procedimientos deben necesariamente deben terminar, tanto los iniciados de oficio como los iniciados a petición de parte, en este caso, como garantía al derecho a la debida y oportuna respuesta que está declarado formalmente en el artículo 4.6 al disponer que los administrados tienen el "derecho a respuesta oportuna y eficaz de las autoridades administrativas" con el correlativo deber de la Administración de "responder eficazmente a las solicitudes de las personas" (art. 6.7).

Por ello, e independientemente de las otras formas de terminación del procedimiento administrativo reguladas en la Ley (desistimiento del solicitante, renuncia al derecho, imposibilidad material de continuarlo por causas sobrevenidas, declaración de caducidad, celebración de un convenio, acuerdo o pacto), la forma normal y a la cual tiene derecho primario el administrado, sobre todo cuando es solicitante o peticionario, es la finalización del procedimiento administrativo mediante "la resolución, que debe dar respuesta congruente y razonada a todas las cuestiones planteadas en el mismo" (art. 28.a).

La resolución debe adoptarse, conforme lo indica el artículo 3.19 de la Ley en "plazo razonable que, en todo caso, no podrá superar los dos meses a contar desde la presentación de la solicitud en el órgano correspondiente, salvo que la legislación sectorial indique un plazo mayor." Por ello, el artículo 4.3 de la Ley consagra como derecho de los administrados el "derecho a una resolución administrativa en plazo razonable," siendo el correlativo, la obligación de la Administración de "resolver los procedimientos en plazo razonable (art. 6.3). La consecuencia de ello, es que si la Administración no decide expresamente el procedimiento iniciado, en los mismos, incurre "en una inactividad administrativa contraria a derecho," como lo declara el artículo 28.II de la Ley. En esos casos, el funcionario público que omitiere dar respuesta oportuna al procedimiento previamente iniciado compromete su responsabilidad personal, sin perjuicio del derecho de los interesados a la tutela judicial efectiva frente a la inactividad de la Administración. Y dicha inactividad, en todo caso, no exime en forma alguna a la Administración de resolver expresamente el procedimiento iniciado (art. 28.II). La Ley N° 107-13 no estableció directamente los efectos del silencio como acto tácito positivo o negativo, y remitió a la ley la determinación de que la inactividad de la Administración en resolver el procedimiento dentro del lapso establecido en la ley, deba ser considerada como aceptación de la previa petición formulada por el interesado, es decir, el llamado silencio positivo. Cuando se regule tal supuesto en leyes especiales, "la Administración deberá emitir, dentro de los cinco días siguientes, una constancia que indique tal circunstancia, sin perjuicio del derecho de los ciudadanos a la tutela judicial efectiva frente a la inactividad de la Administración. En estos casos la Administración sólo podrá resolver la previa petición en sentido desfavorable, previo procedimiento administrativo" (art. 28.II).

Una de las regulaciones más importantes respecto de la resolución en los procedimientos y quizás una de las manifestación más importante del derecho a la defensa, es la consagración del derecho de los administrados "a la motivación de las actuaciones administrativas" (art. 4.2), con la obligación correlativa de la Administración de "motivar adecuadamente las resoluciones administrativas" (art. 6.2). La motivación de los actos administrativos, así, se considera "un requisito de validez de todos aquellos actos administrativos que se pronuncien sobre derechos, tengan un contenido discrecional o generen gasto público, sin perjuicio del principio de racionalidad" (art. 9.II), el cual, como hemos señalado, conforme al artículo 3.4 de la Ley, "se extiende especialmente a la motivación y argumentación que debe servir de base a la entera actuación administrativa."

Sobre el contenido de las decisiones administrativas que ponen fin al procedimiento, además de su coherencia y racionalidad, la ley exige que las mismas sean proporcionales. Es decir, las resoluciones o decisiones administrativas "cuando resulten restrictivas de derechos o supongan un efecto negativo para las personas," deben observar el principio de proporcionalidad, de acuerdo con el cual:

> "los límites o restricciones habrán de ser aptos, coherentes y útiles para alcanzar el fin de interés general que se persiga en cada caso; deberán ser necesarios, por no hallarse un medio alternativo menos restrictivo y con igual grado de eficacia en la consecución de la finalidad pública que pretenda obtenerse; y, finalmente, habrán de ser proporcionados en sentido estricto, por generar mayores beneficios para el interés general y los intereses y derechos de los ciudadanos, que perjuicios sobre el derecho o libertad afectado por la medida restrictiva" (art. 3.9).

Otros principios que rigen la actuación de la Administración, en particular, en relación con las decisiones administrativas, son los principios de la seguridad jurídica y de la confianza legítima. Sobre el primero, como lo indica el artículo 3.8 al referirse al "principio de seguridad jurídica, de previsibilidad y certeza normativa," el mismo exige que "la Administración se somete al derecho vigente en cada momento, sin que pueda variar arbitrariamente las normas jurídicas y criterios administrativos"; y en cuanto al segundo, regulado en el artículo 3.15 como "principio de confianza legítima" implica que la actuación administrativa debe ser siempre "respetuosa con las expectativas que razonablemente haya generado la propia Administración en el pasado."

Debe mencionarse, por último, en relación con la resolución del procedimiento administrativo, en particular, del procedimiento de revisión cuando se ejerza un recurso administrativo, sea el de reconsideración o el jerárquico, que el órgano competente para decidir un recurso administrativo puede confirmar, modificar o revocar el acto impugnado, así como ordenar la reposición en caso de vicios de procedimiento, sin perjuicio de la facultad de la Administración para convalidar los actos anulables. Sin embargo, está prohibida en la Ley la reformateo *in pejes*, en el sentido de que en ningún caso puede la Administración, al resolver el recurso administrativo, agravar la condición jurídica del interesado que interpuso el recurso (art. 52).

JURISPRUDENCIA

Jurisprudencia Administrativa y Constitucional (Tribunal Supremo de Justicia y Cortes de lo Contencioso Administrativo): Tercer Trimestre de 2013

Selección, recopilación y notas
por Mary Ramos Fernández
Abogado
Secretaria de Redacción de la Revista

Marianella Villegas Salazar
Abogado Asistente

SUMARIO

I.   DERECHOS Y GARANTÍAS CONSTITUCIONALES

1.   *Garantías Constitucionales: La garantía de igualdad ante la Ley*

TSJ-SC (953)   **16-7-2013**

Magistrada Ponente: Luisa Estella Morales Lamuño

Caso: Defensora del Pueblo de la República Bolivariana de Venezuela (Nulidad. Artículo 57 del Código Civil).

La Sala Constitucional declara la nulidad del artículo 57 del Código Civil, por contradecir los artículos 21 y 77 de la Constitución de la República Bolivariana de Venezuela. En tal sentido, la Sala señala que la mujer no tiene ningún impedimento legal para la celebración de nuevas nupcias con posterioridad a la anulación o disolución del matrimonio anterior.

.....La presente acción de inconstitucionalidad se fundamentó en la violación del derecho a la igualdad y a la no discriminación al establecer condiciones más gravosas y limitativas para la celebración de segundas nupcias a la mujer, argumentando los accionantes que *"(…) la restricción de los derechos de la mujer a contraer libremente matrimonio, derivada del artículo 57 del Código Civil, hoy impugnado por la Defensoría del Pueblo, carece en los actuales momentos de toda racionalidad y proporcionalidad, por lo que resulta evidentemente discriminatoria y, en consecuencia, atentatoria contra el derecho a la igualdad y no discriminación previsto en el artículo 21 de la Constitución de la República Bolivariana de Venezuela, así como atenta contra el derecho de contraer matrimonio en condiciones de igualdad, reconocido en el artículo 77 eiusdem".*

En atención a ello, debe precisarse que la igualdad es un valor ínsito al ser humano, es un reconocimiento interno y externo a su propia condición, y por ende una contraposición o una superación a las diferenciaciones fundadas en las clases, el género, la raza o en la superioridad o inferioridad de éstos respecto a otros ciudadanos, representadas estas últimas a través de figuras abominables histórica y sociológicamente como la esclavitud, la segregación o el menosprecio de la mujer, las cuales se basaron en argumentos tan contradictorios como falacias de principio que deslegitiman su contenido, su mantenimiento y/o aceptación dentro de un Estado democrático y social de Derecho y de Justicia.

Dicho valor en consecuencia, se encuentra aparejado e íntimamente vinculado a la dignidad del hombre, a su condición y su interrelación con su semejante en su diálogo social, político, económico y más importante aún en el ámbito natural, ya que no existe una diferenciación existencial salvo las condiciones morfológicas propias de cada ser humano, siendo iguales en su concepción como personas poseedoras de deberes, garantías y derechos para el libre ejercicio de la autonomía de la voluntad y el libre desarrollo de la personalidad (*Vid.* Gregorio Peces Barba y otros; *Curso de Teoría del Derecho*, Marcial Pons).

Así pues, la igualdad implica, como bien se expuso, no solo un reconocimiento interno que simboliza el progreso de la condición y raciocinio del ser humano, sino que conlleva a la actuación positiva o negativa de los órganos estatales para procurar la nivelación o el deslatramiento de desigualdades que se funden en privilegios injustificados o irracionales, ya que si bien, puede ser admitido bajo ciertos supuestos la diferenciación de supuestos, la misma debe responder a un rasgo o nivel de relevancia que implique la desigualdad de trato.

El objeto final de la actuación individual y estatal se encuentra encaminada a procurar la cohesión o integración social del ser humano en sus diversos ámbitos de desarrollo y actuación, por lo que, ciertamente aun cuando se encuentra delimitado u objetivizado un fin, ella no se auto-complementa ni se satisface autónomamente sino que resulta un medio para la búsqueda de la libertad moral.

Por tal motivo, es que la igualdad no abarca solamente un elemento externo en atención a los diversos factores sociales sino que debe implicar un reconocimiento interno del ciudadano o el grupo social de equiparse en similitud de condiciones exigiendo cuotas sociales, económicas y políticas de participación y ejecución en la garantización de los derechos fundamentales.

Concebida la igualdad como un valor ínsito del ser humano, su reconocimiento jurídico a través de su establecimiento como derecho constitucional ha sido establecido desde vieja data hasta nuestros días en los textos constitucionales venezolanos (*Vgr.* Artículos 152 y 154 de la Constitución de 1811), encontrándose incluso en la Constitución de la República Bolivariana de Venezuela como uno de los valores superiores del ordenamiento jurídico, tal como lo dispone su Exposición de Motivos, cuando se expone que:

"Se define la organización jurídico-política que adopta la Nación venezolana como un Estado democrático y social de Derecho y de Justicia. De acuerdo con esto, el Estado propugna el bienestar de los venezolanos, creando las condiciones necesarias para su desarrollo social y espiritual, y procurando la igualdad de oportunidades para que todos los ciudadanos puedan desarrollar libremente su personalidad, dirigir su destino, disfrutar los derechos humanos y buscar su felicidad" (...). "Por todo ello se incorporan al texto constitucional como valores superiores del ordenamiento jurídico del Estado y de su actuación, la vida, la libertad, la justicia, la igualdad, la solidaridad, la democracia, la responsabilidad individual y social, la preeminencia de los derechos humanos, la ética pública y el pluralismo político" (subrayado de la Sala).

Del mismo modo, en lo referente al Capítulo I del Título III que consagra *"Los Derechos Humanos y Garantías y de los Deberes"*, se señala la concepción amplia y reforzada que se le dio a dicho derecho, en los siguientes términos: *"Se reconocen los derechos al libre desenvolvimiento de la personalidad y a la igualdad. En relación con éste último, se refuerza y amplía la protección constitucional al prohibir no sólo las discriminaciones fundadas en la raza, el sexo o la condición social, sino además, aquellas que, en general, tengan por objeto o por resultado anular o menoscabar el reconocimiento, goce o ejercicio en condiciones de igualdad, de los derechos y libertades de toda persona. Lo anterior obedece a que en la práctica la dinámica social suele presentar situaciones de discriminación que deben su origen a razones distintas de la raza, el sexo o la condición social".*

Tal importancia le dio el constituyente del año 1999, al derecho a la igualdad y a la no discriminación que en el Preámbulo del Texto Constitucional, se define como uno de los fines supremos de la refundación de la República, al establecer un Estado en cuya sociedad se asegure la igualdad sin discriminación ni subordinación alguna, desde un punto de vista multiétnico y pluricultural; señalando expresamente que: *"(...) con el fin supremo de refundar la República para establecer una sociedad democrática, participativa y protagónica, multiétnica y pluricultural en un Estado de justicia, federal y descentralizado, que consolide los valores de la libertad, la independencia, la paz, la solidaridad, el bien común, la integridad territorial, la convivencia y el imperio de la ley para esta y las futuras generaciones; asegure el derecho a la vida, al trabajo, a la cultura, a la educación, a la justicia social y a la igualdad sin discriminación ni subordinación alguna; promueva la cooperación pacífica entre las naciones e impulse y consolide la integración latinoamericana de acuerdo con el principio de no intervención y autodeterminación de los pueblos, la garantía universal e indivisible de los derechos humanos, la democratización de la sociedad internacional, el desarme nuclear, el equilibrio ecológico y los bienes jurídicos ambientales como patrimonio común e irrenunciable de la humanidad (...)"* (Subrayado de la Sala).

En este orden de ideas, tenemos que la Constitución, en su primer artículo establece, que "La República Bolivariana de Venezuela es irrevocablemente libre e independiente y fundamenta su patrimonio moral y sus valores de libertad, igualdad, justicia y paz internacional en la doctrina de Simón Bolívar, el Libertador"; lo cual, concatenado con lo señalado en el artículo 2, el cual consagra la igualdad como uno de los valores superiores que propugna el Estado democrático y social de derecho y de justicia, viene a sobreponer la noción de igualdad como una norma principalísima, formando parte de ese contenido axiológico que debe ser tenido en cuenta de manera especial al momento de interpretar la Constitución y el resto del ordenamiento jurídico.

Sin embargo, se aprecia que la Constitución no se limitó a señalar la igualdad como valor superior en el marco del Título I, referente a los *"Principios Fundamentales"*, sino que en su Título III que consagra *"Los Derechos Humanos y Garantías y de los Deberes"*, específicamente en su artículo 21, estableció:

"Artículo 21. Todas las personas son iguales ante la ley, y en consecuencia:

1.- No se permitirán discriminaciones fundadas en la raza, el sexo, el credo, la condición social o aquellas que, en general, tengan por objeto o por resultado anular o menoscabar el reconocimiento, goce o ejercicio en condiciones de igualdad, de los derechos y libertades de toda persona.

2.- La ley garantizará las condiciones jurídicas y administrativas para que la igualdad ante la ley sea real y efectiva; adoptará medidas positivas a favor de personas o grupos que puedan ser discriminados, marginados o vulnerables; protegerá especialmente a aquellas personas que por alguna de las condiciones antes especificadas, se encuentren en circunstancia de debilidad manifiesta y sancionará los abusos o maltratos que contra ellas se cometan".

De la norma parcialmente transcrita se evidencia en un primer momento su concepción formal, en términos de igualdad de los sujetos jurídicos ante la ley. Esta concepción, si bien es concebida como una abolición de los privilegios para el liberalismo burgués en la época de la Revolución Francesa, señala Álvarez Conde que *"el principio de igualdad liberal, que tiene su correlato en la consideración de la ley como una norma de carácter general, no va a suponer un cambio sustancial en el orden social, pues continúan manteniéndose las estructuras desigualitarias, implicando tan solo la abolición de privilegios y el establecimiento de la igual eficacia de la ley frente a todos, tesis que conduce a la supresión de los llamados cuerpos intermedios , acomodándose perfectamente en la concepción burguesa sobre las relaciones entre el Estado y la sociedad. Nuestra Regulación constitucional no responde, como así ha reconocido nuestra jurisprudencia constitucional, a este planteamiento liberal del principio de la igualdad, sino que éste debe ser concebido dentro de las coordenadas del Estado social y democrático de derecho, lo cual plantea indubitablemente el problema de su relación con la igualdad material (…)".*

En este orden de ideas, se advierte tal como lo expuso la Sala que la igualdad, en el Texto Constitucional ha sido recogida o concebida en sus dos vertientes, la igualdad formal ante la ley, y la igualdad material, que implica la garantía de generar un conjunto de condiciones a los efectos de que ésta se haga real y efectiva, mediante la adopción de medidas positivas a favor de personas o grupos de personas que puedan ser discriminados, marginados o vulnerados de manera de promover una equiparación entre los mismos.

Así, se puede apreciar que el desarrollo de esta Sala ha sido prolijo en cuanto su objeto y ámbito de aplicación, de que se dé igual trato a quienes estén en un plano de igualdad jurídica, según el análisis de razonabilidad y justicia en la norma que lleven a determinar si se justifica o no el trato igual o bien el trato desigual, así como sus excepciones y, la relevancia y racionalidad en la posible desigualdad de trato.

Al efecto, en sentencia N° 898/2002, se dispuso:

"b) El referido artículo [21 de la Constitución] establece que todas las personas son iguales ante la ley, lo que explica que no se permitan discriminaciones fundadas en la raza, el sexo, el credo, la condición social o aquellas que, en general, tengan por objeto o por resultado anular o menoscabar el reconocimiento, goce o ejercicio en condiciones de igualdad, de los derechos y libertades de toda persona.

Pueden reconocerse tres modalidades del derecho a la igualdad: a) **igualdad como generalización, que rechaza los privilegios, al vincular a todos los ciudadanos a unas normas generales que no admiten distingos;** *se relaciona con el conocido principio de que la norma jurídica regula las categorías de sujetos y de situaciones, para las cuales existe una misma respuesta por parte del Derecho; b)* **igualdad de procedimiento o igualdad procesal, que supone la sanción de reglas de solución de conflictos, iguales para todos, previas e imparciales;** *y c)* **igualdad de trato, que implica atender igualmente a los iguales.** *Sucede, no obstante, que respecto a un mismo supuesto de hecho puedan darse diferencias en los elementos que lo conforman, lo que daría lugar a la aplicación de consecuencias jurídicas diferentes según que las distinciones sean relevantes para justificar un trato desigual (la igualdad como diferenciación) o irrelevantes, en cuyo caso se dará un trato igual (la igualdad como equiparación).*

La igualdad como equiparación rechaza, como quedó dicho, la discriminación fundada en criterios de diferenciación considerados irrelevantes. El anotado rechazo se funda mayormente en criterios razonables, formados a través del tiempo y asumidos como tales por la ética pública en un momento determinado.

En cambio, **la igualdad como diferenciación toma en cuenta las diferencias que existen entre hechos aparentemente similares, para -en función igualadora-, dar un trato diferenciado. Aquí no se aplican criterios abstractos, como en el caso anterior, sino que se imponen criterios valorativos o de razonabilidad, con el fin de ponderar si las diferencias advertidas justifican el trato desigual.** *Póngase por caso las políticas que siguen ciertas Universidades de admitir estudiantes sin que tengan que cumplir ciertos requisitos que sí se exigen a los demás estudiantes, por el hecho de provenir de algunas zonas del país; o las normas que imponen que en determinados organismos estén representadas minorías en un número mínimo, no obstante que por los procedimientos ordinarios de elección tal cuota sería inalcanzable, léase: representación indígena en el parlamento. Estos ejemplos intentan ilustrar acerca de hechos o situaciones que justifican un trato diferenciado a supuestos de hecho en principio similares (cf. el tema de las políticas de la "acción afirmativa" y la "discriminación a la inversa" en Richard A. Watson, vid. Democracia Americana. Logros y Perspectivas, México, Noriega Editores, 1989, trad. de Ricardo Calvet Pérez, p. 552).*

Sin embargo, la determinación de qué hechos o elementos se estiman relevantes, y, por lo tanto, causa justificada de un trato desigual a supuestos de hecho a primera vista similares, como en el caso del personal docente de una Universidad, de donde la ley excluye a los profesores instructores de participar en la elección de las autoridades de la respectiva facultad a la que pertenecen, corresponde al parlamento, en razón de la potestad propia (política legislativa) de discrecionalidad -no de arbitrariedad-, que tiene su origen en el mandato democrático que le ha sido conferido.

Al juez, por otra parte, desde la premisa de que el legislador es el primer intérprete de la Constitución –de allí que le esté vedado invadir la esfera de las opciones políticas que el legislador tiene reservadas-, le corresponde ponderar si la definición o calificación que el legislador haga de las situaciones de facto o las relaciones de vida que deben ser tratadas de forma igual o desigual, no vacíe de contenido el derecho fundamental que se denuncie como conculcado. Respecto a la anotada prohibición de arbitrariedad o irrazonabilidad dos son las vías que se han ensayado para examinar una denuncia en estos términos: a) una primera, juzga si el criterio utilizado carece de una suficiente base material para proceder al tratamiento diferenciado; o b) a través de un criterio negativo, que sirve para fundamentar la censura solamente en aquellos casos de desigualdad flagrante e intolerable. La Sala estima que su juicio, en estos casos, exige la determinación de si el contenido del derecho fundamental de que se trate ha sido o no desconocido, y ello supone un análisis de si el criterio di-

ferenciador es razonable, esto es, si es tolerable por el ordenamiento constitucional. Luego, cumplida esta fase, el juez se abstendrá de controlar si el legislador, en un caso concreto, ha encontrado la solución más adecuada al fin buscado, o la más razonable o más justa, ya que de lo contrario se estaría inmiscuyendo en la mencionada discrecionalidad legislativa (cf. la contribución de Luis Nunes de Almeida a la obra colectiva Las tensiones entre el Tribunal Constitucional y el Legislador en la Europa Actual, Tecnos, pp. 227-230)".

En idénticos términos, la Sala mediante sentencias números 536/2000, 1197/2000, 898/2002, 2121/2003, 3242/2003, 2413/2004, 190/2008 y 1342/2012, ha venido estableciendo los supuestos jurisprudenciales de igualdad en la ley y ante la ley, así como el necesario análisis sobre la razonabilidad y proporcionalidad en la diferencia de trato cuando no se tratan de supuestos iguales y/o la igualdad o desigualdad natural fundamentada en cuotas de participación para equiparar éstas o como reconocimiento a la minorías.

En este último punto, debemos destacar (Véase: Sentencia N° 1342 en *Revista de Derecho Público*, N° 132, 2012, pp. 127 y ss)

.....Delimitado a grandes rasgos la concepción de la cláusula de igualdad establecida en la Constitución de la República Bolivariana de Venezuela, debe esta Sala verificar si en el presente caso, resulta contrario al Texto Constitucional la disposición contenida en el artículo 57 del Código Civil, el cual dispone:

"Artículo 57.- La mujer no puede contraer válidamente matrimonio sino después de diez (10) meses contados a partir de la anulación o disolución del anterior matrimonio, excepto en el caso de que antes de dicho lapso haya ocurrido el parto o produzca evidencia médica documentada de la cual resulte que no está embarazada".

Al efecto, como se expuso al inicio de la presente motivación, la representación de la Defensoría del Pueblo, alega en su escrito de nulidad que la mencionada norma establece unas condiciones más gravosas y limitativas para la celebración de segundas nupcias a la mujer respecto al hombre, las cuales contrarían los postulados constitucionales establecidos en los artículos 21 y 77 de la Constitución de la República Bolivariana de Venezuela.

En este orden de ideas, se advierte que la igualdad no prohíbe que se le confiera un trato desigual a un ciudadano o grupo de ciudadanos, sino que tales diferenciaciones se funden en cuestiones valorativas, desproporcionadas o injustas fundadas en razón de *"(...) la raza, el sexo, el credo, la condición social o aquellas que, en general, tengan por objeto o por resultado anular o menoscabar el reconocimiento, goce o ejercicio en condiciones de igualdad, de los derechos y libertades de toda persona (...)"*, o cuando pudiendo existir las mismas con fundamento en elementos naturales como el sexo, como ocurre en el supuesto de autos, las mismas resulten carentes de racionalidad y proporcionalidad, y no se ajusten a i) la situación real y efectiva de la situación de hecho, ii) la finalidad específica de la desigualdad, iii) la racionalidad de la finalidad desde la perspectiva de los derechos y principios constitucionales; y iv) la proporcionalidad en la ponderación en la desigualdad observada es decir, que la consecuencia jurídica que constituye el trato desigual no guarde una absoluta desproporción con las circunstancias de hecho y la finalidad que la justifica (*Vid*. Sentencia de esta Sala N° 2413 del 13 de octubre de 2004, caso: *"Manuel Enrique Peña Mendoza"*, criterio reiterado en fallo N° 1342/2012).

En este contexto, la labor de la jurisdicción constitucional tiene por objeto velar si la norma cuestionada se ajusta a los principios y derechos constitucionales, y siendo acorde su consagración con el Texto Constitucional, si la misma es justificada y proporcional a los efectos de otorgar una mayor justicia acorde con el derecho, la libertad personal, la igualdad y la dignidad humana, es decir, en el caso concreto donde se alega la violación al derecho a la igualdad debe determinarse si la desigualdad observada no crea un perjuicio proporcionalmente mayor al fin obtenido o planificado ha obtener, cuestión a la cual es proclive el legislador al establecer condiciones desiguales con fundamento en acciones positivas (Discriminación positiva).

Es de destacar que cierto sector del historicismo ciertamente, ha calificado a las sociedades latinoamericanas como sistemas en los cuales la mujer fue vista en sus orígenes de manera infravalorada, siendo el desarrollo educacional, cultural y social de ésta lo que le ha permitido en nuestra sociedad venezolana obtener condiciones estables y similares al hombre, en comparación con otras, ubicándosele actualmente en un plano superpuesto de reconocimiento en función de su papel trascendental de la creación y sustento de la sociedad; así como a la sabiduría ética y filosófica del cuidado femenino superpuesto a la condición imaginaria de la debilidad física y psicológica en función del género (*Vid.* V.V.A.A., Diotima. *Mettere al mondo il mondo. Oggeto e oggettivitá alla luce della differenza sessuale*; La Tartaruga eduzioni, Milan 1990, citado Francesca Gargallo, *Ideas Feministas latinoamericanas*, Fundación Editorial el perro y la rana, 2006, pp. 69-71).

Así recientemente, se ha admitido y desarrollado esa diferenciación no solo en cuanto al sexo sino a una concepción más amplia como lo es el género, en virtud de que adicionalmente a la diferencia biológica existencial entre ambos sexos existe una diferencia de actitud en cuanto al trato relativo a una u otro, en función de la feminidad –ética del cuidado- o masculinidad (*Vid.* L. Nuño Gómez, *Mujeres al borde del siglo XXI: nuevo papel para la mujer* en *Mujeres: de lo privado a lo público*, Madrid, Edit. Tecnos, 1999, p. 187, citado por Andrés Ollero, *Discriminación por razón de sexo*, CEPC, 1999, p. 76).

No obstante esta diferenciación ciertamente admite excepciones, las cuales deben limitarse y restringirse a sus condiciones naturales, morfológicas y anatómicas en función del género y no a los prejuicios o a la crueldad -en ciertas ocasiones- del pensamiento humano, fundamentado éste en razones arbitrariamente de injusticia que profesan algunos seres humanos en función de estigmas sociales, morales, raciales, religiosos e incluso sexuales sin atender a la dignidad, a la libertad de pensamiento o a elementos de tolerancia, como bien lo expresa Eli Bartra cuando expone: *"El feminismo (o los feminismos) representa el enfrentamiento con el sistema patriarcal, es la lucha por destruirlo; tiene su razón de ser porque persigue la transformación económica, política, social, ideológica, psíquica y sexual de las mujeres. Estos cambios buscan el mejoramiento, el enriquecimiento, pero a su vez significan un paso más en el proceso general de 'humanización' del ser humano. Es una lucha civilizatoria por excelencia, como lo es toda defensa de los derechos humanos; es una lucha contra la barbarie, la injusticia racional, la animalidad que manifiestan, aún hoy en día, unas personas sobre otras"* (*Vid.* Eli Bartra; *Tres décadas de neofeminismo en México*, citado por Francesca Gargallo, Ideas Feministas latinoamericanas, *ob. cit*, p. 72).

Dichas diferencias, han atendido, de manera inverosímil al desarrollo hormonal, psíquico, sexual e incluso ideológico de las personas involucradas, diferenciaciones que incluso han abarcado el ámbito religioso, cuando éste es un elemento vinculado a las convicciones morales del ser humano y complementarias al desarrollo de su personalidad, propio de la libertad de conocimiento, lo cual no puede constituirse como un motivo de diferenciación y menos aún inculcarse o entronarse como un rasgo o factor argumentativo sobre la constitucionalidad de las normas sino solamente un elemento valorativo sobre los prejuicios subjetivos del legislador.

Sin embargo, los elementos subjetivos del legislador sí deben atender a la condición anatómica del ser humano, no en cuanto a la capacidad de ejercicio de sus actividades, su desarrollo, o a la existencia de privilegios o medidas proteccionistas del Estado, en virtud de que no atienden a una diferenciación etérea o caprichosa; sino consustancial a ella, a su naturalidad y a su existencialidad (*vgr.* Maternidad).

En el caso concreto, esta Sala aprecia que la norma invocada como presuntamente inconstitucional establece en su contenido una regla y su consecuente excepción al género femenino para contraer matrimonio en protección a una condición ulterior que es la protección de la familia, derivada del establecimiento de un lapso temporal de diez meses para la celebración de nuevas nupcias contados a partir de la disolución o anulación del matrimonio anterior, no exigible al hombre para la posibilidad de contraer matrimonio válidamente.

Al efecto, debe reiterarse nuevamente el contenido de la norma impugnada para clarificar el supuesto de autos, que establece: *"La mujer no puede contraer válidamente matrimonio sino después de diez (10) meses contados a partir de la anulación o disolución del anterior matrimonio, excepto en el caso de que antes de dicho lapso haya ocurrido el parto o produzca evidencia médica documentada de la cual resulte que no esté embarazada"* (Subrayado de esta Sala).

Del contenido del mencionado artículo se desprende claramente que se consagra una norma restrictiva al establecer un impedimento inicial basado en la temporalidad, que responde a la posibilidad de la mujer previamente casada a la espera de un lapso de diez meses a partir de la anulación o disolución del anterior matrimonio fundado en la existencia cierta de un embarazo, ya que constatada la ausencia de este no se constata el impedimento legislativo estipulado.

Por ello, se observa de manera preliminar que la misma norma contempla en si misma dos diferenciaciones respecto a la condición de su mismo género, en primer lugar, se consagra un impedimento para la mujer casada para la celebración de segundas nupcias que no opera para la mujer que quiera contraer matrimonio por primera vez, y en segundo lugar contempla una diferencia respecto al género masculino, al establecer un condicionamiento que no resulta exigible al hombre en igualdad de condiciones.

Ciertamente, la precitada norma contiene una diferencia de trato que debe ser verificada en cuanto a su constitucionalidad, sin embargo, ésta contempla un supuesto excepcional el cual se encuentra claramente delimitado por el levantamiento del impedimento, siempre y cuando: i) antes del lapso de diez meses posteriormente a la anulación o disolución del matrimonio haya ocurrido el parto y ii) cuando produzca evidencia médica documentada de la cual resulte que no esté embarazada.

En tal sentido, se aprecia del análisis de la norma que existe una regulación diferencial respecto a la mujer soltera, en virtud que, sobre ésta no coexiste un lapso para contraer matrimonio por cuanto no se constatan dos elementos condicionantes, el primero, es la anulación o disolución de un matrimonio previo, por lo que mal podría realizarse un test de igualdad cuando los supuestos parten de una disimilitud previa, en un primer supuesto por la condición del estado civil precedente y el segundo elemento, se constituye por cuanto no se genera la presunción de paternidad en protección del niño.

En función de lo expuesto, debe esta Sala destacar que el artículo 77 de la Constitución de la República Bolivariana de Venezuela, consagra la igualdad absoluta entre el hombre y la mujer, igualdad la cual debe equipararse a los requisitos para la celebración del matrimonio, en este sentido, expone la norma que:

"Se protege el matrimonio entre un hombre y una mujer, fundado en el libre consentimiento y en la igualdad absoluta de los derechos y deberes de los cónyuges. Las uniones estables de hecho entre un hombre y una mujer que cumplan los requisitos establecidos en la ley producirán los mismos efectos que el matrimonio".

Es de destacar, en consecuencia, que la norma establece una diferencia de trato no solo respecto de la mujer soltera en cuanto a la celebración de las nupcias, sino a una diferencia en cuanto al hombre, la cual atiende, en primer lugar, a una diferencia respecto al cónyuge masculino derivada del género y en segundo lugar, de la condición de la maternidad propia del sexo femenino.

Tal condición implica una infravaloración a la mujer derivada de la exigencia de un condicionamiento adicional al hombre, fundada en el estado de gravidez, el cual no puede constituirse como un impedimento para el ejercicio de sus derechos constitucionales, cuando tal limitación no deriva de una adecuación o protección constitucional que implique el mantenimiento de formulas vetustas al correspondiente y paulatino desarrollo de los avances científicos que permiten garantizar la protección e integralidad de la familia, para el conocimiento de la paternidad.

En este escenario, resulta relevante destacar que admitir una pretendida discriminación fundada en el sexo y en la protección de la paternidad, la cual se encuentra garantizada por el artículo 201 del Código Civil, en la celebración de nuevas nupcias con fundamento en una limitación temporal implicaría admitir una desigualdad con fundamento en el reconocimiento voluntario que puede efectuar el padre y la madre, y el reconocimiento del derecho a la identidad del niño, niña y adolescente, el cual no se vería menoscabado por la celebración de nuevas nupcias de la madre sino en atención a los reconocimientos voluntarios y a las diferentes acciones judiciales establecidas en el ordenamiento jurídico.

En este sentido, cabe reiterar la reflexión realizada por esta Sala en sentencia N° 1443/2008, en la cual se expuso: *"Así pues, resultaría incomprensible admitir que el derecho ante el desarrollo científico actual que permite conocer en un alto grado de certeza la identidad genética de dos individuos, tal avance científico no se corresponda inversamente proporcional al desarrollo en forma directa del derecho, y que éste en definitiva involucione hacia un positivismo desacerbado, a partir del cual se niegue a determinados individuos, la calidad de personas y su verdadera identidad biológica".* En tal sentido, igual referencia cabría admitir en el presente supuesto, que contempla la limitación temporal para garantizar el lapso de la presunción de paternidad lo cual no se compadece con el espíritu del legislador ni la naturaleza de la institución, ya que el reconocimiento de la identidad del niño no se vería afectada en función de la protección establecida en la Ley para la Protección de las Familias, la Maternidad y la Paternidad, y la protección de la identidad de la paternidad y maternidad establecida en el artículo 56, 75 y 76 del Texto Constitucional, que disponen:

"Artículo 56. Toda persona tiene derecho a un nombre propio, al apellido del padre y al de la madre, y a conocer la identidad de los mismos. El Estado garantizará el derecho a investigar la maternidad y la paternidad.

Toda persona tiene derecho a ser inscrita gratuitamente en el registro civil después de su nacimiento y a obtener documentos públicos que comprueben su identidad biológica, de conformidad con la ley. Éstos no contendrán mención alguna que califique la filiación.

Artículo 75. El Estado protegerá a las familias como asociación natural de la sociedad y como el espacio fundamental para el desarrollo integral de las personas. Las relaciones familiares se basan en la igualdad de derechos y deberes, la solidaridad, el esfuerzo común, la comprensión mutua y el respeto recíproco entre sus integrantes. El Estado garantizará protección a la madre, al padre o a quienes ejerzan la jefatura de la familia.

Los niños, niñas y adolescentes tienen derecho a vivir, ser criados o criadas y a desarrollarse en el seno de su familia de origen. Cuando ello sea imposible o contrario a su interés superior, tendrán derecho a una familia sustituta, de conformidad con la ley. La adopción tiene efectos similares a la filiación y se establece siempre en beneficio del adoptado o la adoptada, de conformidad con la ley. La adopción internacional es subsidiaria de la nacional" (Negrillas de esta Sala).

Artículo 76. La maternidad y la paternidad son protegidas integralmente, sea cual fuere el estado civil de la madre o del padre. Las parejas tienen derecho a decidir libre y responsablemente el número de hijos o hijas que deseen concebir y a disponer de la información y de los medios que les aseguren el ejercicio de este derecho. El Estado garantizará asistencia y protección integral a la maternidad, en general a partir del momento de la concepción, durante el embarazo, el parto y el puerperio, y asegurará servicios de planificación familiar integral basados en valores éticos y científicos.

El padre y la madre tienen el deber compartido e irrenunciable de criar, formar, educar, mantener y asistir a sus hijos o hijas, y éstos o éstas tienen el deber de asistirlos o asistirlas cuando aquel o aquella no puedan hacerlo por sí mismos o por sí mismas. La ley establecerá las medidas necesarias y adecuadas para garantizar la efectividad de la obligación alimentaria".

Así, la diferenciación anotada en el artículo 57 del Código Civil se funda en motivos arbitrarios que no atiende a la equiparación entre ambos cónyuges en franco menoscabo de los artículos 21 y 77 de la Constitución de la República Bolivariana de Venezuela, ni al protectorado de la familia, el cual se encuentra plenamente garantizado sin que ello implique un menoscabo en el núcleo esencial de los derechos de la madre por su sola condición biológica.

El análisis de la igualdad con el núcleo esencial de los derechos afectados resulta indispensable por cuanto la igualdad es un derecho relacional, es decir, que su consagración o análisis implica un grado de comparación con el derecho involucrado y con los sujetos equiparados (*Cfr.* Nino, Carlos Santiago; *"Introducción al análisis del Derecho"*, Edit. Astrea, 2005), por cuanto la igualdad es a su vez un principio que regula o inspira el ejercicio a su vez de otros derechos sustantivos consagrados en el ordenamiento jurídico (*Vid.* F. Rubio Llorente, *La forma del poder*, CEPC, 1993, pp. 637-644).

En este orden de ideas, y congruente con la protección de la paternidad y la maternidad, debe destacarse que el derecho a la identidad biológica se encuentra plenamente garantizado dentro del sistema constitucional venezolano, al efecto, cabe citar sentencia de esta Sala N° 1443/2008, en la cual se dispuso:

"El primero de los artículos -56- consagra el derecho a la identidad de los ciudadanos, derecho el cual se considera inherente a la persona humana y del cual no se puede prescindir, lo cual genera paralelamente una obligación al Estado, consistente en el deber de asegurar una identidad legal, la cual debería coincidir con la identidad biológica, todo ello con la finalidad de otorgar a todo ciudadano un elemento diferenciador con respecto a los integrantes de una sociedad, el cual se interrelaciona y se desarrolla con el derecho al libre desenvolvimiento de la personalidad.

Derecho éste, el cual no se agota en su relación con los demás ciudadanos, sino que aun se internaliza más en el desarrollo y conocimiento de cada hombre, constituyéndose en un presupuesto indispensable del aseguramiento del derecho a la vida, sin el cual no puede concebirse al hombre. Así pues, la identidad personal es ser uno mismo, representado con sus propios caracteres y sus propias acciones, constituyendo la misma verdad de la persona.

Conviene destacar en tal sentido, que el hombre es el eje y centro de todo el sistema jurídico y en tanto fin en sí mismo, su persona y la consagración de sus derechos intrínsecos y personalísimos son inviolables. Ello así los derechos de la personalidad, dentro de los cuales debe incluirse el derecho a la identidad, son esenciales para ese respeto de la condición humana.

En este sentido, debe destacarse que el artículo 4 de la Ley Orgánica para la Protección de Niños, Niñas y Adolescentes, establece una obligación general del Estado de adoptar todas las medidas administrativas, legales y judiciales que sean necesarias y apropiadas para asegurar a todos los niños y adolescentes el pleno disfrute de sus derechos y garantías, entre los cuales se encuentra el derecho a la identidad.

Es por estas razones que el Estado se encuentra obligado no sólo en el plano nacional sino internacionalmente, en diversos tratados internacionales suscritos y ratificados por Venezuela, a garantizar el respeto y resguardo del derecho a la identidad, como implícito al desarrollo del ser humano dentro de la sociedad y como elemento definidor de su conducta y desarrollo individual, consagrados los mismos en los artículos 19 de la Convención Americana de los Derechos Humanos, 24.2 del Pacto Internacional de Derechos Civiles y Políticos, y el Principio 3° de la Asamblea General de las Naciones Unidas, así como en los artículos 16, 17, 18, 19, 21 y 22 de la Ley Orgánica para la Protección de Niños, Niñas y Adolescentes.

En este sentido, este derecho -identidad- lleva aparejado el derecho al nombre el cual se encuentra configurado por dos elementos, el nombre de pila y el apellido de los padres, el primero es disponible por sus representantes, ya que son éstos los que establecen el nombre ante las autoridades civiles correspondientes, no obstante, el nombre de familia o apellido, es el que tiene un arraigo histórico y generacional, ya que éste es el único que legalmente se transmite sucesivamente a sus descendientes, siendo el mismo únicamente mutable por vía de declaración judicial.

En virtud de dicha obligación, y de la importancia del resguardo del derecho de identidad de los ciudadanos, así como la protección integral de la paternidad y maternidad, es que el Código Civil consagra en su artículo 201, una presunción iuris tantum, para que en virtud del reconocimiento de los hijos concebidos dentro del matrimonio, éstos sean considerados como hijos del cónyuge de la madre.

...omissis...

Dicha presunción tiene íncita una finalidad social de protección al hijo y de la institución familiar, ya que, ante la posible falta de parentesco paterno, por no ser su padre el cónyuge de la madre sino hijo de una pareja extramatrimonial y su falta de reconocimiento voluntario por parte del padre biológico, la legislación patria establece una protección al niño de gozar inmediatamente al momento de su nacimiento una identidad legal, plena y expedita.

Al efecto, respecto al mantenimiento y justificación de la presunción de paternidad matrimonial, y a los meros efectos ilustrativos, debe destacarse sentencia del Tribunal Constitucional Español N° 138/2005, en la cual dispuso, brevemente: "[h]istóricamente los problemas de la determinación de la filiación, particularmente en cuanto a la paternidad (mater semper certa est), han tenido su razón de ser en la naturaleza íntima de las relaciones causantes del nacimiento y en la dificultad de saber de qué relación concreta, si las hubo con diferentes varones, derivó la gestación y el nacimiento correspondiente. Ello ha justificado, en beneficio de la madre y del hijo, el juego de presunciones legales, entre ellas la de paternidad matrimonial (pater is quem nuptiae demonstrant) y las restricciones probatorias que han caracterizado al Derecho de filiación".

Sin embargo, ello no restringe el derecho del marido ni el derecho del padre biológico de intentar la acción de desconocimiento judicial o la acción de inquisición de paternidad, según sea el caso, ante los órganos jurisdiccionales competentes. En atención a lo expuesto, se plantea una interrogante, ante el supuesto de que ambos se atribuyan la paternidad del niño ¿qué identidad debe prevalecer si la biológica o la legal?.

En atención a ello, previo a determinar con fundamento en los artículos constitucionales transcritos, sobre cuál identidad debe prevalecer y se encuentra garantizada en el Texto Constitucional, es necesario aclarar qué debe ser entendido por identidad biológica e identidad legal. En tal sentido, por identidad biológica debe entenderse aquélla sobre la cual existe un vínculo consanguíneo entre el progenitor, es decir, el ascendiente y su hijo.

Adicional a ello, debe destacarse que es ésta la única que puede ser comprobada científicamente en un determinado procedimiento judicial.

Así pues, resultaría incomprensible admitir que el derecho ante el desarrollo científico actual que permite conocer en un alto grado de certeza la identidad genética de dos individuos, tal avance científico no se corresponda inversamente proporcional al desarrollo en forma directa del derecho, y que éste en definitiva involucione hacia un positivismo desacerbado, a partir del cual se niegue a determinados individuos, la calidad de personas y su verdadera identidad biológica.

En atención a ello, se debe destacar que es en la identidad de cada persona que se encuentra la específica verdad personal, que es el conocimiento de aquello que se es realmente, lo que el sujeto naturalmente anhela conocer y desentrañar. Ese derecho se encuentra mancillado cuando el acceso a la verdad biológica es obstruido o negado, por el simple formalismo de un positivismo exegético que no atiende a la realidad fáctica y jurídica de una nación, y que tampoco aprecia el efectivo desarrollo y garantía de los derechos constitucionales.

En tal sentido, se aprecia que la comprobación científica y real de la identidad biológica, tiene relevancia en dos escenarios, el primero se verifica en el interés social, en el que está involucrado el orden público, y tiene como objetivo esencial la averiguación de la verdad biológica; y el segundo en el interés privado de conocer su identidad genética y tener derecho a dicho conocimiento".

En este orden de ideas, cabe reiterar que la condición morfológica del género en este caso se ubica en un plano valorativo y formativo en los elementos comparativos entre el hombre y la mujer, al desplazar los elementos de igualdad y corresponsabilidad entre ambos contrayentes, al establecer exigencias y requisitos adicionales sobre el otro, fundados éstos en elementos que no se corresponden con la protección constitucional del derecho a la igualdad y a la protección de la identidad del niño, la cual se encuentra plenamente garantizada al encontrarse establecida la presunción de paternidad en el artículo 201 del Código Civil, al reconocimiento voluntario del niño o niña, conforme a las disposiciones consagradas en la Ley para la Protección de las Familias, la Maternidad y la Paternidad (*Gaceta Oficial* N° 38.773 del 20 de septiembre de 2007) o en la interposición de las acciones judiciales relevantes a la filiación, en caso de que exista contradicción entre la identidad biológica y la legal.

En consecuencia, se advierte que debe esta Sala declarar con lugar la presente acción de constitucionalidad, por contradecir palmariamente los artículos 21 y 77 de la Constitución de la República Bolivariana de Venezuela, al establecer condicionamientos diferenciados en función del género y a la igualdad entre los cónyuges, por lo que congruente con los principios y derechos constitucionales establecidos en nuestro Texto Fundamental, cabe reiterar que la mujer no tiene ningún impedimento legal para la celebración de nuevas nupcias con posterioridad a la anulación o disolución del matrimonio anterior, en consecuencia, se declara la nulidad del artículo 57 del Código Civil. Así se decide.

Finalmente, en relación con los efectos de la decisión en el tiempo, esta Sala determina que esta sentencia tendrá efectos *ex nunc*. Así se decide.

2. *Derechos Individuales*

A. *Derecho a la libertad de expresión e información*

TSJ-SC (878)   **9-7-2013**

Magistrado Ponente: Francisco Antonio Carrasquero López

Caso: RCTV, C.A. (Artículo 192 de la Ley Orgánica de Telecomunicaciones).

La Sala declara improcedente *in limine litis* **el recurso de nulidad interpuesto contra el artículo 192 de la Ley Orgánica de Telecomunicaciones, en virtud de haberse declarado previamente su constitucionalidad, donde se estableció que la misma se contextualiza legítimamente dentro del marco regulatorio del Estado sobre la libertad de empresa y en especial, sobre el derecho a la libertad de expresión, que tiene como correlativo el deber de comunicar aquello que sea de interés para la opinión pública.**

Analizadas las actas que componen el expediente, observa la Sala que se encuentra pendiente de decisión la intervención de la Comisión Nacional de Telecomunicaciones (CONATEL), así como la solicitud de continuación de la causa y con ella, de convocar a la audiencia pública.

Ello, así es preciso observar lo siguiente:

En el caso bajo examen, los recurrentes solicitaron la declaratoria de nulidad del artículo 192 de la Ley Orgánica de Telecomunicaciones, sobre la base de los siguientes argumentos:

Que la norma impugnada, constituye una restricción ilegítima del derecho a la libertad de pensamiento y expresión, dispuesto en los artículos 57 de la Constitución de la República Bolivariana de Venezuela y 13 de la Convención Americana de Derechos Humanos.

Que tal como se desprende de la Declaración de Principios sobre Libertad de Expresión adoptada por la Comisión Interamericana de Derechos Humanos, la imposición arbitraria de información, constituye un obstáculo al libre flujo informativo.

Que conforme a lo dispuesto en el artículo 13.2 de la Convención Americana de Derechos Humanos, la imposición de información resulta arbitraria cuando no versa sobre el respeto a los derechos o a la reputación de los demás; la protección a la seguridad nacional; el orden público; la salud y la moral pública.

Que la obligación de transmitir información, es una restricción del derecho a la libertad de pensamiento y expresión, que sólo resulta admisible cuando se busca tutelar los bienes jurídicos *supra* señalados y que, en tal caso, el Estado debe comprobar que la utilidad y la oportunidad de la imposición.

Que aun cuando la imposición de información, se fundamente en razones de respeto a los derechos o a la reputación de los demás; la protección a la seguridad nacional; el orden público; la salud y la moral pública, la misma resultará arbitraria, cuando no tenga límites, lo que ocurriría cuando "la ley no establezca límites a tal imposición; por ejemplo, de carácter temporal, o de carácter material referido a los contenidos".

Que la norma impugnada, no se encuentra justificada en razones de seguridad nacional, toda vez que el propio texto normativo excluye dicho fundamento.

Que la aplicación del artículo impugnado no supone la vinculación de la información con el orden público, la salud y la moral pública, o la protección de los derechos o la reputación de los demás, lo cual evidencia que la habilitación legal a favor del Ejecutivo Nacional, tiene carácter arbitrario e ilimitado.

Que la Corte Constitucional de Colombia ha considerado que las facultades ilimitadas del Presidente de dicho Estado a dirigirse al pueblos a través de televisión, constituyen una violación de los valores y derechos consagrados en su Constitución Política.

Que sobre el particular, el Relator Especial de las Naciones Unidas sobre la Libertad de Opinión y Expresión; el representante de la Organización para La Seguridad y Cooperación en Europa (OSCE) sobre Libertad de Prensa; y el Relator Especial para la Libertad de Expresión de la Organización de Estados Americanos, emitieron una declaración conjunta en diciembre de 2003, en la cual dejaron asentado, que las restricciones a los contenidos de los miembros de comunicación, son "problemáticas" y que "Los medios de comunicación no deben ser obligados por ley a difundir mensajes de figuras políticas específicas como, por ejemplo, los Presidentes".

Que la remisión reglamentaria contenida en la norma impugnada, relativa a la determinación de las modalidades, limitaciones y demás características de tales emisiones y transmisiones, es contraria al principio de reserva legal, por cuanto dicha regulación versa sobre derechos fundamentales y por tanto, debe estar contenida en normas con rango legal.

Que es sencillo apreciar cómo la norma recurrida, no contiene regulación sobre la modalidad, límites y características de las transmisiones oficiales, lo cual constituye una abdicación del legislador en su facultad regulatoria, siendo esto, un incorrecto uso de la técnica de remisión reglamentaria.

Visto los argumentos anulatorios planteados, es pertinente hacer referencia a que con posterioridad a la interposición del presente recurso, esta Sala (Véase Sentencia N° 2152 en *Revista de Derecho Público* N° 112, 2007, pp. 506 y ss.) en la cual, tuvo oportunidad de pronunciarse sobre la constitucionalidad de la norma impugnada....

....De la citada decisión se observa que esta Sala tuvo la oportunidad de analizar la conformidad con la Constitución de la norma impugnada y, en tal sentido, estableció que la misma se contextualiza legítimamente dentro del marco regulatorio del Estado sobre la libertad de empresa y en especial, sobre el derecho a la libertad de expresión, que tiene como correlativo el deber de comunicar aquello que sea de interés para la opinión pública.

Conforme al referido deber de información, se imponen a los medios de comunicación, cargas de servicio como la contenida en la norma atacada, a los efectos de garantizar la transmisión de un hecho noticioso sobre el cual recae el interés colectivo. Incluso, a costa de la programación regular de un medio de comunicación, ya que el beneficio económico individual del medio, debe ceder ante el derecho colectivo de recibir información de interés general.

En otras palabras, la norma atacada no es más que una garantía del derecho a la información y, por tanto, un mecanismo para permitir que todos los ciudadanos y ciudadanas puedan conocer la realidad social, política y económica, a través de transmisiones objetivas que contribuyan con la creación de una opinión pública formada sobre elementos veraces y no sobre la visión particular de un medio que pudiera estar sesgado.

Siendo ello así, considera esta Sala Constitucional que al presente asunto le es aplicable la doctrina desarrollada en la sentencia 2609/ 2001, en el caso *Henry Jaspe Garcés*, según la cual, no es preciso sustanciar la acción planteada por versar la misma sobre un asunto donde ya la Sala emitió un pronunciamiento destacando la constitucionalidad de la norma impugnada. En efecto, esta Sala estableció en la referida decisión, que resultaba inoficiosa la tramitación de un juicio anulatorio cuando ya se había establecido de manera general y abstracta el carácter constitucional de una disposición que era impugnada y, en el presente caso, se ha verificado sobrevenidamente tal situación, pues con posterioridad a la interposición de la presente nulidad, se determinó que el artículo 192 de la Ley Orgánica de Telecomunicaciones, no era contrario al Texto Fundamental.

En consecuencia, sobre la base de los principios de celeridad y economía procesal, se considera inoficiosa la continuación de la presente causa y, por tanto, se declara improcedente *in limine litis* la nulidad incoada. Así se decide.

3. *Derechos Políticos: Partidos Políticos*

TSJ-SE (104)   **12-8-2013**

Magistrada Ponente: Jhannett María Madriz Sotillo

Caso: Movimiento Revolucionario Barineses por Venezuela (MRBXV) vs. Consejo Nacional Electoral

La Sala analiza la jurisprudencia existente sobre la prohibición de similitud gráfica y fonética de la denominación de una organización con fines políticos.

.....Ahora bien, la Sala para decidir observa que la resolución impugnada para negar la denominación provisional principal MOVIMIENTO REVOLUCIONARIO BOLIVARIANOS POR VENEZUELA (MRBXV) ,y sus alternativas MOVIMIENTO REVOLUCIONARIO BARINESES POR VENEZUELA (MRBXV) y MOVIMIENTO REVOLUCIONARIO ZAMORANO (MRZ), solicitadas por la ciudadana Yuletzy Carmelis Gómez Moreno, en su carácter de secretaria general de la organización regional con fines políticos denominada MOVIMIENTO REVOLUCIONARIO BARINESES POR VENEZUELA (MRBXV), señala que dichas denominaciones no pueden ser autorizadas, en virtud de que sus nombres tienen similitud gráfica y fonética con la organización con fines políticos MOVIMIENTO REPUBLICANO (MR) a nivel nacional, con fundamento en lo previsto en el artículo 7 de la Ley de Partidos Políticos, Reuniones Públicas y Manifestaciones, el cual señala lo siguiente:

> *"Los partidos políticos adoptarán una denominación distinta de la de otros partidos políticos debidamente registrados. Dicha denominación no podrá incluir nombres de personas, ni de iglesias, ni ser contraria a la igualdad social y jurídica, ni expresiva de antagonismo hacia naciones extranjeras, ni en forma alguna parecerse o tener relación gráfica o fonética con los símbolos de la Patria o con emblemas religiosos. Los partidos podrán cambiar su denominación de conformidad con las normas fijadas en este artículo y tomándose el acuerdo por la convención o asamblea que señalen sus estatutos como máximo organismo de decisión. Deberá darse cuenta dentro de los 10 días siguientes a la determinación, al Consejo Nacional Electoral".*

Respecto al contenido y alcance del artículo antes transcrito, esta Sala ha señalado que a dicha norma *"…se le debe dar una interpretación sistemática, no literal, es decir atendiendo al objetivo que persigue (...) Ese fin u objetivo no es otro que impedir la identificación -subliminal- de la organización política (...) que por esa sola condición logran atraer la inclinación afectiva de la colectividad, en detrimento de los demás partidos políticos."* (*Vid.* 141/2001).

Así, esta Sala Electoral, mediante sentencia 80/2006, se pronunció acerca de la prohibición de similitud gráfica y fonética de las denominaciones de las organizaciones con fines políticos, de la siguiente manera:

> *"Como se observa en la norma antes citada, exige la Ley de Partidos Políticos, Reuniones Públicas y Manifestaciones que no haya identidad o similitud entre la denominación de los partidos políticos. El fin u objetivo del legislador al establecer esta prohibición, es la de evitar que un elector pueda ser inducido en error al momento de ejercer el derecho al sufragio activo, y que por esa sola situación una organización política logre atraer la inclinación afectiva de los electores, en detrimento de los demás partidos políticos".*

Para evitar situaciones que a la postre puedan alterar lo que en determinado momento histórico constituya la voluntad del electorado, es por lo que el legislador estimó de trascendental importancia establecer normas de transparencias que eviten confusiones electorales, así como la afectación de las ofertas electorales dentro de un proceso comicial, y que en tal sentido pueda el elector comprender con suma claridad cuáles son los candidatos y los partidos entre las cuales puede escoger. Una de estas normas de transparencia es la prohibición de identidad o similitud entre la denominación de los partidos políticos.

Observa esta Sala Electoral que en el presente caso ha señalado el representante del Consejo Nacional Electoral, que la denominación 'SEXTA REPÚBLICA' (SR), guarda similitud con nombres que han sido autorizados a otras organizaciones con fines políticos, como es el caso del 'MOVIMIENTO QUINTA REPÚBLICA' (MVR) y que por tal razón no procede la autorización de uso de dicha denominación provisional.

Sobre este argumento considera necesario señalar esta Sala Electoral, que efectivamente es un hecho público y notorio la existencia dentro del actual sistema político venezolano de la organización con fines políticos 'MOVIMIENTO QUINTA REPÚBLICA' (MVR), la cual constituye una de sus organizaciones emblemáticas. Igualmente es un hecho público y notorio que la organización con fines políticos 'MOVIMIENTO QUINTA REPÚBLICA' (MVR) ha participado en los últimos procesos electorales en alianza con otras organizaciones políticas. Señalado lo anterior, estima esta Sala Electoral que podría inducir a confusión al universo electoral, el que se autorice la existencia de una nueva organización política bajo la denominación de 'SEXTA REPÚBLICA' (SR), ya que la identidad del vocablo 'República' en ambas denominaciones conduce a una similitud fonética de las mismas, que podría conducir al elector a considerar a la nueva organización como parte integrante del 'MOVIMIENTO QUINTA REPÚBLICA' (MVR).

Considera en consecuencia esta Sala Electoral, que es acertado el argumento presentado por el representante del Consejo Nacional Electoral sobre la negativa de uso de la denominación provisional 'SEXTA REPÚBLICA' (SR), ya que la misma puede conformar una idea errada en la colectividad en general sobre la identidad entre esas dos organizaciones políticas y que, en consecuencia, constituyen una misma imagen y organización, de allí que el órgano electoral en la resolución impugnada interpretó la norma electoral en su verdadero alcance, ya que se ajustó a la voluntad del legislador al consagrar esta disposición, sobre la prohibición de identidad o similitud entre la denominación de los partidos políticos. Así se decide.

En virtud de lo antes señalado, considera esta Sala Electoral, en relación a la denuncia formulada por los recurrentes sobre la supuesta violación por parte del Consejo Nacional Electoral, del derecho a la igualdad, al pluralismo político y a la libertad de asociación con fines políticos, que el órgano electoral mediante la Resolución que se impugna, procedió a dar cumplimiento a una disposición contenida en la Ley de Partidos Políticos, Reuniones Públicas y Manifestaciones, que en modo alguno conculca los derechos denunciados por los recurrentes, pues ciertamente lo que persigue el órgano electoral es que los solicitantes ajusten su petición a las exigencias de la Ley y puedan constituir el partido político que deseen, pero apegados a la normativa respectiva. Así se decide.".

Ahora bien, aprecia la Sala que dentro de las atribuciones conferidas al Consejo Nacional Electoral, como órgano rector del Poder Electoral, se encuentra, entre otras, la de organizar la inscripción y registro de las organizaciones con fines políticos y velar porque éstas cumplan con las disposiciones sobre su régimen establecidas en la Constitución y en la Ley y, especialmente, decidir sobre las solicitudes de su constitución, renovación y cancelación, así como también sobre la determinación de sus autoridades legítimas y sus denominaciones provisionales, colores y símbolos.

En el presente caso, observa la Sala que el máximo órgano comicial, en el marco de tales competencias, resolvió negar la denominación provisoria principal y sus alternativas, solicitadas por la ciudadana Yuletzy Carmelis Gómez Moreno, con fundamento en lo dispuesto en el artículo 7 de la Ley de Partidos Políticos, Reuniones Públicas y Manifestaciones, por considerar, dicho ente, que *"sus nombres tienen similitud gráfica y fonética con la organización con fines políticos Movimiento Republicano (MR) a nivel nacional"*.

En tal sentido considera la Sala necesario señalar, luego de analizar las actas cursantes al expediente, así como los alegatos y defensas esgrimidas por las partes, que en el caso bajo análisis la decisión del órgano electoral no resulta violatoria de los derechos constitucionales invocados por la parte recurrente, pues, a juicio de este órgano jurisdiccional, el Consejo Nacional Electoral interpretó la norma electoral en su verdadero y justo alcance, al considerar que la denominación provisional principal y sus alternativas no debían autorizarse por la similitud gráfica y fonética con la organización con fines políticos Movimiento Republicano (MR).

Así las cosas, considera la Sala, que el Consejo Nacional Electoral mediante la Resolución impugnada procedió a dar cumplimiento a una disposición contenida en la Ley de Partidos Políticos, Reuniones Públicas y Manifestaciones, que en modo alguno conculca el derecho de asociación con fines políticos previsto en el artículo 67 de la Constitución de la República Bolivariana de Venezuela, y mucho menos el debido proceso contemplado en el artículo 49 de la Carta Magna, pues al contrario lo que persigue el órgano comicial es que los ciudadanos, siempre que ajusten su petición a las exigencias de la Ley, pueden constituir el partido político que deseen.

Por los argumentos antes expuestos esta Sala Electoral desestima los alegatos de la parte recurrente y declara Sin Lugar el presente recurso contencioso electoral. Así se declara.

Como consecuencia de la anterior declaratoria se confirma la Resolución número 120726-449 dictada por el Consejo Nacional Electoral en fecha 26 de julio de 2012, y publicada en *Gaceta Electoral de la República Bolivariana de Venezuela* número 647 del 21 de septiembre de 2012, mediante la cual resolvió *"Negar la solicitud de denominación a la organización con fines políticos MOVIMIENTO REVOLUCIONARIO BARINESES POR VENEZUELA (MRBXV) a nivel regional en el estado Barinas"*.

II. EL ORDENAMIENTO ORGÁNICO DEL ESTADO

1. *Régimen del ejercicio del Poder Público Nacional*

    A. *Régimen de la Administración Pública: Potestad Sancionadora*

    TSJ-SC (1047)   **29-7-2013**

    Magistrada Ponente: Gladys María Gutiérrez Alvarado

    Caso: David Ricardo Uzcátegui Campins. Recurso de Revisión Constitucional.

    El principio de la irretroactividad de la ley, salvo cuando la misma disponga la imposición de una menor pena, integra las máximas constitucionales propias del Derecho Penal patrio, lo que no obsta para su extensión al Derecho administrativo sancionador.

    …A este respecto, interesa al análisis el artículo 24 de la Constitución de la República Bolivariana de Venezuela, según el cual *"…[n]inguna disposición legislativa tendrá efecto retroactivo, excepto cuando imponga menor pena…"*. Este principio de la irretroactividad de la ley, salvo cuando la misma disponga la imposición de una menor pena, integra las máximas constitucionales propias del Derecho Penal patrio, lo que no obsta para su extensión al Derecho administrativo sancionador.

Sobre el particular vale referir cómo se ha pronunciado esta Sala. (Véase: en *Revista de Derecho Público*, N° 89-90/91-92, 2002, pp. 209 y ss.)

En sentido similar las sentencias de esta Sala: (Véase: en *Revista de Derecho Público*, N° 111, 2007, pp. 122 y ss.) (Véase: en *Revista de Derecho Público*, N° 115, 2008, pp. 482 y ss.

Particularmente, sobre el principio de irretroactividad de la ley y su excepción, cabe mencionar el criterio esgrimido por esta Sala en su sentencia N° 35 del 25 -1-2001 (Caso: *"Blas Nicolás Negrín Márquez"*)

En esa misma línea argumentativa, puede reconocerse la identidad material entre las infracciones administrativas y penales, aun con matices según se trate del caso, lo que conduce a establecer que ciertos principios propios de la disciplina del Derecho Penal, se extienden al ordenamiento sancionador administrativo, y entre estos se comprende la tipicidad de la conducta infractora y la excepción del principio de irretroactividad de las disposiciones legislativas, cuando éstas contemplen menor pena o bien despenalicen la conducta que originalmente fuera calificada como punible y reñida con la norma que *a posteriori* quedó depuesta. En mérito de ello, puede identificarse que los principios rectores del orden penal son de aplicación al Derecho administrativo sancionador, como manifestación ambos del ordenamiento punitivo del Estado, con las adaptaciones y restricciones que correspondan según el caso y la situación que se examine.

Tales consideraciones son válidas para analizar que si bien la desincorporación de ciertas normas cuyo incumplimiento acarreaba originalmente una sanción en el ejercicio del *ius puniendi* administrativo, podría resultar en la atenuación de la gama de consecuencias sancionadoras, bien por la supresión de penas consecuenciales o la reducción de éstas, no sería admisible la mera exculpación del funcionario sancionado. Éste debió ser sometido a alguna sanción con arreglo al ordenamiento aplicable al momento de haber cometido la infracción (*vgr.* imposición de multa), y sobre dicha sanción no tendrá incidencia alguna la aludida desincorporación. En otras palabras, el funcionario que hubiere sido declarado responsable en lo administrativo, y al que se le hubiere impuesto multa y, destitución, suspensión o inhabilitación, podría verse beneficiado con una medida menos gravosa, o con la reducción o revocatoria del lapso de alguna de estas últimas, mas ello no incidiría necesariamente sobre la multa que debió pagar, y sus consecuencias si hubiera incurrido en incumplimiento del pago de ésta. El funcionario, en *summa*, será tenido como responsable en lo administrativo en los términos originales, y sancionado con multa que habría quedado firme, sólo que el resto de las consecuencias por dicha situación, podrían ser mitigadas.

En tal virtud, en el presente caso es significativo que, aun cuando la Ley Orgánica de Régimen Municipal –vigente para el momento en que la Contraloría General de la República ejerció la potestad punitiva del Estado sobre el solicitante de revisión-, preveía como competencia de la Contraloría Municipal el ejercicio del control previo de los ingresos y egresos de la hacienda pública municipal, resultaba un elemento a ponderar para el Máximo Órgano Contralor, el hecho devenido de la entrada en vigencia de la Ley Orgánica de la Contraloría General de la República y del Sistema Nacional de Control Fiscal, ley marco sobre el control fiscal y la auditoría del Estado, la cual contenía la progresión atinente al control previo.

Es así como al momento de decidir el recurso de reconsideración contra el acto administrativo contentivo de la sanción de inhabilitación, la Contraloría General de la República no sólo debió considerar el régimen de control fiscal previo externo contenido en su ley rectora –y aplicable según sus disposiciones a los Estados y Municipios-, sino que al percatarse de que había sido suprimida en la nueva legislación la norma que servía de marco para el ejercicio de este control previo por parte de la Contraloría Municipal, pudo aplicar una revisión sobre la sanción de inhabilitación.

Del mismo modo, la Sala Político Administrativa a través de la sentencia cuya revisión ocupa a esta Sala, debió tomar en cuenta las antedichas circunstancias a los fines de considerar la declaratoria parcialmente con lugar del recurso contencioso administrativo de nulidad ejercido, y consecuencialmente ordenar a la Contraloría General de la República, previo examen y cumplimiento de los extremos procesales y fácticos del caso, pronunciarse nuevamente sobre el recurso de reconsideración ejercido por el ciudadano David Ricardo Uzcátegui Campins, para decidir sobre el lapso de su inhabilitación o bien suprimir la misma, habida cuenta de las circunstancias de derecho relatadas *ut supra*.

La circunstancia expuesta, la cual vulneró el derecho al debido proceso consagrado en el artículo 49 de la Constitución de la República Bolivariana de Venezuela, que le asiste al solicitante de revisión, reviste importancia para el esclarecimiento de la denuncia en cuanto a que la Sala Político Administrativa, con la mentada decisión omitiendo pronunciarse integralmente sobre el alegato referido a la falta de observancia del artículo 24 Constitucional, con respecto a la aplicación retroactiva de la norma sancionatoria que más favorece al justiciable, habría incurrido en la vulneración de sus derechos políticos consagrados en los artículos 40, 41 y 42, así como 62 y siguientes de la Constitución de la República Bolivariana de Venezuela. La Sala Constitucional ha determinado en su jurisprudencia (Vid. sentencias Nros. 2465 del 15 de octubre de 2002. Caso: "José Pascual Medina Chacón" y, 588 del 22 de mayo de 2013. Caso: "*María Inmaculada Carabaño Mele*", entre otras) la afectación a la tutela judicial efectiva y al debido proceso que devendría de la incongruencia omisiva del fallo que sea sujeto a impugnación.

2. *El Poder Judicial*

A. *La Administración de Justicia: Lapsos procesales*

TSJ-SC (1005)   **26-7-2014**

Magistrado Ponente: Juan José Mendoza Jover

Caso: Ninfa Denis Gavidia vs. Juzgado Superior en lo Civil, Mercantil, del Tránsito y de Protección de Niños, Niñas y Adolescentes de la Circunscripción Judicial del Estado Bolivariano de Miranda.

La Sala Constitucional determina la oportunidad en la cual puede tener lugar la prórroga del lapso procesal establecido para dictar sentencia.

....De esta manera, esta Sala Constitucional, con fundamento en el principio de preclusión de los lapsos procesales estima pertinente establecer con carácter vinculante lo siguiente: las prórrogas de los lapsos procesales, y en ellas está incluida la relativa al lapso para dictar sentencia, sólo pueden ser acordadas antes de cumplirse el término o lapso que se pretende prorrogar, porque de otro modo se acordaría, no una prolongación de éste, sino una reapertura del lapso cumplido o, lo que es lo mismo, la concesión de un nuevo lapso.

De esta manera, se reitera que, de conformidad con lo establecido en el artículo 521 del Código de Procedimiento Civil, el juez que conoce en alzada, tiene sesenta (60) días para dictar sentencia; y solo podrá diferir dicha oportunidad antes del vencimiento del lapso, por una sola vez, por causa grave que debe declarar expresamente el juez, a través de un auto de diferimiento, tal como lo establece el artículo 251 "*eiusdem*"; y, en caso de no prorrogar la oportunidad dentro del lapso establecido para dictar sentencia, el fallo deberá ser notificado a las partes.

Por ello, en el caso bajo análisis, con el fin de no atentar contra los derechos al debido proceso y a la tutela judicial efectiva, el Tribunal Superior debió acordar la notificación de las partes, a través de los mecanismos idóneos establecidos en el ordenamiento jurídico, ya que, en este caso, al haber sido acordada la prórroga, luego de vencido el lapso, las partes dejaron de estar a derecho, motivo por el cual, en dicho procedimiento se debió notificar a las partes involucradas para evitar su indefensión.

En consecuencia, esta Sala aprecia que el Juzgado Superior en lo Civil, Mercantil, del Tránsito, de Protección del Niños, Niñas y del Adolescentes de la Circunscripción Judicial del Estado Bolivariano de Miranda, con sede en Los Teques, actuó fuera de su competencia, en el entendido que concurrieron las circunstancias que prevé el artículo 4 de la Ley Orgánica de Amparo sobre Derechos y Garantías Constitucionales, a saber: (i) que el juez que emanó el acto presuntamente lesivo haya incurrido en una grave usurpación de funciones o abuso de poder (incompetencia sustancial); aunado a ello; y, (ii) que tal proceder ocasione la violación de un derecho constitucional (acto inconstitucional), lo que implica que no es recurrible por amparo aquella decisión que simplemente desfavorece a un determinado sujeto procesal.

De este modo, se puede concluir que el Juez Superior se extralimitó en sus funciones, al ignorar un acto de procedimiento tan importante como el de la notificación, lo cual acarreó, de manera directa, la violación de los derechos al debido proceso y a la defensa de la parte accionante, previstos en el artículo 49 constitucional; encuadrándose la referida conducta dentro de las antes mencionadas previsiones del artículo 4 de la Ley Orgánica de Amparo sobre Derechos y Garantías Constitucionales, motivo por el cual se declara con lugar la acción de amparo constitucional interpuesta; por tanto, se anulan los autos dictados por el referido Juzgado Superior de fechas 18 de enero de 2012 y 17 de febrero de 2012 y, en consecuencia, se ordena notificar a las partes del juicio primigenio de la sentencia dictada el 27 de enero de 2012, a los efectos de que puedan interponer los recursos de ley. Así se decide.

También, en atención a la anterior declaratoria, se deja sin efecto la medida cautelar dictada por esta Sala el 16 de noviembre de 2012.

Finalmente, vista la relevancia del examen de la doctrina aquí expuesta, esta Sala, en ejercicio de la facultad conferida por el artículo 335 de la Constitución de la República Bolivariana de Venezuela, tal como se señaló "*ut-supra*", establece lo aquí señalado como un criterio vinculante para todos los Tribunales de la República, a partir de la publicación del presente fallo. Igualmente, esta Sala ordena la publicación de la presente decisión en la Gaceta Oficial de la República, en la Gaceta Judicial y en la página web del Tribunal Supremo de Justicia mediante la siguiente denominación: "*Sentencia de la Sala Constitucional que determina la oportunidad en la cual puede tener lugar la prórroga del lapso procesal establecido para dictar sentencia*". Así se decide.

B.   *Competencia del Tribunal Supremo de Justicia: Antejuicio de Mérito*

TSJ-SC (993)   **16-7-2013**

Magistrada Ponente: Carmen Zuleta De Merchán

Caso: Ministerio Público vs. Decisión Sala N° 2 de la Corte de Apelaciones del Circuito Judicial Penal del Área Metropolitana de Caracas
(17-9-2012).

**La prerrogativa del antejuicio de mérito no protege, *strictu sensu*,
a la persona que desempeña un alto cargo, sino que tiene como objeto principal resguardar la continuidad de la función pública que
ejerce el Alto Funcionario, por lo que necesariamente va a depender,
para su aplicación, si dicho funcionario desempeña el cargo que es
compatible con su alta investidura en la oportunidad en que solicite
su inicio.**

....Ha sido jurisprudencia reiterada de este Alto Tribunal que el privilegio o prerrogativa
procesal del antejuicio de mérito es un procedimiento especial previo "..*instaurado en virtud
de la querella del Fiscal General de la República y conducido por el principio del contradictorio, tiene por objeto declarar la certeza de si hay o no mérito para el enjuiciamiento de los
altos funcionarios del Estado a los que se refiere el ordenamiento constitucional de la República (...)*" (Véase: sentencia de la Sala Plena en *Revista de Derecho Publico* N° 82, 2000
pp. 151 y ss). Esta prerrogativa procesal, que está contenida en el artículo 266.6 de la Constitución de la República Bolivariana de Venezuela, se encuentra desarrollada, entre otros textos
normativos, en el Capítulo IV de la Ley Orgánica del Tribunal Supremo de Justicia y en el
Título V del Código Orgánico Procesal Penal y su aplicación corresponde a aquellos casos en
los cuales exista un posible enjuiciamiento penal del Presidente o Presidenta de la República,
del Vicepresidente Ejecutivo o Vicepresidenta Ejecutiva; de los o las integrantes de la Asamblea Nacional o del Tribunal Supremo de Justicia; de los ministros o ministras del Poder
Popular; del Procurador o Procuradora General de la República; del o la Fiscal General de la
República; del Contralor o Contralora General de la República; del Defensor o Defensora del
Pueblo; del Defensor Público o Defensora Pública General, de los Rectores o Rectoras del
Consejo Nacional Electoral; de los gobernadores o gobernadoras; oficiales, generales y almi-
rantes de la Fuerza Armada Nacional Bolivariana en funciones de comando y de los jefes o
jefas de misiones diplomáticas de la República.

La prerrogativa del antejuicio de mérito le corresponde conocerla y decidirla a la Sala
Plena de este Alto Tribunal, previa querella interpuesta por el Fiscal o la Fiscala General de
la República, quien deberá acompañar, con el objeto de que se resuelva la petición, los recaudos probatorios que considere necesarios que hagan verosímiles los hechos que explana en la
solicitud del antejuicio de mérito.

Ante la necesidad de que el Fiscal o la Fiscala General de la República haga posible la
verosimilitud de los hechos establecidos en la querella, la Sala considerada que, en la mayoría de los casos, esos recaudos probatorios provienen ineludiblemente de una investigación
penal abstracta previa, en la cual pueden surgir elementos de convicción que permitan atribuir la autoría o participación de un presunto hecho punible a un funcionario que goza del
antejuicio de mérito.

En esta oportunidad, en la que se individualiza la investigación hacia el funcionario de Alta Investidura, es cuando entra en rigor la prerrogativa procesal del antejuicio de mérito, la cual debe cumplirse antes de cualquier otro acto de investigación, debido a que ya existen fundados elementos que, necesariamente, van a encaminar dicha investigación contra el Alto Funcionario, quien tendrá el derecho, en el caso de que se estime que existe mérito para su enjuiciamiento, de ser notificado de los cargos por los cuales se investiga, como lo señala el artículo 49.1 de la Constitución de la República Bolivariana de Venezuela.

Lo anterior, tiene una justificación lógica; que consiste en que la prerrogativa del antejuicio de mérito persigue "la necesidad de mantener el buen funcionamiento del Estado, evitando que quienes en un determinado momento resulten piezas fundamentales en la conducción de las políticas públicas, sean desviados de sus obligaciones en razón de acusaciones, infundadas o no, formuladas en su contra, y a las cuales, sin duda, se encuentran permanentemente expuestos" (*vid.* sentencias de la Sala Plena del 12 de julio de 2000, caso: *Jesús Fernando González Cazorla* y del 5 de mayo de 2000, caso: *Pedro Mantellini González*, acogida esta última por la Sala Constitucional en sentencia N° 233 del 11 de marzo de 2005, caso: *Julián Isaías Rodríguez Díaz*).

De modo que, el antejuicio de mérito procura resguardar la continuidad de la función pública que ejerce un funcionario de alta investidura en cualquiera de los órganos del Poder Público, evitando que, por denuncias temerosas, se interrumpa el funcionamiento del Estado realizado por los funcionarios públicos que ocupan y desempeñan cargos de alta relevancia, o que con ello se evite la ejecución de determinadas políticas públicas.

Por lo tanto, la Sala destaca que la prerrogativa del antejuicio de mérito no protege, *strictu sensu*, a la persona que desempeña un cargo de alta investidura, sino que tiene como objeto principal resguardar la continuidad de la función pública que ejerce el Alto Funcionario, por lo que necesariamente va a depender, para su aplicación, si dicho funcionario desempeña el cargo que es compatible con su alta investidura en la oportunidad en que solicite su inicio.

Precisado lo anterior, la Sala pasa a determinar si se encuentra ajustada a derecho la decisión dictada, el 17 de septiembre de 2012, por la Sala N° 2 de la Corte de Apelaciones del Circuito Judicial Penal del Área Metropolitana de Caracas, mediante la cual declaró sin lugar el recurso de apelación interpuesto por el Ministerio Público contra la decisión dictada, el 23 de julio de 2012, por el Juzgado Vigésimo Quinto de Juicio del mismo Circuito Judicial Penal, que decretó: a) la nulidad absoluta del acto de imputación y de la acusación fiscal, del 8 de julio de 2008 y 8 de diciembre de 2008, en su orden; b) la nulidad absoluta de la investigación fiscal; y c) la remisión de las actas penales al Ministerio Público, con el objeto de que se solicite el antejuicio de mérito en contra del ciudadano Víctor Antonio Cruz Weffer; en el proceso penal que se le sigue por la presunta comisión de los delitos de enriquecimiento ilícito y ocultamiento de datos que debe tener la declaración jurada de patrimonio.......

....Ahora bien, los anteriores hechos no controvertidos demuestran, a juicio de la Sala, que no era necesario solicitar el inicio del procedimiento especial del antejuicio de mérito del ciudadano Víctor Antonio Cruz Weffer en la causa penal seguida en su contra, toda vez que en la oportunidad procesal en la que se determinó que existían elementos fundados para atribuirle la comisión de varios hechos punibles, en la investigación penal abstracta que realizó el Ministerio Publico, dicho ciudadano había pasado a situación de retiro y, por lo tanto, no ejercía las funciones de comando como General de División del componente Ejército de la Fuerza Armada Nacional Bolivariana.

En efecto, en la investigación penal que inició, en forma abstracta, la Fiscalía Décima Séptima del Ministerio Público con Competencia Plena a Nivel Nacional, se determinó, el 31 de enero de 2007, a raíz de un informe que elaboró la Contraloría General de la República en esa fecha, que el ciudadano Víctor Antonio Cruz Weffer podía ser autor de tres presuntos hechos punibles, por lo que, desde ese momento, esa investigación estaba encaminada en su contra. Dejó de ser una investigación abstracta y pasó a ser una investigación dirigida en contra de un ciudadano particular.

En ese estado de la causa penal, dicho ciudadano ya había pasado a situación de retiro (el *"05 de julio de 2003"*), por lo que, cuando fue imputado por la Fiscalía Quincuagésima Quinta con Competencia Plena a Nivel Nacional el 18 de abril de 2007, ya no gozaba de la prerrogativa procesal del antejuicio de mérito, toda vez que no había necesidad de resguardar ninguna función pública esencial del Estado, por no ejercer dicho ciudadano alguna función de comando compatible con el cargo de General de División.

La anterior afirmación se encuentra reforzada por las decisiones dictadas, el 2 de febrero de 2006, por el Juzgado de Sustanciación de la Sala Plena de este Alto Tribunal, las cuales se traen a colación en uso de la notoriedad judicial, en la cuales se señaló lo siguiente:

En la primera, se indicó:

Por otro lado podemos observar que es un hecho público y notorio que el ciudadano Lucas Rincón Romero, no ejerce el cargo de Ministro del Interior y Justicia. Por tanto, este Juzgado de Sustanciación al evidenciar que el referido ciudadano ya no goza de la prerrogativa procesal del antejuicio de mérito a que se refiere el ordinal 3° del artículo 266 de la Constitución de la República Bolivariana de Venezuela, estima que dicha solicitud es inadmisible. Así se decide (vid. sentencia N° 20/2006, caso: Hernán José Rojas Pérez).

Y en la segunda, se señaló:

En lo que respecta a los ciudadanos José Luis Prieto, Jorge Miguel Sierraalta Zavarce, Luis Alfredo Torcatt Sanabria, Julio José García Montoya, Ángel Federico Valecillos Ríos, Eugenio Gutiérrez Ramos y Fernando Miguel Camejo Arenas, se observa que para el momento de la interposición de la querella en sus contra, efectivamente ostentaban la condición de altos funcionarios de la Fuerza Armada Nacional por lo que resulta indiscutible que sus funciones públicas para ese entonces, los hacían acreedores de la prerrogativa procesal del antejuicio de mérito, todo de conformidad con lo establecido en el numeral 3 del artículo 266 Constitucional, y al subsumirse la petición bajo el examen en el supuesto previsto en el fallo N° 1.331 del 20 de junio de 2002 de la Sala Constitucional, ut supra transcrito, este Juzgado de Sustanciación se declara competente para conocer de la misma y proveer lo que fuere conducente. Así se decide.

(…)

Como consta del expediente, mediante oficio N° 5121 de fecha 2 de noviembre de 2005, suscrito por Ministro de la Defensa, ciudadano Almirante (ARV) Orlando Maniglia Ferreira, los ciudadanos José Luis Prieto, Jorge Miguel Sierraalta Zavarce, Luis Alfredo Torcatt Sanabria, Julio José García Montoya, Ángel Federico Valecillos Ríos, Eugenio Gutiérrez Ramos, Fernando Miguel Camejo Arenas, se encuentran en situación de retiro, razón por la cual es evidente que los mismos ya no gozan de la prerrogativa procesal del antejuicio de mérito a que se refiere el numeral 3 del artículo 266 de la Constitución de la República Bolivariana de Venezuela, causa suficiente para que este Juzgado de Sustanciación estime que dicha solicitud contra los referidos ciudadanos es inadmisible. Así se resuelve (vid. sentencia N° 18/2006, caso: Gonzalo García Ordoñez).

De manera que, al no gozar el ciudadano Víctor Antonio Cruz Weffer del privilegio del antejuicio de mérito, la Sala concluye que en el proceso penal que motivó el amparo no se evidencia la falta de aplicación de lo señalado en el artículo 266.6 de la Constitución de la República Bolivariana de Venezuela.

Por lo tanto, la Sala colige que la decisión dictada, el 17 de septiembre de 2012, por la Sala N° 2 de la Corte de Apelaciones del Circuito Judicial Penal del Área Metropolitana de Caracas, que declaró sin lugar el recurso de apelación interpuesto por el Ministerio Público contra la decisión dictada, el 23 de julio de 2012, por el Juzgado Vigésimo Quinto de Juicio del mismo Circuito Judicial Penal, adversada con el presente amparo, cercenó el derecho a la tutela judicial efectiva del Ministerio Público, contemplado en el artículo 26 de la Constitución de la República Bolivariana de Venezuela, por cuanto ordenó una reposición *contra legem*, causando una dilación indebida en un proceso penal seguido al imputado desde el 31 de enero de 2007, cuando se determinó su posible autoría de los hechos investigados.

Además, debe destacarse que, aún bajo el supuesto de que dicho imputado gozara desde que se inició el proceso penal en su contra de la prerrogativa procesal del antejuicio de mérito, tampoco le era permitido en derecho a la Sala N° 2 de la Corte de Apelaciones del Circuito Judicial Penal del Área Metropolitana de Caracas anular, el 17 de septiembre de 2012, el proceso penal y ordenar su reposición al estado de que la Fiscal General de la República estimase solicitar el antejuicio de mérito, ya que, al momento en que ese juzgado colegiado dictó su decisión, ya había decaído con creces el objeto principal de la prerrogativa procesal, esto es, el resguardo de la continuidad de la función pública que ejerce un funcionario de alta investidura en cualquiera de los órganos del Poder Público, todo ello en virtud de que el ciudadano Víctor Antonio Cruz Weffer se encontraba en situación de retiro y, por lo tanto, no ejercía ningún cargo de Alta Investidura. Se insiste, la prerrogativa del antejuicio de mérito no protege, *strictu sensu*, a la persona que desempeña un alto cargo, sino que tiene como objeto principal resguardar la continuidad de la función pública que ejerce el Alto Funcionario y ello debió ser motivo de análisis de los jueces integrantes de la referida Sala N° 2 de la Corte de Apelaciones cuando dictaron el pronunciamiento adversado con el amparo.

De modo que, los jueces integrantes de la Sala N° 2 de la Corte de Apelaciones del Circuito Judicial Penal del Área Metropolitana de Caracas, al decretar una reposición de una causa penal no ajustada a derecho, cercenó el derecho a la tutela judicial efectiva del Ministerio Público establecido en el artículo 26 de la Constitución de la República Bolivariana de Venezuela, no cumpliendo con su deber previsto en el artículo 334 *eiusdem*, que les imponía ser custodios, dentro del ámbito de su competencia, de asegurar la integridad de la Carta Fundamental, esto es, velar que en los procesos se cumpla con los principios, reglas y normas contenidas en la Carta Magna. Con su decisión, crearon una dilación indebida proscrita por la Constitución de la República Bolivariana de Venezuela.

Además, la Sala estima, dada la inobservancia de lo señalado en el artículo 26 de la Constitución de la República Bolivariana de Venezuela, que los Jueces Elsa Janeth Gómez Moreno, Orlando Carvajal y Carlos A. Navarro, como integrantes de la Sala N° 2 de la Corte de Apelaciones del Circuito Judicial Penal del Área Metropolitana de Caracas, así como el Juez Wilmer José Wettel Cabeza, integrante del Juzgado Vigésimo Quinto de Juicio del Circuito Judicial Penal, incurrieron en un error inexcusable, lo que trae como consecuencia, conforme con lo señalado en el artículo 53 del Código de Ética del Juez Venezolano y la Jueza Venezolana y con base en lo asentado por la Sala en la sentencia N° 280 del 23 de febrero de 2007 (caso: *Guillermina Castillo De Joly y otro*), que se ordene la remisión de una copia certificada de la presente decisión al Presidente del Tribunal Disciplinario Judicial, con el objeto de que se inicie el respectivo procedimiento disciplinario en su contra, al haber actuado en forma grotesca.

En consecuencia, visto que el presente asunto fue declarado de mero derecho, lo cual permite que se resuelva inmediatamente el fondo de la presente controversia, la Sala, dada la evidente violación del derecho a la tutela judicial efectiva del Ministerio Público, declara con lugar la acción de amparo constitucional interpuesta por los abogados Daniel Guédez Hernández, Lucy Correa y Agnedys Martínez Barceló, en su condición de Fiscal Quincuagésimo del Ministerio Público a Nivel Nacional con Competencia Plena, Fiscal Auxiliar Quincuagésimo del Ministerio Público a Nivel Nacional con Competencia Plena y Fiscal Décima Séptima del Ministerio Público a Nivel Nacional con Competencia Plena, respectivamente, contra la decisión dictada, el 17 de septiembre de 2012, por la Sala N° 2 de la Corte de Apelaciones del Circuito Judicial Penal del Área Metropolitana de Caracas, la cual se anula. Así se decide.

TSJ-SP (38)   **16-7-2013**

Magistrada Ponente: Gladys María Gutiérrez Alvarado

Caso: Fiscal General de la República Bolivariana de Venezuela vs. Richard Miguel Mardo Mardo.

La Sala Plena analiza la evolución de la institución del antejuicio de mérito y el tratamiento jurisprudencial dado a esta figura desde la entrada en vigencia de la Constitución de la República Bolivariana de Venezuela.

La institución jurídica del antejuicio de mérito, constituye una prerrogativa constitucional que corresponde a los altos funcionarios del Estado, destinada a brindar un especial fuero o protección a la función pública que los mismos desempeñan, en tutela del interés general. Su instrumentación hallase regulada esencialmente en la Constitución de la República Bolivariana de Venezuela, el Código Orgánico Procesal Penal y la Ley Orgánica del Tribunal Supremo de Justicia; y de ella subráyese el carácter de fase previa que tiene el proceso para que la vindicta pública, en cabeza de la Fiscalía General de la República, pueda iniciar la persecución penal propiamente dicha, a los fines de establecer o desechar la posible autoría que vislumbra el Ministerio Público en su investigación preliminar. Diferenciación hecha con el eventual juicio, la decisión que emita la Sala Plena del Tribunal Supremo de Justicia en torno a la existencia de mérito para el enjuiciamiento de un alto funcionario, no supone un prejuzgamiento acerca de su responsabilidad penal.

El Código Orgánico Procesal Penal, en su artículo 381 dispone la enumeración taxativa de los altos funcionarios que gozan de esta prerrogativa constitucional del antejuicio de mérito, en obsequio a la protección de la función pública que despliegan en el cumplimiento de las atribuciones que la Constitución de la República Bolivariana de Venezuela, la ley y demás actos sublegales le encomiendan, a saber: el Presidente o Presidenta de la República, el Vicepresidente Ejecutivo o Vicepresidenta Ejecutiva de la República, Ministros o Ministras del Despacho, Procurador o Procuradora General de la República, Miembros del Alto Mando Militar, Gobernadores o Gobernadoras de los Estados, Diputados o Diputadas de la Asamblea Nacional, Magistrados o Magistradas del Tribunal Supremo de Justicia, Contralor o Contralora General de la República, Fiscal General de la República, Defensor o Defensora del Pueblo, Rectores o Rectoras del Consejo Nacional Electoral, y Jefes o Jefas de Misiones Diplomáticas de la República.

Es así como, en el Estado democrático y social de Derecho y de Justicia en que se constituye la República Bolivariana de Venezuela, con arreglo al artículo 2 del Texto Fundamental, se ha previsto esta institución como un procedimiento especial, que habrá de instaurarse nada menos que ante el más Alto Tribunal de la República, cuando el Ministerio Público acopie elementos de convicción serios y fundados en torno a la posible participación de alguno de los ciudadanos que desempeñen tales altos destinos, capaz de comprometer su responsabilidad, en la presunta comisión de hechos punibles, siendo que la determinación sobre la existencia de mérito para la persecución penal y enjuiciamiento, si fuera así decidido, no supone un prejuzgamiento sobre la causa que tenga lugar de seguidas.

En nuestro país, esta institución ha evolucionado a lo largo de diversas etapas histórico-jurídicas. Nótese que en las Constituciones desde 1811 hasta la de 1893, se previó con normas similares entre sí, la responsabilidad y la posibilidad del juzgamiento de los empleados federales, ministros del Despacho y del Presidente de la República, por parte de las cámaras legislativas, o bien involucrando al Poder Judicial, por órgano de aquella *"Corte Suprema de Justicia"* y de la *"Alta Corte Federal"* de los inicios republicanos del país.

En la Constitución de 1901 se incluye la referencia expresa a la declaración que correspondía a la Corte Federal y a la Corte de Casación, reunidos ambos cuerpos en *"Supremo Tribunal Federal"*, si *"ha o no lugar a formación de causa; si declarare lo primero, quedará de hecho en suspenso el funcionario acusado; si declarare lo segundo, cesará todo procedimiento"*; ello en cuanto a una enumeración taxativa de funcionarios que se mantuvo esencialmente en torno a los siguientes: Presidente de la República, Ministros del Despacho, Consejeros de Gobierno, Procurador General de la Nación, Gobernador del Distrito Federal y los propios "Vocales", tal como eran denominados los micmbros de las referidas Cortes.

En la Constitución de 1904 se conservó dicha referencia, sólo que atribuida directamente a la *"Corte Federal y de Casación"*, órgano supremo del Poder Judicial de entonces. De similar manera se continuó reeditando en las sucesivas Constituciones de los Estados Unidos de Venezuela, modificándose principalmente en cuanto a los altos funcionarios cuyo enjuiciamiento debía darse con arreglo a la autorización que emanaba de la cúspide del Poder Judicial, cuando por ejemplo la Constitución de 1922 incluyó a los *"Vicepresidentes"* – autoridades designadas como *"Primer y Segundo Vicepresidentes"* los cuales suplían las faltas absolutas del *"Presidente de los Estados Unidos de Venezuela"*- y a los *"Presidentes de los Estados"* –autoridades que ejercían la máxima autoridad ejecutiva en los estados-. Asimismo, válgase denotar que las Constituciones subsiguientes mantuvieron tal regulación, excepción hecha de la figura de los *"Vicepresidentes"* antes aludidos, destinos de corta vigencia que a la postre fueron suprimidos.

Posteriormente, la Constitución de 1947 incluyó entre los predichos altos funcionarios que gozaban del antejuicio de mérito ante la entonces *"Corte Suprema de Justicia"*, al *"Contralor General de la Nación"* y dado el deslinde de funciones que este Texto Fundamental incorporó respecto del *"Procurador General de la Nación"*, cuyas competencias naturales de Ministerio Público fueron atribuidas al *"Fiscal General de la Nación"*, se adicionó también este último a tal efecto.

Ya para el año de 1953, se promulgó la Constitución de la República de Venezuela, que incluyó expresamente entre tales altos funcionarios con la mencionada prerrogativa procesal, a los *"miembros del Congreso Nacional"*, valga anotar, a los Diputados; al igual que a los *"Secretarios Generales"* de los *"Gobernadores de los Estados, el Distrito Federal y de los Territorios Federales"* y los *"miembros de las Cortes Superiores de los Estados y de los Juzgados Superiores donde no hubiere Corte"*.

En la Constitución de 1961, se identificó literalmente como atribución de la extinta Corte Suprema de Justicia, la de "[d]eclarar si hay o no mérito para el enjuiciamiento del Presidente de la República o quien haga sus veces, y en caso afirmativo, continuar conociendo de la causa, previa autorización del Senado, hasta sentencia definitiva"; así como "[d]eclarar si hay o no mérito para el enjuiciamiento de los miembros del Congreso o de la propia Corte, de los Ministros, el Fiscal General, el Procurador General o el Contralor General de la República, los Gobernadores y los Jefes de las misiones diplomáticas de la República y, en caso afirmativo, pasar los autos al Tribunal ordinario competente, si el delito fuere común, o continuar conociendo de la causa hasta sentencia definitiva, cuando se trate de delitos políticos, salvo lo dispuesto en el artículo 144 respecto a los miembros del Congreso;...".

Así pues, observa la Sala algunos rasgos preponderantes de la evolución que ha tenido en nuestro país la institución del antejuicio de mérito, el cual ha perdurado como expresión del principio de la responsabilidad de los altos funcionarios públicos, y como una protección para el desempeño de sus funciones, entre otras nociones definitorias.

Hecho este breve repaso de algunos hitos histórico-jurídicos devenidos de los Textos Constitucionales que han regido en el país, estima conveniente la Sala referirse a algunos aspectos sobre el tratamiento jurisprudencial dado a esta figura del antejuicio desde la entrada en vigencia de la Constitución de la República Bolivariana de Venezuela, por parte de este Tribunal Supremo de Justicia.

En ese sentido, atinente a la institución del antejuicio de mérito, se ha pronunciado el Máximo Tribunal de la República en diversos fallos, de los cuales pueden citarse los siguientes:

En la Sentencia 24/2003 se apuntó sobre la naturaleza del antejuicio de mérito, así como se citó anteriores fallos de este Supremo Tribunal, en los términos siguientes:

"El antejuicio de mérito en nuestro ordenamiento jurídico está concebido como una etapa previa al juicio, respecto a algunos altos funcionarios del Estado. Así está concebido en la Constitución de la República Bolivariana de Venezuela y en el Código Orgánico Procesal Penal.

La jurisprudencia de este Alto Tribunal ha delineado los caracteres de esta institución.

En este sentido, en sentencia de la Corte en Pleno de la extinta Corte Suprema de Justicia, de fecha 18 de enero de 1990, caso: José Ángel Ciliberto, se expresó que establecer la existencia de motivos suficientes para el enjuiciamiento de un alto funcionario del Estado '...**significa analizar los elementos probatorios existentes en los autos con el objeto de establecer la perpetración de algún hecho presuntamente delictivo y la participación en el mismo del nombrado ciudadano, sin adelantar opinión sobre el fondo del asunto,** pues la Corte no actúa, en este momento, como un Tribunal de la causa, **sino que se concreta a examinar los recaudos traídos y deducir una precalificación de los hechos, así como sus eventuales consecuencias de carácter penal...**'

En otra sentencia de la Corte en Pleno de la extinta Corte Suprema de Justicia de fecha, 25 de junio de 1992, caso: *Antonio Ríos*, se expresó lo siguiente:

'...*El antejuicio de mérito es un instituto consagrado por la Ley Fundamental de la República en relación con los altos funcionarios que la misma señala en los ordinales 1ª y 2ª del artículo 215.... (omissis)*

*a) El ante-juicio no constituye **sino una etapa previa al posible enjuiciamiento** de aquellos funcionarios respecto a los cuales la Ley Fundamental de la República lo consagra como una forma de resguardar el cumplimiento de sus funciones, ya que dicho procedimiento tiene por objeto evitar a los mismos el entorpecimiento producido por la apertura de causas penales posiblemente temerarias o infundadas. **En el ante-juicio no se dicta propiamente una sentencia de condena**, sino que sólo se tiene como fin, eliminar un obstáculo procesal para que un ciudadano comparezca a juicio, donde tendrá la oportunidad de para acreditar su inocencia.*

b) El ante-juicio de mérito no debe implicar, en modo alguno, la búsqueda de la comprobación plena del cuerpo del delito ni de la culpabilidad del funcionario en relación con el cual opera dicho procedimiento especial, como si se tratase de un juicio propiamente dicho. Sólo se trata de constatar si los hechos imputados son punibles y si ciertamente la acusación está seriamente fundada como para formar causa. Por consiguiente, no se debe adelantar opinión sobre el fondo del asunto, pues de lo que se trata es de examinar los recaudos y deducir una precalificación de los hechos.

c) El ante-juicio de mérito tiene por objeto el análisis y estudio previos de las actas procesales, con el fin de establecer si de la reconstrucción de los hechos que de ella deriva, emergen presunciones vehementes de la comisión de un hecho punible y de que en la perpetración del mismo se encuentra comprometida la responsabilidad del funcionario.

En síntesis, se trata de establecer – como lo señala la decisión de este Supremo Tribunal de fecha 1950 (G.O. N° 6, p. 23) – si existe 'mérito suficiente' para que sea sometido a juicio el funcionario acusado. Para lograr este objetivo debe observarse si se configura o no el hecho punible que se le imputa y si existen fundados indicios de haber participado en la realización del mismo...'.

De igual manera, en sentencia de fecha 20 de mayo de 1993, de la Corte en Pleno de la extinta Corte Suprema de Justicia, caso: Carlos Andrés Pérez Rodríguez, se expresó que en el antejuicio de mérito ' se trata de un procedimiento especial en un doble aspecto: En primer lugar por lo que atañe a los sujetos enjuiciables y en segundo término, por lo que se refiere al procedimiento. En el primer caso, únicamente a los Altos Funcionarios están sometidos al Antejuicio de Mérito por ante el más Alto Tribunal de la República. Y en cuanto a las características procedimentales, la Ley ha previsto determinados elementos, entre los cuales se destaca que dada su finalidad fundamental, el Antejuicio, como su misma denominación lo indica, no indica un juicio propiamente dicho, sino un pronunciamiento previo a la causa, que cuando se declara con lugar constituye la base para la iniciación del juicio o de su prosecución, según las normas aplicables en cada caso. No constituye por ello un indicativo de absolución o condena, sino una declaratoria acerca de la procedencia o no de la apertura del juicio penal correspondiente'. (Resaltados de la cita)

Particularmente, la Sala Constitucional ha caracterizado al procedimiento especial del antejuicio de mérito, a semejanza de una etapa inicial para un eventual enjuiciamiento de altas autoridades. Valga citar la sentencia N° 233 del 11 de marzo de 2002, la cual se expresó de la siguiente manera:

"[El] procedimiento conocido como antejuicio de mérito, (...) ha sido definido por la jurisprudencia y la doctrina como un procedimiento especial, de única instancia, previo y distinto al juicio penal propiamente dicho. Es decir, a semejanza de una etapa inicial (in jure actum), en cuya primera fase se califican los hechos como relevantes o no para pasar, si fuere el caso, a la segunda fase del juicio de fondo, (in judicium), ya que, quien tiene derecho a ese antejuicio o juicio de mérito, se inviste de una prerrogativa (jure esse).

En otras palabras, el antejuicio de mérito se traduce en una prerrogativa para la altas autoridades del Estado, prevista en la Constitución de la República Bolivariana de Venezuela, en su artículo 266, numerales 2 y 3, así como en el artículo 5, numerales 1 y 2 de la Ley Orgánica del Tribunal Supremo de Justicia, y en el artículo 377 del Código Orgánico Procesal Penal". (Subrayados de la cita)

Asimismo, en la sentencia N° 29 del 30 de abril de 2008, esta Sala Plena apuntó sobre el carácter de prerrogativa constitucional del antejuicio de mérito lo siguiente:

"Así, las personas que se encuentran investidas de las más elevadas funciones públicas, gozan de prerrogativas constitucionales para el ejercicio de sus funciones, siendo una de ellas el antejuicio de mérito, cuyo conocimiento le corresponde a esta Sala Plena. En tal sentido, ha señalado el Máximo Tribunal en reiteradas decisiones que el régimen del antejuicio de mérito previsto en la Constitución de la República Bolivariana de Venezuela consiste en un

privilegio para las altas autoridades del Estado, que tiene por objeto proteger la labor de los funcionarios públicos que ocupan y desempeñan cargos de alta relevancia, en procura de la continuidad en el desempeño de las tareas esenciales que corresponden al ejercicio de la función pública. En otras palabras, el antejuicio de mérito es una prerrogativa procesal de la que son acreedores los altos funcionarios del Estado, para garantizar el ejercicio de la función pública y, por ende, evitar la existencia de perturbaciones derivadas de posibles querellas, injustificadas o maliciosas, que se interpongan contra las personas que desempeñen una alta investidura.

De manera que, ante la supuesta comisión de un hecho punible por parte de los altos funcionarios, la ley le otorga la facultad al titular de la acción penal, específicamente, al Fiscal General de la República, para proponer formalmente, ante la Sala Plena de este Tribunal Supremo de Justicia, solicitud de antejuicio de mérito, mediante una querella, como lo señala el artículo 377 de Código Orgánico Procesal Penal, lo que también puede ser realizado por la víctima, a criterio de la Sala Constitucional, tal como lo dejó sentado en sentencia número 1.331 de fecha 20 de junio de 2002 (caso: Tulio Álvarez vs. Fiscal General de la República)".

Por igual, en la sentencia (50 /2008) esta Sala Plena abonó notas adicionales sobre la figura del antejuicio de mérito como un procedimiento especial en un doble aspecto, en cuanto a los sujetos enjuiciables y en lo que se refiere al procedimiento, a saber:

"...Se trata de un procedimiento especial en un doble aspecto, en cuanto a los sujetos enjuiciables y en lo que se refiere al procedimiento:

En relación a los sujetos enjuiciables, únicamente los altos funcionarios están sometidos al antejuicio de mérito ante el más Alto Tribunal de la República.

Y en cuanto al procedimiento, las disposiciones legales y la jurisprudencia han delimitado la finalidad del antejuicio de mérito: no constituye un juicio propiamente dicho, sino un pronunciamiento previo a la causa, que cuando se declara con lugar constituye la base para la iniciación del juicio, según las normas aplicables en cada caso.

Por consiguiente, no constituye una sentencia de absolución o de condena, sino una declaratoria acerca de la procedencia o no de la apertura del juicio penal correspondiente. Tiene como finalidad resguardar el cumplimiento de las funciones de los altos funcionarios del Estado, ya que dicho procedimiento tiene por objeto evitar a los mismos el entorpecimiento producido por la apertura de causas penales posiblemente temerarias o infundadas.

En efecto, el antejuicio de mérito constituye un privilegio que otorga la Constitución de la República Bolivariana de Venezuela a los altos funcionarios del Estado, que no pueden ser sometidos a juicio penal sin que medien razones graves que los vinculen con hechos punibles cuya existencia debe ponerse de manifiesto en la audiencia del antejuicio y que la evidencia de esta relación debe ser declarada por el Tribunal Supremo de Justicia. Incluso, cabe añadir que, por su propia naturaleza, este privilegio es renunciable por el favorecido, lo que abona en beneficio de la tesis de que no estamos ante un proceso penal según las disposiciones del Código Orgánico Procesal Penal, sino de un antejuicio de mérito que controla los hechos para determinar si tienen o no carácter delictual.

Además, el antejuicio de mérito no debe implicar, en modo alguno, la búsqueda de la comprobación plena del cuerpo del delito ni de la culpabilidad del alto funcionario; sólo se trata de constatar si los hechos imputados son punibles y si ciertamente la querella está seriamente fundada como para formar la causa penal. En consecuencia, no debe adelantarse opinión sobre el fondo del asunto, pues de lo que se trata es de examinar los recaudos y precalificar los hechos...".

En ese orden de ideas, el rol del Fiscal o la Fiscal General de la República en el procedimiento especial de antejuicio de mérito, fue abordado parcialmente por esta Sala Plena en la sentencia N° 6 del 14 de enero de 2010, en los términos siguientes:

"*Rol del Fiscal o la Fiscala General de la República.*

Respecto a la competencia del Fiscal o de la Fiscala General de la República en el marco del trámite del Antejuicio de Mérito, esta Sala Plena debe precisar lo que sigue:

La Constitución de la República Bolivariana de Venezuela, en su artículo 266, numerales 2 y 3, en concordancia con su único aparte, le asigna a esta Sala Plena del Tribunal Supremo de Justicia la atribución de declarar si hay o no mérito para el enjuiciamiento del Presidente o Presidenta de la República o quien haga sus veces, y de otros Altos Funcionarios, estableciendo de igual modo los lineamientos fundamentales del procedimiento para determinar su responsabilidad penal.

Tales lineamientos, respecto al procedimiento del antejuicio, son recogidos por la Ley Orgánica del Tribunal Supremo de Justicia y el Código Orgánico Procesal Penal, el cual se inicia a instancia del Fiscal o de la Fiscala General de la República, bien se trate de delito de acción pública o bien de delitos enjuiciables a instancia de la parte agraviada.

Por su parte, el Código Orgánico Procesal Penal, en su artículo 377, ubicado dentro del Título IV (referido al procedimiento en los juicios contra el Presidente de la República y otros altos funcionarios públicos) del Libro Tercero (dedicado a los procedimientos especiales), dispone que corresponde al Tribunal Supremo de Justicia declarar si hay o no mérito para el enjuiciamiento del Presidente o Presidenta de la República o de quien haga sus veces y de los Altos Funcionarios del Estado, <u>previa querella del Fiscal o de la Fiscala General de la República</u>.

Como puede apreciarse de lo supra transcrito, en el trámite del antejuicio de mérito el máximo representante del Ministerio Público tiene atribuida la competencia exclusiva para instar dicho trámite sin distingo de la naturaleza del delito denunciado –delitos de acción pública o delitos enjuiciables a instancia de la parte agraviada-; por cuanto el antejuicio de mérito es un procedimiento especial, establecido con relación a los altos funcionarios del Estado que tienen a su cargo las funciones públicas más relevantes; procedimiento destinado a que este Alto Tribunal determine si existe o no mérito para el posterior enjuiciamiento una vez desaforado el Alto Funcionario.

Ello es así, ya que con el trámite del antejuicio de mérito se protegen funciones públicas trascendentales para el Estado y la sociedad de aquellas acciones destinadas a perturbarlas, pudiendo afectarse además del interés público, la gobernabilidad". (Subrayado de la cita)

Por las razones precedentemente expuestas, esta Sala Plena del Tribunal Supremo de Justicia, administrando justicia en nombre de la República y por autoridad de la Ley, declara:

PRIMERO: **No ha lugar** a las solicitudes de nulidad interpuestas por los abogados defensores privados del ciudadano **Richard Miguel Mardo Mardo**.

SEGUNDO: Con lugar la solicitud de antejuicio de mérito interpuesto por la abogada **Luisa Ortega Díaz**, actuando en su condición de **Fiscal General de la República**, contra el Diputado a la Asamblea Nacional, ciudadano **Richard Miguel Mardo Mardo**, titular de la cédula de identidad N° 9.649.681, por la presunta comisión de los delitos de Defraudación Tributaria y Legitimación de Capitales, previstos y sancionados en el artículo 116 del Código Orgánico Tributario y el artículo 4 de la Ley Orgánica contra la Delincuencia Organizada -aplicable *ratione temporis*-, respectivamente.

TERCERO: Que hay mérito para el enjuiciamiento del ciudadano **RICHARD MIGUEL MARDO MARDO**, titular de la cédula de identidad N° 9.649.681, por la presunta comisión de los delitos de Defraudación Tributaria y Legitimación de Capitales, previstos y sancionados en el artículo 116 del Código Orgánico Tributario y el artículo 4 de la Ley Orgánica contra la Delincuencia Organizada -aplicable *ratione temporis*-, respectivamente....

III. EL ORDENAMIENTO ECONÓMICO DEL ESTADO

1. *Libertad de Empresa*

TSJ-SPA (952) 16-7-2012

Magistrada Ponente: Luisa Estella Morales Lamuño

Caso: Cámara de Aseguradores de Venezuela y Mapfre La Seguridad, C.A. de Seguros. (Artículo 44 de la Ordenanza de Impuesto sobre Vehículos del Municipio Barinas del Estado Barinas).

La Sala declara la nulidad parcial del artículo 44 la Ordenanza de Impuesto sobre Vehículos del Municipio Barinas del Estado Barinas, en virtud que se establece una condición previa al ejercicio de la contratación del seguro de vehículo entre la aseguradora y el contratante del contrato de seguro mediante el requerimiento del certificado de solvencia, lo cual constituye una limitación indebida a la libertad de empresa.

....La parte accionante alega que el artículo 44 de la Ordenanza de Impuesto sobre Vehículos del Municipio Barinas del Estado Barinas, viola su derecho constitucional a la propiedad, a la libertad económica, reserva legal, a la prohibición de confiscación y al principio a la seguridad jurídica, por cuanto la norma impugnada establece la imposición de una sanción por el hecho de un tercero con anterioridad a la contratación de una persona que no es dependiente y generan una confiscación velada con la sanción impuesta, aunado al hecho de que la exigencia de la certificación de solvencia como condición previa a la contratación de seguros implica un requerimiento adicional a la actividad reguladora, la cual es ajena a la actividad comercial y asimismo, alegan que la sanción contemplada no guarda una proporcionalidad y racionalidad con la actividad ejercida por la compañía aseguradora.

Finalmente, exponen que el Concejo Municipal del Municipio Barinas al establecer un requerimiento adicional a la actividad de seguros y un incumplimiento por su exigencia con la retribución económica del importe del impuesto que debía ser enterado por el sujeto pasivo de la obligación tributaria incurrió en el vicio de usurpación de funciones ya que "(...) *no puede legislar en materias reservadas al Poder Público Nacional; usurpando funciones que no le corresponden. No puede desconocer los derechos constitucionales de nuestras mandantes a la propiedad, y a la libertad económica, ni mucho menos menoscabar las garantías de no confiscación, y a la propiedad. No puede pretender que un tercero asuma la responsabilidad que claramente corresponde a otro, limitando a un mismo tiempo su derecho a dedicarse libremente a la actividad lucrativa de su preferencia*".

Determinados los fundamentos de impugnación, debe esta Sala citar el contenido del artículo 44 de Ordenanza de Impuesto sobre Vehículos del Municipio Barinas del Estado Barinas, el cual dispone:

"*Artículo 44. Las Notarías y Registros quedan obligados a exigir a todos los enajenantes de los vehículos objeto del Impuesto regulado en la presente Ordenanza, residenciados o domiciliados en el Municipio Barinas, la CERTIFICACIÓN DE SOLVENCIA por concepto de Impuestos sobre Vehículos.*

Igualmente las empresas o Compañías Aseguradoras deberán exigir la CERTIFICACIÓN DE SOLVENCIA antes indicada a todo propietario de vehículos residenciado o domiciliado en el Municipio Barinas que solicitare el Contrato de Seguro respectivo.

PARÁGRAFO ÚNICO: Los Notarios, Registradores y Representantes Legales de las Empresas Aseguradoras, serán responsables por los perjuicios que puedan causar al Tesoro Municipal derivados del incumplimiento del presente artículo. El daño ocasionado será resarcido por el Funcionario o el representante legal de la empresa aseguradora, con el valor del Impuesto que dejare de ingresar al Tesoro Municipal".

El artículo en cuestión contempla una obligación legal de requerir la certificación de solvencia del impuesto sobre vehículos a los Notarios, Registradores y compañías aseguradoras, como condición previa a la certificación de una enajenación del vehículo respectivo o a la celebración de un contrato de seguro sobre el vehículo, consagrando finalmente en el parágrafo único, una sanción pecuniaria por el incumplimiento del requerimiento, en atención a los daños que se causen al Tesoro Municipal, siendo el *quantum* de la sanción el valor del impuesto que dejare de ingresar, cuyo importe se encuentra establecido en el artículo 21 de la referida Ordenanza.

Ante ello, es de destacar que el impuesto sobre vehículos, se encontraba previsto en el cardinal 3 del artículo 31 de la Constitución de 1961 y actualmente está consagrado en el cardinal 2 del artículo 179 de la Constitución de la República Bolivariana de Venezuela, como un ingreso de los Municipios. Dicho impuesto se concibe por el uso de las vías públicas dentro del Municipio, pudiendo variar la base imponible del mismo por el peso del vehículo, su uso o cilindrada, siendo los sujetos pasivos de la obligación tributaria el titular o propietario del vehículo residente o domiciliado en el municipio.

Al efecto, el artículo 179 del Texto Constitucional, establece:

"Artículo 179. Los Municipios tendrán los siguientes ingresos:

1. Los procedentes de su patrimonio, incluso el producto de sus ejidos y bienes.

2. Las tasas por el uso de sus bienes o servicios; las tasas administrativas por licencias o autorizaciones; los impuestos sobre actividades económicas de industria, comercio, servicios, o de índole similar, con las limitaciones establecidas en esta Constitución; los impuestos sobre inmuebles urbanos, vehículos, espectáculos públicos, juegos y apuestas lícitas, propaganda y publicidad comercial; y la contribución especial sobre plusvalías de las propiedades generadas por cambios de uso o de intensidad de aprovechamiento con que se vean favorecidas por los planes de ordenación urbanística.

3. El impuesto territorial rural o sobre predios rurales, la participación en la contribución por mejoras y otros ramos tributarios nacionales o estadales, conforme a las leyes de creación de dichos tributos.

4. Los derivados del situado constitucional y otras transferencias o subvenciones nacionales o estadales;

5. El producto de las multas y sanciones en el ámbito de sus competencias y las demás que les sean atribuidas;

6. Los demás que determine la ley".

Esta regulación constitucional fue desarrollada por el legislador en los artículos 193, 194, 195 y 196 de la Ley de Reforma Parcial de la Ley Orgánica del Poder Público Municipal, publicada en la *Gaceta Oficial* N° 6.015 Extraordinario del 28 de diciembre de 2010, la cual no es innovadora en este aspecto, ya que se encontraba establecido dicho régimen en los artículos 195 al 198 de la Ley derogada -2005-. Así, expone la regulación vigente, lo siguiente:

"Artículo 193. El impuesto sobre vehículos grava la propiedad de vehículos de tracción mecánica, cualesquiera sean su clase o categoría y sean propiedad de una persona natural residente o una persona jurídica domiciliada en el Municipio respectivo.

Artículo 194. A los fines de este impuesto, se entiende por:

1. Sujeto residente: quien, siendo persona natural propietario o asimilado, tenga en el Municipio respectivo su vivienda principal. Se presumirá que este domicilio será el declarado para la inscripción en el Registro Automotor Permanente.

2. Sujeto domiciliado: quien, siendo persona jurídica propietaria o asimilada, ubique en el Municipio de que se trate un establecimiento permanente al cual destine el uso del referido vehículo.

Se consideran domiciliadas en el Municipio, las concesiones de rutas otorgadas por el Municipio respectivo para la prestación del servicio del transporte dentro del Municipio.

Artículo 195. A los fines del gravamen previsto en esta Ley, podrán ser considerados contribuyentes asimilados a los propietarios, las siguientes personas:

1. En los casos de ventas con reserva de dominio, el comprador, aun cuando la titularidad del dominio subsista en el vendedor.

2. En los casos de opciones de compra, quien tenga la opción de comprar.

3. En los casos de arrendamientos financieros, el arrendatario.

Artículo 196. Los jueces y juezas, notarios y registradores o registradoras cuyas oficinas se encuentren ubicadas en la jurisdicción del Municipio correspondiente, colaborarán con la Administración Tributaria Municipal para el control del cobro del tributo previsto en esta Ley. A tal fin, cuando deban presenciar el otorgamiento de documento de ventas o arrendamiento financiero de vehículos que sean propiedad de residentes o domiciliados en ese Municipio, deberán exigir comprobante de pago del impuesto previsto en esta Subsección, sin perjuicio de la colaboración que pueda requerirse a oficinas notariales o registrales ubicadas en jurisdicciones distintas.

El daño ocasionado al Municipio debido a la contravención de esta norma será resarcido por el funcionario respectivo con el valor del pago de la tasa vehicular correspondiente".

En el caso de la Ordenanza impugnada -artículo 44- se aprecia que la norma en cuestión se fundamentó en la Ley Orgánica del Poder Público Municipal de 2005, y actualmente es concorde con lo establecido en el artículo 196 de la Ley de Reforma Parcial de la Ley Orgánica del Poder Público Municipal -2010-, aun cuando, es de destacar que extiende la referida obligación no solo a los Notarios y Registradores, sino a las compañías aseguradoras aplicando igualmente la sanción en atención a los *"los perjuicios que puedan causar al Tesoro Municipal derivados del incumplimiento del presente artículo"*, siendo el valor de la misma *"(…) con el valor del Impuesto que dejare de ingresar al Tesoro Municipal"*.

Antes de entrar en el cuestionamiento constitucional de la norma en atención a la proporcionalidad y racionalidad de la sanción económica que luego será reflexionado, debe esta Sala atender, en primer lugar, al alegato formulado sobre el vicio de usurpación de funciones por parte del Concejo Municipal del Municipio Barinas, al invadir las competencias del Poder Público Nacional, al establecer una serie de restricciones y sanciones a una actividad intensamente regulada como es la actividad de seguros y reaseguros.

Establecido ello, es de advertir que si bien el artículo 180 de la Constitución de la República Bolivariana de Venezuela establece que la potestad tributaria municipal es diferente y autónoma de las potestades reguladoras del Estado, dicha norma debe entenderse en cuanto a la acción establecida en ésta, es decir, a la actividad económica generadora del tributo -la base imponible de la actividad gravada-, lo cual ha permitido la interpretación de la procedencia del impuesto sobre actividades económicas en los Municipios y su correspondencia o subsistencia con la regulación de actividades reservadas exclusivamente al Poder Público Nacional.

Sin embargo, resulta relevante aclarar que la potestad fiscal del impuesto sobre vehículos, es diferente al establecimiento de condiciones para el ejercicio de la actividad aseguradora dentro de un determinado Municipio, lo cual es sustancial y materialmente diferente al gravamen de los ingresos, por cuanto éstos –ingresos- son posteriores o consustanciales al beneficio económico por el desarrollo de una actividad comercial mientras que el ejercicio previo de la celebración del contrato de seguro mediante condicionamientos o requisitos, atiende por su parte, al control previo que ejercita en el Estado en función de la importancia económica, política y/o social que tiene una actividad condicionada a través del cumplimiento de ciertos requisitos y procedimiento para conceder un título habilitante que permita el ejercicio de la misma (*vgr.* Instituciones Financieras, Telecomunicaciones, Aseguradoras).

Con respecto a ello, debe esta Sala resaltar que las normas sobre control de la actividad aseguradora, están intensamente reguladas en el ordenamiento jurídico venezolano en función de lo dispuesto en el artículo 1 de la Ley de la Actividad Aseguradora, publicada en la *Gaceta Oficial de la República Bolivariana de Venezuela* N° 5.990 Extraordinaria del 29 de julio de 2010, el cual establece que

> "*El objeto de la presente Ley es establecer el marco normativo para el control, vigilancia, supervisión, autorización, regulación y funcionamiento de la actividad aseguradora, a fin de garantizar los procesos de transformación socioeconómico que promueve el Estado, en tutela del interés general, representado por los derechos y garantías de los tomadores, asegurados y beneficiarios de los contratos de seguros, de reaseguros, los contratantes de los servicios de medicina prepagada y de los asociados de las cooperativas que realicen actividad aseguradora de conformidad con lo establecido en la Ley Orgánica del Sistema Financiero Nacional*".

En congruencia con lo expuesto, es que la intervención, control y vigilancia de la actividad aseguradora no se puede limitar sólo a un control *ex post* de la actividad sino a un control previo, intermedio y ejecutivo de las empresas aseguradoras, mediante el establecimiento de requisitos al ejercicio de la actividad, a la ejecución de la misma y por último, a una actividad sancionatoria ante el incumplimiento de las obligaciones legales establecidas, por lo que existe una fuerte intervención del Estado en el ejercicio de la mismas mediante un control previo y posterior de la actividad, así como una actividad fiscalizadora en el ejercicio de la misma.

La regulación de la actividad aseguradora se encuentra encaminada al resguardo de la solvencia de la institución, como a la estabilidad del sistema socio económico y a la protección de los asegurados por vía de consecuencia, en atención a ello, es que existe un control prudencial de las normas de ingreso, contratación y ejecución en el ejercicio de sus actividades, control que comprende desde el acceso y ejercicio de la profesión, cumplimiento del estatuto asegurador, y/o intervención aplicable en casos de crisis económicas; regulaciones las cuales se articulan en dos vertientes; con normas de Derecho Público y privado atinentes a la regulación mercantil del contrato de seguros.

En este sentido, interesa citar lo expuesto por Jesús Bermejo Vera, que asimila la intervención del sector asegurador por su incidencia en el ámbito económico a las entidades de crédito, cuando expone:

"La actividad de las entidades aseguradoras incide, sin discusión, en el sistema financiero y en la economía en general del país. No sólo por el volumen de recursos que manejan, sino porque puede considerarse que, en cierta medida, su actuación se asimila a la de las entidades de crédito, aunque sea adoptando una perspectiva inversa, ya que la relación que les une con el público se concreta igualmente en la percepción de fondos (destinados, en su caso, a cubrir los resultados dañosos de riesgos o eventualidades que se han querido asegurar). Se ha señalado, en este sentido, la inversión del ciclo productivo con respecto al habitual, puesto que una parte –el asegurador- se compromete a realizar eventualmente, la contraprestación correspondiente a la que desde el principio lleva a cabo el asegurado al pagar las cuotas del seguro.

En función de estas características se justifica el interés interventor del poder público en la actividad aseguradora, intentando garantizar la protección de los asegurados frente a las consecuencias negativas del incumplimiento de las entidades aseguradoras.

Ha sido puesto de manifiesto el paralelismo existente entre el sector seguros y el sistema financiero, por estar involucrada en ambos la buena fé del público al entrar en contacto con las respectivas entidades confiando en su correcto desenvolvimiento desde el punto de vista de la solvencia, lo que determina igualmente la semejanza estructural de la ordenación del sistema financiero y de las entidades aseguradoras, aunque desde el punto de vista del contenido de esa ordenación la tendencia ha sido divergente, puesto que ha tenido carácter liberalizador en el primero y de acentuación de la intervención pública en las segundas" (*vid.* José Bermejo Vera, *Derecho Administrativo -Parte Especial-*, Edit. Civitas, 1999, p. 1014).

La regulación económica de la actividad, implica no solo el ingreso a la actividad aseguradora, sino la vigilancia en la solvencia económica como un mecanismo de protección al consumidor -usuario del seguro-, ya que tal actividad se soporta en la contribución de los sujetos sometidos a un riesgo económico –principio de mutualidad-, razón por la cual el legislador establece una serie de regulaciones intensivas en función de la protección del sistema socioeconómico, en franca garantía a lo establecido en el artículo 299 de la Constitución de la República Bolivariana de Venezuela, que consagra: *"El régimen socioeconómico de la República Bolivariana de Venezuela se fundamenta en los principios de justicia social, democratización, eficiencia, libre competencia, protección del ambiente, productividad y solidaridad, a los fines de asegurar el desarrollo humano integral y una existencia digna y provechosa para la colectividad. El Estado conjuntamente con la iniciativa privada promoverá el desarrollo armónico de la economía nacional con el fin de generar fuentes de trabajo, alto valor agregado nacional, elevar el nivel de vida de la población y fortalecer la soberanía económica del país, garantizando la seguridad jurídica, solidez, dinamismo, sustentabilidad, permanencia y equidad del crecimiento de la economía, para garantizar una justa distribución de la riqueza mediante una planificación estratégica democrática participativa y de consulta abierta".*

Con fundamento en la importancia para la actividad económica que genera el sector de seguros y su incidencia en la regulación normativa pública, es que el Constituyente reservó su ordenación como una competencia exclusiva del Poder Legislativo Nacional, al establecer en el artículo 156.32, la reserva legal de dicha actividad, de la forma siguiente:

"Artículo 156. Es de la competencia del Poder Público Nacional:

...omissis...

32. La legislación en materia de derechos, deberes y garantías constitucionales; la civil, mercantil, penal, penitenciaria, de procedimientos y de derecho internacional privado; la de elecciones; la de expropiación por causa de utilidad pública o social; la de crédito público; la de propiedad intelectual, artística e industrial; la del patrimonio cultural y arqueológico; la agraria; la de inmigración y poblamiento; la de pueblos indígenas y territorios ocupados por ellos; la del trabajo, previsión y seguridad sociales; la de sanidad animal y vegetal; la de notarías y registro público; la de bancos y la de seguros; la de loterías, hipódromos y apuestas en general; la de organización y funcionamiento de los órganos del Poder Público Nacional y demás órganos e instituciones nacionales del Estado; y la relativa a todas las materias de la competencia nacional" (Subrayado de esta Sala).

En tal sentido, se aprecia que la imposición de una obligación a las compañías aseguradoras sobre la exigencia del certificado de solvencia del impuesto sobre vehículos a terceros contratantes, limita la libertad económica en cuanto al acceso a la contratación con los particulares, de manera disímil a la regulación que recae en el Poder Nacional, al establecer condiciones a la actividad aseguradora diferentes a las consagradas por el legislador nacional, por lo que, en el presente caso, no se grava la actividad comercial –percepción económica- dentro del Municipio sino que se limita la actividad –contratación- imponiendo condiciones a su ejercicio y sanciones por el incumplimiento de las mismas, llegando al límite de crearse sanciones económicas equiparables al ingreso dejado de percibir por un tercero ajeno a la relación sancionatoria, ya que el sujeto pasivo de la obligación tributaria es un tercero distinto a la compañía aseguradora, con la cual no existe una relación de dependencia sino una relación derivada de un acto de comercio.

En este orden de ideas, debe destacarse que el derecho a la libertad de empresa, se encuentra consagrado constitucionalmente en el artículo 112 del Texto Constitucional, el cual no sólo implica el ingreso a la actividad económica de su preferencia, conforme con las limitaciones establecidas en la ley, sino el desarrollo de las mismas así como a su salida del mercado, en este sentido interesa citar lo establecido en el referido artículo, cuando dispone:

"Artículo 112. Todas las personas pueden dedicarse libremente a la actividad económica de su preferencia, sin más limitaciones que las previstas en esta Constitución y las que establezcan las leyes, por razones de desarrollo humano, seguridad, sanidad, protección del ambiente u otras de interés social. El Estado promoverá la iniciativa privada, garantizando la creación y justa distribución de la riqueza, así como la producción de bienes y servicios que satisfagan las necesidades de la población, la libertad de trabajo, empresa, comercio, industria, sin perjuicio de su facultad para dictar medidas para planificar, racionalizar y regular la economía e impulsar el desarrollo integral del país".

Así, es de destacar que el derecho a la libertad de empresa no solo funge como un derecho constitucional sino como un principio constitucional, y su limitación debe derivarse de un análisis de la ponderación de los principios involucrados y el grado de afectación, por lo que, no toda limitación puede ser restrictiva o violatoria de éste sino cuando se desnaturalice o afecte su esencia mediante la imposición de condiciones no establecidas previamente por el Legislador Nacional o cuando incida en el contenido neural del derecho, haciendo desproporcionado el control y la limitación con el desarrollo de la actividad en condiciones de una normalidad técnica y económica que deslegitimen o hagan imposible su ejercicio comercial, en función del derecho de igualdad económica o el derecho de propiedad.

Respecto al ámbito del derecho a la libertad de empresa y las limitaciones a su ejercicio, cabe referir decisión de esta Sala N° 1422/2005, en la cual se dispuso: *"Respecto a la libertad de empresa, la Sala comparte la posición sostenida por parte de la doctrina (vid. Ariño, Gaspar. Principios de Derecho Público Económico. Tercera Edición, 2004. Pp. 259 y ss.) referente a que si bien existe una notoria dificultad para analizar dentro de la perspectiva constitucional los diversos elementos esenciales relacionados con cada sector económico en particular, la consagración del principio de igualdad y el basamento general del derecho a la libertad, son los pilares esenciales de los cuales debe partir todo desarrollo vinculado con el ejercicio de actividades económicas. En tal sentido, debe entenderse que las mismas operan hacia todos los factores económicos de un sector que posean idénticas peculiaridades y disfruten de una misma libertad dentro de la clase a la cual pertenecen, considerando para ello, las perspectivas mínimas esenciales de los elementos vinculados al ingreso, desarrollo y posibilidad de abandono del derecho a la actividad empresarial, los cuales deben considerarse en el siguiente orden: en cuanto al acceso, el reducto infranqueable debe ser mínimo, en el sentido de no prohibir de manera absoluta y no imponer el ingreso de forma forzosa, sólo debe matizarse a través de requerimientos pautados para permitir la habilitación al sector; respecto al abandono de la actividad, dicho reducto también debe ser mínimo, no debe imponerse la obligación de continuar, salvo que deban cumplirse determinadas obligaciones que exijan en razón de la actividad, el cumplimiento de un proceso necesario antes de permitir el cesamiento; mientras que, en cuanto al ejercicio, quien ejerza la actividad ha de gozar de un mínimo, pero suficiente reducto infranqueable de autonomía que le permita el ejercicio de la actividad de empresa".*

En el caso concreto, en primer lugar, se aprecia que la imposición por parte del Municipio de una condición previa al ejercicio de la contratación del seguro de vehículo entre la aseguradora y el contratante del contrato de seguro mediante el requerimiento del certificado de solvencia, constituye una limitación indebida a la libertad de empresa, que no se encuentra establecida en la Ley de la Actividad Aseguradora, ya que no grava las rentas -propia competencia en materia de ingresos municipales (Artículo 178 de la Constitución de la República Bolivariana de Venezuela) sino que por el contrato limita el desenvolvimiento normal en materia de contratación de seguros, competencia que recae en el Poder Legislativo Nacional y en la inspección del control de las condiciones de contratación por parte de la Superintendencia de la Actividad Aseguradora.

En segundo lugar, debe destacarse que la competencia municipal para gravar la actividad comercial o en el presente caso, el impuesto sobre vehículos, tiene una doble incidencia, respecto al último de los ingresos el mismo se encuentra establecido y se exige en función del sujeto titular del vehículo, quien es el sujeto pasivo del tributo referido y no la compañía aseguradora, conforme a lo establecido en el artículo 5 de la Ordenanza de Impuesto sobre Vehículos, el cual dispone:

"Son sujetos pasivos en calidad de contribuyentes, las personas naturales residenciadas y personas jurídicas domiciliadas en el Municipio Barinas, que ejerzan por si o a través de terceros, la titularidad de la propiedad de algunos de los vehículos indicados en esta Ordenanza.

De igual forma se consideran sujetos pasivos los contribuyentes asimilados a propietarios".

En tal razón, la competencia municipal se encuentra limitada al cobro de impuesto sobre vehículos, por tanto la compañía aseguradora por la sola celebración de un contrato de seguros no es el sujeto pasivo de la obligación tributaria -salvo los vehículos de su propiedad-, por lo que mal podía el legislador municipal establecer una sanción por el incumplimiento de una exigencia -certificado de solvencia del impuesto- que no le corresponde al Municipio por ser una actividad intensamente regulada con exclusividad por el Poder Legislativo Nacional y que su exigencia no se deriva de la normativa establecida en la Ley de la Actividad Aseguradora ni previamente de las disposiciones de la Ley de Empresas de Seguros y Reaseguros –ley derogada–, publicada en la *Gaceta Oficial* N° 4.865 Extraordinario del 8 de marzo de 1995.

En este último aspecto, interesa citar la sentencia de esta Sala N° 1299/2001, en la cual en un caso similar al de autos se analizó la inconstitucionalidad de la Ordenanza sobre Patente de Vehículos del Municipio Iribarren del Estado Lara, conforme con las competencias municipales y se dispuso que:

"Así, en materia específica de contratación de seguros rigen las disposiciones de la Ley de Empresas de Seguros y Reaseguros, publicada en la Gaceta Oficial N° 4.865 Extraordinario del 8 de marzo de 1995, que mantiene su vigencia de acuerdo con la Disposición Derogatoria Única de la Constitución de la República Bolivariana de Venezuela, cuyo artículo 1° expresa que su objeto es establecer los principios y mecanismos mediante los cuales el Estado regula las actividades aseguradora, reaseguradora y conexas realizadas en el país, en beneficio de los contratantes, asegurados y beneficiarios de los seguros mercantiles y de la estabilidad del sistema asegurador, y además indica que la intervención del Ejecutivo Nacional en esas actividades se realizará por órgano de la Superintendencia de Seguros, servicio autónomo de carácter técnico, sin personalidad jurídica, adscrito al Ministerio de Hacienda.

Dentro de este contexto puede afirmarse que los Municipios no pueden establecer condiciones que incidan en la contratación en materia de seguros, ni aún bajo el pretexto de garantizar la recaudación de los ingresos que de acuerdo con la Constitución les corresponde, como es el caso de los impuestos sobre vehículos, previstos en el numeral 2 del artículo 179, puesto que, de acuerdo con lo señalado, la materia de seguros no forma parte del ámbito de sus competencias constitucionales y cualquier regulación en este sentido constituye una limitación no permitida a la libertad de empresa de las compañías aseguradoras que se encuentran sometidas a un régimen especial definido por la Ley de Empresas de Seguros y Reaseguros y sujetas a la supervisión de la Superintendencia de Seguros.

Por consiguiente, concluye la Sala que la aplicación del artículo 54 de la Ordenanza sobre Patente de Vehículos del Municipio Iribarren del Estado Lara a las empresas accionantes, constituye efectivamente una extralimitación de atribuciones que cercena el derecho a la libertad de empresa consagrado en el artículo 112 de la Constitución de la República Bolivariana de Venezuela, y así se declara".

Así se aprecia claramente que la conclusión no varía en el tiempo de análisis de la normativa impugnada, por cuanto la regulación de la materia de seguros -Ley de Empresas de Seguros y Reaseguros -derogada- y actualmente Ley de Actividad Aseguradora- se funda en la facultad constitucional consagrada en el artículo 156.32 de la Constitución de la República Bolivariana de Venezuela, que reserva legalmente al Poder Legislativo Nacional la regulación por el impacto de la actividad aseguradora en la económica nacional y en el interés general subyacente en su ejercicio y control, por lo que, toda regulación que restrinja el ejercicio de la misma, no así las percepciones fiscales diferentes a las del Poder Nacional y propias del principio de autonomía municipal, deben ser sancionadas con su nulidad por incurrir en el vicio de usurpación de funciones.

Diferente conclusión, debería acometerse en caso de que la actuación se limitara a un gravamen por la actividad aseguradora en el Municipio, caso en el cual no se restringe la libertad de empresa por el ejercicio de la actividad y su desarrollo sino por las percepciones económicas generadas en el Municipio, en tal sentido, cabría aplicar el criterio reiterado en esta materia que ha mantenido esta Sala Constitucional, en cuanto a que la reserva legal de una determinada actividad no implica que el Poder Público Nacional tenga unas potestades ilimitadas desde el punto de vista fiscal, ya que debe respetar las competencias atribuidas a los Estados y a los Municipios, así como los principios constitucionales que rigen la materia. En este sentido, esta Sala mediante sentencia N° 2322/2006, dispuso que:

"Sin embargo, tal atribución de competencias al Poder Nacional, de forma excepcional podría ser transferida, y es así como el artículo 157 constitucional, faculta a la Asamblea Nacional para que atribuya a los Municipios o a los Estados –por mayoría de sus integrantes-, determinadas materias de la competencia nacional, a fin de promover la descentralización.

Así, el Poder Nacional, -ex artículo 156 numeral 12-, tiene atribuida la creación, organización, recaudación, administración y control de los impuestos sobre la renta, sobre sucesiones, donaciones y demás ramos conexos, el capital, la producción, el valor agregado, los hidrocarburos y minas, de los gravámenes a la importación y exportación de bienes y servicios, los impuestos que recaigan sobre el consumo de licores, alcoholes y demás especies alcohólicas, cigarrillos y demás manufacturas del tabaco.

Igualmente, la norma en comentario consagra un régimen residual que atribuye al Poder Nacional la competencia necesaria en materia tributaria, para la creación, organización, administración y control de los impuestos, tasas, rentas y contribuciones no atribuidas a los Estados y Municipios por el Texto Constitucional y la ley, de lo que se desprende que dichos entes políticos territoriales (Estados y Municipios), no pueden establecer impuestos que no estén contemplados a su favor en la Constitución o en la ley.

Es decir que aparte de las competencias en materia tributaria contempladas expresamente en el mencionado numeral 12 del artículo 156 de la Carta Magna, el Poder Nacional tiene en sus manos amplias facultades para crear tributos en todas aquellas materias que por su índole o naturaleza le correspondan.

Tal correspondencia debe ser definida en cada caso, teniendo en cuenta las orientaciones que se desprenden del Preámbulo de la Constitución, de las facultades que ésta le otorga al Poder Nacional, de la Exposición de Motivos y de la importancia económica o estratégica de la materia gravada para los intereses de la República.

Ello no quiere significar que el Poder Público Nacional tenga unas potestades ilimitadas desde el punto de vista fiscal, ya que debe respetar las competencias atribuidas a los Estados y a los Municipios, así como los principios constitucionales que rigen la materia.

En efecto, al crear el tributo que por su naturaleza le corresponde debe tener en cuenta los principios generales de la imposición consagrados constitucionalmente en los artículos 316 y 317 de la Carta Magna, relativos a los principios de progresividad y de legalidad tributaria, respectivamente; por lo que no puede el Poder Nacional establecer un gravamen de carácter confiscatorio, o violatorio del principio de capacidad contributiva o pagadero en servicios personales, por ejemplo".

En el mismo contexto, cabe citar sentencias de esta Sala Nros. 2408/2007 y 750/2012, en las cuales se pronunció sobre el régimen de subsistencias del tributo nacional a la producción en materia de alcohol y especies alcohólicas correspondiéndole en consecuencia a la Ley de Alcohol y Especies Alcohólicas, y a los gravámenes municipales, en atención a la compatibilidad de ambos tributos por gravar actividades distintas. Así se expuso en el primero de los fallos que:

"De esta forma, mal puede acusarse la incompatibilidad en nuestro sistema tributario de la aplicación de ambos impuestos de naturaleza tan disímil, pues uno y otro regulan distintos hechos imponibles que –además- inciden en distintos sujetos. De este modo, la reserva exclusiva que declara la Ley de Impuesto al Alcohol y Especies Alcohólicas a favor de la República, debe ser entendida como la imposibilidad de que otros entes político-territoriales establezcan tributos de igual entidad, pero en modo alguno excluye que éstos ejerzan las potestades tributarias que la propia Constitución acordó como fuente de sus ingresos.

Mal puede referirse que el Legislador Nacional quiso excluir de manera inequívoca el ejercicio de tales potestades por parte de los Municipios, cuando expresamente señala en el artículo 208 de la Ley Orgánica del Poder Público Municipal que «[e]ste impuesto [a las actividades económicas] es distinto a los tributos que corresponden al Poder Nacional o Estadal sobre la producción y el consumo específico de un bien, o el ejercicio de una actividad en particular y se causará con independencia de éstos. En estos casos, al establecer las alícuotas de su impuesto sobre actividades económicas, los Municipios deberán ponderar la incidencia del tributo nacional o estadal en la actividad económica que se trate».

Por su parte, el artículo 215 del mismo texto orgánico, prevé que «[e]n el caso de actividades económicas sometidas al pago de regalías o gravadas con impuestos a consumos selectivos o sobre actividades económicas específicas, debidos a otro nivel político-territorial, los Municipios deberán reconocer lo pagado por tales conceptos como una deducción de la base imponible del impuesto sobre actividades económicas, en proporción a los ingresos brutos atribuibles a la jurisdicción municipal respectiva».

Así las cosas, se infiere el reconocimiento por parte del Legislador de la plena compatibilidad entre el gravamen específico al consumo previsto en la Ley de Impuesto al Alcohol y Especies Alcohólicas y el impuesto a las actividades económicas que corresponde a los Municipios, no obstante que -en atención al potencial impacto de este último- haya establecido como cláusulas de armonización tributaria la exclusión de su base imponible de lo pagado a la República por concepto de este tributo específico, así como la autorización para que -vía Ley de Presupuesto- sean fijados topes en las alícuotas municipales".

En congruencia con lo expuesto, se aprecia que en el presente caso, como se ha reiterado el artículo 44 de la Ordenanza impugnada, impone no sólo una limitación a la actividad aseguradora que no forma parte del ámbito de sus competencias constitucionales y, cualquier regulación en este sentido constituye una limitación no permitida a la libertad de empresa de las compañías aseguradoras que se encuentran sometidas a un régimen especial definido por la Ley de la Actividad Aseguradora y sujetas a la supervisión de la Superintendencia de Seguros, sino que a su vez, impone una sanción que supera los límites de la proporcionalidad de la misma, visto que no se produce como consecuencia de la actividad del sujeto pasivo de la obligación tributaria sino de un tercero ajeno a la misma, por lo que el presunto ilícito administrativo ni siquiera se deriva del gravamen de la actividad económica producido en el respectivo Municipio sino por el ejercicio consustancial de su actividad comercial, coto vedado de restricción por carecer de competencia en virtud de la reserva legal establecida en el artículo 156.32 de la Constitución de la República Bolivariana de Venezuela. Así se decide.

En consecuencia, esta Sala debe declarar la nulidad parcial del artículo 44 de la Ordenanza de Impuesto sobre Vehículos del Municipio Barinas del Estado Barinas, publicada en la *Gaceta Municipal* del referido Municipio N° Extraordinario 88-06, del 22 de noviembre de 2006, por cuanto cercena el derecho a la libertad de empresa consagrado en el artículo 112 de la Constitución de la República Bolivariana de Venezuela, anulándose lo referente a la regulación de la actividad aseguradora y debiendo leerse el artículo en cuestión de la siguiente manera:

"Artículo 44. Las Notarías y Registros quedan obligados a exigir a todos los enajenantes de los vehículos objeto del Impuesto regulado en la presente Ordenanza, residenciados o domiciliados en el Municipio Barinas, la CERTIFICACIÓN DE SOLVENCIA por concepto de Impuestos sobre Vehículos.

PARÁGRAFO ÚNICO: Los Notarios, y Registradores, serán responsables por los perjuicios que puedan causar al Tesoro Municipal derivados del incumplimiento del presente artículo. El daño ocasionado será resarcido por el Funcionario, con el valor del Impuesto que dejare de ingresar al Tesoro Municipal".

Finalmente, en relación con los efectos de la decisión en el tiempo, esta Sala determina que esta sentencia tendrá efectos *ex nunc*. Así se decide.

IV. LA JURISDICCIÓN CONTENCIOSO ADMINISTRATIVA

1. *El Contencioso Administrativo de Anulación*

A. *Medidas Cautelares*

TSJ-SPA (903)   **30-7-2013**

Magistrado Ponente: Emilio Ramos González

Caso: Cámara Venezolana de la Educación Privada (CAVEP) vs. Ministerio del Poder Popular para la Educación.

Cuando se pretende la suspensión de un *acto de efectos generales* y de carácter normativo, cobra mayor relevancia el requisito relativo al riesgo manifiesto de que quede ilusoria la ejecución del fallo. Para su comprobación deberá verificarse en qué consiste concretamente dicho riesgo y cuáles serían los daños irreparables para la parte accionante que surgirían de la ejecución del acto antes de ser decidido el fondo del recurso principal

Corresponde a la Sala pronunciarse respecto a la solicitud de *"medida cautelar innominada de suspensión de efectos"* de la citada Resolución N° DM/ N° 046 emanada del Ministerio del Poder Popular para la Educación, publicada en la *Gaceta Oficial de la República Bolivariana de Venezuela* N° 39.974 de fecha 30 de julio de 2012, peticionada por los apoderados judiciales de la Cámara Venezolana de Educación Privada (CAVEP). En tal sentido, se observa:

Como se puede apreciar, el referido acto impugnado cuyos efectos pretenden suspenderse mientras dure la tramitación de la acción principal a través de la solicitud cautelar bajo análisis, es un acto administrativo de efectos generales y de carácter normativo, toda vez que *"...fija para el año escolar 2012-2013, el ajuste en un porcentaje que no supere el diez por ciento (10%), como límite máximo de aumento de la matrícula y de las mensualidades escolares en las instituciones educativas privadas del Subsistema de Educación Básica, ubicadas en todo el territorio nacional..."* y establece el procedimiento para tales fines.

En el presente caso, la parte actora pretende la suspensión de los efectos del acto administrativo impugnado, invocando lo dispuesto en los artículos 585 y 588 del Código de Procedimiento Civil, es decir, a través de una medida cautelar innominada. Asimismo, de la lectura del escrito recursivo se observa que la accionante requiere concretamente que se decrete *"...una medida cautelar que determine la **suspensión** inmediata de la Resolución impugnada toda vez que se cumplen los dos requisitos de procedencia previstos en el artículo 104 de la Ley Orgánica de la Jurisdicción Contencioso Administrativa..."*. (Negritas de esta sentencia).

En virtud de lo anterior, se debe destacar entonces, que si bien en principio, la accionante al advertir que el acto recurrido es de efectos generales calificó la medida cautelar como *"innominada"*, su pretensión se contrae efectivamente a obtener la *suspensión* de dicho acto, por lo que se reitera el criterio que se ha venido sosteniendo, en el sentido de que la suspensión de efectos de los actos administrativos, como medida típica para los recursos de nulidad que se proponen en contra de dichos actos, constituye una medida cautelar mediante la cual -haciendo excepción al principio de ejecutoriedad del acto administrativo, consecuencia de la presunción de legalidad- se procura evitar lesiones irreparables o de difícil reparación al ejecutarse un acto que eventualmente resultare anulado, porque ello podría constituir un atentado a la garantía del derecho fundamental de acceso a la justicia y al debido proceso.

Por tal motivo, la medida preventiva de suspensión de efectos procede solo cuando se verifiquen concurrentemente los supuestos que la justifican, esto es, que la medida sea necesaria a los fines de evitar perjuicios irreparables o de difícil reparación, o bien para evitar que el fallo quede ilusorio, y que adicionalmente resulte presumible que la pretensión procesal principal será favorable. Significa entonces que deben comprobarse los requisitos de procedencia de toda medida cautelar: el riesgo manifiesto de que quede ilusoria la ejecución del fallo (*periculum in mora*) y la presunción grave del derecho que se reclama (*fumus boni iuris*), a lo cual hay que agregar, de acuerdo a lo dispuesto en el artículo 104 de la Ley Orgánica de la Jurisdicción Contencioso Administrativa, la adecuada ponderación de los "*intereses públicos generales y colectivos concretizados y ciertas gravedades en juego*".

En concreto, el referido artículo 104 dispone lo siguiente:

"...*Requisitos de procedibilidad*

Artículo 104. A petición de las partes, en cualquier estado y grado del procedimiento el tribunal podrá acordar las medidas cautelares que estime pertinentes para resguardar la apariencia del buen derecho invocado y garantizar las resultas del juicio, ponderando los intereses públicos generales y colectivos concretizados y ciertas gravedades en juego, siempre que dichas medidas no prejuzguen sobre la decisión definitiva.

El tribunal contará con los más amplios poderes cautelares para proteger a la Administración Pública, a los ciudadanos o ciudadanas, a los intereses públicos y para garantizar la tutela judicial efectiva y el restablecimiento de las situaciones jurídicas infringidas mientras dure el proceso.

En causas de contenido patrimonial, el tribunal podrá exigir garantías suficientes al solicitante...".

Conforme a lo señalado en la norma transcrita, la medida que se acuerde debe tener como finalidad "*resguardar la apariencia de buen derecho*", por lo que el juez deberá extraer de las probanzas aportadas los elementos que permitan establecer una presunción favorable o juicio de verosimilitud de los términos de la pretensión procesal; y adicionalmente, las circunstancias que en el caso concreto hagan necesaria la medida para evitar perjuicios irreparables, de difícil reparación, o la ilusoriedad del fallo como segundo supuesto para su procedencia.

Ahora bien, es preciso indicar que en casos como el de autos, donde se pretende la suspensión de un *acto de efectos generales* y de carácter normativo, cobra mayor relevancia este último requisito relativo al riesgo manifiesto de que quede ilusoria la ejecución del fallo. Es así que, para su comprobación deberá verificarse en qué consiste concretamente dicho riesgo y cuáles serían los daños irreparables para la parte accionante que surgirían de la ejecución del acto antes de ser decidido el fondo del recurso principal. Por consiguiente, le corresponde al solicitante señalar cómo se afectaría su situación jurídica frente a la aplicación del citado acto recurrido, de manera que permita al juez otorgar la tutela requerida. (*Vid.* Sent. reciente de la Sala Político Administrativa N° 00471 del 16 de mayo de 2013, recaída en el caso: *Red de Padres y Representantes vs. Ministerio del Poder Popular para la Educación*, que reitera sentencias de la misma Sala N° 02878 del 13 de diciembre de 2006 y N° 00419 del 14 de marzo de 2007).

Establecidos los anteriores lineamientos, corresponde a la Sala verificar si en el caso bajo examen los aludidos requisitos se han cumplido.

Como fundamento del riesgo manifiesto de que quede ilusoria la ejecución del fallo, se aprecia que los apoderados judiciales de la parte recurrente, indicaron que "...*en relación con el periculum in mora consider*[an] *que es indudable que la aplicación y efec-*

tiva ejecución de la resolución impugnada puede representar un evidente riesgo social manifestándose en el deterioro de la calidad educativa, situación que se agravaría con el transcurso del tiempo...".

En criterio de la Sala, el referido alegato expuesto por la parte accionante para fundamentar el señalado requisito de procedencia para el otorgamiento de la medida cautelar peticionada, se reduce a una *hipótesis* o *suposición* que por sí sola resulta insuficiente ya que no comporta una prueba del daño que se alega en la presente solicitud cautelar, toda vez que es necesario que la parte interesada acredite el hecho cierto de la irreparabilidad o la difícil reparación que le causará la ejecución del acto, de tal manera que en el ánimo del sentenciador surja la certeza de su producción para el caso de no suspenderse los efectos del acto cuestionado, lo cual no se materializa en el caso bajo examen, puesto que la parte solicitante no aportó las pruebas que demostraran el presunto perjuicio que se le causaría de no otorgarse la medida.

Asimismo, como sostuvo esta Sala en un caso semejante, en el cual también la parte accionante en este caso, es decir, la Cámara Venezolana de la Educación Privada (CAVEP), solicitó la suspensión de los efectos de Resoluciones conjuntas Nos. DM/N° 056 - DM/N° 045 y DM/N° 057 - DM/N° 046 emanadas del Ministerio del Poder Popular para el Comercio y el Ministerio del Poder Popular para la Educación, publicadas en la *Gaceta Oficial* de la República Bolivariana de Venezuela N° 39.460, de fecha 7 de julio de 2010, "...*resulta exiguo afirmar la existencia de un gravamen si no se demuestra en qué consiste el mismo, ni se explican y especifican los concretos daños que se ocasionarían con la ejecución del acto administrativo impugnado. En el caso concreto, como fue indicado anteriormente, la parte accionante no ha demostrado fehacientemente la extensión de los perjuicios o daños que se le causarían, pues no consignó en esta fase cautelar ninguna documentación de la que los mismos pudieran derivarse...".* (*Vid.* Sent. de la Sala Político Administrativa N° 00054 del 19 de enero de 2011)

Por otra parte, este órgano jurisdiccional advierte que si en el trayecto del proceso se llegara a demostrar la contrariedad a derecho de la Resolución de fecha 30 de julio de 2012 impugnada en el presente caso, los efectos de la sentencia definitiva salvaguardarían los derechos e intereses de la parte accionante y los eventuales daños y perjuicios que hubiera sufrido bien podrían ser reparados a través de los mecanismos judiciales de los que el ordenamiento jurídico dispone. (*Vid. sentencia de esta Sala N° 00578 de fecha 7 de mayo de 2009*).

En este sentido, dada la necesaria concurrencia de los requisitos del *fumus boni iuris* y *el periculum in mora* para otorgar la suspensión de efectos requerida, verificada como ha sido la inexistencia del *periculum in mora*, resulta innecesario el análisis del otro supuesto de procedencia de dicha medida, la cual debe declararse **improcedente**. Así se decide.

2. *El Contencioso Administrativo de Interpretación: inadmisibilidad*

TSJ-SPA (945) 8-8-2013

Magistrada Ponente: Evelyn Marrero Ortíz

Caso: Interpretación de los artículos 5, 17 y 18 de la Ley Orgánica de Registro Civil.

La Sala declara inadmisible el recurso de interpretación al ser utilizado como medio para sustituir los recursos procesales existentes, o para obtener una declaratoria con carácter de condena o constitutiva.

....En sentencia N° 1158 de fecha 21 de septiembre de 2011 este Alto Tribunal, repuso la causa en el procedimiento iniciado con ocasión del recurso de interpretación de los numerales 12 y 15 del artículo 95 de la Ley Orgánica del Poder Público Municipal, al no haberse librado el cartel a los terceros interesados al cual alude el artículo 80 de la Ley Orgánica de la Jurisdicción Contencioso Administrativa, y ante la falta de verificación por parte del Juzgado de Sustanciación de los requisitos previstos en el numeral 5 del artículo 31 de la Ley Orgánica del Tribunal Supremo de Justicia en la oportunidad de admitir el recurso de interpretación, esto es, i) Que la interpretación solicitada verse sobre un texto legal; ii) Que dicho conocimiento no signifique una sustitución del mecanismo, medio o recurso previsto en la ley para dirimir la situación sometida a interpretación de la Sala.

En el caso concreto, aprecia la Sala que el Juzgado de Sustanciación al momento de admitir el recurso de interpretación solicitado, se limitó a revisar las causales de inadmisibilidad contenidas en el artículo 35 de la Ley Orgánica de Jurisdicción Contencioso Administrativa, sin entrar al examen de los supuestos establecidos en la Ley Orgánica del Tribunal Supremo de Justicia antes mencionados, lo cual conllevaría a esta Sala a reponer la causa al estado de admisión, en atención al criterio establecido por este Alto Tribunal en aludido fallo.

No obstante, visto que en el caso bajo análisis el referido Juzgado en fecha 9 de marzo de 2011 ordenó librar el cartel de notificación a los interesados, y que posteriormente se cumplieron todas las etapas correspondientes al procedimiento, esta Sala pasa a revisar, en esta oportunidad, los supuestos previstos en el numeral 5 del artículo 31 de la Ley Orgánica del Tribunal Supremo de Justicia, con miras a garantizar una tutela judicial efectiva y a los fines de evitar reposiciones inútiles que retardarían la decisión de fondo.

De esta manera, se observa que la petición de interpretación versa sobre un Texto Legal, esto es, los artículos 5, 17 y 18 de la Ley Orgánica de Registro Civil, publicada en la *Gaceta Oficial* de la República Bolivariana de Venezuela N° 39.264 de fecha 15 de septiembre de 2009, por lo que este requisito queda satisfecho.

Ahora bien, el segundo requisito referido a que el conocimiento del recurso no signifique una sustitución del mecanismo, medio o recurso previsto en la Ley para dirimir la situación sometida a interpretación; se observa que los solicitantes señalan en su escrito la inminente necesidad de esclarecer el alcance de las normas objeto de este recurso, para posteriormente **presentar un reclamo en sede administrativa** a la luz de la concepción de autonomía discrecional de los Registros Principales, conforme a la normativa que estatuye la prestación del Servicio Autónomo de Registros y Notarías. (Resaltado de la Sala).

De lo anterior, concluye la Sala que con la solicitud de autos lo realmente perseguido por los peticionantes no es la simple interpretación de los artículos 5, 17 y 18 de la Ley Orgánica de Registro Civil, pues en sustancia lo que se quiere obtener es una declaratoria expresa en cuanto a determinar el alcance de la gratuidad del servicio prestado por los órganos que conforman el Sistema Nacional de Registro Civil, a la luz de las disposiciones contenidas en la Ley Orgánica de Registro Civil, a fin de que dicha declaratoria les sirva de título para efectuar el reclamo en sede administrativa por el pago realizado por la inserción de tres notas marginales en los libros archivados en la Oficina Principal de Registro Público.

En este sentido se ha pronunciado expresamente la Sala en sentencia N° 0041 de fecha 24 de enero de 2013, en la cual, respecto al caso concreto allí ventilado manifestó: que el actor en su solicitud narró una serie de hechos relativos a su situación particular que revelan su intención de sustituir los mecanismos, medios o recursos previstos en la ley para dirimir su situación jurídica y obtener a través del recurso de interpretación una opinión previa de este Máximo Tribunal para solucionar el conflicto presentado.

Observa la Sala en el caso concreto, que si la parte actora considera haber realizado un pago que no le correspondía, ha debido acudir a los medios idóneos previstos en la legislación nacional para restablecer la situación jurídica que considera infringida. Lo expuesto, denota claramente que cualquier pronunciamiento en tal sentido equivaldría a la utilización de este recurso de interpretación, como medio para sustituir los recursos procesales existentes, o para obtener una declaratoria con carácter de condena o constitutiva, lo cual hace inadmisible la presente solicitud. Así se declara.

3.   *El Contencioso Administrativo Especial*

   A.   *El Contencioso Administrativo Electoral: Admisibilidad*

   TSJ-SC (1111)   **7-8-2013**

   Ponencia Conjunta

   Caso: María Soledad Sarría Pietri y otros vs. Acto de Votación, de Escrutinio, de Totalización y de Proclamación del ganador de las elecciones celebradas el 14 de abril del 2014.

   La Sala Constitucional declara inadmisible un recurso contencioso electoral de anulación ejercido contra el Acto de Votación, de Escrutinio, de Totalización y de Proclamación del ganador de las elecciones celebradas el 14 de abril del 2014. Luego de analizar el derecho al sufragio, la presunción de validez de los actos electorales, así como el principio de la conservación del acto electoral, destaca la Sala que el recurrente tiene la carga de desplegar un discurso en el cual se exponga de forma clara, precisa y completa los datos o circunstancias cuyo acaecimiento o presencia una norma jurídica asocia con la nulidad de un evento electoral.

El análisis de la admisibilidad de un recurso o demanda contencioso electoral, en razón de la naturaleza de la trascendencia de los asuntos involucrados y de los derechos que podrían resultar afectados, reviste una particular importancia, sólo comparable con la tarea que le cumple realizar al Juez de Control en la Jurisdicción Penal en el análisis de los pedimentos del Ministerio Público o de la víctima, ya sea en la llamada audiencia de presentación o en la audiencia preliminar.

Ello en razón del cuidado que en ambos casos deben desplegar los órganos judiciales de ambos órdenes competenciales en función de, en el caso del juez electoral, impedir que demandas planteadas de forma genérica o inespecíficas sean tramitadas, y en el del juez penal, el que requerimientos de procesamiento planteados de forma también genérica, poco sustentados o inespecíficos sean admitidos a trámite de investigación o a la fase de juicio.

Razones de diverso orden abonan estos límites. En cuanto al orden jurídico electoral, bien es sabido que en la formación de la voluntad del Estado venezolano intervienen los ciudadanos y ciudadanas, sea de modo directo a través de los mecanismos previstos en una parte del primer párrafo del artículo 70 de la Constitución, o sea mediante el ejercicio del derecho al sufragio activo previsto en el artículo 63 del mismo texto constitucional.

Es decir, que el Estado (como conglomerado de entes y órganos a los cuales se les han encomendado una serie de cometidos, asignado un cúmulo de competencias y dotado de una serie de potestades), depende, desde el punto de vista de su legitimación, de la participación de los ciudadanos tanto para su conformación inicial como para la selección de las máximas autoridades que encabezarán los órganos representativos que gestionan los asuntos públicos.

Como producto de esta participación se forma, en una de las modalidades en que esta se expresa, la Representación Política que se encargará de discutir los asuntos que atañen al interés del colectivo o de dictar las disposiciones de carácter normativo que sea de necesidad sancionar (órganos legislativos), o de dirigir el gobierno y gestionar la administración de los recursos públicos con el fin de proteger a las personas y sus bienes, fomentar actividades en beneficio del pueblo, gestionar los servicios públicos y participar, cuando sea de necesidad, en la actividad económica de forma directa, incluso, bajo un régimen de derecho privado (órganos ejecutivos).

La actividad y las decisiones del Estado como un todo dependen en gran medida, en cuanto a su legitimidad, de la participación que haya desplegado en la elección de sus autoridades el Cuerpo Electoral formado por aquellos venezolanos o venezolanas (también extranjeros, según el caso) mayores de 18 años, hábiles civil y políticamente e inscritos en el Registro Electoral. Como sabemos, esa participación, como es el caso de la elección del Presidente de la República, convoca a todos los venezolanos y venezolanas que cumplan con los requisitos apuntados anteriormente, y supone, por tal razón, el despliegue más importante de energías, recursos, organización y compromiso ciudadano (junto con la elección de los miembros de la Asamblea Nacional) de todas cuantas se realizan en nuestro país. Y volviendo al punto relacionado con la participación ciudadana en la conformación de la Representación Política, no puede dejar de mencionarse que el papel que juega la misma en el entramado organizativo en que se resuelve el Estado, tiene como contrapartida el Derecho al Sufragio, tanto activo como pasivo, que ostentan los venezolanos y venezolanas que forman el Colegio Electoral nacional.

Cada uno de sus integrantes es titular del Derecho al Sufragio, el cual va mucho más allá de (la importante por demás) posibilidad de acudir a las urnas para expresar su selección por un candidato u otro, ya que implica un complejo de situaciones jurídicas activas que abarcan todas las fases del proceso electoral y allende el proceso electoral, como lo sería la de exigir que las autoridades electas se mantengan en el ejercicio de sus cargos, y que sólo por razones debidamente acreditadas y probadas mediante los medios judiciales o electorales constitucionalmente previstos o admisibles, puedan ser separados del ejercicio de los mismos.

En pocas palabras, lo que quiere decirse al respecto es que, visto los cometidos tan relevantes que tienen acreditados los entes u órganos en los cuales ejercen sus cargos las autoridades electas mediante el sufragio, siendo, además, que la Representación que estas autoridades tienen encomendada surge del ejercicio del derecho al sufragio de todos los venezolanos y venezolanas que forman el Cuerpo Electoral nacional, y tomando en cuenta que el desarrollo de los mencionados cometidos requiere un clima de seguridad jurídica y paz social para que se desplieguen al máximo las energías de toda índole necesarias para la buena marcha de los asuntos públicos, es por lo que se hace necesario que las demandas que sean presentadas ante la jurisdicción contencioso electoral sean debidamente planteadas, y que las mismas se resuelvan a la brevedad posible y sobre la base del máximo respeto por la voluntad expresada, sólo impugnable mediante denuncias propuestas con fundamento en actuaciones concretas que hayan producido efectos lesivos graves y claros a dicha voluntad.

Así lo tiene establecido la jurisprudencia de la Sala Electoral del Tribunal Supremo de Justicia, lo han reseñado en sus comentarios acerca de dicha jurisprudencia quienes han tenido ocasión de estudiarla de forma sistemática, y se refleja incluso en la jurisprudencia y la doctrina comparada.

Este postulado que viene siendo explicado podría llamarse del siguiente modo: *principio de conservación de la voluntad expresada del Cuerpo Electoral*, o, más brevemente, *principio de conservación del acto electoral,* aunque se tiene constancia de haber recibido diferentes denominaciones según la disciplina jurídica que lo examine.

Un ejemplo de la utilización del *principio de conservación del acto electoral*, al cual se une la llamada *presunción de validez del acto electoral,* lo seria la Sentencia de la Sala Electoral núm. 86, del 14 de julio de 2005, según la cual, en el ámbito electoral "la llamada presunción de validez del acto administrativo posee especiales connotaciones", pues, "*además de tenerse por válido y eficaz el acto dictado por la Administración Electoral, en esta especial materia existe un principio fundamental, que es el referido a la <u>conservación del acto electoral y el respeto a la voluntad de los electores</u>*" (subrayado añadido).

Y una consecuencia de la aplicación de este principio de conservación del acto electoral es que, según esta misma sentencia, en esta materia, "el interesado en obtener la declaratoria de nulidad de un acto comicial no sólo tiene que invocar alguna de las causales tipificadas legalmente, sino que además debe probar la irregularidad del mismo y evidenciar que el vicio es de tal entidad que modifique los resultados comiciales".

Pero, además de este límite al procesamiento de estas demandas, que consiste en exigir que los vicios denunciados supongan una modificación de los resultados comiciales, también habría otro límite relativo a que no podrían acordarse este tipo de pretensiones cuando el fin que se pretendía con la realización del procedimiento electoral fue alcanzado, y de ello se deja constancia en la referida sentencia cuando se afirma que:

"con el principio del logro del fin, propio del procedimiento administrativo, (…) puede resumirse en este punto como que <u>no toda irregularidad en el acto o procedimiento determina su nulidad</u>, sino sólo aquella que altera su esencia, modifica su resultado o causa indefensión al particular" (subrayado añadido).

Insiste dicha Sala sobre la relación entre la gravedad del vicio denunciado y la estimación de la demanda de nulidad al advertir, seguidamente, que en el ámbito electoral,

"si el vicio denunciado no trasciende al punto de incidir en los resultados de los comicios, el mismo no conlleva a la anulación del acto, puesto que <u>ningún sentido tiene declarar una nulidad en sí misma si el resultado del proceso electoral, corregido el vicio, no se vería alterado</u>" (subrayado añadido).

Por lo tanto, para que una impugnación sea declarada con lugar por la jurisdicción electoral, quienes la formulen deben:

"1) Desvirtuar la presunción de validez y legitimidad del acto electoral; 2) Demostrar que se trata de un vicio grave que altera la esencia del acto y no simplemente de una irregularidad no invalidante; y 3) Evidenciar que el vicio, además, altera los resultados del proceso electoral de forma tal que resulta imposible su subsanación o convalidación (…)".

La llamada presunción de validez de los actos electorales a la que se refirió la Sala Electoral en la sentencia mencionada, fue explicado en otra decisión del mismo tribunal en términos que convendría traer a colación, y en la cual se toma en cuenta dicha presunción para desechar un recurso contencioso electoral.

En dicha sentencia se parte de que:

"los actos emanados de la Administración Electoral, al igual que los emanados de cualquier otro órgano de la Administración Pública, poseen una presunción de legitimidad y en consecuencia, cualquier Acta electoral, incluso las Actas electorales impugnadas en el presenta caso, deben presumirse legítimas, es decir, ajustadas a derecho hasta tanto se demuestre lo contrario en el curso de un procedimiento administrativo o de un proceso judicial…" (subrayado añadido).

Luego la Sala deja constancia de que, en el caso que examinaba, *"…no [contaba] con instrumentos fundamentales para confrontar los alegatos del recurrente; que es una carga de las partes probar sus argumentos; que de conformidad con la prohibición de aplicar el conocimiento privado del juez sobre los hechos (artículo 12 del Código de Procedimiento Civil), el juez no puede sacar elementos de convicción fuera de los autos, salvo que se trate de máximas de experiencia".*

Por tanto, y sobre la base de la *"presunción de exactitud de las Actas impugnadas, y, de la presunción de legitimidad de las mismas",* *"…desestima los alegatos de la parte recurrente y por tal razón, declara SIN LUGAR el presente recurso contencioso electoral"* (Cfr.: Sentencia N° 151, del 25 de octubre de 2001).

Los términos en que se expresan las decisiones cuyos extractos se acaban de citar se refieren al momento procesal en el cual la pretensión incoada debe ser examinada en cuanto a si lo alegado viene soportado por las pruebas necesarias y pertinentes para lograr convencer al juez de lo que la parte actora afirmó en su escrito.

Pero luce evidente que las mismas consideraciones son aplicables al caso de la fase en la cual el juzgador debe examinar lo sostenido por la parte demandante, pero en una estadio previo, es decir, el correspondiente al examen de la pretensión para establecer si cumple con los requisitos de admisibilidad establecidos tanto en la Ley Orgánica de Procesos Electorales (particularmente en su artículo 206, correspondientes al Recurso Jerárquico que se interpone en vía administrativa, cuya regulación la Sala Electoral decidió extender al caso del recurso contencioso electoral), como en el artículo 180 de la Ley Orgánica del Máximo Tribunal de la República.

Sobre la base de esta afirmación, y parafraseando las ideas expresadas por la Sala Electoral en la primera decisión comentada, podría aseverarse también que en el escrito en el cual se plantee una pretensión contencioso electoral deberá: 1) hacerse una relación clara, precisa y completa de las actuaciones o de las circunstancias en las cuales se afirma la abstención o la omisión denunciadas, así como en las que se dictó el acto que se impugne; 2) exponer una relación clara, precisa y completa de los efectos que se siguieron o se seguirían como consecuencia de la actuación o de la abstención u omisión denunciadas, o del acto impugnado; 3) expresar de forma también clara, precisa y completa del porqué de dicha actuación, abstención u omisión, o de dicho acto se seguiría una alteración de los resultados electorales.

Dicho esto, conviene ahora hacer referencia a lo que por *principio de conservación del acto electoral* ha entendido la doctrina, incluso bajo rúbricas diferentes a la adoptada en esta oportunidad, tal como se advirtió anteriormente.

Luciano Parejo, por ejemplo, afirma que la idea dominante en *"la entera regulación legal del régimen de la validez (y, por extensión, también de la eficacia) de los actos no es otra, como ha puesto de relieve M. Beladiez Rojo, que la determinada por el principio de conservación de dichos actos"* (subrayado añadido).

Y seguidamente alega que dicho principio asegura o protege *"la efectiva consecución de los fines colectivos a los que sirve la acción administrativa".* (*Cfr.* Parejo Alfonzo, Luciano y otros: *Manual de Derecho Administrativo,* Volumen I, Ariel, Barcelona, 5ª edición, 1998, p. 731).

Ya se ha dicho antes, y la cita que acaba de hacerse lo confirma, que una de las fórmulas, mecanismos o medios para conformar la voluntad del Estado por parte de los ciudadanos y ciudadanas es a través de la Representación Política, y que esta representación se hace sobre bases democráticas, es decir, exige la participación de los ciudadanos y ciudadanas a través del ejercicio del sufragio; por ello se concluyó que el derecho al sufragio, tanto activo como pasivo, es un derecho fundamental cuyo ejercicio o no ejercicio (pues abstenerse de participar también forma parte de dicho derecho) debe ser estimulado o respetado, según el caso, y el resultado obtenido luego de su despliegue, en virtud de que fue producto de las decisiones individuales, diferentes quizá, pero en todo caso convergentes de los miembros del Cuerpo Electoral, deben ser mantenidas o conservadas, y que ese fin se ha elevado a principio de actuación y análisis de los órganos tanto administrativos, electorales y judiciales en todos los procesos que les corresponda conocer o llevar adelante y en los que se ventilen este tipo de pretensiones.

En relación con el respeto al ejercicio del sufragio activo (el que se concreta en las urnas o en la abstención de acudir a ellas) y el sufragio pasivo (que consistiría en participar como candidato en una elección), ha dicho el Tribunal Constitucional español que el mismo se viola o se afecta cuando se anula una elección de manera ilegítima, y que la conservación de los actos dictados por las autoridades electorales, en la medida en que son reflejo de esa voluntad expresada por los electores, debe guiar la labor de los órganos electorales y judiciales a quienes corresponda controlar las actuaciones y actos de naturaleza electoral.

Por ello, conviene citar a continuación un extracto de la decisión del Tribunal Constitucional español donde fueron vertidas tales ideas, en la cual se expresa que el derecho al sufragio puede ser vulnerado al anularse una decisión sin que hubiese habido un fundamento serio para ello, y ello sería así por cuanto *«el derecho de participar en los asuntos públicos como elector (23.1) o como elegido (23.2) aparece, en virtud del carácter democrático del Estado, como un elemento básico de todo el sistema constitucional. (...) El mantenimiento, por tanto de esa voluntad expresada en votos válidos debe constituir criterio preferente a la hora de interpretar y aplicar las normas electorales. (...)» (STC 26/1990, FJ 6.°)."* (*Cfr.*: Pérez Royo, Javier: *Curso de Derecho Constitucional,* Marcial Pons, Séptima Edición, 2000, p. 481).

Otro nombre con el que se ha expresado la misma idea que se ha querido transmitir con la frase *"principio de conservación del acto electoral",* pero esta vez utilizado en el campo del procedimiento legislativo, y referido, por tanto, al mantenimiento, salvo circunstancias que así lo justifiquen, de los actos emanados del Poder Legislativo, es el llamado *principio de economía del derecho.* Dicho principio exige del órgano judicial o jurisdiccional competente que no se limite a *"constatar la existencia de un vicio y extraer sus consecuencias jurídicas",* sino que, por el contrario, limite dichas consecuencias *"para evitar un perjuicio a la propia sociedad",* y que no se escatimen los esfuerzos encaminados a sanear aquellas *"desviaciones jurídicas, [que] aunque graves, puedan ser corregidas mediante distintos remedios jurídicos".* Por lo tanto, y con fundamento en dicho principio, es evidente que, en caso de que se impugne un acto legislativo, *"sólo cabe apreciar su invalidez cuando exista un grave incumplimiento de los preceptos constitucionales"* (*Cfr.*: Biglino Campos, Paloma: *Los vicios en el procedimiento legislativo,* CEC, Madrid, pp. 129 y 130).

Por tal razón, la jurisprudencia de la referida Sala Electoral ha concluido que un criterio básico de la jurisdicción contencioso electoral es aquel al cual se ha venido aludiendo, y así lo afirma de modo tajante en el siguiente extracto de una de sus decisiones:

"Ahora bien, de la interpretación concordada de las normas constitucionales antes invocadas, se desprende, en criterio de la Sala, que el aludido desarrollo legislativo deberá estar orientado por los siguientes criterios básicos:

El de preservación de la voluntad popular expresada mediante las modalidades previstas en el artículo 70 constitucional, conforme a la organización, dirección y ejecución del correspondiente proceso por los órganos del Poder Electoral, razón por la cual la función de los Tribunales que integren la Jurisdicción Contencioso Electoral debe estar presidida, por encima de razones formales, por el principio del respeto a la voluntad del pueblo, conceptuada como expresión de participación y protagonismo en ejercicio de la soberanía en lo político" (subrayado añadido) (Cfr.: Sentencia de la Sala Electoral núm. 2, del 10 de febrero de 2000).

Otra consecuencia de todo cuanto se viene refiriendo, y que guarda una estrecha relación con la naturaleza de los asuntos comiciales y con el tratamiento que a los mismos debe dar la jurisdicción contencioso electoral, es la brevedad con la cual debe tramitarlos y la intensidad del examen al cual deben ser sometidas las solicitudes.

Al comienzo se hizo referencia a dicha naturaleza, y a la relevancia que para el orden social, político y económico tienen los mismos, todo lo cual repercute en la índole del examen que reciban las demandas que se intenten para controlar o impugnar las conductas (tanto activas como pasivas), así como los actos que guarden relación con el hecho electoral. Seguidamente, y sobre este particular, se citara un fallo de la Sala Electoral en el cual se extrajo de las características de este hecho ciertas consecuencias de relevancia procesal, como lo sería la brevedad con la cual deben tramitarse estos asuntos, y la cual se enlaza en esta oportunidad con las exigencias a las que, en la fase de admisión, deben ser sometidas tales demandas.

La Sala Electoral manifiesta, en el marco de un análisis que hizo de la Ley Orgánica del Tribunal Supremo, que una de las características fundamentales del recurso contencioso electoral es:

"la brevedad y sumariedad en la resolución de tales causas, en las cuales muchas veces se discute la legitimidad de quien ocupa un cargo público, o bien se genera incertidumbre en cuanto a la titularidad de los directivos de organizaciones de derecho privado (gremios profesionales, sindicatos, cajas de ahorro, etcétera)" (subrayado añadido).

Y que en virtud de la envergadura de los asuntos involucrados deben evitarse

"los efectos de la dilación que sufra el trámite de los mismos, de lo cual se evidencia que cualquier dilación indebida puede generar situaciones de inestabilidad en el ámbito social y político susceptibles de prevenirse o, al menos limitarse, si se cuenta con un medio procesal adecuado para la pronta y cabal resolución de tales asuntos..." (subrayado añadido) (Cfr.: Sentencia de la Sala Electoral N° 147, del 11 de noviembre de 2009).

En otra decisión, y esta vez sobre la base de un fallo de la Sala Político-Administrativa del 3 de febrero de 1994, caso: Gobernador del Estado Lara, la Sala Electoral destaca, al apuntar las diferencias que aquélla habría advertido entre el procedimiento que siguen las jurisdicciones contencioso electoral y contencioso administrativo, que la distinción radica en "la sumariedad del primero", y que esa sumariedad respondería a la

..."trascendencia sociopolítica de las decisiones en esta materia, que abarcan asuntos tan importantes como la legitimidad de un ciudadano como titular de un cargo público, investido como tal por el voto popular, lo que impone que el órgano judicial declare en el menor tiempo posible -dentro de los plazos reducidos previstos en la ley- a quién corresponde la referida titularidad del cargo, o lo que es lo mismo, cuál fue la voluntad del electorado expresada en las urnas" (*Cfr.:* Sentencia núm. 101, del 18 de agosto de 2000).

Los aludidos caracteres de la jurisdicción contencioso electoral y la naturaleza de los asuntos de los cuales está conoce, justifican que el examen de las demandas interpuestas sea, tanto en la fase de admisión como en la de juicio, de una especial acuciosidad, y explican que la carga que pesa sobre el recurrente también revista una particular exigencia, cual sería que desplieguen un discurso en el cual se exponga de forma clara, precisa y completa los datos o circunstancias cuyo acaecimiento o presencia una norma jurídica asocia con la nulidad de un evento electoral. Es decir, que deben describirse las circunstancias, conductas o actos cuya entidad sea referida por el supuesto de hecho de una norma jurídica y cuyos efectos sean referidos por la consecuencia jurídica de dicha norma para sancionarlos con la nulidad del evento o acto de que se trate.

Estos extremos que deben satisfacer los recursos o demandas contencioso electorales han sido destacados por la jurisprudencia de la Sala Electoral en varias oportunidades.

Por ejemplo, y partiendo de lo que establecía el artículo 230, cardinal 2, de la derogada Ley Orgánica del Sufragio y Participación Política (reproducido en el artículo 206, cardinal 2 de la Ley Orgánica de Procesos Electorales), cuyo texto establecía que ante el caso de que se hubiesen impugnado actos de votación o actas de escrutinio se debía especificar en cada oportunidad el número de la Mesa y la elección de que se tratara, con *"claro razonamiento de los vicios ocurridos en el proceso o en las Actas"*, la Sala Electoral en su sentencia N° 191, del 5 de diciembre de 2001, y sobre lo que debe entenderse por "claro razonamiento", estableció que el mismo,

"como acción humana de discurrir, se dirige a dar explicación fundada y coherente de una particular situación o suceso, siendo condición que en tal discurrir no se presenten o falten elementos que imposibiliten acceder a tal explicación" (subrayado añadido)..

Por lo tanto, la expresión "claro razonamiento", contenida en el cardinal 2 del artículo 230 de la ley mencionada, se referiría a una cualidad que debe estar presente en los argumentos dados por los recurrentes, y que consistiría en:

"[permitir] al órgano administrativo o judicial analizar el vicio planteado sin la posibilidad de afrontar un obstáculo insoslayable y que con el solo concurso de los elementos fácticos que se le presentan pueda evidenciarse la ocurrencia o no del vicio planteado."

También se advierte que un discurso expuesto por los recurrentes en tal sentido,

"[posibilitaría] a los interesados comprender los alegatos que exponga un interviniente, a los fines de plantear otros argumentos y pruebas que tiendan a enervar los mismos, ejerciendo así el derecho a la defensa."

En consecuencia, dicha norma exigiría que se hiciese, en primer lugar,

"[una] clara y positiva mención y existencia del vicio específico, y en los casos de inconsistencia numérica contemplados en el artículo 220 de la Ley Orgánica del Sufragio y Participación Política, (...) [un] correcto señalamiento de los instrumentos de los cuales se deriva la inconsistencia numérica, que le permitan al órgano revisor la debida confrontación de los mismos a objeto de su verificación" (subrayado añadido).

En otro fallo, esta vez el N° 118, del 12 de junio de 2002, dicha Sala entendió por *claro razonamiento*:

"la determinación de aquellos datos esenciales o referencias necesarias que permiten definir el vicio denunciado y de ese modo, justificar la existencia de la relación causal que establece la Ley" (subrayado añadido).

Y en aplicación de tal doctrina, analizó, en los términos que a continuación se transcriben, el recurso planteado en esa oportunidad, destacando la falta de señalamiento del vicio denunciado, la forma genérica en que fue planteada la denuncia, y la vaguedad e imprecisión de los alegatos. Así, la Sala Electoral señala que:

"…una vez examinado exhaustivamente el referido escrito con sus correspondientes anexos, se observa que la accionante no identificó cabalmente el vicio de silencio de prueba denunciado, pues no determinó con exactitud los materiales probatorios que el Consejo Nacional Electoral dejó de valorar al momento de realizar el acto cuestionado, sino por el contrario, su denuncia es realizada en forma genérica, aunado a que no formuló argumentos claros para desvirtuar su validez y eficacia, limitándose sólo a señalar en otro de sus alegatos, de modo vago e impreciso, las violaciones de normas legales y estatutarias –que a su juicio– presenta la Resolución recurrida, relacionadas con afirmaciones en contra del proceso electoral llevado a cabo el 21 de septiembre de 2001, sobre lo cual ya este Juzgador señaló que no figuran como objeto de conocimiento, por tratarse de afirmaciones al margen de la pretensión procesal objeto de la causa que se examina.

Así las cosas, debe esta Sala reafirmar que tales alegatos fueron propuestos en términos absolutamente genéricos, pues la recurrente no especificó los hechos configuradores de los mismos ni las consecuencias de éstos en la validez del acto impugnado, lo que le permite a este Juzgador desestimar los alegatos presentados. Así se decide." (subrayado añadido).

En una sentencia más reciente, y esta vez sobre la base de lo que establece el cardinal 2 del artículo 206 de la Ley Orgánica de Procesos Electoral, referido a los requisitos que debía satisfacer el escrito en el que se planteara un recurso jerárquico, y cuyo contenido se estimó, con razón, aplicable a las demandas contencioso electorales, la Sala Electoral lo aplica al caso concreto, y concluyó que:

"…conforme al marco expuesto, aprecia esta Sala que los recurrentes no identifican con precisión el acto impugnado, sino que se limitan a señalar que solicitan la declaratoria de nulidad de "…*las postulaciones que aparecen en la página web del Consejo Nacional Electoral a nombre de la Unidad Democrática…*". Además, resulta evidente que no indicaron los vicios de que adolece el acto que están impugnando.

(…)

En virtud de lo anterior, y por cuanto se ha omitido un requisito esencial para la tramitación del recurso, consagrado en el numeral 2 del artículo 206 de la Ley Orgánica de Procesos Electorales, esta Sala considera que el presente recurso debe ser declarado inadmisible, y así se decide." (*Cfr.:* Sentencia N° 114, del 27 de julio de 2010).

En otra decisión, pero en esta oportunidad tomando en cuenta lo que establece el artículo 180 de la Ley Orgánica del Tribunal Supremo de Justicia, la Sala Electoral ratifica la interpretación que hizo de los requisitos de admisibilidad de la demanda contencioso electoral asentada en el fallo que se citó anteriormente, y advierte,

"…que uno de los requisitos que debe contener el escrito contentivo del recurso contencioso electoral consiste en el señalamiento claro y detallado de las circunstancias fácticas y jurídicas que sustentan la impugnación en cada caso concreto, constituyendo su omisión una causal para declarar la inadmisibilidad del recurso".

En cuanto a la demanda planteada en esa oportunidad, la Sala señala que:

"en el escrito recursivo se exponen de manera desordenada y poco clara una serie de consideraciones relacionadas con el proceso electoral realizado el 26 de septiembre de 2010 para elegir a los miembros de la Asamblea Nacional".

Y que se evidencia que la parte actora:

"no precisa de manera detallada cuáles son los vicios en los que -afirma- incurrió el Consejo Nacional Electoral al declarar la inadmisibilidad de las Resoluciones impugnadas pues, resulta evidente que se esgrimen alegatos fácticos y juicios de valor sin la debida fundamentación jurídica" (subrayado añadido).

En consecuencia,

"[y] omitido como ha sido por la parte actora el cumplimiento de los requisitos de admisibilidad establecidos en el artículo 180 de la Ley Orgánica del Tribunal Supremo de Justicia, resulta forzoso para esta Sala Electoral declarar INADMISIBLE, el recurso contencioso electoral interpuesto en tales términos." (*Cfr.*: Sentencia núm. 12, del 23 de marzo de 2011).

Tal como se mencionó anteriormente, los requisitos que debe contener el escrito en que se fundamente una demanda contencioso electoral están previstos en el artículo 180 de la Ley Orgánica del Tribunal Supremo de Justicia, según el cual:

"En el escrito correspondiente se indicará con precisión la identificación de las partes y contendrá una narración circunstanciada de los hechos que dieron lugar a la infracción que se alegue y de los vicios en los que haya incurrido el supuesto o supuesta agraviante".

También sería aplicable, por remisión que hace a la Ley Orgánica del Tribunal Supremo de Justicia el artículo 214 de la Ley Orgánica de Procesos Electorales el artículo 133 de aquélla, relativo a las "Causales de Inadmisión", la cual contempla en su cardinal 1 la siguiente causal:

"Cuando se acumulen demandas o recursos que se excluyan mutuamente o cuyos procedimientos sean incompatibles".

Y también sería de aplicación el contenido del mencionado artículo 206 de la Ley Orgánica de Procesos Electorales, el cual prevé los requisitos que debe satisfacer el escrito en que se proponga un Recurso Jerárquico en sede electoral, pues si dicha Ley Orgánica entiende aplicables las normas de la Ley Orgánica del Tribunal Supremo de Justicia al procedimiento contencioso electoral, por la misma razón serían aplicables las normas que la propia ley de procesos electorales contiene respecto a planteamientos similares al contencioso electoral.

A la luz de estas consideraciones y referencias jurisprudenciales, doctrinarias y legales, se pasa a continuación a analizar el recurso contencioso electoral interpuesto.

1.- En el escrito se afirma que "*al aceptar la postulación de Nicolás Maduro efectuada por el PSUV, el Consejo Nacional Electoral infringió el artículo 67 de la vigente Constitución*", según el cual los candidatos y candidatas a cargos de elección popular "*serán seleccionados o seleccionadas en elecciones internas con la participación de sus integrantes*"; y visto que "*el referido postulado no fue objeto de selección alguna por elecciones internas con la participación de todos los integrantes del partido postulante*", sería por ello que el proceso celebrado el 14 de abril de 2013 "*es nulo de toda nulidad de conformidad con el artículo 216 de la Ley Orgánica de Procesos Electorales, porque infringe normativa electoral de aplicación directa, inmediata e insoslayable relativa a los requisitos que deben reunir quienes se postulen como candidatos a cargos de elección popular*". Se imputa al Consejo Nacional Electoral el haber aceptado la postulación que hiciera el Partido Socialista Unido de Venezuela del ciudadano Nicolás Maduro Moros como candidato en la elección del Presidente de la República Bolivariana de Venezuela.

En torno a lo alegado, conviene recordar que la jurisprudencia de esta Sala tiene establecido que, si bien el artículo 67 de la Constitución determina que los candidatos a cargos de elección popular serán seleccionados en elecciones internas con la participación de los integrantes de los partidos políticos, ello no excluye otras formas de participación distintas a las elecciones abiertas o primarias, con lo cual resultarían también garantizados el principio de participación y el resto de los derechos fundamentales (*Cfr.*: Sentencia N° 451, del 25 de abril de 2012, entre otras).

Asimismo, es necesario citar parcialmente lo que establece el cardinal 2 del artículo 206 de la Ley Orgánica de Procesos Electorales, según el cual: "*Si se impugnan los actos, se identificarán éstos y se expresarán los vicios de que adolecen*". En el párrafo final de dicho artículo se establece que: "El incumplimiento de cualquiera de los requisitos antes indicados producirá la inadmisibilidad del recurso". Respecto a la denuncia incoada, la parte actora no identifica el acto al cual hace referencia, ni cita su contenido, ni la parte del mismo en la cual se habría decidido o "aceptado" lo que los demandantes afirman que se aceptó; por lo tanto, es imposible que este órgano judicial pueda examinarlo, ni que el Consejo Nacional Electoral, en principio, pueda plantear una defensa efectiva contra el mismo.

Del mismo modo, el cardinal 2 del artículo 133 de la Ley Orgánica del Tribunal Supremo de Justicia señala que:

"Se declarará la inadmisión de la demanda:

(…)

2. Cuando no se acompañen los documentos indispensables para verificar si la demanda es admisible".

Visto que el conocimiento del acto por parte del tribunal y de la defensa, conforme con el cardinal 2 del artículo 206 de la Ley Orgánica de Procesos Electorales, requiere su debida descripción; y siendo que, sobre la base de lo que establece el cardinal 2 del artículo 133 de la Ley Orgánica del Tribunal Supremo de Justicia es necesario que sean consignados los documentos indispensables, es decir, como sería en este caso, el que ha sido objeto de impugnación, la pretensión planteada, con arreglo en lo establecido en el último párrafo del artículo 206 de la Ley Orgánica de Procesos Electorales y en el artículo 133 de la Ley Orgánica del Tribunal Supremo de Justicia, resulta inadmisible. Así se establece.

2.- Los demandantes solicitan a este Alto Tribunal "*que inste al Consejo Nacional Electoral a pronunciarse y demostrar la nacionalidad venezolana por nacimiento del que fuera postulado y hoy Presidente proclamado por dicho ente, condición sin la cual, dicha persona no puede ser Presidente de nuestro país, presentando los documentos que acrediten haber nacido en Venezuela*", o en su defecto, ser "*hijo o hija de padre venezolano por nacimiento o madre venezolana por nacimiento…*".

En este caso los demandantes no impugnan ningún un acto, ni señalan ninguna actuación, abstención u omisión imputables al Consejo Nacional Electoral. Lo que parece que plantean es una duda, y dicha duda consistiría en saber si el ciudadano Nicolás Maduro Moros posee la condición de venezolano por nacimiento.

Es evidente que la jurisdicción contencioso electoral, al menos en lo que respecta al conocimiento de los recursos contencioso electorales, no es una instancia consultiva o de investigación, es una instancia judicial en la cual se presentan conflictos relacionados con el hecho electoral, y a los cuales debe darse respuesta sobre la base del *principio de conservación del acto electoral*, a cuya fundamentación se destinó la primera parte de esta motivación.

Pero en el planteamiento hecho por la parte actora (se usa la expresión "planteamiento" en virtud de que no procede utilizar la palabra "denuncia" para hacer referencia al contenido de esta solicitud) no se señala acto electoral ni conducta relacionada con algún acto o proceso electoral.

Al respecto debe tenerse en cuenta la disposición contenida en el artículo 180 de la Ley Orgánica del Tribunal Supremo de Justicia, de la cual, y en concordancia con lo que establece el artículo 181 de la misma Ley, se desprende que se inadmitirán las pretensiones que no contengan *"una narración circunstanciada de los hechos que dieron lugar a la infracción que se alegue y de los vicios en los que haya incurrido el supuesto o supuesta agraviante"*.

El planteamiento que se examina no afirma que propiamente se hubiese incurrido en una infracción que, a su vez, pudiese encuadrarse en alguno de los vicios que señala la Ley Orgánica de Procesos Electorales. Por ello, y con mayor razón que en el caso de los señalamientos que no sean debidamente circunstanciados, el planteamiento bajo análisis, visto que no hace siquiera un señalamiento en particular, debe declararse inadmisible con arreglo al referido artículo 181 de la ley mencionada. Así se establece.

3.- Que el Consejo Nacional Electoral habría incurrido en el supuesto de fraude previsto en el cardinal 2 del artículo 215 de la Ley Orgánica de Procesos Electorales, y ello en virtud de la siguientes referencias: *"la indebida administración, tratamiento y falta de transparencia dado al Registro Electoral por el Consejo Nacional Electoral"*; *"la configuración del registro de electores"*; *"la violencia ejercida de múltiples formas pero especialmente como coacción e intimidación"*; *"la falta de transparencia del sistema y proceso electoral"*; *"las inconsistencias matemáticas que resultan del análisis de las misma y que indican manipulación electrónica de los resultados definitivos"*; la *"utilización de recursos públicos a favor de un candidato"*; la *"violencia callejera"*; el *"abuso indebido del voto asistido por miembros de mesa"*; *"la estructuración del sistema electoral"*; el *"uso ilegítimo del poder"*; *"la automatización del voto y del escrutinio"*; la imposibilidad de afirmar que las máquinas de votación *"sean inviolables"*; el rechazo a *"la auditoría de los Cuadernos Electorales"*; el control del sistema electoral *"por el poder central"* y los *"incidentes ocurridos con las máquinas de votación (...), algunos de los cuales mencionamos en el presente escrito, que nos reservamos alegar una vez admitido el presente Recurso"*.

Argumentan que todo ello sería *"responsabilidad exclusiva del CONSEJO NACIONAL ELECTORAL"*, y que tales afirmaciones, referencias y juicios resultarían comprobados por lo siguiente: la Constitución de 1961 fue *"suspendida y la Asamblea Nacional Constituyente tenía controlados los poderes judicial y legislativo"*; el carácter de *"fachada"* de la Constitución de 1999; el hecho de haberse arrogado la Asamblea Nacional Constituyente *"poderes extraordinarios"*; debido al nombramiento por parte de dicho órgano de los rectores electorales; la eliminación de la Fiscalía de Cedulación; la modificación por parte de la mencionada Asamblea Nacional Constituyente de la normativa electoral; la regulación contenida en la Ley Orgánica del Poder Electoral respecto a la conformación del Comité de Postulaciones Electorales; la consagración en la Ley Orgánica de Procesos Electorales de *"las violaciones de los principios constitucionales de representación proporcional y personalización del voto"*; *"la creación y reorganización discrecional de circuitos electorales"*; los vicios en el Registro Electoral, los cuales serían *"el resultado de múltiples prácticas inapropiadas en su formación, y por omisión de aplicación de la normativa legal expresa en dicho proceso de formación"*; por haberse utilizado para las elecciones del 14 de abril de 2013 *"el mismo Registro Electoral que había servido de base electoral para las elecciones que había sido celebradas el 7 de octubre de 2012"*; la falta de depuración del Registro Electoral, lo cual se desprendería de la falta de trámite de la denuncia presentada por el ciudadano Ludwig Moreno; las *"negativas de parte del Consejo Nacional Electoral a realizar auditorías indepen-dientes que soporten la condición de electores de los inscritos en el Registro Electoral Per-manente"*; la prohibición contenida en la Ley Orgánica de Procesos Electorales de que el Consejo Nacional Electoral divulgue la información respecto al domicilio o residencia de los inscritos en el Registro Electoral; el caso de una ciudadana que, según dicen los demandan-tes, vive en Estado Unidos de América, nunca se ha inscrito en el Registro Electoral y apare-ce inscrita en el mismo; con una noticia publicada en el Diario *ABC* de Madrid con relación a la entrega que habría hecho el Consejo Nacional Electoral de la data del Registro Electoral al partido de gobierno; con la legislación que paulatinamente ha ido *"quitándole transparencia al Registro Electoral"*; con el crecimiento inusitado de las personas inscritas en el Registro Electoral; de la existencia de electores cuya dirección no puede verificarse; de la *"concentra-ción anormalmente elevada de supuestos electores en centros de menos de 1000 electores"*; por mantener en el Registro Electoral personas inscritas sin que se hubiesen registrado sus huellas dactilares; por la forma en que se han venido celebrando los eventos electorales desde el Referéndum Revocatorio Presidencial del 15 de agosto de 2004; por el uso de *"un adita-mento electrónico consistente en un lector de huellas digitales"*, lo cual resulta intimidatorio para los votantes; por la vinculación indebida de cuatro de los cinco rectores del Consejo Nacional Electoral con el Partido Socialista Unido de Venezuela; porque una de las Rectoras fue Ministra del Poder Popular para la Ciencia y la Tecnología y Presidenta de la Compañía Anónima Nacional Teléfonos de Venezuela (CANTV); porque otra de las Rectoras fue Dipu-tada ante la Asamblea Nacional; y por las anomalías estadísticas detectadas por quienes afir-man los demandantes son especialistas en la materia, los cuales *"conducen a la certeza de que hubo manipulación electrónica del proceso de votación"*, aun y cuando, según las opi-niones de uno de dichos estudios: *"Estas inconsistencias, como dijimos, sólo son posibles, estadísticamente, si se alteró el Registro Electoral, si se alteró el resultado, o si (sobre todo en centros de 1 mesa) en forma sistemática y generalizada se coaccionó a los votantes a votar por la opción de MADURO"*, es decir, que dicho estudio no concluye lo que afirman los demandantes.

La causal de nulidad invocada por los demandantes, y en cuyo supuesto de hecho en-cuadrarían las referencias anteriormente citadas, sería la contenida parcialmente en el cardi-nal 2 del artículo 215 de la Ley Orgánica de Procesos Electorales, según la cual:

"Artículo 215 [Nulidad de la elección]. La elección será nula:

(…)

2. Cuando hubiere mediado fraude (…) en la formación del Registro Electoral, en las vota-ciones o en los escrutinios y dichos vicios afecten el resultado de la elección de que se trate".

En evidente que el uso de la palabra *"fraude"* que hace la Ley debe interpretarse como sinónima de *conducta fraudulenta*, pues no podría darse un determinado resulta-do *fraudulento* sin un comportamiento cuya exteriorización coincida con los atributos que la sociedad, el conjunto de los hablantes, el propio legislador, la jurisprudencia o la doctrina asocien con dicha expresión.

Lo primero que habría que establecer es que dicha norma hace referencia a una conduc-ta, y que el obrar en que ésta consista debe ser consciente y exteriorizado. Además, a dicha conducta o comportamiento debe poder relacionarse un determinado resultado, y entre ambos debe mediar un nexo causal eficiente.

A este resultado alude la norma citada cuando usa la expresión *"dichos vicios"*; es decir, el resultado sería un vicio, y ese vicio consistiría en la confusión o la falsa apreciación de la realidad al cual sean conducidas las víctimas de la conducta fraudulenta.

No basta, pues, que haya coincidencia entre la conducta y el resultado, pues puede tratarse de una mera correlación, y no de una propia relación causal.

Pero, además, es necesario que dicho resultado produzca una lesión en un bien jurídico protegido por la norma que erige la conducta fraudulenta como ilegítima o reprochable mediante el recurso de nulidad.

Asimismo, el sujeto que despliega la actividad que se denuncia como fraudulenta debe haber tenido el propósito de alcanzar ese resultado y de causar la lesión en que dicho resultado se resuelve (es decir, la intención de cometer un fraude), y debe haber concurrido al hecho con dominio del hecho.

Por último, la disposición bajo examen requiere que, aparte del resultado y de la grave afectación a un bien jurídico estimable, tales vicios afecten, esto es, alteren o modifiquen de manera relevante el resultado del evento electoral.

Ahora bien, en esta fase del procedimiento en el que se encuentra esta causa, es necesario tomar nota de lo que prescribe el cardinal 4 del artículo 206 de la Ley Orgánica de Procesos Electorales, según el cual:

"Si se impugnan las actuaciones materiales o vías de hecho, deberán narrarse los hechos e indicarse los elementos de prueba que serán evacuados en el procedimiento administrativo".

Y si dicho precepto se pone en conexión con lo que establece el artículo 180 de la Ley Orgánica del Tribunal Supremo de Justicia cuando requiere que en el escrito en el que se plantee el recurso contencioso electoral se haga una *"narración circunstanciada de los hechos que dieron lugar a la infracción que se alegue..."*, entonces debe concluirse con que el juez electoral, en la admisión de la demanda, debe examinar el escrito y constatar que éste contenga: en *primer lugar*, la requerida narración circunstanciada de los hechos que dieron lugar a la infracción, es decir, que se haga una relación de las conductas y las circunstancias en que éstas se hubiesen producido, mención del resultado causado por tales conductas y explicación del nexo causal, es decir, del elemento que determina que ese comportamiento produce ese resultado, lo que daría cuenta de que entre uno y otro no hay una simple relación temporal (en el sentido de que uno precede al otro) o de correlación (que se da cuando un hecho siempre va acompañado de otro); (por otra parte, esta relación debe ser clara, precisa y completa, y además debe revelar que tales hechos son evidentes, lesivos y efectivos respecto al resultado electoral, pues así lo exige el estudiado *principio de la conservación del acto electoral*); en *segundo lugar*, el escrito debe contener una mención a las pruebas que respaldan tales afirmaciones fácticas; y en *tercer lugar*, debe hacerse mención a los vicios en los que se hubiese incurrido.

En la jurisprudencia de la Sala Electoral del Tribunal Supremo de Justicia se advierte la necesidad de analizar y distinguir los elementos constitutivos del llamado *fraude electoral* referido en el cardinal 2 del artículo 215 de la Ley Orgánica de Procesos Electorales.

Ello se observa, en primer lugar, en su esfuerzo por definir el concepto, y en tal sentido y haciendo referencia a una definición contenida en un texto especializado, afirma que:

"El fraude electoral *"Es el engaño, la usurpación, la falsificación, la mala fe, o el despojo que se realiza para tratar de modificar los resultados electorales a favor o en contra de un partido o candidato, antes, durante y después de las elecciones."* (Martínez S., Mario y Salcedo A., Roberto. *Diccionario Electoral 2000*, Instituto Nacional de Estudios Políticos. México, 2000. p. 331)."

A continuación alude a que un caso claro de fraude, en los términos citados, sería, a juicio de esa Sala, la suplantación de identidad de un difunto, pues:

"...a todas luces constituye una actuación fraudulenta grave tendente a favorecer a un candidato, cuyos efectos jurídicos vienen dados por su carácter antijurídico, en los términos previstos en la Ley, tanto en el ámbito del derecho penal como en el derecho electoral".

Y que dicho fraude constituiría una causal de nulidad de una elección, tal como lo destacó esta Sala Constitucional poco antes,

"cuando influya en el resultado electoral, lo cual sólo puede determinarse en casos como el presente, que versan sobre el sufragio de votos fraudulentos, determinando si la cantidad de éstos superan la ventaja de votos obtenidos por el candidato ganador en la votación de que se trate" (*Cfr.*: Sentencia N° 210, del 19 de diciembre de 2001).

En su sentencia núm. 105, del 27 de mayo de 2002, y con relación al artículo que se examina, la referida Sala, sobre la base de varias decisiones que forma su jurisprudencia (particularmente la núm. 67, del 11 de abril de 2002 y la N° 126, del 20 de septiembre de 2001), definiría el fraude como:

"el engaño grave por medio de maniobras –esto es, doloso– que durante específicas fases del proceso electoral (formación del Registro Electoral, votaciones o escrutinios), tiene por finalidad menoscabar la libre manifestación de voluntad del electorado", y el cual, "a semejanza de lo que ocurre en un ilícito penal, describimos una acción humana, antijurídica y culpable, *dirigida a engañar al electorado durante la formación del Registro Electoral, las votaciones o los escrutinios y cuyo efecto es la nulidad de la elección de que se trate*".

Con fundamento en esta definición, sigue diciendo dicha Sala, no constituiría un fraude, en un sentido estricto, tal como deben interpretarse las normas sancionatorias, no obstante que puede constituir una irregularidad,

"...la diferencia numérica existente entre el Acta de Escrutinio 10.128 y el acto de recuento de sus respectivos instrumentos de votación...".

La Sala insiste en dicha decisión en que, al que denuncia un fraude, debe exigírsele desplegar un discurso y una actividad encaminadas

"[a] probar la acción humana de engañar al electorado por medio de maniobras capaces de afectar el resultado de la elección de que se trate, en las fases de conformación del Registro Electoral, de las votaciones o del escrutinio, como mínimo necesaria para evitar que cualquier hecho, hasta fortuito, que constituya irregularidad en el proceso electoral sea utilizado como causa para justificar la grave sanción de la nulidad de una elección".

Debe destacarse de este último párrafo, la distinción que se hizo entre una irregularidad electoral y un vicio que apunte a la comisión de un fraude electoral, y la mención que se hace en dicha sentencia de la necesidad de que la denuncia aluda a la comisión de un hecho que, en virtud de su capacidad de engañar, procure un resultado que incida en los resultados de un acto comicial.

En esta oportunidad, las referencias a las que se refieren los demandantes, y a las cuales les atribuye el efecto de ser fraudulentos no son claras, ni precisas, ni completas, y no han sido enmarcadas en una narración circunstanciada de las mismas, ni enlazadas racionalmente con el resultado que se supone provocaron.

Basta, al respecto, pasearse por las expresiones utilizadas para referirse a las mismas.

Ejemplo de expresiones generales y vagas, las cuales no atañen a ninguna conducta en particular, serían las vinculadas con las causas del fraude, las cuales consistirían en la "*inde-*

bida administración, tratamiento y falta de transparencia dado al Registro Electoral por el Consejo Nacional Electoral", "la configuración del registro electoral", y "la violencia ejercida de múltiples formas pero especialmente como coacción o intimidación", pues se trata de conceptos genéricos no referibles a un comportamiento en particular, es decir, no hay una descripción de ningún movimiento o conducta encaminada a engañar o a generar un error en los electores.

Otras expresan juicios de valor, es decir, opiniones que les merece a los demandantes la actuación del órgano comicial, pero que no describen ninguna conducta o comportamiento; entre estas tenemos las siguientes: *"falta de transparencia del sistema y proceso electoral", "abuso indebido del voto asistido por miembros de mesa"; "uso ilegítimo del poder"* o el control del sistema electoral *"por el poder central".*

En otros casos se trate de afirmaciones referida al resultado de una operación mental que no tiene necesariamente un correlato fáctico, es decir, son conclusiones no referidas a acciones concretas, como lo serían las atinentes a la *"configuración del registro electoral",* o *"las inconsistencias matemáticas que resultan del análisis* (de los resultados electorales) *y que indican manipulación electrónica de los resultados definitivos"* (una inconsistencia matemática no está en ninguna parte, es la conclusión a la que se arriba luego de un análisis o examen); asimismo, la denunciada manipulación electrónica no se describe, ni se dice quién la hizo, cuándo se hizo, desde dónde y de qué manera.

Otras expresiones se refieren a actos institucionales, competencias o abstracciones relativas a la organización de la actividad comicial, que, como en algunos de los casos ya mencionados, no están relacionados con comportamiento concreto alguno, ni le son imputados por los demandantes a ninguna persona, ni se establecen las coordenadas temporo-espaciales de su ocurrencia, tales serían: *"la estructuración del sistema electoral",* el rechazo a la *"auditoría de los Cuadernos Electorales"* y *"la automatización del voto y del escrutinio".*

Por último, se observan algunas afirmaciones vinculadas con hechos que serían debatibles en instancias políticas o por los órganos electorales o de investigación policial, pero que su falta de señalamiento respecto a las conductas concretas desplegadas las alejan de un examen en sede judicial en general, y en sede contencioso electoral, en particular, como el caso de *"la violencia ejercida de múltiples formas pero especialmente como coacción e intimidación", "utilización de recursos públicos a favor de un candidato"* o el *"abuso indebido del voto asistido por miembros de mesa".*

En lo que concierne a las menciones que se hace de ciertos eventos o circunstancias que sostendrían los casos de supuesto fraude referidos anteriormente, algunas resultan tan lejanas a una conducta destinada a engañar y generar errores en el propio órgano electoral o en los electores de cara al evento electoral llevado a cabo el 14 de abril de 2013, que es en lo que consistiría el fraude electoral, que no podrían constituir conductas idóneas para alcanzar el resultado al cual se les asocia (entre ellas tenemos: la suspensión de los poderes legislativo y judicial por parte de la Asamblea Nacional Constituyente; el haberse arrogado dicha Asamblea *"poderes extraordinarios";* el nombramiento que hiciera la misma de los rectores del Consejo Nacional Electoral; la modificación que dicho órgano habría hecho en la normativa electoral; y la forma en cómo se vienen celebrando los eventos electorales desde el Referéndum Revocatorio Presidencial del 15 de agosto de 2004.

Otros mencionan sucesos u omisiones, pero no se les conecta con los resultados defraudatorios que se les atribuye, ni los demandantes examinan las circunstancias de modo, tiempo y lugar en las cuales acontecieron, ni se explica porqué el supuesto fraude se deriva de tales sucesos o conductas omisivas (tal sería el caso de *"la creación y reorganización discrecional de circuitos electorales*", los vicios en el registro electoral que serían "*el resultado de múltiples prácticas inapropiadas en su formación, y por omisión de aplicación de la normativa legal expresa en dicho proceso de formación*" y la falta de depuración del Registro Electoral, lo cual se desprendería de la falta de trámite de la denuncia presentada por el ciudadano Ludwig Moreno.

Hay otras denuncias que no aluden a ninguna conducta sino a actos jurídicos, decisiones o a cuerpos normativos, respecto de los cuales no se describe el modo en que quienes los dictaron o emitieron se propusieron engañar al colectivo que participó en las elecciones impugnadas (es el caso de la eliminación de la Fiscalía de Cedulación; el haberse utilizado para las elecciones del 14 de abril de 2013 el mismo Registro Electoral que había servido de base electoral para las elecciones que habían sido celebradas el 7 de octubre de 2012; la regulación contenida en la Ley Orgánica del Poder Electoral respecto a la conformación del Comité de Postulaciones Electorales; las "*negativas por parte del Consejo Nacional Electoral a realizar auditorías independientes que soporten la condición de electores de los inscritos en el Registro Electoral Permanente*" y el uso de "*un aditamento electrónico consistente en un lector de huellas digitales*", lo cual resultaría intimidatorio para los votantes.

También es posible advertir denuncias relacionadas con el modo en que han sido redactadas ciertas leyes o sobre la inconstitucionalidad de las mismas, que, en todo caso debieran ser objeto de debate en el Parlamento o de alguna solicitud de inconstitucionalidad ante la Sala Constitucional (en tal sentido se dice que en la Ley Orgánica de Procesos Electorales se consagraron "*las violaciones a los principios constitucionales de representación proporcional y personalización del voto*" y la prohibición contenida en la Ley Orgánica de Procesos Electorales de que el Consejo Nacional Electoral divulgue la información respecto al domicilio o residencia de los inscritos en el Registro Electoral).

Se puede observar la alusión a hechos o situaciones a cuyo respecto no se explica cómo pudieron haber influido en el resultado electoral o ser constitutivos de un fraude (así tenemos la denuncia de que una ciudadana que, según afirma, vive en Estados Unidos de América, aparece inscrita en el Registro Electoral; la existencia de electores cuya dirección de domicilio o residencia no puede verificarse; el que hayan electores cuyas huellas no hayan sido registradas, o porque una de las Rectoras fue Ministra del Poder Popular para la Ciencia y la Tecnología y Presidenta de la Compañía Anónima Nacional Teléfonos de Venezuela (CANTV) y otra fue Diputada ante la Asamblea Nacional).

Al mismo tiempo se alude a noticias o informes sin explicar la legitimidad de las fuentes o se extraen de ellas conclusiones que las propios informes o estudios no contienen (ejemplo de ello es la supuesta noticia publicada en el Diario *ABC* de Madrid, de la cual se desprendería la parcialidad del Consejo Nacional Electoral a favor del Partido Socialista Unido de Venezuela; el presunto crecimiento inusitado de las personas inscritas en el Registro Electoral; la "*concentración anormalmente elevada de supuestos electores en centros de menos de 1000 electores*"; las anomalías estadísticas detectadas por quienes afirman los demandantes son especialistas en la materia, los cuales "*conducen a la certeza de que hubo manipulación electrónica del proceso de votación*", aun y cuando, según las opiniones de uno de dichos estudios: "*Estas inconsistencias, como dijimos, sólo son posibles, estadísticamente, si se alteró el Registro Electoral, si se alteró el resultado, o si (sobre todo en centros de 1 mesa) en forma sistemática y generalizada se coaccionó a los votantes a votar por la opción de MADURO*", es decir, no coincide lo que afirmaría el presunto estudio con lo que de él extrae la parte actora).

Como conclusión respecto a la delación bajo examen, debe insistirse en que la causal de nulidad prevista en el cardinal 2 del artículo 215 de la Ley Orgánica de Procesos Electorales relativa a la comisión de un fraude en la formación del Registro Electoral, en las votaciones o en los escrutinios, debe ser interpretada en un sentido que garantice el principio de mínima afectación del resultado a que dio lugar la expresión de la voluntad del Cuerpo Electoral, al cual se ha llamado en este fallo *principio de conservación del acto electoral*.

La aplicación de este principio obliga también a aplicar el *principio de máxima taxatividad interpretativa*, según el cual el juez debe extremar su actividad técnica con el fin de precisar los términos vagos o ambiguos, y restringir el ámbito de lo prohibido o de lo ilícito al límite semántico mínimo (*Cfr.*: Zaffaroni, Eugenio y otros: *Derecho Penal (Parte General)*, Ediar, Buenos Aires, 2002, p. 119).

En este caso, el *principio de máxima taxatividad interpretativa* exigiría una estricta interpretación del término *fraude*, que lo circunscribiría al mundo de las conductas, y en particular, de aquellos comportamientos que se resuelven en engaños capaces de producir un error en otro, con fines defraudatorios, y cuyo efecto alcance a modificar el resultado electoral.

El *principio de culpabilidad*, por otra parte, exige que cuando se señale a una persona de haber cometido un fraude, debe afirmarse tal conclusión sobre la base de una descripción de una conducta capaz de ser encuadrada en la definición que el *principio de máxima taxatividad interpretativa* permitió alcanzar.

Esto es lo que la ley demanda como condición de admisibilidad a quienes aleguen que se ha cometido un fraude: que expongan los hechos afirmados y argumenten dicha conducta de manera circunstanciada, es decir, de manera clara, precisa y completa, de modo que se salvaguarde el derecho al sufragio activo y pasivo, y que se garantice el principio de culpabilidad, conforme con el cual no se castigan los pensamientos ni las intenciones, sino las conductas activas u omisivas, dolosas o culpables, que, con arreglo al principio de lesividad, y luego de un juicio de tipicidad detenido y exhaustivo hubiesen infringido un daño al derecho o bien jurídico protegido.

Considera la Sala que en este caso, por las razones y los análisis hechos a los términos en que fueron expuestas las denuncias planteadas, los demandantes no satisficieron estos extremos, pues no fundamentaron de manera circunstanciada sus dichos, es decir, no describieron conductas concretas que, a través de los nexos causales adecuados, hubiesen engañado a otro con el fin de alcanzar un determinado resultado electoral capaz de modificar la elección en un sentido diverso al deseado por la mayoría del Cuerpo Electoral.

En consecuencia, y sobre la base de lo que establece el artículo 181 de la Ley Orgánica del Tribunal Supremo de Justicia, en concordancia con el artículo 206 de la Ley Orgánica de Procesos Electorales, se declara inadmisible la pretensión examinada. Así se establece.

4.- Seguidamente, los demandantes afirman que *"el acta de escrutinio de mucha mesas de votación es nula de toda nulidad (...) porque en mucha de ellas el procedimiento legal de cierre no concluyó"*; y que *"el acto final de escrutinio y proclamación son nulos de toda nulidad, también, porque el proceso no culminó en razón de que no se realizó en su totalidad la verificación ciudadana de auditoría del cincuenta y cuatro por ciento (54%) de las mesas de votación"*. Y afirman que dichas auditorías no se realizaron en su totalidad porque *"no han sido publicadas las respectivas Actas por el Consejo Nacional Electoral"*. Con el fin de probar sus dichos solicitan que se ordene al Consejo Nacional Electoral *"expedir copia certificada de cada una de las actas de verificación ciudadana realizadas válidamente de conformidad con la Ley..."*.

Otra vez hay que advertir la diferencia que existe entre la mera alegación de un hecho o una conducta omisiva, y la narración circunstanciada de los hechos que exige el artículo 180 de la Ley Orgánica del Tribunal Supremo de Justicia, o de la identificación de los actos, de las mesas electorales que exige el cardinal 2 del artículo 206 de la Ley Orgánica de Procesos Electorales. Es decir, a la hora de denunciar vicios en las actas que se forman en el proceso electoral, debe, con el fin de salvaguardar los principios a los cuales se ha hecho referencia en este fallo, precisarse su contenido y ubicar dichas actas en el marco institucional, temporal o espacial que permitió su emisión.

En este caso se hacen afirmaciones que son, tal como las reseñadas en el punto anterior, vagas, imprecisas y generales, pues no señalan a cuáles actas se refiere, dónde fueron emitidas o cuáles son los vicios de que adolece cada una de ellas.

Por otra parte, llama la atención el argumento sobre el cual fundarían los demandantes sus alegatos, pues aducen que las mencionadas auditorías no se realizaron, y sostienen esta afirmación en que *"no han sido publicadas las respectivas Actas por el Consejo Nacional Electoral"*.

Llama la atención por dos razones, en primer lugar, cabe hacerse la pregunta de cómo llegaron los demandantes al convencimiento de que las actas presentan un determinado vicio si no han tenido la posibilidad de imponerse de su contenido; y, en segundo lugar, cómo pueden afirmar que conocen los vicios de que las mismas sufren sobre la base de que no conocen su contenido, pues no han sido publicadas. Es decir, del hecho de que desconocen el contenido de las actas concluyen que las actas contienen un determinado vicio. Este es, evidentemente un error argumentativo que se configura cuando, *"se señala erróneamente que una tesis es verdadera porque no se ha demostrado su falsedad, porque se ignora su falsedad; o viceversa, que es falsa porque no se ha demostrado que sea verdadera [o] se ignora que sea verdadera"* (subrayado añadido) (*Cfr.*: Tosta, María Luisa: *Lo racional y lo irracional en el Derecho*, UCV, 2009, p. 150)

Cometería este error *"quien negara la verdad de un postulado por ser imposible comprobarlo por la experiencia"* (*Cfr.*: Ramis, Pompeyo: *Lógica y crítica del discurso*, ULA, 2009, p. 222).

En esta oportunidad, la parte actora afirma, palabras más palabras menos, que en virtud de que no conoce el contenido de las actas de escrutinio, las mismas son inconsistentes, o sufren de algún vicio, con lo cual incurre en un error de razonamiento que autoriza a catalogar su planteamiento como desacertado o ilógico.

En virtud, pues, de la falta de señalamiento de los actos o actas sobre las cuales habría de realizarse el examen judicial, y de la incorrección de la justificación con que se pretende sostener el que sea tramitada esta pretensión, se declara la misma, sobre la base de lo que establece el artículo 181 de la Ley Orgánica del Tribunal Supremo de Justicia, en concordancia con el cardinal 2 del artículo 206 de la Ley Orgánica de Procesos Electorales, inadmisible. Así se establece.

4.- El último planteamiento versa sobre *"la violencia ejercida sobre la ciudadanía durante el acto de votación"*, la cual no habría sido *"enfrentada por la autoridad policial"*. Los demandantes aseguran que *"mientras se desarrollaba el acto de votación y durante todo el día y a lo largo del territorio se desarrollaron actos de amenaza y agresión contra opositores civiles, testigos electorales de oposición e, incluso contra observadores electorales acreditados por el Consejo Nacional Electoral"*. Luego relatan que tres ciudadanos habrían sido agredidos por una *"banda, formada por unos treinta motorizados"*, en un centro de votación en la Urbanización Santa Rosa de Lima. Luego se dice que hubo *"miles de denuncias de distintos actos vandálicos, algunos contra los propios testigos, de voto asistido indebido, de multicedulados etc."*, y que dicha información sería ampliada *"después de que sea admitido el presente Recurso"*.

Sin embargo, y a pesar del ofrecimiento hecho por los demandantes de que tales planteamientos serían ampliados *"después de que sea admitido el presente Recurso"*, lo cierto es que la legislación aplicable exige que la descripción de los hechos, sus circunstancias, sus efectos y todo lo necesario para que a quienes se les imputan puedan elaborar una defensa adecuada, debe ser hecho antes de la admisión de la pretensión en el propio escrito de demanda.

Siendo que los demandantes reconocen que su pretensión no cumple con este extremo, y en virtud de que es evidente que la misma no satisface tal requisito, pues los demandantes se refieren a tales hechos en términos vagos e imprecisos como los de *"violencia ejercida"*, *"durante todo el día"*, *"a lo largo del territorio"* y *"actos de amenaza y agresión"*, los cuales no fueron seguidos de las debidas referencias acerca de las manifestaciones de violencia a las que aluden, el momento en el que sucedieron dichos actos, dónde se efectuaron, en qué consistieron, quiénes resultaron afectados y el modo en que esto incidió en el resultado electoral, dicho planteamiento resulta, también, inadmisible. Así se establece.

Vista la decisión de inadmitir la pretensión planteada, resulta inoficioso, en virtud del carácter accesorio de la pretensión principal que la caracteriza, que esta Sala se pronuncie acerca de la medida cautelar solicitada. Así se establece.

TSJ-SC (1112)   7-8-2013

Ponencia Conjunta

Caso: Iván Rogelio Ramos Barnola vs. Acto de Proclamación como Presidente Electo, dictado por el Consejo Nacional Electoral mediante el cual el ciudadano Nicolás Maduro Moros fue proclamado como Presidente Electo de la República Bolivariana de Venezuela para el periodo 2013-2019.

En primer lugar, esta Sala debe pronunciarse sobre su competencia para conocer del recurso interpuesto, la cual se fundamenta en el contenido de la sentencia N° 795/13, mediante la cual esta Sala se avocó a la presente causa, así una vez admitida la solicitud de avocamiento y recabado los expedientes, ello amerita entonces de esta Sala un pronunciamiento expreso para cada proceso para el cual asume el conocimiento del fondo de las pretensiones planteadas, conforme a los artículos 106 y 109 de la Ley Orgánica del Tribunal Supremo de Justicia, al verificar de las actas del expediente que el presente caso versa sobre la tutela de los derechos de participación y postulación, los cuales se encuentran vinculados con el orden público constitucional (*cfr.* sentencias números 373/2012 y 451/2012), existiendo méritos suficientes para que esta Sala estime justificado el ejercicio de la señalada potestad, pues ha sido cuestionada la trasparencia de un proceso comicial de la mayor envergadura, como el destinado a la elección del máximo representante del Poder Ejecutivo, así como la actuación de órganos del Poder Público en el ejercicio de sus atribuciones constitucionales, de lo que se deduce la altísima trascendencia para la preservación de la paz pública que reviste cualquier juzgamiento que pueda emitirse en esta causa, lo cual hará la Sala en los siguientes términos:

Corresponde a esta Sala en el presente caso, pronunciarse como punto previo en relación al trámite del recurso contencioso electoral interpuesto, toda vez que el mismo fue objeto de un pronunciamiento por parte del Juzgado de Sustanciación de la Sala Electoral del Tribunal Supremo de Justicia el 21 de mayo de 2013, mediante el cual se declaró inadmisible el recurso interpuesto, decisión que es apelable de conformidad con el artículo 97 de la Ley Orgánica del Tribunal Supremo de Justicia.

Ahora bien, esta Sala advierte que la referida sentencia fue dictada tempestivamente dentro del lapso establecido en el artículo 185 de la Ley Orgánica del Tribunal Supremo de Justicia y no fue objeto de apelación por la parte recurrente, por lo que la misma queda firme y, en consecuencia, inadmisible el recurso contencioso electoral interpuesto, por el incumplimiento de los extremos contenidos en los artículos 180 y 181 de la Ley Orgánica del Tribunal Supremo de Justicia, los cuales establecen como requisitos de admisibilidad, la necesidad de precisar los hechos que dieron lugar a la infracción alegada, así como la indicación de los vicios de que padece el acto recurrido, en orden a plantear los elementos objetivos necesarios para un pronunciamiento sobre la admisibilidad o no de los recursos para la cual es competente la jurisdicción contencioso electoral.

Pero más allá del análisis efectuado por el Juzgado de Sustanciación de la Sala Electoral del Tribunal Supremo de Justicia, esta Sala además considera pertinente precisar que aún cuando se pretenda circunscribir el genérico e indeterminado escrito interpuesto en un recurso de nulidad contencioso electoral para impugnar las elecciones celebradas el 14 de abril de 2013, con fundamento en la dificultad de algunos electores en acceder a los centros electorales en fuera del territorio nacional, la Sala en conocimiento de su propia actividad jurisdiccional debe reiterar a los accionantes y su representante judicial, que en sentencia de esta Sala N° 317/13, se estableció que:

"más allá de los dichos esgrimidos por la parte actora y de su insistencia en querer hacer ver la presencia de una supuesta violación de sus derechos constitucionales, así como de normas contenidas en tratados, pactos y convenios internacionales por parte del Consejo Nacional Electoral, no existe en autos ningún elemento a través del cual se desprenda de manera cierta alguna actuación cuestionable del órgano electoral que constituya en sí misma una violación o amenaza de los derechos y garantías constitucionales de los accionantes.

En efecto, este órgano jurisdiccional aprecia por hecho notorio comunicacional, que la decisión del Consejo Nacional Electoral de efectuar el cambio del centro de votación de los ciudadanos venezolanos que sufragaban en el Consulado de Venezuela ubicado en la ciudad de Miami al Consulado de Venezuela situado en la ciudad de New Orleans, no respondió a razones absurdas, ilógicas o inconstantes tal como erróneamente se aduce en el escrito de amparo; por el contrario, la decisión del órgano rector del Poder Electoral estuvo dirigida a garantizar el ejercicio efectivo del derecho al voto de dichos ciudadanos quienes se encontraban imposibilitados de ejercer su derecho al sufragio debido a la expulsión por parte del gobierno de los Estados Unidos de Norteamérica de la Cónsul General de Venezuela en la ciudad de Miami, ciudadana Livia Acosta Noguera

En ese orden de ideas, esta Sala Constitucional estima pertinente hacer alusión al pronunciamiento efectuado el 20 de enero de 2012 por el Consejo Nacional Electoral, publicado en la página web de dicho organismo el 21 de enero de ese mismo año, en el cual, analizando el derecho al voto de los venezolanos en el exterior señaló que, dicho órgano no tenía '...materia sobre la cual decidir en relación con el cese de actividades administrativas del consulado venezolano en la ciudad de Miami, Estados Unidos (...). Tal consideración está fundamentada en el hecho de que el Poder Electoral no tiene competencia relacionada con el funcionamiento de las misiones diplomáticas, lo cual corresponde al Poder Ejecutivo. Lo que sí corresponde al Poder Electoral es garantizar el ejercicio efectivo del derecho al voto. Las rectoras y el rector consideraron que existen plenas garantías para el voto de las venezolanas y de los venezolanos, tanto en el territorio nacional como en el exterior...'.

Posteriormente, el Consejo Nacional Electoral publicó en su página web del 8 de junio de 2012 los resultados de la sesión celebrada ese mismo día, en la cual aprobó las circunscripciones electorales para las elecciones regionales, señalado en su parte in fine que '...En la misma sesión se decidió que las electoras y los electores venezolanos residentes en Florida, Estados Unidos, sufragarán el próximo 7 de octubre, en el consulado de New Orleans, estado Luisiana, lo que se considera electoralmente como el centro de votación más cercano, dado el cierre de la sede diplomática en la ciudad Miami. Esta medida fue tomada por las autoridades electorales a los fines de garantizar el ejercicio del sufragio a los votantes venezolanos inscritos en el Registro Electoral, en ese estado norteamericano...'.

La decisión en referencia fue tomada por el Consejo Nacional Electoral en ejercicio de las atribuciones señaladas en el artículo 4 de la Ley Orgánica de Procesos Electorales como órgano rector y máxima autoridad del Poder Electoral, encargado de la dirección, conducción, supervisión, vigilancia y control de los procesos electorales directamente y a través de sus órganos subordinados.

Finalmente, debe advertirse que la exigencia de que los venezolanos residenciados en el exterior deban votar en la sede de la representación diplomática o consular (lo que imposibilita el sufragio donde no esté funcionando un Consulado o Embajada venezolanos) estaba expresamente previsto en el artículo 99 de la Ley Orgánica del Sufragio y Participación Política de 1998. Esta norma no fue reproducida en la nueva Ley Orgánica de Procesos Electorales de 2009, ya que su artículo 124 alude a un reglamento -especial- que deberá dictar el Consejo Nacional Electoral, y que determinará el procedimiento para poder votar en el exterior. Sin embargo, dicho reglamento no ha sido dictado aún y el Consejo Nacional Electoral ha continuado aplicando mediante decisiones de naturaleza administrativa (resoluciones), las consecuencias que el derecho comparado ha asignado al voto personal en el exterior.

Efectivamente, como expone el autor Pablo Santolaya en el trabajo 'El voto de los residentes en el extranjero. Enseñanzas del derecho comparado' (Revista Mexicana del Derecho Electoral, N° 3, enero-junio de 2013, pp. 453-486. México. Universidad Nacional de México. Instituto de Investigaciones Jurídicas), cuando el voto es personal –que es el caso venezolano– la votación se hace en las respectivas oficinas diplomáticas y consulares. En tal sentido, dicha modalidad (voto personal) es la más extendida tanto en derecho comparado como en Iberoamérica en particular, donde los dos únicos ejemplos de voto postal son México y Puerto Rico, al que cabría añadir el caso de Panamá que compatibiliza este procedimiento con la posibilidad de emitirlo por Internet.

De tal manera que, no estando prevista en la normativa constitucional ni legal el voto por correspondencia ni por Internet, sino el voto personal y presencial, la solución que mantiene el Consejo Nacional Electoral de adecuar el proceso eleccionario en el exterior al funcionamiento efectivo de las sedes diplomáticas y consulares es conforme con nuestra tradición republicana y con el derecho comparado; y así se decide.

En atención a las consideraciones expuestas y visto que en el caso de autos no existe violación de los derechos constitucionales de la parte actora por una actuación u omisión atribuible al Consejo Nacional Electoral, resulta forzoso para esta Sala declarar improcedente in limine litis la acción de tutela constitucional incoada".

Finalmente, la Sala debe llamar la atención sobre la coherencia en el ejercicio de las acciones, recursos y solicitudes que dispone el ordenamiento jurídico para la tutela de los derechos de los particulares, a los fines de garantizar de forma efectiva el desarrollo de la actividad jurisdiccional. Por ello, la Sala exhorta a los recurrentes en general, y a la parte accionante en particular, que extremen el cuidado en la elaboración de sus escritos, lo cual supone el necesario estudio previo que le permita al actor determinar la sensatez de los fundamentos de su pretensión y tomar en cuenta los principios que rigen las condiciones de admisibilidad, procedencia y alcance de las acciones, recursos o solicitudes que consagra el ordenamiento jurídico vigente.

TSJ-SC (1113)   7-8-2013

Ponencia Conjunta

Caso: Adriana Vigilanza García y otros vs. Acto de Votación, de Escrutinio, de Totalización y de Proclamación del ganador de las elecciones celebradas el 14 de abril del 2014.

La Sala Constitucional reitera que las demandas que sean presentadas ante la jurisdicción contencioso electoral sean debidamente planteadas, y que las mismas se resuelvan a la brevedad posible y sobre la base del máximo respeto por la voluntad expresada, sólo impugnable mediante denuncias propuestas con fundamento en actuaciones concretas que hayan producido efectos lesivos graves y claros a dicha voluntad.

El análisis de la admisibilidad de un recurso o demanda contencioso electoral, en razón de la naturaleza de la trascendencia de los asuntos involucrados y de los derechos que podrían resultar afectados, reviste una particular importancia, sólo comparable con la tarea que le cumple realizar al Juez de Control en la Jurisdicción Penal en el análisis de los pedimentos del Ministerio Público o de la víctima, ya sea en la llamada audiencia de presentación o en la audiencia preliminar.

Ello en razón del cuidado que en ambos casos deben desplegar los órganos judiciales de ambos órdenes competenciales en función de, en el caso del juez electoral, impedir que demandas planteadas de forma genérica o inespecíficas sean tramitadas, y en el del juez penal, el que requerimientos de procesamiento planteados de forma también genérica, poco sustentados o inespecíficos sean admitidos a trámite de investigación o a la fase de juicio.

Razones de diverso orden abonan estos límites. En cuanto al orden jurídico electoral, bien es sabido que en la formación de la voluntad del Estado venezolano intervienen los ciudadanos y ciudadanas, sea de modo directo a través de los mecanismos previstos en una parte del primer párrafo del artículo 70 de la Constitución, o sea mediante el ejercicio del derecho al sufragio activo previsto en el artículo 63 del mismo texto constitucional.

Es decir, que el Estado (como conglomerado de entes y órganos a los cuales se les han encomendado una serie de cometidos, asignado un cúmulo de competencias y dotado de una serie de potestades), depende, desde el punto de vista de su legitimación, de la participación de los ciudadanos tanto para su conformación inicial como para la selección de las máximas autoridades que encabezarán los órganos representativos que gestionan los asuntos públicos.

Como producto de esta participación se forma, en una de las modalidades en que esta se expresa, la Representación Política que se encargará de discutir los asuntos que atañen al interés del colectivo o de dictar las disposiciones de carácter normativo que sea de necesidad sancionar (órganos legislativos), o de dirigir el gobierno y gestionar la administración de los recursos públicos con el fin de proteger a las personas y sus bienes, fomentar actividades en beneficio del pueblo, gestionar los servicios públicos y participar, cuando sea de necesidad, en la actividad económica de forma directa, incluso, bajo un régimen de derecho privado (órganos ejecutivos).

La actividad y las decisiones del Estado como un todo dependen en gran medida, en cuanto a su legitimidad, de la participación que haya desplegado en la elección de sus autoridades el Cuerpo Electoral formado por aquellos venezolanos o venezolanas (también extranjeros, según el caso) mayores de 18 años, hábiles civil y políticamente e inscritos en el Registro Electoral.

Como sabemos, esa participación, como es el caso de la elección del Presidente de la República, convoca a todos los venezolanos y venezolanas que cumplan con los requisitos apuntados anteriormente, y supone, por tal razón, el despliegue más importante de energías, recursos, organización y compromiso ciudadano (junto con la elección de los miembros de la Asamblea Nacional) de todas cuantas se realizan en nuestro país.

Y volviendo al punto relacionado con la participación ciudadana en la conformación de la Representación Política, no puede dejar de mencionarse que el papel que juega la misma en el entramado organizativo en que se resuelve el Estado, tiene como contrapartida el Derecho al Sufragio, tanto activo como pasivo, que ostentan los venezolanos y venezolanas que forman el Colegio Electoral nacional.

Cada uno de sus integrantes es titular del Derecho al Sufragio, el cual va mucho más allá de (la importante por demás) posibilidad de acudir a las urnas para expresar su selección por un candidato u otro, ya que implica un complejo de situaciones jurídicas activas que abarcan todas las fases del proceso electoral y allende el proceso electoral, como lo sería la de exigir que las autoridades electas se mantengan en el ejercicio de sus cargos, y que sólo por razones debidamente acreditadas y probadas mediante los medios judiciales o electorales constitucionalmente previstos o admisibles, puedan ser separados del ejercicio de los mismos.

En pocas palabras, lo que quiere decirse al respecto es que, visto los cometidos tan relevantes que tienen acreditados los entes u órganos en los cuales ejercen sus cargos las autoridades electas mediante el sufragio, siendo, además, que la Representación que estas autoridades tienen encomendada surge del ejercicio del derecho al sufragio de todos los venezolanos y venezolanas que forman el Cuerpo Electoral nacional, y tomando en cuenta que el desarrollo de los mencionados cometidos requiere un clima de seguridad jurídica y paz social para que se desplieguen al máximo las energías de toda índole necesarias para la buena marcha de los asuntos públicos, es por lo que se hace necesario que las demandas que sean presentadas ante la jurisdicción contencioso electoral sean debidamente planteadas, y que las mismas se resuelvan a la brevedad posible y sobre la base del máximo respeto por la voluntad expresada, sólo impugnable mediante denuncias propuestas con fundamento en actuaciones concretas que hayan producido efectos lesivos graves y claros a dicha voluntad.

Así lo tiene establecido la jurisprudencia de la Sala Electoral del Tribunal Supremo de Justicia, lo han reseñado en sus comentarios acerca de dicha jurisprudencia quienes han tenido ocasión de estudiarla de forma sistemática, y se refleja incluso en la jurisprudencia y la doctrina comparada.

Este postulado que viene siendo explicado podría llamarse del siguiente modo: *principio de conservación de la voluntad expresada del Cuerpo Electoral*, o, más brevemente, *principio de conservación del acto electoral*, aunque se tiene constancia de haber recibido diferentes denominaciones según la disciplina jurídica que lo examine.

Un ejemplo de la utilización del *principio de conservación del acto electoral*, al cual se une la llamada *presunción de validez del acto electoral*, lo sería la Sentencia de la Sala Electoral núm. 86, del 14 de julio de 2005, según la cual, en el ámbito electoral "la llamada presunción de validez del acto administrativo posee especiales connotaciones", pues, "*además de tenerse por válido y eficaz el acto dictado por la Administración Electoral, en esta especial materia existe un principio fundamental, que es el referido a la <u>conservación del acto electoral y el respeto a la voluntad de los electores</u>*" (subrayado añadido).

Y una consecuencia de la aplicación de este principio de *conservación del acto electoral* es que, según esta misma sentencia, en esta materia, "*el interesado en obtener la declara-*

toria de nulidad de un acto comicial no sólo tiene que invocar alguna de las causales tipificadas legalmente, sino que además debe probar la irregularidad del mismo y evidenciar que el vicio es de tal entidad que modifique los resultados comiciales".

Pero, además de este límite al procesamiento de estas demandas, que consiste en exigir que los vicios denunciados supongan una modificación de los resultados comiciales, también habría otro límite relativo a que no podrían acordarse este tipo de pretensiones cuando el fin que se pretendía con la realización del procedimiento electoral fue alcanzado, y de ello se deja constancia en la referida sentencia cuando se afirma que:

"con el principio del logro del fin, propio del procedimiento administrativo, (...) puede resumirse en este punto como que no toda irregularidad en el acto o procedimiento determina su nulidad, sino sólo aquella que altera su esencia, modifica su resultado o causa indefensión al particular" (subrayado añadido).

Insiste dicha Sala sobre la relación entre la gravedad del vicio denunciado y la estimación de la demanda de nulidad al advertir, seguidamente, que en el ámbito electoral,

"si el vicio denunciado no trasciende al punto de incidir en los resultados de los comicios, el mismo no conlleva a la anulación del acto, puesto que ningún sentido tiene declarar una nulidad en sí misma si el resultado del proceso electoral, corregido el vicio, no se vería alterado" (subrayado añadido).

Por lo tanto, para que una impugnación sea declarada con lugar por la jurisdicción electoral, quienes la formulen deben:

"1) Desvirtuar la presunción de validez y legitimidad del acto electoral; 2) Demostrar que se trata de un vicio grave que altera la esencia del acto y no simplemente de una irregularidad no invalidante; y 3) Evidenciar que el vicio, además, altera los resultados del proceso electoral de forma tal que resulta imposible su subsanación o convalidación (...)".

La llamada presunción de validez de los actos electorales a la que se refirió la Sala Electoral en la sentencia mencionada, fue explicado en otra decisión del mismo tribunal en términos que convendría traer a colación, y en la cual se toma en cuenta dicha presunción para desechar un recurso contencioso electoral.

En dicha sentencia se parte de que:

"los actos emanados de la Administración Electoral, al igual que los emanados de cualquier otro órgano de la Administración Pública, poseen una presunción de legitimidad y en consecuencia, cualquier Acta electoral, incluso las Actas electorales impugnadas en el presenta caso, deben presumirse legítimas, es decir, ajustadas a derecho hasta tanto se demuestre lo contrario en el curso de un procedimiento administrativo o de un proceso judicial..." (subrayado añadido).

Luego la Sala deja constancia de que, en el caso que examinaba, *"...no [contaba] con instrumentos fundamentales para confrontar los alegatos del recurrente; que es una carga de las partes probar sus argumentos; que de conformidad con la prohibición de aplicar el conocimiento privado del juez sobre los hechos (artículo 12 del Código de Procedimiento Civil), el juez no puede sacar elementos de convicción fuera de los autos, salvo que se trate de máximas de experiencia".*

Por tanto, y sobre la base de la *"presunción de exactitud de las Actas impugnadas, y, de la presunción de legitimidad de las mismas"*, *"...desestima los alegatos de la parte recurrente y por tal razón, declara SIN LUGAR el presente recurso contencioso electoral"* (Cfr.: Sentencia N° 151, del 25 de octubre de 2001).

Los términos en que se expresan las decisiones cuyos extractos se acaban de citar se refieren al momento procesal en el cual la pretensión incoada debe ser examinada en cuanto a si lo alegado viene soportado por las pruebas necesarias y pertinentes para lograr convencer al juez de lo que la parte actora afirmó en su escrito.

Pero luce evidente que las mismas consideraciones son aplicables al caso de la fase en la cual el juzgador debe examinar lo sostenido por la parte demandante, pero en una estadio previo, es decir, el correspondiente al examen de la pretensión para establecer si cumple con los requisitos de admisibilidad establecidos tanto en la Ley Orgánica de Procesos Electorales (particularmente en su artículo 206, correspondientes al Recurso Jerárquico que se interpone en vía administrativa, cuya regulación la Sala Electoral decidió extender al caso del recurso contencioso electoral), como en el artículo 180 de la Ley Orgánica del Máximo Tribunal de la República.

Sobre la base de esta afirmación, y parafraseando las ideas expresadas por la Sala Electoral en la primera decisión comentada, podría aseverarse también que en el escrito en el cual se plantee una pretensión contencioso electoral deberá: 1) hacerse una relación clara, precisa y completa de las actuaciones o de las circunstancias en las cuales se afirma la abstención o la omisión denunciadas, así como en las que se dictó el acto que se impugne; 2) exponer una relación clara, precisa y completa de los efectos que se siguieron o se seguirían como consecuencia de la actuación o de la abstención u omisión denunciadas, o del acto impugnado; 3) expresar de forma también clara, precisa y completa del porqué de dicha actuación, abstención u omisión, o de dicho acto se seguiría una alteración de los resultados electorales.

Dicho esto, conviene ahora hacer referencia a lo que por *principio de conservación del acto electoral* ha entendido la doctrina, incluso bajo rúbricas diferentes a la adoptada en esta oportunidad, tal como se advirtió anteriormente.

Luciano Parejo, por ejemplo, afirma que la idea dominante en "*la entera regulación legal del régimen de la validez (y, por extensión, también de la eficacia) de los actos no es otra, como ha puesto de relieve M. Beladiez Rojo, que la determinada por el principio de conservación de dichos actos*" (subrayado añadido).

Y seguidamente alega que dicho principio asegura o protege "*la efectiva consecución de los fines colectivos a los que sirve la acción administrativa*". (*Cfr.* Parejo Alfonzo, Luciano y otros: *Manual de Derecho Administrativo*, Volumen I, Ariel, Barcelona, 5ª edición, 1998, p. 731).

Ya se ha dicho antes, y la cita que acaba de hacerse lo confirma, que una de las fórmulas, mecanismos o medios para conformar la voluntad del Estado por parte de los ciudadanos y ciudadanas es a través de la Representación Política, y que esta representación se hace sobre bases democráticas, es decir, exige la participación de los ciudadanos y ciudadanas a través del ejercicio del sufragio; por ello se concluyó que el derecho al sufragio, tanto activo como pasivo, es un derecho fundamental cuyo ejercicio o no ejercicio (pues abstenerse de participar también forma parte de dicho derecho) debe ser estimulado o respetado, según el caso, y el resultado obtenido luego de su despliegue, en virtud de que fue producto de las decisiones individuales, diferentes quizá, pero en todo caso convergentes de los miembros del Cuerpo Electoral, deben ser mantenidas o conservadas, y que ese fin se ha elevado a principio de actuación y análisis de los órganos tanto administrativos, electorales y judiciales en todos los procesos que les corresponda conocer o llevar adelante y en los que se ventilen este tipo de pretensiones.

En relación con el respeto al ejercicio del sufragio activo (el que se concreta en las urnas o en la abstención de acudir a ellas) y el sufragio pasivo (que consistiría en participar como candidato en una elección), ha dicho el Tribunal Constitucional español que el mismo se viola o se afecta cuando se anula una elección de manera ilegítima, y que la conservación de los actos dictados por las autoridades electorales, en la medida en que son reflejo de esa voluntad expresada por los electores, debe guiar la labor de los órganos electorales y judiciales a quienes corresponda controlar las actuaciones y actos de naturaleza electoral.

Por ello, conviene citar a continuación un extracto de la decisión del Tribunal Constitucional español donde fueron vertidas tales ideas, en la cual se expresa que el derecho al sufragio puede ser vulnerado al anularse una decisión sin que hubiese habido un fundamento serio para ello, y ello sería así por cuanto *"«el derecho de participar en los asuntos públicos como elector (23.1) o como elegido (23.2) aparece, en virtud del carácter democrático del Estado, como un elemento básico de todo el sistema constitucional. (...) El mantenimiento, por tanto de esa voluntad expresada en votos válidos debe constituir criterio preferente a la hora de interpretar y aplicar las normas electorales. (...)» (STC 26/1990, FJ 6.)."* (*Cfr.*: Pérez Royo, Javier: *Curso de Derecho Constitucional*, Marcial Pons, Séptima Edición, 2000, p. 481).

Otro nombre con el que se ha expresado la misma idea que se ha querido transmitir con la frase *"principio de conservación del acto electoral"*, pero esta vez utilizado en el campo del procedimiento legislativo, y referido, por tanto, al mantenimiento, salvo circunstancias que así lo justifiquen, de los actos emanados del Poder Legislativo, es el llamado *principio de economía del derecho*. Dicho principio exige del órgano judicial o jurisdiccional competente que no se limite a *"constatar la existencia de un vicio y extraer sus consecuencias jurídicas"*, sino que, por el contrario, limite dichas consecuencias *"para evitar un perjuicio a la propia sociedad"*, y que no se escatimen los esfuerzos encaminados a sanear aquellas *"desviaciones jurídicas, [que] aunque graves, puedan ser corregidas mediante distintos remedios jurídicos"*. Por lo tanto, y con fundamento en dicho principio, es evidente que, en caso de que se impugne un acto legislativo, *"sólo cabe apreciar su invalidez cuando exista un grave incumplimiento de los preceptos constitucionales"* (*Cfr.*: Biglino Campos, Paloma: *Los vicios en el procedimiento legislativo*, CEC, Madrid, p. 129 y 130).

Por tal razón, la jurisprudencia de la referida Sala Electoral ha concluido que un criterio básico de la jurisdicción contencioso electoral es aquel al cual se ha venido aludiendo, y así lo afirma de modo tajante en el siguiente extracto de una de sus decisiones:

"Ahora bien, de la interpretación concordada de las normas constitucionales antes invocadas, se desprende, en criterio de la Sala, que el aludido desarrollo legislativo deberá estar orientado por los siguientes criterios básicos:

El de preservación de la voluntad popular expresada mediante las modalidades previstas en el artículo 70 constitucional, conforme a la organización, dirección y ejecución del correspondiente proceso por los órganos del Poder Electoral, razón por la cual la función de los Tribunales que integren la Jurisdicción Contencioso Electoral debe estar presidida, por encima de razones formales, por el principio del respeto a la voluntad del pueblo, conceptuada como expresión de participación y protagonismo en ejercicio de la soberanía en lo político" (subrayado añadido) (*Cfr.*: Sentencia de la Sala Electoral núm. 2, del 10 de febrero de 2000).

Otra consecuencia de todo cuanto se viene refiriendo, y que guarda una estrecha relación con la naturaleza de los asuntos comiciales y con el tratamiento que a los mismos debe dar la jurisdicción contencioso electoral, es la brevedad con la cual debe tramitarlos y la intensidad del examen al cual deben ser sometidas las solicitudes.

Al comienzo se hizo referencia a dicha naturaleza, y a la relevancia que para el orden social, político y económico tienen los mismos, todo lo cual repercute en la índole del examen que reciban las demandas que se intenten para controlar o impugnar las conductas (tanto activas como pasivas), así como los actos que guarden relación con el hecho electoral.

Seguidamente, y sobre este particular, se citara un fallo de la Sala Electoral en el cual se extrajo de las características de este hecho ciertas consecuencias de relevancia procesal, como lo sería la brevedad con la cual deben tramitarse estos asuntos, y la cual se enlaza en esta oportunidad con las exigencias a las que, en la fase de admisión, deben ser sometidas tales demandas.

La Sala Electoral manifiesta, en el marco de un análisis que hizo de la Ley Orgánica del Tribunal Supremo, que una de las características fundamentales del recurso contencioso electoral es:

"la brevedad y sumariedad en la resolución de tales causas, en las cuales muchas veces se discute la legitimidad de quien ocupa un cargo público, o bien se genera incertidumbre en cuanto a la titularidad de los directivos de organizaciones de derecho privado (gremios profesionales, sindicatos, cajas de ahorro, etcétera)" (subrayado añadido).

Y que en virtud de la envergadura de los asuntos involucrados deben evitarse

"los efectos de la dilación que sufra el trámite de los mismos, de lo cual se evidencia que cualquier dilación indebida puede generar situaciones de inestabilidad en el ámbito social y político susceptibles de prevenirse o, al menos limitarse, si se cuenta con un medio procesal adecuado para la pronta y cabal resolución de tales asuntos..." (subrayado añadido) (*Cfr.*: Sentencia de la Sala Electoral N° 147, del 11 de noviembre de 2009).

En otra decisión, y esta vez sobre la base de un fallo de la Sala Político-Administrativa del 3 de febrero de 1994, caso: *Gobernador del Estado Lara*, la Sala Electoral destaca, al apuntar las diferencias que aquélla habría advertido entre el procedimiento que siguen las jurisdicciones contencioso electoral y contencioso administrativo, que la distinción radica en "*la* sumariedad *del primero*", y que esa sumariedad respondería a la

"trascendencia sociopolítica de las decisiones en esta materia, que abarcan asuntos tan importantes como la legitimidad de un ciudadano como titular de un cargo público, investido como tal por el voto popular, lo que impone que el órgano judicial declare en el menor tiempo posible -dentro de los plazos reducidos previstos en la ley- a quién corresponde la referida titularidad del cargo, o lo que es lo mismo, cuál fue la voluntad del electorado expresada en las urnas" (*Cfr.*: Sentencia N° 101, del 18 de agosto de 2000).

Los aludidos caracteres de la jurisdicción contencioso electoral y la naturaleza de los asuntos de los cuales está conoce, justifican que el examen de las demandas interpuestas sea, tanto en la fase de admisión como en la de juicio, de una especial acuciosidad, y explican que la carga que pesa sobre el recurrente también revista una particular exigencia, cual sería que desplieguen un discurso en el cual se exponga de forma clara, precisa y completa los datos o circunstancias cuyo acaecimiento o presencia una norma jurídica asocia con la nulidad de un evento electoral. Es decir, que deben describirse las circunstancias, conductas o actos cuya entidad sea referida por el supuesto de hecho de una norma jurídica y cuyos efectos sean referidos por la consecuencia jurídica de dicha norma para sancionarlos con la nulidad del evento o acto de que se trate.

Estos extremos que deben satisfacer los recursos o demandas contencioso electorales han sido destacados por la jurisprudencia de la Sala Electoral en varias oportunidades.

Por ejemplo, y partiendo de lo que establecía el artículo 230, cardinal 2, de la derogada Ley Orgánica del Sufragio y Participación Política (reproducido en el artículo 206, cardinal 2 de la Ley Orgánica de Procesos Electorales), cuyo texto establecía que ante el caso de que se hubiesen impugnado actos de votación o actas de escrutinio se debía especificar en cada oportunidad el número de la Mesa y la elección de que se tratara, con *"claro razonamiento de los vicios ocurridos en el proceso o en las Actas"*, la Sala Electoral en su sentencia núm. 191, del 5 de diciembre de 2001, y sobre lo que debe entenderse por "claro razonamiento", estableció que el mismo,

"como acción humana de discurrir, se dirige a dar explicación fundada y coherente de una particular situación o suceso, siendo condición que en tal discurrir no se presenten o falten elementos que imposibiliten acceder a tal explicación" (subrayado añadido)..

Por lo tanto, la expresión "claro razonamiento", contenida en el cardinal 2 del artículo 230 de la ley mencionada, se referiría a una cualidad que debe estar presente en los argumentos dados por los recurrentes, y que consistiría en:

"[permitir] al órgano administrativo o judicial analizar el vicio planteado sin la posibilidad de afrontar un obstáculo insoslayable y que con el solo concurso de los elementos fácticos que se le presentan pueda evidenciarse la ocurrencia o no del vicio planteado."

También se advierte que un discurso expuesto por los recurrentes en tal sentido,

"[posibilitaría] a los interesados comprender los alegatos que exponga un interviniente, a los fines de plantear otros argumentos y pruebas que tiendan a enervar los mismos, ejerciendo así el derecho a la defensa."

En consecuencia, dicha norma exigiría que se hiciese, en primer lugar,

"[una] clara y positiva mención y existencia del vicio específico, y en los casos de inconsistencia numérica contemplados en el artículo 220 de la Ley Orgánica del Sufragio y Participación Política, (…) [un]correcto señalamiento de los instrumentos de los cuales se deriva la inconsistencia numérica, que le permitan al órgano revisor la debida confrontación de los mismos a objeto de su verificación" (subrayado añadido).

En otro fallo, esta vez el N° 118, del 12 de junio de 2002, dicha Sala entendió por *claro razonamiento*:

"la determinación de aquellos datos esenciales o referencias necesarias que permiten definir el vicio denunciado y de ese modo, justificar la existencia de la relación causal que establece la Ley" (subrayado añadido).

Y en aplicación de tal doctrina, analizó, en los términos que a continuación se transcriben, el recurso planteado en esa oportunidad, destacando la falta de señalamiento del vicio denunciado, la forma genérica en que fue planteada la denuncia, y la vaguedad e imprecisión de los alegatos. Así, la Sala Electoral señala que:

"…una vez examinado exhaustivamente el referido escrito con sus correspondientes anexos, se observa que la accionante no identificó cabalmente el vicio de silencio de prueba denunciado, pues no determinó con exactitud los materiales probatorios que el Consejo Nacional Electoral dejó de valorar al momento de realizar el acto cuestionado, sino por el contrario, su denuncia es realizada en forma genérica, aunado a que no formuló argumentos claros para desvirtuar su validez y eficacia, limitándose sólo a señalar en otro de sus alegatos, de modo vago e impreciso, las violaciones de normas legales y estatutarias –que a su juicio– presenta la Resolución recurrida, relacionadas con afirmaciones en contra del proceso electoral llevado a cabo el 21 de septiembre de 2001, sobre lo cual ya este Juzgador señaló que no figuran como objeto de conocimiento, por tratarse de afirmaciones al margen de la pretensión procesal objeto de la causa que se examina.

Así las cosas, debe esta Sala reafirmar que tales alegatos fueron propuestos en términos absolutamente genéricos, pues la recurrente no especificó los hechos configuradores de los mismos ni las consecuencias de éstos en la validez del acto impugnado, lo que le permite a este Juzgador desestimar los alegatos presentados. Así se decide." (subrayado añadido).

En una sentencia más reciente, y esta vez sobre la base de lo que establece el cardinal 2 del artículo 206 de la Ley Orgánica de Procesos Electoral, referido a los requisitos que debía satisfacer el escrito en el que se planteara un recurso jerárquico, y cuyo contenido se estimó, con razón, aplicable a las demandas contencioso electorales, la Sala Electoral lo aplica al caso concreto, y concluyó que:

"…conforme al marco expuesto, aprecia esta Sala que los recurrentes no identifican con precisión el acto impugnado, sino que se limitan a señalar que solicitan la declaratoria de nulidad de "…las postulaciones que aparecen en la página web del Consejo Nacional Electoral a nombre de la Unidad Democrática…". Además, resulta evidente que no indicaron los vicios de que adolece el acto que están impugnando.

(…)

En virtud de lo anterior, y por cuanto se ha omitido un requisito esencial para la tramitación del recurso, consagrado en el numeral 2 del artículo 206 de la Ley Orgánica de Procesos Electorales, esta Sala considera que el presente recurso debe ser declarado inadmisible, y así se decide." (Cfr.: Sentencia N° 114, del 27 de julio de 2010).

En otra decisión, pero en esta oportunidad tomando en cuenta lo que establece el artículo 180 de la Ley Orgánica del Tribunal Supremo de Justicia, la Sala Electoral ratifica la interpretación que hizo de los requisitos de admisibilidad de la demanda contencioso electoral asentada en el fallo que se citó anteriormente, y advierte,

"…que uno de los requisitos que debe contener el escrito contentivo del recurso contencioso electoral consiste en el señalamiento claro y detallado de las circunstancias fácticas y jurídicas que sustentan la impugnación en cada caso concreto, constituyendo su omisión una causal para declarar la inadmisibilidad del recurso".

En cuanto a la demanda planteada en esa oportunidad, la Sala señala que:

"en el escrito recursivo se exponen de manera desordenada y poco clara una serie de consideraciones relacionadas con el proceso electoral realizado el 26 de septiembre de 2010 para elegir a los miembros de la Asamblea Nacional".

Y que se evidencia que la parte actora:

"no precisa de manera detallada cuáles son los vicios en los que -afirma- incurrió el Consejo Nacional Electoral al declarar la inadmisibilidad de las Resoluciones impugnadas pues, resulta evidente que se esgrimen alegatos fácticos y juicios de valor sin la debida fundamentación jurídica" (subrayado añadido).

En consecuencia,

"[y] omitido como ha sido por la parte actora el cumplimiento de los requisitos de admisibilidad establecidos en el artículo 180 de la Ley Orgánica del Tribunal Supremo de Justicia, resulta forzoso para esta Sala Electoral declarar INADMISIBLE, el recurso contencioso electoral interpuesto en tales términos." (Cfr.: Sentencia núm. 12, del 23 de marzo de 2011).

Tal como se mencionó anteriormente, los requisitos que debe contener el escrito en que se fundamente una demanda contencioso electoral están previstos en el artículo 180 de la Ley Orgánica del Tribunal Supremo de Justicia, según el cual:

"En el escrito correspondiente se indicará con precisión la identificación de las partes y contendrá una narración circunstanciada de los hechos que dieron lugar a la infracción que se alegue y de los vicios en los que haya incurrido el supuesto o supuesta agraviante".

También sería aplicable, por remisión que hace a la Ley Orgánica del Tribunal Supremo de Justicia el artículo 214 de la Ley Orgánica de Procesos Electorales el artículo 133 de aquélla, relativo a las "Causales de Inadmisión", la cual contempla en su cardinal 1 la siguiente causal:

"Cuando se acumulen demandas o recursos que se excluyan mutuamente o cuyos procedimientos sean incompatibles".

Y también sería de aplicación el contenido del mencionado artículo 206 de la Ley Orgánica de Procesos Electorales, el cual prevé los requisitos que debe satisfacer el escrito en que se proponga un Recurso Jerárquico en sede electoral, pues si dicha Ley Orgánica entiende aplicables las normas de la Ley Orgánica del Tribunal Supremo de Justicia al procedimiento contencioso electoral, por la misma razón serían aplicables las normas que la propia ley de procesos electorales contiene respecto a planteamientos similares al contencioso electoral.

A la luz de estas consideraciones y referencias jurisprudenciales, doctrinarias y legales, se pasa a continuación a analizar el recurso contencioso electoral interpuesto.

1.- En el escrito se afirma que al aceptar la postulación de Nicolás Maduro efectuada por el PSUV, el Consejo Nacional Electoral infringió el artículo 67 de la vigente Constitución, según el cual los candidatos y candidatas a cargos de elección popular serán seleccionados o seleccionadas en elecciones internas con la participación de sus integrantes; y visto que el referido postulado no fue objeto de selección alguna por elecciones internas con la participación de todos los integrantes del partido postulante, sería por ello que el proceso celebrado el 14 de abril de 2013 es nulo de toda nulidad de conformidad con el artículo 216 de la Ley Orgánica de Procesos Electorales, porque infringe normativa electoral de aplicación directa, inmediata e insoslayable relativa a los requisitos que deben reunir quienes se postulen como candidatos a cargos de elección popular.

Se imputa al Consejo Nacional Electoral el haber aceptado la postulación que hiciera el Partido Socialista Unido de Venezuela del ciudadano Nicolás Maduro Moros como candidato en la elección del Presidente de la República Bolivariana de Venezuela.

En torno a lo alegado, conviene recordar que la jurisprudencia de esta Sala tiene establecido que, si bien el artículo 67 de la Constitución determina que los candidatos a cargos de elección popular serán seleccionados en elecciones internas con la participación de los integrantes de los partidos políticos, ello no excluye otras formas de participación distintas a las elecciones abiertas o primarias, con lo cual resultarían también garantizados el principio de participación y el resto de los derechos fundamentales (*Cfr.*: Sentencia N° 451, del 25 de abril de 2012, entre otras).

Asimismo, es necesario citar parcialmente lo que establece el cardinal 2 del artículo 206 de la Ley Orgánica de Procesos Electorales, según el cual: "*Si se impugnan los actos, se identificarán éstos y se expresarán los vicios de que adolecen*". En el párrafo final de dicho artículo se establece que: "*El incumplimiento de cualquiera de los requisitos antes indicados producirá la inadmisibilidad del recurso*".

Respecto a la denuncia incoada, la parte actora no identifica el acto al cual hace referencia, ni cita su contenido, ni la parte del mismo en la cual se habría decidido o "aceptado" lo que los demandantes afirman que se aceptó; por lo tanto, es imposible que este órgano judicial pueda examinarlo, ni que el Consejo Nacional Electoral, en principio, pueda plantear una defensa efectiva contra el mismo.

Del mismo modo, el cardinal 2 del artículo 133 de la Ley Orgánica del Tribunal Supremo de Justicia señala que: "*Se declarará la inadmisión de la demanda: (...) 2. Cuando no se acompañen los documentos indispensables para verificar si la demanda es admisible*".

Visto que el conocimiento del acto por parte del tribunal y de la defensa, conforme con el cardinal 2 del artículo 206 de la Ley Orgánica de Procesos Electorales, requiere su debida descripción; y siendo que, sobre la base de lo que establece el cardinal 2 del artículo 133 de la Ley Orgánica del Tribunal Supremo de Justicia es necesario que sean consignados los documentos indispensables, es decir, como sería en este caso, el que ha sido objeto de impugnación, la pretensión planteada, con arreglo en lo establecido en el último párrafo del artículo 206 de la Ley Orgánica de Procesos Electorales y en el artículo 133 de la Ley Orgánica del Tribunal Supremo de Justicia, resulta inadmisible. Así se establece.

2.- Los demandantes solicitan a este Alto Tribunal que inste al Consejo Nacional Electoral a pronunciarse y demostrar la nacionalidad venezolana por nacimiento del que fuera postulado y hoy Presidente proclamado por dicho ente, condición sin la cual, dicha persona no puede ser Presidente de nuestro país, presentando los documentos que acrediten haber nacido en Venezuela, o en su defecto, ser hijo o hija de padre venezolano por nacimiento o madre venezolana por nacimiento.

En este caso los demandantes no impugnan ningún un acto, ni señalan ninguna actuación, abstención u omisión imputables al Consejo Nacional Electoral. Lo que parece que plantean es una duda, y dicha duda consistiría en saber si el ciudadano Nicolás Maduro Moros posee la condición de venezolano por nacimiento.

Es evidente que la jurisdicción contencioso electoral, al menos en lo que respecta al conocimiento de los recursos contencioso electorales, no es una instancia consultiva o de investigación, es una instancia judicial en la cual se presentan conflictos relacionados con el hecho electoral, y a los cuales debe darse respuesta sobre la base del *principio de conservación del acto electoral,* a cuya fundamentación se destinó la primera parte de esta motivación.

Pero en el planteamiento hecho por la parte actora (se usa la expresión "planteamiento" en virtud de que no procede utilizar la palabra "denuncia" para hacer referencia al contenido de esta solicitud) no se señala acto electoral ni conducta relacionada con algún acto o proceso electoral.

Al respecto debe tenerse en cuenta la disposición contenida en el artículo 180 de la Ley Orgánica del Tribunal Supremo de Justicia, de la cual, y en concordancia con lo que establece el artículo 181 de la misma Ley, se desprende que se inadmitirán las pretensiones que no contengan "*una narración circunstanciada de los hechos que dieron lugar a la infracción que se alegue y de los vicios en los que haya incurrido el supuesto o supuesta agraviante*".

El planteamiento que se examina no afirma que propiamente se hubiese incurrido en una infracción que, a su vez, pudiese encuadrarse en alguno de los vicios que señala la Ley Orgánica de Procesos Electorales. Por ello, y con mayor razón que en el caso de los señalamientos que no sean debidamente circunstanciados, el planteamiento bajo análisis, visto que no hace siquiera un señalamiento en particular, debe declararse inadmisible con arreglo al referido artículo 181 de la ley mencionada. Así se establece.

3.- Que el Consejo Nacional Electoral habría incurrido en el supuesto de fraude previsto en el cardinal 2 del artículo 215 de la Ley Orgánica de Procesos Electorales, y ello en virtud de la siguientes referencias: la indebida administración, tratamiento y falta de transparencia dado al Registro Electoral por el Consejo Nacional Electoral; la configuración del registro de electores; la violencia ejercida de múltiples formas pero especialmente como coacción e intimidación; la falta de transparencia del sistema y proceso electoral; las inconsistencias matemáticas que resultan del análisis de las misma y que indican manipulación electrónica de los resultados definitivos; la utilización de recursos públicos a favor de un candidato; la violencia callejera; el abuso indebido del voto asistido por miembros de mesa; la estructuración del sistema electoral; el uso ilegítimo del poder; la automatización del voto y del escrutinio; la imposibilidad de afirmar que las máquinas de votación sean inviolables; el rechazo a la auditoría de los Cuadernos Electorales; el control del sistema electoral por el poder central y los incidentes ocurridos con las máquinas de votación.

Argumentan que todo ello sería responsabilidad exclusiva del CONSEJO NACIONAL ELECTORAL, y que tales afirmaciones, referencias y juicios resultarían comprobados por lo siguiente: la Constitución de 1961 fue suspendida y la Asamblea Nacional Constituyente tenía controlados los poderes judicial y legislativo; el carácter de fachada de la Constitución de 1999; el hecho de haberse arrogado la Asamblea Nacional Constituyente poderes extraordinarios; debido al nombramiento por parte de dicho órgano de los rectores electorales; la eliminación de la Fiscalía de Cedulación; la modificación por parte de la mencionada Asamblea Nacional Constituyente de la normativa electoral; la regulación contenida en la Ley Orgánica del Poder Electoral respecto a la conformación del Comité de Postulaciones Electorales; la consagración en la Ley Orgánica de Procesos Electorales de las violaciones de los principios constitucionales de representación proporcional y personalización del voto; la creación y reorganización discrecional de circuitos electorales; los vicios en el Registro Electoral, los cuales serían el resultado de múltiples prácticas inapropiadas en su formación, y por omisión de aplicación de la normativa legal expresa en dicho proceso de formación; por haberse utilizado para las elecciones del 14 de abril de 2013 el mismo Registro Electoral que había servido de base electoral para las elecciones que había sido celebradas el 7 de octubre de 2012; la falta de depuración del Registro Electoral, lo cual se desprendería de la falta de trámite de la denuncia presentada por el ciudadano Ludwig Moreno; las negativas de parte del Consejo Nacional Electoral a realizar auditorías independientes que soporten la condición de electores de los inscritos en el Registro Electoral Permanente; la prohibición contenida en la Ley Orgánica de Procesos Electorales de que el Consejo Nacional Electoral divulgue la información respecto al domicilio o residencia de los inscritos en el Registro Electoral; el caso de una ciudadana que, según dicen los demandantes, vive en Estado Unidos de América, nunca se ha inscrito en el Registro Electoral y aparece inscrita en el mismo; con una noticia publicada en el Diario ABC de Madrid con relación a la entrega que habría hecho el Consejo Nacional Electoral de la data del Registro Electoral al partido de gobierno; con la legislación que paulatinamente ha ido quitándole transparencia al Registro Electoral; con el crecimiento inusitado de las personas inscritas en el Registro Electoral; de la existencia de electores cuya dirección no puede verificarse; de la concentración anormalmente elevada de supuestos electores en centros de menos de 1000 electores; por mantener en el Registro Electoral personas inscritas sin que se hubiesen registrado sus huellas dactilares; por la forma en que se han venido celebrando los eventos electorales desde el Referéndum Revocatorio Presidencial del 15 de agosto de 2004; por el uso de un aditamento electrónico consistente en un lector de huellas digitales, lo cual resulta intimidatorio para los votantes; por la vinculación indebida de cuatro de los cinco rectores del Consejo Nacional Electoral con el Partido Socialista Unido de Venezuela; porque una de las Rectoras fue Ministra del Poder Popular para la Ciencia y la Tecnología y Presidenta de la Compañía Anónima Nacional Teléfonos de Venezuela

(CANTV); porque otra de las Rectoras fue Diputada ante la Asamblea Nacional; y por las anomalías estadísticas detectadas por quienes afirman los demandantes son especialistas en la materia, los cuales conducen a la certeza de que hubo manipulación electrónica del proceso de votación.

La causal de nulidad invocada por los demandantes, y en cuyo supuesto de hecho encuadrarían las referencias anteriormente citadas, sería la contenida parcialmente en el cardinal 2 del artículo 215 de la Ley Orgánica de Procesos Electorales, según la cual:

"Artículo 215 [Nulidad de la elección]. La elección será nula:

(…)

2. Cuando hubiere mediado fraude (…) en la formación del Registro Electoral, en las votaciones o en los escrutinios y dichos vicios afecten el resultado de la elección de que se trate".

En evidente que el uso de la palabra *"fraude"* que hace la Ley debe interpretarse como sinónima de *conducta fraudulenta*, pues no podría darse un determinado resultado *fraudulento* sin un comportamiento cuya exteriorización coincida con los atributos que la sociedad, el conjunto de los hablantes, el propio legislador, la jurisprudencia o la doctrina asocien con dicha expresión.

Lo primero que habría que establecer es que dicha norma hace referencia a una conducta, y que el obrar en que ésta consista debe ser consciente y exteriorizado. Además, a dicha conducta o comportamiento debe poder relacionarse un determinado resultado, y entre ambos debe mediar un nexo causal eficiente.

A este resultado alude la norma citada cuando usa la expresión *"dichos vicios"*; es decir, el resultado sería un vicio, y ese vicio consistiría en la confusión o la falsa apreciación de la realidad al cual sean conducidas las víctimas de la conducta fraudulenta. No basta, pues, que haya coincidencia entre la conducta y el resultado, pues puede tratarse de una mera correlación, y no de una propia relación causal.

Pero, además, es necesario que dicho resultado produzca una lesión en un bien jurídico protegido por la norma que erige la conducta fraudulenta como ilegítima o reprochable mediante el recurso de nulidad.

Asimismo, el sujeto que despliega la actividad que se denuncia como fraudulenta debe haber tenido el propósito de alcanzar ese resultado y de causar la lesión en que dicho resultado se resuelve (es decir, la intención de cometer un fraude), y debe haber concurrido al hecho con dominio del hecho.

Por último, la disposición bajo examen requiere que, aparte del resultado y de la grave afectación a un bien jurídico estimable, tales vicios afecten, esto es, alteren o modifiquen de manera relevante el resultado del evento electoral.

Ahora bien, en esta fase del procedimiento en el que se encuentra esta causa, es necesario tomar nota de lo que prescribe el cardinal 4 del artículo 206 de la Ley Orgánica de Procesos Electorales, según el cual:

"Si se impugnan las actuaciones materiales o vías de hecho, deberán narrarse los hechos e indicarse los elementos de prueba que serán evacuados en el procedimiento administrativo".

Y si dicho precepto se pone en conexión con lo que establece el artículo 180 de la Ley Orgánica del Tribunal Supremo de Justicia cuando requiere que en el escrito en el que se plantee el recurso contencioso electoral se haga una *"narración circunstanciada de los hechos que dieron lugar a la infracción que se alegue…"*, entonces debe concluirse con que el juez electoral, en la admisión de la demanda, debe examinar el escrito y constatar que éste contenga: en *primer lugar*, la requerida narración circunstanciada de los hechos que dieron lugar a la infracción, es decir, que se haga una relación de las conductas y las circunstancias en que éstas se hubiesen producido, mención del resultado causado por tales conductas y explicación del nexo causal, es decir, del elemento que determina que ese comportamiento produce ese resultado, lo que daría cuenta de que entre uno y otro no hay una simple relación temporal (en el sentido de que uno precede al otro) o de correlación (que se da cuando un hecho siempre va acompañado de otro); (por otra parte, esta relación debe ser clara, precisa y completa, y además debe revelar que tales hechos son evidentes, lesivos y efectivos respecto al resultado electoral, pues así lo exige el estudiado *principio de la conservación del acto electoral*); en *segundo lugar*, el escrito debe contener una mención a las pruebas que respaldan tales afirmaciones fácticas; y en *tercer lugar*, debe hacerse mención a los vicios en los que se hubiese incurrido.

En la jurisprudencia de la Sala Electoral del Tribunal Supremo de Justicia se advierte la necesidad de analizar y distinguir los elementos constitutivos del llamado *fraude electoral* referido en el cardinal 2 del artículo 215 de la Ley Orgánica de Procesos Electorales.

Ello se observa, en primer lugar, en su esfuerzo por definir el concepto, y en tal sentido y haciendo referencia a una definición contenida en un texto especializado, afirma que:

"El fraude electoral "*Es el engaño, la usurpación, la falsificación, la mala fe, o el despojo que se realiza para tratar de modificar los resultados electorales a favor o en contra de un partido o candidato, antes, durante y después de las elecciones.*" (Martínez S., Mario y Salcedo A., Roberto. *Diccionario Electoral 2000*. Instituto Nacional de Estudios Políticos. México, 2000, p. 331)."

A continuación alude a que un caso claro de fraude, en los términos citados, sería, a juicio de esa Sala, la suplantación de identidad de un difunto, pues:

"...a todas luces constituye una actuación fraudulenta grave tendente a favorecer a un candidato, cuyos efectos jurídicos vienen dados por su carácter antijurídico, en los términos previstos en la Ley, tanto en el ámbito del derecho penal como en el derecho electoral".

Y que dicho fraude constituiría una causal de nulidad de una elección, tal como lo destacó esta Sala Constitucional poco antes,

"cuando influya en el resultado electoral, lo cual sólo puede determinarse en casos como el presente, que versan sobre el sufragio de votos fraudulentos, determinando si la cantidad de éstos superan la ventaja de votos obtenidos por el candidato ganador en la votación de que se trate" (*Cfr.*: Sentencia N° 210, del 19 de diciembre de 2001).

En su sentencia núm. 105, del 27 de mayo de 2002, y con relación al artículo que se examina, la referida Sala, sobre la base de varias decisiones que forma su jurisprudencia (particularmente la núm. 67, del 11 de abril de 2002 y la N° 126, del 20 de septiembre de 2001), definiría el fraude como:

"el engaño grave por medio de maniobras –esto es, doloso– que durante específicas fases del proceso electoral (formación del Registro Electoral, votaciones o escrutinios), tiene por finalidad menoscabar la libre manifestación de voluntad del electorado", y el cual, "a semejanza de lo que ocurre en un ilícito penal, describimos una acción humana, antijurídica y culpable, dirigida a engañar al electorado durante la formación del Registro Electoral, las votaciones o los escrutinios y cuyo efecto es la nulidad de la elección de que se trate".

Con fundamento en esta definición, sigue diciendo dicha Sala, no constituiría un fraude, en un sentido estricto, tal como deben interpretarse las normas sancionatorias, no obstante que puede constituir una irregularidad,

"...la diferencia numérica existente entre el Acta de Escrutinio 10.128 y el acto de recuento de sus respectivos instrumentos de votación...".

La Sala insiste en dicha decisión en que, al que denuncia un fraude, debe exigírsele desplegar un discurso y una actividad encaminadas

"[a] probar la acción humana de engañar al electorado por medio de maniobras capaces de afectar el resultado de la elección de que se trate, en las fases de conformación del Registro Electoral, de las votaciones o del escrutinio, como mínimo necesaria para evitar que cualquier hecho, hasta fortuito, que constituya irregularidad en el proceso electoral sea utilizado como causa para justificar la grave sanción de la nulidad de una elección".

Debe destacarse de este último párrafo, la distinción que se hizo entre una irregularidad electoral y un vicio que apunte a la comisión de un fraude electoral, y la mención que se hace en dicha sentencia de la necesidad de que la denuncia aluda a la comisión de un hecho que, en virtud de su capacidad de engañar, procure un resultado que incida en los resultados de un acto comicial. En esta oportunidad, las referencias a las que se refieren los demandantes, y a las cuales les atribuye el efecto de ser fraudulentos no son claras, ni precisas, ni completas, y no han sido enmarcadas en una narración circunstanciada de las mismas, ni enlazadas racionalmente con el resultado que se supone provocaron.

Basta, al respecto, pasearse por las ideas utilizadas para referirse a las mismas.

Ejemplo de ideas generales y vagas, las cuales no atañen a ninguna conducta en particular, serían las vinculadas con las causas del fraude, las cuales consistieran en la indebida administración, tratamiento y falta de transparencia dado al Registro Electoral por el Consejo Nacional Electoral, la configuración del registro electoral, y la violencia ejercida de múltiples formas pero especialmente como coacción o intimidación, pues se trata de conceptos genéricos no referibles a un comportamiento en particular, es decir, no hay una descripción de ningún movimiento o conducta encaminada a engañar o a generar un error en los electores.

Otras expresan juicios de valor, es decir, opiniones que les merece a los demandantes la actuación del órgano comicial, pero que no describen ninguna conducta o comportamiento; entre estas tenemos las siguientes: falta de transparencia del sistema y proceso electoral, abuso indebido del voto asistido por miembros de mesa; uso ilegítimo del poder o el control del sistema electoral por el poder central.

En otros casos se trate de afirmaciones referidas al resultado de una operación mental que no tiene necesariamente un correlato fáctico, es decir, son conclusiones no referidas a acciones concretas, como lo serían las atinentes a la configuración del registro electoral, o las inconsistencias matemáticas que resultan del análisis (de los resultados electorales) y que indican manipulación electrónica de los resultados definitivos (una inconsistencia matemática no está en ninguna parte, es la conclusión a la que se arriba luego de un análisis o examen); asimismo, la denunciada manipulación electrónica no se describe, ni se dice quién la hizo, cuándo se hizo, desde dónde y de qué manera.

Otras ideas se refieren a actos institucionales, competencias o abstracciones relativas a la organización de la actividad comicial, que, como en algunos de los casos ya mencionados, no están relacionados con comportamiento concreto alguno, ni le son imputados por los demandantes a ninguna persona, ni se establecen las coordenadas tempero-espaciales de su ocurrencia, tales serían: la estructuración del sistema electoral, el rechazo a la auditoría de los Cuadernos Electorales y la automatización del voto y del escrutinio.

Por último, se observan algunas ideas vinculadas con hechos que serían debatibles en instancias políticas o por los órganos electorales o de investigación policial, pero que su falta de señalamiento respecto a las conductas concretas desplegadas las alejan de un examen en sede judicial en general, y en sede contencioso electoral, en particular, como el caso de la violencia ejercida de múltiples formas pero especialmente como coacción e intimidación, utilización de recursos públicos a favor de un candidato o el abuso indebido del voto asistido por miembros de mesa.

En lo que concierne a las menciones que se hace de ciertos eventos o circunstancias que sostendrían los casos de supuesto fraude referidos anteriormente, algunas resultan tan lejanas a una conducta destinada a engañar y generar errores en el propio órgano electoral o en los electores de cara al evento electoral llevado a cabo el 14 de abril de 2013, que es en lo que consistiría el fraude electoral, que no podrían constituir conductas idóneas para alcanzar el resultado al cual se les asocia (entre ellas tenemos: la suspensión de los poderes legislativo y judicial por parte de la Asamblea Nacional Constituyente; el haberse arrogado dicha Asamblea poderes extraordinarios; el nombramiento que hiciera la misma de los rectores del Consejo Nacional Electoral; la modificación que dicho órgano habría hecho en la normativa electoral; y la forma en cómo se vienen celebrando los eventos electorales desde el Referéndum Revocatorio Presidencial del 15 de agosto de 2004.

Otros mencionan sucesos u omisiones, pero no se les conecta con los resultados defraudatorios que se les atribuye, ni los demandantes examinan las circunstancias de modo, tiempo y lugar en las cuales acontecieron, ni se explica porqué el supuesto fraude se deriva de tales sucesos o conductas omisivas (tal sería el caso de la creación y reorganización discrecional de circuitos electorales, los vicios en el registro electoral que serían el resultado de múltiples prácticas inapropiadas en su formación, y por omisión de aplicación de la normativa legal expresa en dicho proceso de formación y la falta de depuración del Registro Electoral, lo cual se desprendería de la falta de trámite de la denuncia presentada por el ciudadano Ludwig Moreno.

Hay otras denuncias que no aluden a ninguna conducta sino a actos jurídicos, decisiones o a cuerpos normativos, respecto de los cuales no se describe el modo en que quienes los dictaron o emitieron se propusieron engañar al colectivo que participó en las elecciones impugnadas (es el caso de la eliminación de la Fiscalía de Cedulación; el haberse utilizado para las elecciones del 14 de abril de 2013 el mismo Registro Electoral que había servido de base electoral para las elecciones que habían sido celebradas el 7 de octubre de 2012; la regulación contenida en la Ley Orgánica del Poder Electoral respecto a la conformación del Comité de Postulaciones Electorales; las negativas por parte del Consejo Nacional Electoral a realizar auditorías independientes que soporten la condición de electores de los inscritos en el Registro Electoral Permanente y el uso de un aditamento electrónico consistente en un lector de huellas digitales, lo cual resultaría intimidatorio para los votantes.

También es posible advertir denuncias relacionadas con el modo en que han sido redactadas ciertas leyes o sobre la inconstitucionalidad de las mismas, que, en todo caso debieran ser objeto de debate en el Parlamento o de alguna solicitud de inconstitucionalidad ante la Sala Constitucional (en tal sentido se dice que en la Ley Orgánica de Procesos Electorales se consagraron las violaciones a los principios constitucionales de representación proporcional y personalización del voto y la prohibición contenida en la Ley Orgánica de Procesos Electorales de que el Consejo Nacional Electoral divulgue la información respecto al domicilio o residencia de los inscritos en el Registro Electoral).

Se puede observar la alusión a hechos o situaciones a cuyo respecto no se explica cómo pudieron haber influido en el resultado electoral o ser constitutivos de un fraude (así tenemos la denuncia de que una ciudadana que, según afirma, vive en Estados Unidos de América, aparece inscrita en el Registro Electoral; la existencia de electores cuya dirección de domicilio o residencia no puede verificarse; el que hayan electores cuyas huellas no hayan sido registradas, o porque una de las Rectoras fue Ministra del Poder Popular para la Ciencia y la Tecnología y Presidenta de la Compañía Anónima Nacional Teléfonos de Venezuela (CANTV) y otra fue Diputada ante la Asamblea Nacional).

Al mismo tiempo se alude a noticias o informes sin explicar la legitimidad de las fuentes o se extraen de ellas conclusiones que las propios informes o estudios no contienen (ejemplo de ello es la supuesta noticia publicada en el Diario ABC de Madrid, de la cual se desprendería la parcialidad del Consejo Nacional Electoral a favor del Partido Socialista Unido de Venezuela; el presunto crecimiento inusitado de las personas inscritas en el Registro Electoral; la concentración anormalmente elevada de supuestos electores en centros de menos de 1000 electores; las anomalías estadísticas detectadas por quienes afirman los demandantes son especialistas en la materia, los cuales conducen a la certeza de que hubo manipulación electrónica del proceso de votación.

Como conclusión respecto a la delación bajo examen, debe insistirse en que la causal de nulidad prevista en el cardinal 2 del artículo 215 de la Ley Orgánica de Procesos Electorales relativa a la comisión de un fraude en la formación del Registro Electoral, en las votaciones o en los escrutinios, debe ser interpretada en un sentido que garantice el principio de mínima afectación del resultado a que dio lugar la expresión de la voluntad del Cuerpo Electoral, al cual se ha llamado en este fallo *principio de conservación del acto electoral*.

La aplicación de este principio obliga también a aplicar el *principio de máxima taxatividad interpretativa*, según el cual el juez debe extremar su actividad técnica con el fin de precisar los términos vagos o ambiguos, y restringir el ámbito de lo prohibido o de lo ilícito al límite semántico mínimo (*Cfr.*: Zaffaroni, Eugenio y otros: *Derecho Penal (Parte General)*, Ediar, Buenos Aires, 2002, p. 119).

En este caso, el *principio de máxima taxatividad interpretativa* exigiría una estricta interpretación del término *fraude*, que lo circunscribiría al mundo de las conductas, y en particular, de aquellos comportamientos que se resuelven en engaños capaces de producir un error en otro, con fines defraudatorios, y cuyo efecto alcance a modificar el resultado electoral.

El *principio de culpabilidad*, por otra parte, exige que cuando se señale a una persona de haber cometido un fraude, debe afirmarse tal conclusión sobre la base de una descripción de una conducta capaz de ser encuadrada en la definición que el *principio de máxima taxatividad interpretativa* permitió alcanzar.

Esto es lo que la ley demanda como condición de admisibilidad a quienes aleguen que se ha cometido un fraude: que expongan los hechos afirmados y argumenten dicha conducta de manera circunstanciada, es decir, de manera clara, precisa y completa, de modo que se salvaguarde el derecho al sufragio activo y pasivo, y que se garantice el principio de culpabilidad, conforme con el cual no se castigan los pensamientos ni las intenciones, sino las conductas activas u omisivas, dolosas o culpables, que, con arreglo al principio de lesividad, y luego de un juicio de tipicidad detenido y exhaustivo hubiesen infringido un daño al derecho o bien jurídico protegido.

Considera la Sala que en este caso, por las razones y los análisis hechos a los términos en que fueron expuestas las denuncias planteadas, los demandantes no satisficieron estos extremos, pues no fundamentaron de manera circunstanciada sus dichos, es decir, no describieron conductas concretas que, a través de los nexos causales adecuados, hubiesen engañado a otro con el fin de alcanzar un determinado resultado electoral capaz de modificar la elección en un sentido diverso al deseado por la mayoría del Cuerpo Electoral.

En consecuencia, y sobre la base de lo que establece el artículo 181 de la Ley Orgánica del Tribunal Supremo de Justicia, en concordancia con el artículo 206 de la Ley Orgánica de Procesos Electorales, se declara inadmisible la pretensión examinada. Así se establece.

4.- Seguidamente, los demandantes afirman que el acta de escrutinio de mucha mesas de votación es nula de toda nulidad porque en mucha de ellas el procedimiento legal de cierre no concluyó; y que el acto final de escrutinio y proclamación son nulos de toda nulidad, también, porque el proceso no culminó en razón de que no se realizó en su totalidad la verificación ciudadana de auditoría del cincuenta y cuatro por ciento (54%) de las mesas de votación. Y afirman que dichas auditorías no se realizaron en su totalidad porque no han sido publicadas las respectivas Actas por el Consejo Nacional Electoral. Con el fin de probar sus dichos solicitan que se ordene al Consejo Nacional Electoral expedir copia certificada de cada una de las actas de verificación ciudadana realizadas válidamente de conformidad con la Ley.

Otra vez hay que advertir la diferencia que existe entre la mera alegación de un hecho o una conducta omisiva, y la narración circunstanciada de los hechos que exige el artículo 180 de la Ley Orgánica del Tribunal Supremo de Justicia, o de la identificación de los actos, de las mesas electorales que exige el cardinal 2 del artículo 206 de la Ley Orgánica de Procesos Electorales. Es decir, a la hora de denunciar vicios en las actas que se forman en el proceso electoral, debe, con el fin de salvaguardar los principios a los cuales se ha hecho referencia en este fallo, precisarse su contenido y ubicar dichas actas en el marco institucional, temporal o espacial que permitió su emisión.

En este caso se hacen afirmaciones que son, tal como las reseñadas en el punto anterior, vagas, imprecisas y generales, pues no señalan a cuáles actas se refiere, dónde fueron emitidas o cuáles son los vicios de que adolece cada una de ellas.

Por otra parte, llama la atención el argumento sobre el cual fundarían los demandantes sus alegatos, pues aducen que las mencionadas auditorías no se realizaron, y sostienen esta afirmación en que no han sido publicadas las respectivas Actas por el Consejo Nacional Electoral.

Llama la atención por dos razones, en primer lugar, cabe hacerse la pregunta de cómo llegaron los demandantes al convencimiento de que las actas presentan un determinado vicio si no han tenido la posibilidad de imponerse de su contenido; y, en segundo lugar, cómo pueden afirmar que conocen los vicios de que las mismas sufren sobre la base de que no conocen su contenido, pues no han sido publicadas. Es decir, del hecho de que desconocen el contenido de las actas concluyen que las actas contienen un determinado vicio. Este es, evidentemente un error argumentativo que se configura cuando, "*se señala erróneamente que una tesis es verdadera porque no se ha demostrado su falsedad, porque se ignora su falsedad; o viceversa, que es falsa porque no se ha demostrado que sea verdadera [o] se ignora que sea verdadera*" (subrayado añadido) (*Cfr.*: Tosta, María Luisa: *Lo racional y lo irracional en el Derecho*, UCV, 2009, p. 150)

Cometería este error "*quien negara la verdad de un postulado por ser imposible comprobarlo por la experiencia*" (*Cfr.*: Ramis, Pompeyo: *Lógica y crítica del discurso*, ULA, 2009, p. 222).

En esta oportunidad, la parte actora afirma, palabras más palabras menos, que en virtud de que no conoce el contenido de las actas de escrutinio, las mismas son inconsistentes, o sufren de algún vicio, con lo cual incurre en un error de razonamiento que autoriza a catalogar su planteamiento como desacertado o ilógico.

En virtud, pues, de la falta de señalamiento de los actos o actas sobre las cuales habría de realizarse el examen judicial, y de la incorrección de la justificación con que se pretende sostener el que sea tramitada esta pretensión, se declara la misma, sobre la base de lo que establece el artículo 181 de la Ley Orgánica del Tribunal Supremo de Justicia, en concordancia con el cardinal 2 del artículo 206 de la Ley Orgánica de Procesos Electorales, inadmisible. Así se establece.

4.- El último planteamiento versa sobre la violencia ejercida sobre la ciudadanía durante el acto de votación, la cual no habría sido enfrentada por la autoridad policial. Los demandantes aseguran que mientras se desarrollaba el acto de votación y durante todo el día y a lo largo del territorio se desarrollaron actos de amenaza y agresión contra opositores civiles, testigos electorales de oposición e, incluso contra observadores electorales acreditados por el Consejo Nacional Electoral.

Sin embargo, y a pesar del ofrecimiento hecho por los demandantes de que tales planteamientos serían ampliados después de que sea admitido el presente Recurso, lo cierto es que la legislación aplicable exige que la descripción de los hechos, sus circunstancias, sus efectos y todo lo necesario para que a quienes se les imputan puedan elaborar una defensa adecuada, debe ser hecho antes de la admisión de la pretensión en el propio escrito de demanda.

Siendo que los demandantes reconocen que su pretensión no cumple con este extremo, y en virtud de que es evidente que la misma no satisface tal requisito, pues los demandantes se refieren a tales hechos en términos vagos e imprecisos como los de violencia ejercida, durante todo el día, a lo largo del territorio y actos de amenaza y agresión, los cuales no fueron seguidos de las debidas referencias acerca de las manifestaciones de violencia a las que aluden, el momento en el que sucedieron dichos actos, dónde se efectuaron, en qué consistieron, quiénes resultaron afectados y el modo en que esto incidió en el resultado electoral, dicho planteamiento resulta, también, inadmisible. Así se establece.

Vista la decisión de inadmitir la pretensión planteada, resulta inoficioso, en virtud del carácter accesorio de la pretensión principal que la caracteriza, que esta Sala se pronuncie acerca de la medida cautelar solicitada. Así se establece.

TSJ-SC (1114)   **7-8-2013**

Ponencia Conjunta

Caso: Adolfo Márquez López vs. Acto de votación que tuvo lugar el 14 de abril de 2013.

La Sala Constitucional declara inadmisible el recurso de nulidad interpuesto, al verificar el incumplimiento de los extremos contenidos en los artículos 180, 181 y 183 de la Ley Orgánica del Tribunal Supremo de Justicia.

En primer lugar, esta Sala debe pronunciarse sobre su competencia para conocer del recurso interpuesto, la cual se fundamenta en el contenido de la sentencia N° 795/13, mediante la cual esta Sala se avocó a la presente causa, así una vez admitida la solicitud de avocamiento y recabado los expedientes, ello amerita entonces de esta Sala un pronunciamiento expreso para cada proceso para el cual asume el conocimiento del fondo de las pretensiones planteadas, conforme a los artículos 106 y 109 de la Ley Orgánica del Tribunal Supremo de Justicia, al verificar de las actas del expediente que el presente caso versa sobre la tutela de los derechos de participación y postulación, los cuales se encuentran vinculados con el orden público constitucional (*cfr.* sentencias números 373/2012 y 451/2012), existiendo méritos suficientes para que esta Sala estime justificado el ejercicio de la señalada potestad, pues ha sido cuestionada la transparencia de un proceso comicial de la mayor envergadura, como el destinado a la elección del máximo representante del Poder Ejecutivo, así como la actuación de órganos del Poder Público en el ejercicio de sus atribuciones constitucionales, de lo que se deduce la altísima trascendencia para la preservación de la paz pública que reviste cualquier juzgamiento que pueda emitirse en esta causa, lo cual hará la Sala en los siguientes términos:

Corresponde a esta Sala en el presente caso, pronunciarse en relación a la admisibilidad del recurso contencioso electoral interpuesto y verificar el cumplimiento de los extremos contenidos en los artículos 181 y 183 de la Ley Orgánica del Tribunal Supremo de Justicia.

Para ello, se advierte que el escrito presentado por la parte recurrente se circunscribe a formular fundamentalmente las siguientes denuncias: i) Que "el REP [Registro Electoral Permanente] utilizado el 14-A fue elaborado con fraude por incorporar personas que no tienen derecho a votar", para lo cual reseñó casos como el de 31 homónimos de José Gregorio González Rodríguez, de 6.696 casos en los cuales no existía información completa -sin especificar cuál es esa información-, así como la supuesta existencia de 191.532 personas fallecidas en el Registro Electoral Permanente, sobre las cuales reseña dos casos; ii) Además, señala la contrariedad a derecho de los votos adjudicados al Presidente electo, correspondientes al "*partido PODEMOS*"; y, finalmente iii) Cuestiona la nacionalidad del Presidente de la República y por lo tanto el incumplimiento de los extremos contenidos en los artículos 41 y 227 de la Constitución, al no ostentar -en su criterio- el ciudadano Nicolás Maduro Moros, las condiciones de elegibilidad para ser Presidente de la República Bolivariana de Venezuela.

Respecto de tales alegatos, debe destacarse en lo que se refiere a la primera denuncia, que si bien el recurrente las encuadra formalmente bajo el título de fraude en la elaboración del Registro Electoral Permanente, lo cierto es que el contenido de las mismas se encuentran claramente dirigidas a cuestionar no la comisión de un hecho doloso durante la formación del Registro en los precisos términos del artículo 215.2 de la Ley Orgánica de Procesos Electorales, sino a la inscripción o actualización puntual de determinadas personas en el referido Registro, bien sea a causa de fallecimientos o por informaciones incompletas de personas en inscritas -sin especificar a cuáles se refiere, ni su relevancia o incidencia en los resultados del evento electoral impugnado-.

Lo anterior, se encuadra en el supuesto de hecho contenido del artículo 37 de la Ley Orgánica de Procesos Electorales, el cual establece que:

"*Artículo 37. El Registro Electoral Preliminar podrá ser impugnado ante la Comisión de Registro Civil y Electoral o en la Oficina Regional Electoral de la entidad correspondiente, dentro de los quince días siguientes a su publicación, por las causales previstas en la presente Ley*".

Respecto del mencionado artículo, resulta claro que el legislador estableció un lapso de impugnación autónomo en relación al Registro Electoral, conforme al cual a los fines de lograr depurar en forma ordenada y coherente un determinado evento electoral, las denuncias relativas a la inscripción o actualización del referido Registro –tal como lo señaló la Sala Electoral en sentencia N° 105/02, en relación al derogado artículo 121 de la Ley Orgánica del Sufragio y Participación Política, que de manera análoga regulaba el lapso para la impugnación comentado- siendo únicamente procedentes, las denuncias por fraude del Registro en los precisos términos del artículo 215.2 de la Ley Orgánica de Procesos Electorales, respecto del cual la Sala Electoral del Tribunal Supremo de Justicia acertadamente ha señalado que:

"El 'fraude electoral' previsto en el artículo 216, numeral 2 de la Ley Orgánica del Sufragio y Participación Política, fue definido por esta Sala en sentencia número 67 del 11 de abril de 2002, como el engaño grave por medio de maniobras –esto es, doloso– que durante específicas fases del proceso electoral (formación del Registro Electoral, votaciones o escrutinios), tiene por finalidad menoscabar la libre manifestación de voluntad del electorado (Véase sentencia de esta Sala, número 126 del 20 de septiembre de 2001). Nótese entonces que, a semejanza de lo que ocurre en un ilícito penal, describimos una acción humana, antijurídica y culpable, dirigida a engañar al electorado durante la formación del Registro Electoral, las votaciones o los escrutinios y cuyo efecto es la nulidad de la elección de que se trate.

La norma en referencia no califica los medios de comisión del fraude. Sin embargo, podemos afirmar que los supuestos que constituyen fraude electoral se encuentran tipificados como faltas, delitos o ilícitos electorales (verbi gratia los artículos 257, numeral 4 y 258, numeral 2 de la Ley Orgánica del Sufragio y Participación Política), es decir, aunque el fraude como causal de nulidad de elecciones no es un delito en sí mismo, los medios para cometerlo siempre constituyen faltas, delitos o ilícitos electorales.

Así pues, la prueba del fraude electoral pasa necesariamente por demostrar la comisión de un ilícito electoral, lo cual, en muchos casos, podría hacerse sin que estuviera plenamente identificado el sujeto culpable o determinada su responsabilidad. No obstante, en el presente caso el Consejo Nacional Electoral consideró como prueba suficiente la diferencia numérica existente entre el Acta de Escrutinio 10.128 y el acto de recuento de sus respectivos instrumentos de votación, de lo cual, aunque pudiera derivarse la existencia de una irregularidad, no permite deducir lógicamente la comisión de un fraude electoral.

Corresponde entonces a esta Sala reiterar que al denunciante de un fraude electoral debe exigírsele '...acompañar los elementos probatorios que fundamenten su impugnación', esto es, probar la acción humana de engañar al electorado por medio de maniobras capaces de afectar el resultado de la elección de que se trate, en las fases de conformación del Registro Electoral, de las votaciones o del escrutinio, como mínimo necesaria para evitar que cualquier hecho, hasta fortuito, que constituya irregularidad en el proceso electoral sea utilizado como causa para justificar la grave sanción de la nulidad de una elección".

De ello resulta pues, que en el presente caso no sólo las denuncias formuladas no se refieren a supuestos que constituyan en principio elementos para configurar un fraude electoral, ni el recurrente acompañó elementos probatorios que fundamenten una impugnación de tal naturaleza o al menos permitan a esta Sala recalificar los argumentos planteados en su escrito de oficio y por orden público constitucional, a los fines de probar la acción humana de engañar al electorado por medio de maniobras capaces de afectar el resultado de la elección de que se trate, en las fases de conformación del Registro Electoral, de las votaciones o del escrutinio, razón por la cual las denuncias planteadas resultan inadmisibles por no constituir en los términos expuestos un recurso por fraude, sino relativas a la inscripción o actualización del referido Registro.

Así, tales impugnaciones resultan inadmisibles por extemporáneas, ya que constituye un hecho público comunicacional que el día 22 de mayo de 2012, concluyó el referido lapso de impugnaciones, al haber sido objeto de control el Registro Electoral empleado para las elecciones presidenciales del año 2012, tal como se desprende la lectura de la convocatoria para las elecciones presidenciales el 14 de abril de 2013 y cronograma electoral presentado por el Consejo Nacional Electoral, -*cfr*. La página web: http://www.cne.gov.ve/web/normativaelectoral/elecciones/2013/presidenciales/index_principal.php, consultada el 4/7/13- de conformidad con los artículos 181 y 183 de la Ley Orgánica del Tribunal Supremo de Justicia, en concordancia con el artículo 37 de la Ley Orgánica de Procesos Electorales. Así se decide.

En relación a la segunda denuncia, la misma resulta igualmente inadmisible, toda vez que ella se refiere a un cuestionamiento de la ejecución de la sentencia de esta Sala N°

793/12, mediante la cual se *"ACUERDA el nombramiento de una Junta ad hoc, la cual es-tará integrada, provisionalmente, hasta tanto se resuelva el fondo de la presente causa, por los ciudadanos: Didalco Bolívar y Baudilio Reinoso, quienes ejercerán, en el mismo orden en que son mencionados, los siguientes cargos: Presidente y Vicepresidente, cumpliendo las funciones directivas y de representación de la organización política PODEMOS"*, lo cual no constituye objeto de control por parte del recurso contencioso electoral y no se subsume en ninguno de los supuestos del artículo 215.2 de la Ley Orgánica del Sufragio y Participación Política, además que los artículos 65 al 69 *eiusdem*, establecen un lapso de impugnación autónomo contra la Resolución del Consejo Nacional Electoral en materia de impugnación de postulaciones o la Resolución de la Junta Nacional Electoral y de los organismos electorales subalternos que admitan, rechacen o tengan como no presentada una postulación, lapso que por lo demás se encuentra vencido -ya que el día 11 de marzo de 2013, concluyó el referido lapso (*cfr*. La página web: http://www.cne.gov.ve/web/normativaelectoral/elecciones/2013 _presidenciales/index_principal.php, consultada el 4/7/13- por lo que se declara inadmisible de conformidad con los artículos 180, 181 y 183 de la Ley Orgánica del Tribunal Supremo de Justicia, así se declara.

En lo que se refiere a la denuncia que cuestiona la nacionalidad del Presidente de la República y por lo tanto el incumplimiento de los extremos contenidos en los artículos 41 y 227 de la Constitución de la República Bolivariana de Venezuela, al no ostentar según el recurrente el ciudadano Nicolás Maduro Moros, las condiciones de elegibilidad para ser Presidente de la República Bolivariana de Venezuela, no se advierte de los argumentos contenidos en la demanda, ni de los elementos de convicción anexos al recurso interpuesto, hechos o vicios mas allá de opiniones particulares y la exposición de posiciones políticas del recurrente, que utilizan alegatos contentivos exclusivamente de juicios de valor, sin la fundamentación exigida por la norma estatutaria aplicable al presente caso -artículos 180 y 181 de la Ley Orgánica del Tribunal Supremo de Justicia- pues no es suficiente el señalamiento de la vulneración de alguna norma electoral sea ésta o no de naturaleza constitucional, sin atribuir vicios concretos contra la condición de inelegibilidad del candidato electo, el acto de proclamación o las elecciones presidenciales cuya nulidad solicita, sino limitándose a señalar la suspicacia que le produce que *"los números de cédulas asignados a María Adelaida, Josefina y Nicolás Maduro Moros, son consecutivos 5892462, 5892463 y 5892464"*, por lo que debe declararse inadmisible de conformidad con lo dispuesto en los artículos 180 y 181 *eiusdem*. Así se declara.

Finalmente, verificado en los términos expuestos el incumplimiento de los extremos contenidos en los artículos 180, 181 y 183 de la Ley Orgánica del Tribunal Supremo de Justicia, se declara inadmisible el recurso de nulidad interpuesto y, así se decide.

TSJ-SC (1115)   **7-8-2013**

Ponencia Conjunta

Caso: Henrique Capriles Radonski vs. Elección presidencial realizada el 14 de abril de 2013.

La Sala Constitucional declara inadmisible el presente recurso contencioso electoral, de conformidad con lo establecido en el artículo 181 de la Ley Orgánica del Tribunal Supremo de Justicia, por no haber satisfecho las exigencias contenidas en el artículo 180 *eiusdem*; y porque contiene conceptos ofensivos e irrespetuosos (artículo 133.5 Ley Orgánica del Tribunal Supremo de Justicia).

De forma preliminar, debe recordarse que, mediante sentencia N° 795 del 20 de junio de 2013, por decisión unánime, esta Sala resolvió avocar el conocimiento de las causas distinguidas con los alfanuméricos AA70-E-2013-000025, AA70-E-2013-000026, AA70-E-2013-000027, AA70-E-2013-000028, AA70-E-2013-000029, AA70-E-2013-000031 y AA70-E-2013-000033, así como cualquier otra que curse ante la Sala Electoral de este Máximo Juzgado y cuyo objeto sea la impugnación de los actos, actuaciones u omisiones del Consejo Nacional Electoral como máximo órgano del Poder Electoral, así como sus organismos subordinados, relacionados con el proceso comicial celebrado el 14 de abril de 2013.

El ejercicio de esa extraordinaria potestad se vio justificado en tanto había *"sido cuestionada la trasparencia de un proceso comicial de la mayor envergadura, como el destinado a la elección del máximo representante del Poder Ejecutivo, así como la actuación de órganos del Poder Público en el ejercicio de sus atribuciones constitucionales, de lo que se deduce la altísima trascendencia para la preservación de la paz pública que reviste cualquier juzgamiento que pueda emitirse en esta causa"*.

De allí que, en atención a lo dicho, esta Sala Constitucional asumió para sí el conocimiento pleno de tales controversias, con el fin último de resguardar *"los derechos políticos de los ciudadanos y ciudadanas, del interés público, la paz institucional y el orden público constitucional, así como por la trascendencia nacional e internacional de las resultas del proceso instaurado"*.

Ahora bien, en el proceso contencioso electoral, con arreglo a lo dispuesto en el artículo 185 de la Ley Orgánica del Tribunal Supremo de Justicia, corresponde al Juzgado de Sustanciación (de la Sala Electoral) el pronunciamiento en torno a la admisión de la demanda, en los casos en que no hayan sido planteadas pretensiones cautelares. Obviamente, tal diseño procesal, no se adecua a las especiales circunstancias presentes en este juicio, cuyo conocimiento fue avocado por esta Máxima Juzgadora como cuerpo colegiado, de manera que sólo a ella –y no al Juzgado de Sustanciación, integrado por su Presidenta y el Secretario de la Sala- corresponde el conocimiento del asunto, justamente por la altísima relevancia que reviste el caso y la tutela que debe brindarse a los valores superiores del ordenamiento jurídico que fueron enunciados *supra*.

De esta manera, la Sala pasará a pronunciarse en relación con la admisión de la presente demanda, a cuyo efecto observa:

Efectuado el análisis del escrito contentivo de la demanda contencioso electoral cuyo conocimiento esta Sala ha avocado, se observa que las delaciones en contra del proceso comicial celebrado el pasado 14 de abril, con el propósito de elegir al Presidente de la República Bolivariana de Venezuela para el período constitucional 2013-2019, fueron formuladas en tres categorías, que atienden al momento en que se produjeron: (*i*) previas a los comicios, (*ii*) durante la jornada electoral propiamente dicha y (*iii*) una vez concluida la participación de los electores en las urnas.

En la primera categoría, destacan las acusaciones dirigidas contra esta Sala Constitucional como integrante del Máximo Tribunal de la República, cuya actuación fue calificada sin soslayo como parcializada en favor de la candidatura del ciudadano Nicolás Maduro Moros. En este sentido, el escrito libelar pretendió delatar, desde el principio, que el ejercicio de la Vicepresidencia por parte de dicho ciudadano fue producto de una sesgada interpretación efectuada por esta Máxima Juzgadora a través de sus sentencias N^{ros} 02/2013 (caso: *Marelys D'Arpino*) y 141/2013 (caso: *Otoniel Pautt*).

Vale resaltar, en primer término, que esta Juzgadora, en su condición de máxima y última intérprete de la Constitución, en los términos que postulan sus artículos 334 y 335, así como en ejercicio legítimo de las atribuciones que a ella confiere el artículo 336 *eiusdem*, en concordancia con el artículo 25.17 de la Ley Orgánica del Tribunal Supremo de Justicia, con la autonomía plena que reconoce al Poder Judicial el artículo 254 del Texto Fundamental y consciente del elevadísimo rol que a ella corresponde como más alta garante del principio de supremacía constitucional; resolvió a través de los referidos fallos sendas demandas de interpretación constitucional con el propósito señalar –por la vía de tales sentencias mero declarativas- el camino constitucional a seguir para enfrentar una coyuntura que no encontraba amplia regulación constitucional.

De esta manera, fiel a su función tutora de la Carta Magna, como única hoja de ruta y expresión legítima del consenso esencial de sus ciudadanos, esta Sala actuó con el firme propósito de brindar una solución sustentada en la propia Constitución a la situación acaecida tras el fallecimiento del Presidente originalmente electo para el período 2013-2019, ciudadano Hugo Rafael Chávez Frías, vista la novedad del asunto en nuestra tradición republicana y, especialmente, de cara al nuevo ordenamiento establecido en la Constitución de la República Bolivariana de Venezuela.

Lo dicho, por tanto, contrasta gravemente con las fatuas acusaciones contenidas en el escrito libelar que, en toda su amplitud, no sólo dirigió sus cuestionamientos contra este órgano del Poder Judicial, sino contra otros órganos del Poder Público que, por añadidura, son naturalmente ajenos al debate electoral y a la diatriba política, como los que integran el Poder Ciudadano. En definitiva, para la representación actora, y esta viene a ser la piedra fundamental de sus argumentos, los diversos órganos que integran el Poder Público actuaron en colusión para favorecer y asegurar la candidatura de una opción política determinada.

Este llamamiento no puede ser tenido a la ligera, no sólo por cuanto revela un palmario desconocimiento en torno al papel que toca a esta Sala acometer como máxima garante de la Constitución y que fue explicado arriba, sino porque empaña el ejercicio de una garantía fundamental como el derecho de acceso a la justicia, pues bajo el manto de un reclamo plausible, se acude a la jurisdicción con el propósito velado de levantar sospechas sobre los mismos órganos a los que se pide su protección.

En este sentido, la Sala ha tenido oportunidad de pronunciarse en supuestos semejantes. Así, mediante sentencia N° 776/2001 (caso: *Rafael Montserrat)*, esta Máxima Juzgadora dispuso lo siguiente:

> *"El interés procesal varía de intensidad según lo que se persiga, y por ello no es el mismo el que se exige en quien incoa una acción popular por inconstitucionalidad, que el requerido en una acción por intereses difusos o para el cumplimiento de una obligación.*

> *Ahora bien, es un requisito de la acción, ligada a la necesidad de que exista un interés procesal en el accionante, que él pueda estar realmente afectado en su situación jurídica, razón por la cual acude a la justicia, y, además, que el demandado puede causar tal afectación. Es igualmente exigencia necesaria, que el actor persiga se declare un derecho a su favor (excepto en los procesos anticipatorios, como el retardo perjudicial por temor fundado a que desaparezcan las pruebas, donde el interés se ventilará en el proceso al cual se integren las actuaciones del retardo).*

> *Consecuencia de lo anterior, es que quien demanda (reconociendo la Sala que el escrito de demanda es una vía para ejercer el derecho de acción, pero que con ella no se confunde), utilizando el proceso para un fin diferente al que se administre justicia, carece de acción. Surge una apariencia de acción y de proceso, al poner en marcha la función jurisdiccional, pero ella (la acción) realmente no existe, ya que efectivamente no se está buscando la tutela judicial que debe brindar la actividad jurisdiccional, y que es el fin del proceso.*

> *[...]*

El artículo 341 del Código de Procedimiento Civil, señala a estas causas como de inadmisibilidad de la demanda (del escrito), pero en realidad sus supuestos se convierten en causas de inadmisibilidad de la acción, ya que no podrá administrarse justicia, y ello ocurre cuando:

a) Se incoa la acción para crear un proceso que viene a obrar como un instrumento para cometer un fraude, bien se trate de un fraude procesal para perjudicar a alguien específicamente dentro del proceso o con motivo de él, o bien se trate de un fraude a la ley. Se está en presencia de acciones incoadas para alterar el orden público constitucional, al desvirtuar los fines del proceso, tal como lo ha expresado esta Sala en fallos de 9 de marzo de 2000 y 4 de agosto de 2000 (Casos: Sonia Saje de Zavatti e Intana C.A., respectivamente).

b) Por otra parte, la Ley Orgánica de la Corte Suprema de Justicia, en el numeral 6 del artículo 84, contempla como causal para que no se admita ninguna demanda ni solicitud, el que ella contenga conceptos ofensivos e irrespetuosos. También se trata del rechazo del escrito, pero en el fondo, tal prohibición está ligada a la falta de interés procesal y a la protección de las buenas costumbres, ya que la acción no es un medio para injuriar, ofender o atacar a funcionarios o instituciones, su fin es que la jurisdicción actúe, se administre justicia y se resuelvan conflictos.

Si bien es cierto que el artículo 84 citado se refiere a la demanda (al escrito), también es un fraude a la ley que pesa sobre la acción, no expresa en la demanda, los conceptos ofensivos o irrespetuosos contra el Tribunal o la contraparte, y consignarlos públicamente en escritos de prensa o programas radiales o televisivos, o en documentos expuestos a la publicidad, como las actas procesales. Ello no es más que un proceder que contraría el numeral 6 del artículo 84 citado, y que no se puede amparar en la libertad de expresión, ya que ella no involucra la inobservancia de la ley, y menos, cuando sea utilizada para dejar sin efecto una prohibición legal, como la del citado artículo 84".

Asimismo, mediante sentencia N° 93/2003 (caso: *José Manuel Ballaben*), esta Sala señaló:

"[E]l accionante ha incurrido en el escrito libelar (ver -entre otros- folios 7, 17, 19, 20, 21, 22, 23, 24, 41, 44 y 52), en irrespeto a la majestad del Poder Judicial, al señalar -entre otras frases ofensivas- que los Magistrados que suscribieron el fallo accionado lo hicieron con '...premeditada parcialidad...' y que dicho fallo constituye una 'aberración jurídica'.

Al respecto, esta Sala estima conveniente ratificar, en esta oportunidad, lo sostenido en sentencia del 5 de junio de 2001, recaída en el caso Marielba Barboza, en la cual se señaló: '...que constituye un deber de todo abogado mantener frente a los órganos que conforman el Poder Judicial una actitud respetuosa, debiendo abstenerse de realizar cualquier acto o utilizar expresiones contrarias a la majestad de la justicia, conforme lo exige el artículo 47 del Código de Ética Profesional del Abogado, en concordancia con lo previsto en el artículo 17 del Código de Procedimiento Civil'.

Siendo que los conceptos emitidos por el accionante respecto a la decisión accionada, sobre el Magistrado ponente de la misma y de los Magistrados de la Sala que la suscribieron, son ofensivos e irrespetuosos, esta Sala tal y como lo ha decidido en otras oportunidades (v. sentencia N° 1815 del 5 de agosto de 2002, caso Rubén Darío Guerra), declara inadmisible la solicitud en cuestión conforme lo dispone el artículo 84.6 de la Ley Orgánica de la Corte Suprema de Justicia, aplicable al amparo de acuerdo a lo establecido en el artículo 48 de la Ley Orgánica de Amparo sobre Derechos y Garantías Constitucionales; acción de amparo que por demás resulta inadmisible a tenor de lo previsto en el artículo 6.6 de la Ley que rige la materia. Así se decide.

Debe advertir la Sala, en un sentido general, que si bien es cierto que el numeral 6 del citado artículo 84, como causal de inadmisión de demandas o solicitudes, reza: 'Si contiene conceptos ofensivos o irrespetuosos...', lo que concretiza la falta a los escritos de demanda o solicitudes, no es menos cierto que existe un fraude a la ley cuando la ofensa o el irrespeto no se efectúa en el escrito, pero si fuera de él, como ocurre en declaraciones públicas, motivo por el cual la Sala, considera que tales declaraciones anteriores, coetáneas o posteriores a la introducción del escrito hacen inadmisibles las mismas, y así se declara".

A mayor abundamiento, ratificando la doctrina recogida en los precedentes arriba citados, mediante fallo N° 1090/2003 (caso: *José Benigno Rojas*) esta Sala Constitucional advirtió:

"Existe una nueva tendencia entre los abogados que no resultan favorecidos en sus pretensiones y pedimentos, algunas de las cuales resumen ignorancia, en acudir a la prensa a expresar opiniones contra el Tribunal que no los satisfizo, usando un lenguaje irrespetuoso, lleno de denuestos. Normalmente tales descalificaciones no van acompañadas de razonamiento jurídico alguno, y se encuentran plagadas de lugares comunes, y con ello se pretende que sea el público en general, que no está formado por profesionales del derecho, con estudios universitarios en la materia, y que no conoce los autos, quienes se formen una opinión, que no pueden formarse por el desconocimiento de la materia. Por ello el artículo 9 del Código de Ética Profesional del Abogado Venezolano, exige que los comentarios de los abogados -que deben tener lugar una vez concluido el proceso- serán exclusivamente científicos y realizados en publicaciones profesionales.

La señalada actitud, contraria al artículo 9 del Código de Ética Profesional del Abogado Venezolano debe ser analizada por esta Sala, ya que, en la vigente Constitución (artículo 253) el abogado en ejercicio es parte del sistema de justicia y como tal, tiene el deber de lealtad no solo hacia su contraparte, sino ante las cabezas de dicho sistema, cuales son el Tribunal Supremo de Justicia y los demás tribunales que determine la ley. El deber de lealtad recogido en el artículo 17 del Código de Procedimiento Civil, se refleja en varias disposiciones, como la del artículo 84.6 de la Ley Orgánica de la Corte Suprema de Justicia, que permite desechar demandas o solicitudes que se intenten ante la Corte (hoy Tribunal Supremo) que contengan conceptos irrespetuosos u ofensivos, los cuales pueden ser contra las Salas del Tribunal o sus componentes. Esa inadmisión de escritos, la ha aplicado la Sala, a actuaciones de abogados, que si bien en sus escritos en autos no irrespetan ni ofenden, en declaraciones públicas sobre el caso lo hacen, y estas declaraciones las ha asimilado la Sala, a ofensas e irrespetos como si constaran en autos.

[...]

Los señalamientos públicos contra los tribunales, en procesos en cursos, donde se descalifica al tribunal o al juez, o se les trata de exponer al desprecio público, son interferencias 'de cualquier naturaleza u origen en el ejercicio de sus funciones' ante las cuales, conforme al artículo 5 de la Ley Orgánica del Poder Judicial, el Tribunal Supremo debe dictar las medidas necesarias para hacer cesar inmediatamente la interferencia, en protección de los jueces. Si ello puede hacerlo en beneficio de los jueces, con mucha mayor razón podrán hacerlo sus Salas en beneficio propio".

En el caso de autos, no sólo la representación actora incurrió en la mencionada falta a la majestad del Poder Judicial al que, paradójicamente, acudió en su defensa, sino que en diversas oportunidades y a través de distintos medios ha acusado expresa y radicalmente a la judicatura y, en particular, a esta Sala Constitucional, como un órgano completamente parcializado y llegó incluso a afirmar que este Máximo Juzgado obedecía la línea del partido de gobierno.

Como antes se indicara, afirmaciones de tal suerte, fundadas en el cuestionamiento del ejercicio de las potestades que a esta Sala corresponden por mandato constitucional y legal, no sólo deben ser desechadas en tanto desconocen la función garantista que a ella fue encomendada, sino porque –con su afrenta- trivializa el debate democrático que canalizan las instituciones que integran el Poder Público, buscando minar su credibilidad ante los ciudadanos.

Resulta, cuando menos, desajustado al propósito de tutelar una situación jurídica constitucional y legalmente establecida acudir ante un órgano jurisdiccional para señalar, como premisa, que no se confía en los mecanismos establecidos y con el fin de minar y comprometer el actuar de la Magistratura, se señale públicamente a sus integrantes de incumplir con su mandato constitucional, buscando comprometer su autonomía e imparcialidad gracias a la mediatización de un conflicto.

En estas circunstancias, el acceso a la jurisdicción obra como un mecanismo velado para interferir en el ejercicio de la Administración de Justicia; de manera que –como recoge la doctrina citada supra- el interés procesal que, en la mayoría de los casos, se presumiría legítimo, se ve trastocado y deviene en ausencia absoluta de acción: no se acude a los tribunales con el ánimo de resolver una disputa, sino para acusar al árbitro por no someterse a sus designios y voluntades.

En razón de lo anterior, de conformidad con lo dispuesto en el artículo 133.5 de la Ley Orgánica del Tribunal Supremo de Justicia, la demanda contencioso electoral objeto de estos autos debe ser declarada inadmisible, por contener conceptos ofensivos e irrespetuosos en contra de esta Sala y otros órganos del Poder Público. Por este mismo motivo, de conformidad con lo dispuesto en el artículo 121 *eiusdem*, la Sala impone al ciudadano Henrique Capriles Radonsky, titular de la cédula de identidad N° 9.971.631, multa por la cantidad de cien (100 U.T.) unidades tributarias, equivalentes a diez mil setecientos bolívares (Bs. 10.700,00) correspondientes al límite máximo establecido en el referido artículo de la Ley Orgánica del Tribunal Supremo de Justicia, por cuanto la Sala estima de la mayor gravedad los pronunciamientos ofensivos contenidos en el escrito libelar. Así se decide.

La multa impuesta será pagada a favor de Tesorería Nacional, en cualquier institución financiera receptora de fondos públicos. En tal sentido, la parte sancionada deberá acreditar el pago mediante la consignación en autos del comprobante correspondiente, dentro de los cinco (5) días siguientes a su notificación, en cuyo contenido deberá señalarse que la sanción impuesta podrá ser reclamada por escrito ante esta Sala, dentro de los tres (3) días siguientes, a tenor de lo previsto en el artículo 125 de la Ley Orgánica del Tribunal Supremo de Justicia.

En el mismo orden de ideas, tomando en cuenta la gravedad de los conceptos ofensivos e irrespetuosos esgrimidos por el accionante en contra de esta Sala y otros órganos del Poder Público, conviene destacar que esta juzgadora, mediante fallo N° 1942 del 15 de julio de 2003, estableció que el término ofender implica humillar o herir el amor propio o la dignidad de alguien; mientras que irrespetar es no tener consideración o deferencia con alguien que por su condición merece acatamiento, veneración u otros sentimientos similares. Por otra parte, en ese mismo fallo se estableció, respecto del sentido y alcance del vilipendio político, que denigrar públicamente a las instituciones del Estado puede tener como fin el debilitamiento y desprestigio de éstas, para así lograr un desacato colectivo a lo que ellas -conforme a la ley- deban obrar o cumplir.

Con base en ello, y en vista de la gravedad de las ofensas y términos irrespetuosos que el demandante vertió en su escrito, esta Sala Constitucional estima necesario remitir al Ministerio Público, como titular de la acción penal, copia certificada del presente fallo y del escrito presentado por la parte actora, con el objeto de que realice un análisis detallado de dichos documentos e inicie las investigaciones que estime necesarias a fin de determinar la responsabilidad penal a que haya lugar. Así se decide.

No obstante el anterior pronunciamiento, suficiente para rechazar la admisibilidad de la demanda objeto de estos autos, esta Sala estima preciso señalar otras falencias del escrito que impiden que la causa sea abierta a trámite, de conformidad con lo previsto en los artículos 180 y 181 de la Ley Orgánica del Tribunal Supremo de Justicia, en concordancia con lo previsto en el artículo 215 de la Ley Orgánica de Procesos Electorales.

En este sentido, el señalado artículo 180 del texto orgánico que regula las funciones de este Máximo Juzgado, exige que la demanda contencioso electoral contenga "una narración circunstanciada de los hechos que dieron lugar a la infracción que se alegue y de los vicios en los que haya incurrido el supuesto o supuesta agraviante".

Por su parte, con arreglo al mencionado artículo 181 *eiusdem*, la falta de señalamiento de los vicios electorales recogidos en los artículos 215 al 220 de la Ley Orgánica de Procesos Electorales, o la vaguedad de los mismos, ha sido sancionada con la inadmisión de la demanda contencioso electoral por la doctrina emanada de la Sala Electoral de este Máximo Juzgado (véanse fallos Nros. 12/2010, caso: *Alfredo Borges* y 114/2010, caso: *Román Ibarra*; así como las decisiones Nros. 865/2012, caso: *Rafael Montero y otros* y 933/2012, caso: *Rosario del Valle Heredia*, emitidas por el Juzgado de Sustanciación de dicha Sala).

Estas exigencias guardan una relación de proporcionalidad con la necesidad de preservar la voluntad del pueblo expresada en comicios libres, conjugada con la necesidad de brindar garantías institucionales de paz, estabilidad y seguridad, al evitar el trivial cuestionamiento de la función pública ejercida por un representante elegido por el pueblo (*vid.* sentencias Nros. 812/2003, caso: *Carlos Ramón Brett*; 2444/2004, caso: *Tulio Rafael Gudiño* y las aclaratorias de este fallo 174/2005 y 1056/2005; así como lo dispuesto en sentencias Nros 1680/ 2007, caso: *Pedro Santaella* y 06/2010, caso: *Jorge Barboza*).

En este sentido, conviene recordar que la representación actora genéricamente argumentó que antes, durante y después de la jornada electoral llevada cabo el 14 de abril del presente año, se produjeron irregularidades que condicionaron la libertad de los electores. En lo que atañe al primer grupo de denuncias, en la fase pre-comicial, la parte actora se limitó a narrar supuestos abusos cometidos por los órganos del Poder Público, pero en modo alguno señala con certeza el impacto que lo que ella caracteriza como mera "corrupción electoral" afectó la voluntad del electorado manifestada el día de los comicios, o llanamente acusa la colusión de los órganos del Poder Público para favorecer la candidatura del ciudadano Nicolás Maduro Moros en supuesto perjuicio del actor, especialmente de esta Máxima Juzgadora Constitucional, cuando —como se dijo supra- ésta actuó de conformidad con las atribuciones que la propia Carta Magna le encomienda y en total consonancia con los precedentes jurisprudenciales que ha instituido.

En lo que toca al cuestionamiento de la postulación efectuada por la agrupación política "Podemos" a favor del candidato Nicolás Maduro Moros, sin entrar a analizar el mérito del asunto, bastaría argumentar que —en una elección unipersonal como la celebrada- los supuestos vicios formales mal podrían conducir a la anulación arbitraria de los votos obtenidos por el representante electo. Hay, ciertamente, un respaldo implícito a la organización política postulante, pero la inmediata voluntad del elector de escoger un determinado candidato no puede ser puesta en duda por esa sola circunstancia y, en esa medida, tampoco puede determinarse razonablemente que haya sido puesta en vilo la libertad que asiste a los integrantes del pueblo que votaron por esa opción.

En cuanto atañe a las denuncias relativas al día de los comicios, el demandante apuntó que el Comando de Campaña a su servicio recibió más de cinco mil denuncias en esa oportunidad, sin relatar con amplitud suficiente en qué consistieron las irregularidades y su concatenación con los vicios electorales contenidos en los artículos 215 del 220 de la Ley Orgánica de Procesos Electorales. Y, finalmente, en lo que respecta a las supuestas irregularidades cometidas con posterioridad a las elecciones, cabe argumentar que bajo ningún supuesto lógico los actos señalados laxamente como constitutivos de 'fraude, cohecho, soborno o violencia pudieron haber comprometido la voluntad del elector, pues ésta ya se había consumado. Bajo las premisas anteriores, resulta que la demanda objeto de estos autos es también inadmisible, de conformidad con lo establecido en el artículo 181 de la Ley Orgánica del Tribunal Supremo de Justicia, por no haber satisfecho las exigencias contenidas en el artículo 180 *eiusdem*.

Finalmente, en lo que atañe a las solicitudes de intervención presentadas por diversos ciudadanos con el fin de coadyuvar en la pretensión actora, debe precisarse que tal participación en el proceso sólo resulta posible una vez que haya sido formalmente instaurada la relación jurídico-procesal, la cual tiene lugar una vez que ha sido admitida una determinada controversia (véase N 1090/2003, caso: *José Benigno Rojas*). En el caso de autos, como quiera que el presente fallo declaró la inadmisibilidad de la pretensión que dio lugar a estas actuaciones, la participación de quienes acudieron a este proceso con el propósito de actuar como terceros también deviene inadmisible. Así se decide.

TSJ-SC (1116)   **7-8-2013**

Ponencia Conjunta

Caso: Gilberto Rúa vs. a) las "Elecciones 7 de Octubre de 2012"; b) el "acto Proclamación Presidente Ejecutivo de la República Sr Nicolás Maduro Moros en fecha 14 de Abril 2013"; y c) las "Elecciones 14 de Abril 2013"

El artículo 180 de la Ley Orgánica del Tribunal Supremo de Justicia establece como requisito de admisibilidad la indicación de los vicios del cual adolece el acto recurrido, ello con la finalidad de ayudar al Juzgador a apreciar mediante elementos objetivos la admisibilidad o no de las demandas que conozca, quedando claro que las demandas presentadas sin tal indicación deben ser declarados inadmisibles, por resultar en definitiva genéricas.

Avocada la presente causa mediante decisión N° 795 de 20 de junio de 2013, "...en tutela de los derechos políticos de los ciudadanos y ciudadanas, del interés público, la paz institucional y el orden público constitucional, así como por la trascendencia nacional e internacional de las resultas del proceso instaurado, en consonancia con lo dispuesto en los artículos 25.16, 31.1, 106 y 107 de la Ley Orgánica del Tribunal Supremo de Justicia..."; esta Sala Constitucional, constatado que efectivamente pudiera estar involucrado el orden público constitucional, con base en lo dispuesto en el artículo 106 de la Ley Orgánica del Tribunal Supremo de Justicia, asume el conocimiento del asunto y, a tal efecto, procede a pronunciarse acerca de la admisibilidad de la demanda interpuesta. En tal sentido, observa lo siguiente:

El demandante impugna tres actos electorales. En primer lugar, pretende la nulidad de las elecciones del 7 de octubre de 2012 alegando, principalmente, que el proceso electoral para el cargo de Presidente o Presidenta de la República se inicia con la convocatoria y culmina con la juramentación del proclamado como ganador ante la Asamblea Nacional o, en su defecto, ante el Tribunal Supremo de Justicia; y que ante la muerte del Presidente/candidato proclamado ganador sin que prestara juramento ello determinaría la nulidad de la elección.

La demanda en este inciso es bastante errática; pivota entre la inconformidad con el contenido decisorio de la sentencia de esta Sala Constitucional N° 2 de 9 de enero de 2013 y la mención de la acción de amparo que interpuso vía fax contra el Consejo Nacional Electoral; y de la revisión constitucional que solicitó de la aludida decisión. De tal suerte que la Sala no cuenta con suficientes argumentos jurídicos de la parte demandante para dar trámite a su pretensión, además, tomando en cuenta el acto electoral que se impugna, la demanda ejercida en contra de aquel está caduca.

En efecto, el artículo 213 de la Ley Orgánica de Procesos Electorales dispone que el plazo máximo para la interposición de la demanda contencioso electoral es de quince (15) días hábiles contados a partir de la realización del acto. En igual sentido se refiere el artículo 183 de la Ley Orgánica del Tribunal Supremo de Justicia, que dispone que el plazo máximo para la interposición de la demanda contencioso electoral es de quince (15) días hábiles contados a partir de "que se produzca la publicidad del acto, si se trata de actos expresos...", con la precisión de que la jurisprudencia de esta Sala Constitucional, en sentencia N° 554 de 28 de marzo de 2007, estableció que el lapso de quince (15) días debe ser computado por días de despacho, lo cual, desde el 7 de octubre de 2012 hasta el momento de la interposición de la demanda (29 de abril de 2013) ha transcurrido con creces.

En cuanto a la demanda de nulidad tanto de la proclamación del ciudadano Nicolás Maduro Moros como Presidente de la República electo para el período 2013-2016; como de las elecciones del 14 de abril de 2013, en las cuales resultó ganador, cabe referir que para el demandante "el ciudadano Nicolás Maduro Moros, aún siendo Vicepresidente "provisorio" se autoproclamó Presidente encargado de la República, abandonando así el cargo de Vicepresidente, circunstancia que le impedía ser proclamado por el Consejo Nacional Electoral como ganador del evento comicial pues resultaría inelegible".

En ese sentido, se debe señalar que la Ley Orgánica de Procesos Electorales en su artículo 213 y la Ley Orgánica del Tribunal Supremo de Justicia en sus artículos 179, 180, 181 y 183 contienen las causales de inadmisibilidad que deben ser analizadas al momento de emitir pronunciamiento sobre la admisibilidad de la demanda contencioso electoral. Es así como, en los artículos 180 y 181 de la Ley Orgánica del Tribunal Supremo de Justicia, se establece:

Artículo 180.- En el escrito correspondiente se indicará con precisión la identificación de las partes y contendrá una narración circunstanciada de los hechos que dieron lugar a la infracción que se alegue **y de los vicios en los que haya incurrido** el supuesto o supuesta agraviante (resaltado añadido).

Artículo 181.- El incumplimiento de los extremos antes señalados provocará la inadmisión de la demanda, salvo que se trate de omisiones no sustanciales que no impidan la comprensión de las pretensiones interpuestas.

Siendo ello así, se advierte que el citado artículo 180 de la Ley Orgánica del Tribunal Supremo de Justicia establece como requisito de admisibilidad la indicación de los vicios del cual adolece el acto recurrido, ello con la finalidad de ayudar al Juzgador a apreciar mediante elementos objetivos la admisibilidad o no de las demandas que conozca, quedando claro que las demandas presentadas sin tal indicación deben ser declarados inadmisibles, por resultar en definitiva genéricas. En efecto, en este caso lo que se expone como sustento de la demanda es supuestamente la "autoproclamación" del Vicepresidente de la República como Presidente encargado, sin que se señale los vicios concretos contra el acto de proclamación y el evento electoral del 14 de abril de 2013.

De manera que se ha omitido un requisito esencial para la tramitación de la demanda, lo cual acarrea su inadmisibilidad de conformidad con lo dispuesto en los artículos 180 y 181 de la Ley Orgánica del Tribunal Supremo de Justicia, requisito que, tal como lo ha señalado la jurisprudencia de la Sala Electoral, tiende además a garantizar a la contraparte la defensa de la legalidad de las actuaciones atacadas, toda vez que una demanda interpuesta en términos genéricos, como ocurre en este caso, imposibilita precisar la materia controvertida en el proceso, y con ello el ejercicio de una plena defensa.

En todo caso, y sólo para mayor abundamiento, se debe resaltar que los argumentos que sustentan la pretensión de nulidad desconocen el contenido de la sentencia de esta Sala Constitucional signada con el N° 141 de 8 de marzo de 2013, en la cual se dirimió cuál era el régimen constitucional de la transición presidencial con ocasión de la muerte del Presidente Hugo Rafael Chávez Frías, especificando, lo siguiente:

a)   Ocurrido el supuesto de hecho de la muerte del Presidente de la República en funciones, el Vicepresidente Ejecutivo deviene Presidente Encargado y cesa en el ejercicio de su cargo anterior. En su condición de Presidente Encargado, ejerce todas las atribuciones constitucionales y legales como Jefe del Estado, Jefe de Gobierno y Comandante en Jefe de la Fuerza Armada Nacional Bolivariana;

b)   Verificada la falta absoluta indicada debe convocarse a una elección universal, directa y secreta;

c)   El órgano electoral competente, siempre que se cumpla con los requisitos establecidos en la normativa electoral, puede admitir la postulación del Presidente Encargado para participar en el proceso para elegir al Presidente de la República por no estar comprendido en los supuestos de incompatibilidad previstos en el artículo 229 constitucional;

d)   Durante el proceso electoral para la elección del Presidente de la República, el Presidente Encargado no está obligado a separarse del cargo.

Por las razones expuestas, esta Sala Constitucional declara la caducidad de la demanda contencioso electoral ejercida en contra de las elecciones de 7 de octubre de 2012 e inadmisible las demandas contencioso electoral ejercidas en contra la proclamación del ciudadano Nicolás Maduro Moros como Presidente de la República electo para el período 2013-2016; así como inadmisible la demanda contencioso electoral contra las elecciones del 14 de abril de 2013, en las cuales resultó ganador. Así se decide.

Vista la declaratoria anterior resulta inoficioso pronunciarse acerca de la medida cautelar y del amparo cautelar solicitado. Así se decide.

Finalmente, visto que el abogado Gilberto Rúa, en su demanda contencioso electoral, afirmó que el amparo constitucional que interpuso, vía fax, el 6 de marzo de 2013 en contra del Consejo Nacional Electoral, signado con el N° 2013-0197 "…fue aguantado por la sala (sic) constitucional (sic)…", esta Sala Constitucional califica como irrespetuosa dicha expresión, pues sugiere que los criterios decisorios y la gerencia judicial de este órgano jurisdiccional no obedecen a parámetros objetivos, y le impone al abogado Gilberto Rua, titular de la cédula de identidad N° 24.796.710, e inscrito en el Inpreabogado bajo el N° 120.862, con domicilio procesal en: calle Independencia, Local N° 65, Ciudad Bolívar, Estado Bolívar, multa por veinte (20) unidades tributarias tomando en cuenta el tenor del agravio cometido, todo ello de conformidad con lo dispuesto en el artículo 121 de la Ley Orgánica del Tribunal Supremo de Justicia.

El abogado sancionado pagará la multa ante cualquier entidad bancaria receptora de fondos públicos nacionales dentro de los treinta (30) días continuos siguientes a la notificación de la presente decisión o de la decisión que resuelva el reclamo a que alude el artículo 125 de la Ley Orgánica que rige a este Alto Tribunal. A todo evento, la constancia de haberse efectuado el pago deberá consignarse a los autos dentro de los cinco (5) días hábiles siguientes al vencimiento del plazo para el pago.

TSJ-SC (1117)   **7-8-2013**

Ponencia Conjunta

Caso: Henrique Capriles Radonski vs. Consejo Nacional Electoral

La Sala Constitucional señala que pretensiones formuladas son contradictorias, pues constituye un absurdo pretender a través del recurso por abstención, una respuesta; y por medio del mismo recurso, indicar el desacuerdo con los términos de la respuesta recibida; pretensiones evidentemente excluyentes

Pasa esta Sala a pronunciarse sobre el recurso ejercido, para lo cual se observa lo siguiente:

En el proceso contencioso electoral, con arreglo a lo dispuesto en el artículo 185 de la Ley Orgánica del Tribunal Supremo de Justicia, corresponde al Juzgado de Sustanciación (de la Sala Electoral) el pronunciamiento en torno a la admisión de la demanda, en los casos en que no hayan sido planteadas pretensiones cautelares.

Obviamente, tal diseño procesal, no se adecua a las especiales circunstancias presentes en este juicio, cuyo conocimiento fue avocado por esta Máxima Juzgadora como cuerpo colegiado, de manera que sólo a ella –y no al Juzgado de Sustanciación, integrado por su Presidenta y el Secretario de la Sala- corresponde el conocimiento del asunto, justamente por la altísima relevancia que reviste el caso y la tutela que debe brindarse a los valores superiores del ordenamiento jurídico que fueron anunciados *supra*.

De esta manera, la Sala pasará a pronunciarse en relación con la admisión del presente recurso, y al efecto, se observa:

La Ley Orgánica de los Procesos Electorales regula en su artículo 213, lo relativo al lapso de interposición del recurso contencioso electoral, estableciendo un lapso de quince días hábiles, contados a partir de la realización del acto electoral; siendo en el caso de autos, lo planteado es la supuesta omisión de pronunciamiento del Consejo Nacional Electoral, respecto a solicitudes formuladas los días 17 y 22 de abril de 2013, en razón de lo cual, atendiendo a lo dispuesto en el artículo 183 de la Ley Orgánica del Tribunal Supremo de Justicia.

Se observa que el recurso fue presentado el día 10 de junio de 2013, esto es, en el último de los quince días hábiles para su interposición, por lo cual se hizo en forma tempestiva. Así se decide.

Ahora bien, establece el artículo 214 de la Ley Orgánica de los Procesos Electorales que los recursos contencioso electorales se regirán por la Ley Orgánica del Tribunal Supremo de Justicia en todo lo no previsto en dicha Ley, en razón de lo cual, se pasa a examinar la admisibilidad del recurso a la luz de lo dispuesto en el artículo 133 de la Ley que rige las funciones de este Alto Tribunal, que dispone lo siguiente:

Artículo 133: Se declarará la inadmisión de la demanda:

1. Cuando se acumulen demandas o recursos que se excluyan mutuamente o cuyos procedimientos sean incompatibles.

2. Cuando no se acompañen los documentos indispensables para verificar si la demandada es admisible.

3. Cuando sea manifiesta la falta de legitimidad o representación que se atribuya el o la demandante, o de quien actúe en su nombre respectivamente.

4. Cuando haya cosa juzgada o litispendencia.

5. Cuando contenga conceptos ofensivos o irrespetuosos.

6. Cuando haya falta de legitimación pasiva.

Atendiendo a dicha norma, y luego de revisado el escrito contentivo del recurso, así como los recaudos que conforman el expediente, se observa que la parte recurrente ha alegado por un lado la omisión de pronunciamiento respecto a las peticiones formuladas los días 17 y 22 de abril de 2013, para lo cual ha solicitado como petitorio que se declare con lugar el recurso, y que se ordene *"...al CNE a pronunciarse sobre todas y cada una de las solicitudes contenidas en las peticiones planteadas por mi representado ante ese órgano electoral los días 17 y 22 de abril de 2013 en un plazo perentorio fijado por esa Sala Electoral..."*; y por otro lado, ha sostenido el apoderado actor que su representado *" aceptó públicamente el proceso de auditoría indicado por la Rectora Lucena en la referida alocución, bajo el entendido de que la referida auditoría se correspondería en su alcance con lo solicitado por escrito por ...su... representado..."*, para lo cual se observa que en el petitorio se ha requerido que *"...asimismo se **ORDENE al CNE acordar dichas peticiones en los términos planteados por el solicitante"**. (negrillas de este fallo)

Teniendo en consideración lo planteado en el recurso por abstención, y verificado como ha sido en las actas que conforman el presente expediente que el Consejo Nacional Electoral dio respuesta a las solicitudes formuladas por el recurrente, y de ello lo notificó, como consta de los documentos que conforman el expediente administrativo anexo al presente expediente, entre los que destaca la Resolución N° 130422-0102 de fecha 22 de abril de 2013, publicada en la *Gaceta Electoral de la República Bolivariana de Venezuela* N° 19 Extraordinario de fecha 29 de abril de 2013, reimpresa por error material en la Gaceta Electoral de la República Bolivariana de Venezuela N° 671 del 16 de mayo de 2013, en la que se lee con precisión desde su inicio que la misma responde a la solicitud formulada por el ciudadano Henrique Capriles Radonsky en fecha 17 de abril de 2013, y contiene un capítulo denominado "PLANTEAMIENTO DEL SOLICITANTE", y en su "MOTIVACIÓN" refiere que fue analizado el escrito presentado por el prenombrado ciudadano, y una lectura detenida del mismo, permite verificar que se desestimaron algunas de sus pretensiones como la contenida en el número 12 de su escrito, es por lo que esta Sala verifica que el presente recurso está incurso en la causal de inadmisibilidad prevista en el numeral 1 del artículo 133 antes transcrito, porque se han acumulado pretensiones que se excluyen, ya que bajo el esquema de un omisión de pronunciamiento, el apoderado judicial del ciudadano Henrique Capriles Radonsky ha planteado la disconformidad de éste con la respuesta formal y motivada emanada del Consejo Nacional Electoral, al pedir que se ordene a éste acordar las peticiones en los términos planteados por dicho ciudadano.

Ante la acumulación de petitorios de esta índole, concluye la Sala sin lugar a dudas que las pretensiones formuladas son contradictorias, pues constituye un absurdo pretender a través del recurso por abstención, una respuesta; y por medio del mismo recurso, indicar el desacuerdo con los términos de la respuesta recibida; pretensiones evidentemente excluyentes, por lo que conforme al marco normativo señalado es procedente declarar inadmisible el recurso contencioso electoral ejercido. Así se declara.

TSJ-SC (1118)   **7-8-2013**

Ponencia Conjunta

Caso: Transparencia Venezuela vs. Consejo Nacional Electoral

Se declara inadmisible el recurso contencioso electoral interpuesto al ser manifiesta la falta de representación que se atribuye la parte recurrente.

En virtud del avocamiento acordado por esta Sala, mediante sentencia N° 795 del 21 de junio de 2013, sobre aquellas causas relativas a las acciones relacionadas con el proceso electoral celebrado el 14 de abril de 2013 para la elección del cargo de Presidente de la República y dado que en el caso de autos se ejerció una acción contra la negativa tácita del Consejo Nacional Electoral, al no resolver un recurso jerárquico intentado contra el silencio de la Comisión de Participación y Financiamiento del Poder Electoral, que no resolvió la denuncia hecha por la parte actora, relativa a presuntas irregularidades en el proceso de campaña del ya mencionado proceso electoral, corresponde a esta Sala, en virtud de la potestad prevista en el artículo 25.16 de la Ley Orgánica del Tribunal Supremo de Justicia, conocer del presente recurso contencioso electoral. Así se declara.

En primer lugar, debe analizar esta Sala que se encuentren presentes los requisitos de admisibilidad del recurso, sobre lo cual observa lo siguiente:

El escrito contentivo de la presente acción fue interpuesto por los abogados Gregorio Ernesto Ricra Brito y Oswaldo Rafael Cali Hernández, ya identificados, actuando de conformidad con el poder, cuya copia simple corre inserta al folio cincuenta (50) del expediente, otorgado por la ciudadana María de las Mercedes de Feritas Sánchez, ya identificada, en su carácter de Directora Ejecutiva de la asociación civil Transparencia Venezuela, para que representen los derechos e intereses de la asociación, judicial o extrajudicialmente, en todos los juicios y procedimientos que cursen o cursaren a favor o en contra de la organización, ante los órganos jurisdiccionales o administrativos, en todas las instancias de la República Bolivariana de Venezuela.

Así las cosas, en primer término, observa esta Sala que los profesionales que interpusieron la acción que da origen al presente proceso, lo hicieron en representación de la asociación civil Transparencia Venezuela y no a título personal ni en representación de ninguna persona natural, por lo que resulta menester determinar si la persona que dice actuar como Directora Ejecutiva de dicha persona jurídica estaba facultada para otorgar el referido poder, en nombre de la asociación civil.

En este sentido, corre inserta en autos -folios once (11) a cuarenta y siete (47)- copia fotostática simple de los estatutos sociales de la asociación civil Transparencia Venezuela, cuya última modificación quedó registrada el 7 de mayo de 2013 en el Registro Público del Municipio Chacao del Estado Bolivariano de Miranda, bajo el N° 48, Tomo 14, en los cuales se identifica a la ciudadana María de las Mercedes de Freitas como Directora ejecutiva de la mencionada asociación civil y el artículo vigésimo segundo de dicho documento establece las atribuciones de tal cargo, estableciendo al respecto: *"a. La vocería, representación legal y gestión diaria de los asuntos de 'La Asociación' serán ejercidas por el Director Ejecutivo o por dos Directores actuando conjuntamente."*

No obstante, el artículo vigésimo del mismo documento, establece que la dirección y administración de *"La Asociación"* estará a cargo de un Consejo Directivo integrado por nueve (9) Directores, estableciendo que *"El Consejo Directivo tiene las más amplias facultades de representación, administración y disposición con respecto a todos los asuntos, operaciones y actividades de 'La Asociación'"* y especialmente: *"9. Nombrar apoderados judiciales o extrajudiciales, especiales o generales con las facultades que en cada caso determine, incluyendo si así decidiere, conferir poderes para intentar y contestar toda clase de recursos y demandas, reconvenciones y excepciones; convenir en demandas, desistir, transigir, darse por citados; comprometer en árbitros arbitradores o de derecho; solicitar la decisión según equidad; hacer posturas en remates judiciales; recibir cantidades de dinero y otorgar los recibos y finiquitos correspondientes; disponer de derechos en litigio; absolver posiciones juradas; ejercer toda clase de recursos, ordinarios o extraordinarios, inclusive el de casación; solicitar la prórroga del término o lapso de duración de los procesos de arbitraje; y solicitar la decisión de fondo de la causa con arreglo a la equidad, entre otras facultades."*

Así las cosas, observa esta Sala que el ejercicio de una acción judicial sobrepasa la gestión diaria de una persona jurídica y en el presente caso los estatutos sociales, que establecen la forma en que cualquier persona jurídica manifiesta su voluntad propia e independiente de la de sus miembros, disponen claramente que la facultad de nombrar apoderados corresponde al Consejo Directivo de la Asociación Civil y no a su Director Ejecutivo, razón por la cual los abogados que interpusieron la acción correspondiente a esta causa no ostentan la representación que dicen tener, toda vez que quien otorgó el poder mediante el cual actuaron, no tiene entre sus facultades hacerlo.

En virtud de lo anterior, al ser manifiesta la falta de representación que se atribuye la parte recurrente, debe esta Sala declarar inadmisible el presente recurso contencioso electoral, de conformidad con lo previsto en el artículo 133.3 de la Ley Orgánica del Tribunal Supremo de Justicia. Así se decide.

TSJ-SC (1119)   **7-8-2013**

Ponencia Conjunta

Caso: Antonio José Varela vs. Aceptación por parte del Consejo Nacional Electoral de las postulaciones de candidatos a los cargos de elección popular correspondiente a las elecciones presidenciales del 14 de abril de 2013.

La Sala reitera que los recursos presentados en forma genérica deben ser declarados inadmisibles.

Esta Sala Constitucional recibió originariamente la demanda que motiva la presente decisión, tal como se reseñó en el acápite contentivo de los antecedentes.

Motivado a tal demanda, el 30 de mayo de 2013, la Sala Constitucional dictó la sentencia n° 682 de la misma fecha, mediante la cual se declaró incompetente para conocer del recurso interpuesto por el ciudadano Antonio José Varela, contra *"la aceptación por parte del Consejo Nacional Electoral de las postulaciones de candidatos a los cargos de elección popular correspondiente a las ELECCIONES PRESIDENCIALES DEL 14 DE ABRIL DE 2013, en violación directa de los requisitos establecidos en los artículos 67, 293.6 y 293.8 de la Constitución de la República Bolivariana de Venezuela"*, así como declinó la competencia para conocer de dicho recurso en la Sala Electoral de este Tribunal Supremo de Justicia, fundamentando dicho enunciado dispositivo en los siguientes términos:

"...El caso de autos versa sobre un recurso de nulidad –aun cuando el demandante lo calificó como 'Acción Popular de Inconstitucionalidad'- interpuesto contra el acto de admisión de postulaciones para elegir cargos de elección popular para las elecciones presidenciales del 14 de abril de 2013, emanado del Consejo Nacional Electoral.

Al respecto, esta Sala observa que el artículo 214 de la Ley Orgánica de Procesos Electorales remite, en cuanto al recurso contencioso electoral, a las disposiciones de la Ley Orgánica del Tribunal Supremo de Justicia, en los siguientes términos:

'*Artículo 214. El Recurso Contencioso Electoral se regirá por las disposiciones de la Ley Orgánica del Tribunal Supremo de Justicia en todo lo no previsto por esta Ley'.*

Por su parte el cardinal 1 del artículo 27 de la Ley Orgánica del Tribunal Supremo de Justicia, atribuye a la Sala Electoral la competencia para conocer del recurso contencioso electoral, de la siguiente manera:

'*Artículo 27: Son competencias de la Sala Electoral del Tribunal Supremo de Justicia:*

1.- Conocer las demandas contencioso electorales que se interpongan contra los actos, actuaciones y omisiones de los órganos del Poder Electoral, tanto los que estén directamente vinculados con los procesos comiciales, como aquellos que estén relacionados con su organización, administración y funcionamiento'.

En este sentido, cabe señalar que la Sala Electoral del Tribunal Supremo de Justicia, en sentencia N° 77 del 27 de mayo de 2004, estableció su competencia en materia de impugnación de actos, actuaciones o hechos relacionados con procesos comiciales llevados a cabo en cualesquiera de las organizaciones de la sociedad civil, dentro de las cuales se inscribe el caso sub júdice, donde se cuestiona el acto de postulación al cargo.

Así, la Sala Electoral ha sostenido que la impugnación del proceso electoral puede recaer sobre cualquiera de sus fases y es posible que se realice durante el desarrollo del proceso, lo cual permite su depuración a medida que van avanzando sus distintas etapas; así por ejemplo, de conformidad con el artículo 37 de la Ley Orgánica de Procesos Electorales, es susceptible de impugnación el Registro Electoral Preliminar y de conformidad con el artículo 65 eiusdem, es factible recurrir contra las resoluciones que admitan, rechacen o tengan como no presentada una postulación; pero también puede producirse la impugnación una vez que la elección ya ha finalizado, caso en el cual el cuestionamiento, en principio, puede estar referido a cualquiera de las fases del proceso. Se trata de dos posibilidades que no son excluyentes, tal como se desprende de lo expresado por la Sala Electoral en la sentencia número 114 del 2 de octubre de 2000:

'*En relación con esta solicitud del recurrente la Sala reitera que las elecciones constituyen un procedimiento administrativo complejo, integrado por fases, la mayoría de ellas preclusivas, que se inicia con la de convocatoria y termina con la de proclamación de los candidatos vencedores. En virtud de esa complejidad es posible impugnar en sede administrativa y jurisdiccional, de ser el caso, determinados actos emanados de la Administración Electoral aun antes de que ésta emane el proveimiento definitivo (proclamación), como ocurre con la admisión o el rechazo de un candidato postulado, y el rechazo o la inscripción de una persona en el Registro Electoral, pero lo natural es que el proceso electoral únicamente pueda ser impugnado, al igual que ocurre con el resto de los procedimientos administrativos, cuando el órgano competente emana el acto de proclamación, pudiendo recaer dicha impugnación, conforme a la regulación contenida en la Ley Orgánica del Sufragio y Participación Política, en fases específicas de dicho procedimiento, votación, escrutinio y totalización'. (Resaltado del presente fallo)*

En el caso que nos ocupa, observa la Sala que el objeto del recurso de nulidad –aun cuando el demandante lo calificó como "Acción Popular de Inconstitucionalidad"- lo constituye el acto de admisión de postulaciones al cargo de elección popular para las elecciones presidenciales del 14 de abril de 2013, emanado del Consejo Nacional Electoral, motivo por el cual esta Sala, de conformidad con lo expuesto precedentemente, considera que por tratarse de un acto de naturaleza electoral la competente para conocer del recurso de nulidad interpuesto es la Sala Electoral de este alto Tribunal, a quien se ordena remitir el presente expediente; y así se declara... ".

Posteriormente, la Sala en sentencia N° 7 95 del 20 de junio de 2013, en ejercicio de la facultad extraordinaria que le acuerda el artículo 25, numeral 16, de la Ley Orgánica del Tribunal Supremo de Justicia,en concordancia con lo dispuesto en los artículos 31, numeral 1, 106 y 107 *eiusdem*, resolvió por decisión unánime avocar la causa, de oficio, en tutela de los derechos políticos de la ciudadanía, del interés público, la paz institucional y el orden público constitucional, así como por la trascendencia nacional e internacional de las resultas del proceso instaurado, sustentando que *"ha sido cuestionada la transparencia de un proceso comicial de la mayor envergadura, como el destinado a la elección del máximo representante del Poder Ejecutivo, así como la actuación de órganos del Poder Público en el ejercicio de sus atribuciones constitucionales, de lo que se deduce la altísima trascendencia para la preservación de la paz pública que reviste cualquier juzgamiento que pueda emitirse en esta causa".*

Es así como, sin perjuicio del examen sobre la competencia que sostuvo esta Sala en la precitada decisión, luego fueron advertidos motivos de alta trascendencia para el mantenimiento de la paz pública por la entidad de los comicios presidenciales celebrados en el mes de abril del presente año, lo cual condujo a la Sala a avocar el caso para su conocimiento.

Siendo así, verificadas como han sido las referidas circunstancias y en atención a que el objeto del recurso presentado se relaciona con los derechos constitucionales de participación y postulación, los cuales se encuentran vinculados con la noción de orden público constitucional, de conformidad con el artículo 106 de la Ley Orgánica del Tribunal Supremo de Justicia, esta Sala Constitucional asume el conocimiento del asunto, y de seguidas, procede a efectuar el análisis pertinente a los fines de decidir lo que resultare conducente.

Ahora bien, en el proceso contencioso electoral, con arreglo a lo dispuesto en el artículo 185 de la Ley Orgánica del Tribunal Supremo de Justicia, corresponde al Juzgado de Sustanciación (de la Sala Electoral) el pronunciamiento en torno a la admisión de la demanda, en los casos en que no hayan sido planteadas pretensiones cautelares. Obviamente, tal diseño procesal, no se adecua a las especiales circunstancias presentes en este juicio, cuyo conocimiento fue avocado por esta Máxima Juzgadora como cuerpo colegiado, de manera que sólo a ella –y no al Juzgado de Sustanciación, integrado por su Presidenta y el Secretario de la Sala- corresponde el conocimiento del asunto, justamente por la altísima relevancia que reviste el caso y la tutela que debe brindarse a los valores superiores del ordenamiento jurídico que fueron enunciados supra.

De esta manera, la Sala pasará a pronunciarse en relación con la admisión de la presente demanda, en los siguientes términos.

El recurrente plantea un recurso de nulidad –aun cuando lo calificó como *"Acción Popular de Inconstitucionalidad"*- cuyo objeto lo constituye el acto de admisión de postulaciones al cargo de elección popular para las elecciones presidenciales del pasado 14 de abril de 2013, emanado del Consejo Nacional Electoral. En tal virtud, se trata de una acción contra un acto de naturaleza electoral.

En tal sentido, el accionante denunció que las postulaciones efectuadas por los candidatos que participaron en las elecciones presidenciales fue fraudulenta, pues habrían violado el artículo 67 de la Constitución de la República Bolivariana de Venezuela y el artículo 172 de la Ley Orgánica de Procesos Electorales, ya que no fueron electos mediante el mecanismo de elecciones internas organizadas por el Consejo Nacional Electoral, a pesar de reconocer la dificultad que significa realizar unas elecciones en treinta (30) días.

De la misma manera denunció dos supuestas causales de inelegibilidad del candidato (para ese momento) Nicolás Maduro Moros, referida, la primera de ellas, a que utilizó como programa de gestión el mismo que presentó en su oportunidad el Presidente Hugo Rafael Chávez Frías, el cual, al ser una propuesta de *"transición al socialismo"* para *"edificar el estado comunal"*, sería a su decir constitutivo del delito tipificado en el artículo 132 del

Código Penal. En segundo lugar, sostuvo el actor que el candidato (para ese momento) Nicolás Maduro Moros, no podía postularse por prohibición del artículo 330 Constitucional y los artículos 6 y 105 de la Ley Orgánica de la Fuerza Armada Nacional Bolivariana, ya que, al ser Presidente encargado al momento de verificarse su postulación ejercía el cargo de Comandante en Jefe de la Fuerza Armada Nacional Bolivariana y como consecuencia de ello estaría en situación de militar activo, lo que lo hacía *"inelegible"*.

Por tales motivos, solicitó la nulidad de la admisión de las postulaciones por parte del Consejo Nacional Electoral a cargos de elección popular para las elecciones presidenciales del 14 de abril de 2013.

Al respecto, observa esta Sala Constitucional en primer término que la pretensión del recurrente se circunscribe a la nulidad del acto emanado del Poder Electoral de aceptación de las postulaciones presentadas para el proceso eleccionario pautado por el Consejo Nacional Electoral para el día 14 de abril de 2013; tal petición se basa en 2 denuncias particulares, a saber: i) Que no se habría cumplido el mecanismo de selección de los candidatos mediante el proceso de elecciones internas en las organizaciones con fines políticos y, ii) Que el Presidente Nicolás Maduro Moros estaría incurso en causales de inelegibilidad motivadas a la presentación del mismo programa de gobierno del Presidente Hugo Rafael Chávez Frías y, a la entonces condición de Presidente Encargado de la República y por ende, de Comandante en Jefe de la Fuerza Armada Nacional Bolivariana, lo que supondría que *"tiene* [ese] *grado militar"* y sería *"efectivo militar activo"*, imposibilitado de ser elegido Presidente de la República. Ahora bien, habiendo sido requerida la nulidad de un acto de contenido electoral, huelga recurrir a los criterios jurisprudenciales que ha dictado la Sala Electoral del Tribunal Supremo de Justicia.

En tal sentido, esa Sala ha establecido mediante sus fallos, criterios orientadores sobre el proceso contencioso electoral y la tramitación de los recursos contencioso electorales. Así, meritorio es resaltar la sentencia de dicha Sala N° 147 del 11 de noviembre de 2009, en la cual se indicaron los requisitos del escrito de interposición del recurso contencioso electoral, en los términos siguientes:

> *"...Este órgano judicial estableció la tesis interpretativa jurisprudencial, en cuanto a la aplicabilidad de las menciones que debía contener el recurso jerárquico, al supuesto del escrito contentivo del recurso contencioso electoral (reenvío que el artículo 241 de la Ley Orgánica del Sufragio y Participación Política hacía respecto al artículo 230 eiusdem). De allí la enunciación de los requisitos que debía contener el escrito contentivo del recurso contencioso electoral, requisitos que, además de las exigencias formales propias de todo escrito libelar presentado ante un órgano judicial, hacían especial énfasis en la determinación clara y concreta de los vicios o irregularidades denunciadas, incluyendo el razonamiento acerca de la relación entre los hechos narrados y los vicios alegados. Tal requisito, que fue ampliamente analizado y acogido por la doctrina jurisprudencial de esta Sala, no lo contempla la Ley Orgánica de Procesos Electorales, toda vez que esta última en vía jurisdiccional reenvía a la Ley Orgánica del Tribunal Supremo de Justicia, como ya se señaló.*
>
> *Sin embargo, esta Sala Electoral establece que el interesado que pretenda cuestionar los actos, actuaciones u omisiones de naturaleza electoral o vinculados con procesos electorales, deberá cumplir la carga de subsumir la contrariedad a derecho invocada en su correspondiente fundamento fáctico y jurídico, razón por la cual se estima necesario extender la aplicación del artículo 206 de la Ley Orgánica de Procesos Electorales (que es la norma que consagra ahora los requisitos que debe contener el escrito contentivo del recurso jerárquico), al examen de la admisibilidad del recurso contencioso electoral, sin perjuicio de que la determinación sobre la procedencia de la correspondiente pretensión corresponde es a la sentencia de mérito.*

Ello implica entonces que el incumplimiento de los tales requisitos en la interposición del recurso contencioso-electoral, determine la inadmisión del mismo, habida cuenta de que la omisión en: 1) La identificación, expresión y razonamiento del vicio aducido respecto a las pretensiones contra actos electorales (artículo 206.2 de la Ley Orgánica de Procesos Electorales); 2) La narración de los hechos que implican la infracción de las normas aplicables en lo relativo a las pretensiones de condena en caso de abstenciones u omisiones (artículo 206.3 eiusdem) o; 3) La narración de los hechos en lo concerniente a las pretensiones de condena en el supuesto de actuaciones materiales así como el fundamento jurídico de tales pretensiones (artículo 206.4 eiusdem), apareja la imposibilidad para el órgano judicial de determinar cuál es la naturaleza y fundamento del recurso contencioso-electoral interpuesto.

De allí que, de evidenciarse tales deficiencias en el escrito libelar, sólo procederá la admisión del recurso interpuesto en aquellos casos en que se trate de omisiones no sustanciales y que no impidan la comprensión de la o las pretensiones interpuestas, en atención a la regla iura novit curia, al principio pro actione así como al derecho fundamental a la tutela judicial efectiva...". (Resaltados de esta Sala)

En idéntico orden de ideas, la Sala Electoral en sentencia N° 114 del 27 de julio de 2010, ratificó los enunciados antes resaltados, a saber:

"...[S]e observa que la Ley Orgánica de Procesos Electorales consagra en su artículo 206 los requisitos de admisibilidad del recurso jerárquico que son los mismos que deben ser apreciados al momento de examinarse la admisibilidad del recurso contencioso electoral, ello conforme con los lineamientos establecidos en la sentencia número 147 dictada por esta Sala Electoral en fecha 11 de noviembre de 2009, así como los contenidos expresamente en los artículos 213 eiusdem, y 19 párrafo cinco de la Ley Orgánica del Tribunal Supremo de Justicia, aplicable ésta última por remisión expresa del artículo 214 de la ya mencionada Ley Orgánica de Procesos Electorales.

En este sentido, se observa que el numeral 2 del artículo 206 de la Ley Orgánica de Procesos Electorales exige que el escrito contentivo del recurso jerárquico (aplicable según se dijo al recurso contencioso electoral) contenga una serie de requisitos que permitan orientar la labor del juzgador, los cuales se circunscriben, en el supuesto de impugnarse actos electorales, a identificar el acto recurrido y a imputarle los vicios de que adolece, cuya finalidad es ayudar al Juzgador a apreciar mediante elementos objetivos la admisibilidad o no de los recursos que conozca, quedando claro que los recursos presentados en forma genérica deben ser declarados inadmisibles.

Sin embargo, resulta oportuno señalar que en estos casos las disposiciones legales deben ser interpretadas de conformidad con los lineamientos consagrados en la Constitución de la República Bolivariana de Venezuela, especialmente respecto al principio de una justicia sin formalismo, previsto en su artículo 257, el derecho constitucional a una tutela judicial efectiva, artículo 26 eiusdem, y el principio pro actione o de la interpretación más favorable al ejercicio de la acción, que se desprende de la última norma citada. De allí, que deban atemperarse dichas exigencias legales en cuanto no constituyan las mismas una formalidad esencial para la admisión del recurso...".

Como se desprende de los fallos parcialmente transcritos, la Sala Electoral de este Supremo Tribunal estatuyó que los requisitos que dispone la Ley Orgánica de Procesos Electorales para el ejercicio de los recursos jerárquicos ante el Consejo Nacional Electoral, dispuestos en el artículo 206 *eiusdem*, son de aplicación para el examen de admisibilidad que ameritan los recursos contencioso electorales. A ello debe agregarse que la Ley Orgánica del Tribunal Supremo de Justicia, en sus artículos 180 y 181, consagra lo concerniente a los requisitos de la demanda y a las causas de inadmisión en el proceso contencioso electoral. Por ende, aquellos recursos que no cumplan con los respectivos requisitos conducentes, serían objeto de un pronunciamiento de inadmisibilidad.

Siendo así, el artículo 206 de la Ley Orgánica de Procesos Electorales es del siguiente tenor:

> *"Artículo 206. El Recurso Jerárquico deberá interponerse mediante escrito, en el que se hará constar:*
>
> *(Omissis)*
>
> *2. Si se impugnan los actos, se identificarán éstos y se expresarán los vicios de que adolecen. Cuando se impugnan actas de votación, o actas de escrutinio se harán especificar, en cada caso, el número de mesas electorales y la elección de que se trata, con claro razonamiento en los vicios ocurridos en el proceso o en las actas".*

A renglón seguido, resulta oportuno citar los artículos 180 y 181 de la Ley Orgánica del Tribunal Supremo de Justicia, los cuales señalan:

> *"Requisitos de la demanda*
>
> *Artículo 180. En el escrito correspondiente se indicará con precisión la identificación de las partes y contendrá una narración circunstanciada de los hechos que dieron lugar a la infracción que se alegue y de los vicios en los que haya incurrido el supuesto o supuesta agraviante.*
>
> *Causas de inadmisión*
>
> *Artículo 181. El incumplimiento de los extremos antes señalados provocará la inadmisión de la demanda, salvo que se trate de omisiones no sustanciales que no impidan la comprensión de las pretensiones interpuestas".*

En tal virtud, advierte esta Sala Constitucional que el recurrente en su escrito, explana su pretensión de nulidad de la admisión de las postulaciones por parte del Consejo Nacional Electoral a cargos de elección popular para las elecciones presidenciales del 14 de abril de 2013; que se inicie nuevamente el proceso de postulaciones y que le recomiende al candidato (para ese momento) Nicolás Maduro Moros, que presente un programa de gestión propio.

Al respecto, esta Sala observa que el escrito de nulidad ha sido planteado en términos genéricos e indeterminados, con la inclusión de apreciaciones particulares o valorativas de orden personal del recurrente, sin que, al menos, se hayan señalado con precisión los datos que permitan identificar con exactitud el acto emanado del Consejo Nacional Electoral cuya nulidad peticionó, así como tampoco se acompañó copia del mismo, ni fueron revelados los supuestos vicios concretos de que adolecería este acto del Poder Electoral atinente a las elecciones presidenciales celebradas en abril del presente año.

A este respecto, interesan al análisis otros extractos de la referida sentencia de la Sala Electoral N° 114 del 27 de julio de 2010, la cual también apuntó lo siguiente:

> *"...Pues bien, conforme al marco expuesto, aprecia esta Sala que **los recurrentes no identifican con precisión el acto impugnado**, sino que se limitan a señalar que solicitan la declaratoria de nulidad de '...las postulaciones que aparecen en la página web del Consejo Nacional Electoral a nombre de la Unidad Democrática...'. Además, **resulta evidente que no indicaron los vicios de que adolece el acto que están impugnando**.*
>
> *El mencionado requisito de admisibilidad tiende a garantizar a la contraparte la defensa de la legalidad de las actuaciones atacadas, toda vez que un recurso interpuesto en términos genéricos, como ocurre en este caso, imposibilita precisar la materia controvertida en el proceso y con ello el ejercicio de una plena defensa.*

*En virtud de lo anterior, y **por cuanto se ha omitido un requisito esencial para la tramita-ción del recurso, consagrado en el numeral 2 del artículo 206 de la Ley Orgánica de Pro-cesos Electorales, esta Sala considera que el presente recurso debe ser declarado inadmi-sible**, y así se decide...".* (Resaltado de esta Sala)

En consecuencia, visto que el recurso contencioso electoral que ocupa a esta Sala Cons-titucional, no cumple con los requisitos exigidos en las precitadas normas, omitiendo requisi-tos esenciales para su tramitación, así como tampoco se adecua a los lineamientos emanados de este Supremo Tribunal en su Sala Electoral, debe ser forzosamente declarado inadmisible. Así se decide.

Aún cuando ha sido declarada la inadmisibilidad del presente recurso, con arreglo al examen que antecede, también resulta relevante referir, para complementar el mismo, que este Supremo Tribunal conoce por hecho notorio comunicacional que el proceso electoral convocado para el domingo 14 de abril de 2013, se celebró en la fecha indicada, y que el Consejo Nacional Electoral el día lunes 15 de abril de 2013, proclamó al ciudadano Nicolás Maduro Moros, como Presidente Constitucional de la República Bolivariana de Venezuela, para el período 2013-2019 (*Vid.* sentencia de la Sala Electoral del Tribunal Supremo de Justi-cia N° 33 del 15 de mayo de 2013). En efecto, esta Sala estima conveniente aludir al conteni-do de la sentencia N° 141 que dictó el 8 de marzo de 2013, la cual admitió y resolvió de conformidad con las consideraciones vertidas en su parte motiva, la interpretación solicitada respecto del alcance y contenido del artículo 233 Constitucional. Particularmente, merece destacar que en dicha decisión se dictaminó que el órgano electoral competente, siempre que se cumpliera con los requisitos establecidos en la normativa electoral, podía admitir la postu-lación del Presidente Encargado de la República para participar en las elecciones presidencia-les, por no estar comprendido en los supuestos de incompatibilidad del artículo 229 Constitu-cional.

De seguidas, conviene igualmente aludir al alegato del recurrente, referido a que las postulaciones efectuadas por los candidatos que participaron en las elecciones presidenciales, habría sido fraudulenta, pues habrían violado el artículo 67 Constitucional ya que no fueron escogidos mediante el mecanismo de elecciones internas organizadas por el Poder Electoral. Al respecto, esta Sala ha afirmado que si bien esa disposición, determina que los candidatos a cargos de elección popular serán seleccionados en elecciones internas con la participación de los integrantes de los partidos políticos, ello no excluye otras formas de participación de elecciones distintas a las elecciones abiertas o primarias, con lo cual resulta plenamente apli-cables el principio de participación y de garantía del resto de los derechos fundamentales. (*Vid.* Sentencia S.C. N° 451 del 25 de abril de 2012, entre otras). Siendo así, cabe reiterar que el recurrente omitió efectuar la narración circunstanciada de los hechos que darían lugar a las infracciones denunciadas, toda vez que no se evidencia en toda la extensión del escrito con-tentivo del recurso ni tan siquiera los datos que permitan identificar con fidelidad o exactitud, el acto del Poder Electoral cuya nulidad pretende, menos aún acompañó copia del mismo, así como tampoco relató los vicios que estarían presentes en aquel, ni su fundamentación argu-mentativa.

En consecuencia, se determina que resulta insuficiente el relato efectuado por el recu-rrente, con prescindencia del señalamiento claro de los vicios concretos que el acto –el cual no fue identificado propiamente- presentaría, correspondiendo a quien pretenda cuestionar actos electorales, ayudar al Juzgador a apreciar mediante elementos objetivos, la admisibili-dad o no de los recursos que conozca, quedando claro que los recursos presentados en forma genérica deben ser declarados inadmisibles, tal como lo sentó la sentencia N° 114 del 27 de julio de 2010 de la Sala Electoral. En tal virtud, el examen que antecede conduce a esta Sala a pronunciar inadmisible el recurso interpuesto, con arreglo a los artículos 180 y 181 de la Ley Orgánica del Tribunal Supremo de Justicia, así como en el artículo 206 de la Ley Orgánica de Procesos Electorales, en concatenación con los criterios jurisprudenciales expuestos *supra*. Así se decide.

TSJ-SC (1120)   7-8-2013

Ponencia Conjunta

Caso: Mesa de la Unidad Democrática vs. Votaciones efectuadas en 5.729 mesas electorales; (*ii*) 21.562 Actas de Escrutinio automatizadas y 1 Acta de Escrutinio de Contingencia, y (*iii*) los Actos de Totalización, Adjudicación y Proclamación, con ocasión del proceso comicial celebrado el 14 de abril de 2013.

La Sala Constitucional declara inadmisible la demanda, de conformidad con lo previsto en el artículo 181 de la Ley Orgánica del Tribunal Supremo de Justicia, en concordancia con el artículo 180 *eiusdem*, al considerar que no se puso en evidencia las irregularidades denunciadas ni que su magnitud influyó definitivamente en los resultados comiciales.

De forma preliminar, debe recordarse que, mediante sentencia N° 795 del 20 de junio de 2013, por decisión unánime, esta Sala resolvió avocar el conocimiento de las causas distinguidas con los alfanuméricos AA70-E-2013-000025, AA70-E-2013-000026, AA70-E-2013-000027, AA70-E-2013-000028, AA70-E-2013-000029, AA70-E-2013-000031 y AA70-E-2013-000033, así como cualquier otra que curse ante la Sala Electoral de este Máximo Juzgado y cuyo objeto sea la impugnación de los actos, actuaciones u omisiones del Consejo Nacional Electoral como máximo órgano del Poder Electoral, así como sus organismos subordinados, relacionados con el proceso comicial celebrado el 14 de abril de 2013.

El ejercicio de esa extraordinaria potestad se vio justificado en tanto había "sido cuestionada la trasparencia de un proceso comicial de la mayor envergadura, como el destinado a la elección del máximo representante del Poder Ejecutivo, así como la actuación de órganos del Poder Público en el ejercicio de sus atribuciones constitucionales, de lo que se deduce la altísima trascendencia para la preservación de la paz pública que reviste cualquier juzgamiento que pueda emitirse en esta causa".

De allí que, en atención a lo dicho, esta Sala Constitucional asumió para sí el conocimiento pleno de tales controversias, con el fin último de resguardar "los derechos políticos de los ciudadanos y ciudadanas, del interés público, la paz institucional y el orden público constitucional, así como por la trascendencia nacional e internacional de las resultas del proceso instaurado".

Ahora bien, en el proceso contencioso electoral, con arreglo a lo dispuesto en el artículo 185 de la Ley Orgánica del Tribunal Supremo de Justicia, corresponde al Juzgado de Sustanciación (de la Sala Electoral) el pronunciamiento en torno a la admisión de la demanda, en los casos en que no hayan sido planteadas pretensiones cautelares. Obviamente, tal diseño procesal, no se adecua a las especiales circunstancias presentes en este juicio, cuyo conocimiento fue avocado por esta Máxima Juzgadora como cuerpo colegiado, de manera que sólo a ella –y no al Juzgado de Sustanciación, integrado por su Presidenta y el Secretario de la Sala– corresponde el conocimiento del asunto, justamente por la altísima relevancia que reviste el caso y la tutela que debe brindarse a los valores superiores del ordenamiento jurídico que fueron enunciados supra.

De esta manera, la Sala pasará a pronunciarse en relación con la admisión de la presente demanda, a cuyo efecto observa:

El análisis de la admisibilidad de las demandas contencioso electorales, en atención a la trascendencia de los asuntos involucrados y de los derechos que podrían resultar afectados, reviste una naturaleza especial que exige que los órganos jurisdiccionales guarden esmerado cuidado en impedir dar cauce a las demandas planteadas en forma genérica o inespecífica.

En efecto, en razón de la relevante labor que despliegan los entes y órganos cuya legitimación proviene del sufragio de los ciudadanos y ciudadanas que conforman el cuerpo electoral, la exigencia de seguridad jurídica y paz social demanda que los reclamos propuestos ante la jurisdicción contencioso-electoral sean debidamente planteados, en el sentido de que apunten a resguardar –y no cuestionar vanamente- la voluntad libre de los electores expresada en los comicios.

En este sentido, la jurisprudencia electoral ha acogido el principio de conservación electoral conforme el cual "el interesado en obtener la declaratoria de nulidad de un acto comicial no sólo tiene que invocar alguna de las causales tipificadas legalmente, sino que además debe probar la irregularidad del mismo y evidenciar que el vicio es de tal entidad que modifique los resultados comiciales" (*vid*. Sentencia de la Sala Electoral N° 86 del 14 de julio de 2005).

De la mano con el anterior razonamiento, se expone en el fallo citado que "no toda irregularidad en el acto o procedimiento determina su nulidad, sino sólo aquella que altera su esencia, modifica su resultado o causa indefensión al particular", pues "si el vicio denunciado no trasciende al punto de incidir en los resultados de los comicios, el mismo no conlleva a la anulación del acto, puesto que ningún sentido tiene declarar una nulidad en sí misma si el resultado del proceso electoral, corregido el vicio, no se vería alterado".

Al hilo de estas consideraciones, el proceso contencioso electoral exige, entonces, de conformidad con los precedentes que ha hilvanado la máxima instancia contencioso electoral, que su procedencia sólo resulte posible cuando el actor (**i**) desvirtúe la presunción de validez y legitimidad del acto electoral; (**ii**) demuestre la gravedad de un vicio que altere la esencia del acto electoral, no de una mera irregularidad no invalidante; y (**iii**) ponga en evidencia, además, que el vicio altera de tal modo los resultados electorales que resulte imposible su convalidación.

Tales exigencias encuentran sustento, como se afirmara *supra*, en que la representación política, como una de las fórmulas que permiten la conformación de la voluntad del Estado, requiere la participación de sus ciudadanos y ciudadanas por medio del sufragio (activo y pasivo) como garantía fundamental del sistema democrático y principio cardinal de nuestro esquema constitucional, de manera que su ejercicio debe ser respetado y, en consecuencia, una vez desplegada la actividad comicial, debe ser preservada la voluntad del cuerpo electoral globalmente considerado, compuesto por las decisiones libres de cada uno de los miembros que lo conforman.

De allí que toque a la justicia electoral realizar un acucioso examen para estimar la procedencia de esta clase de demandas y, correlativamente, al reclamante corresponda la carga de exponer de manera clara, precisa y completa las circunstancias cuyo acaecimiento encuadre en los supuestos específicos de nulidad que prevé la ley. Ello abona no sólo a la necesidad de que el órgano administrativo o judicial establezca sin ambages los límites de la controversia, sino que potencia la comprensión por parte de las partes e interesados en el juicio y, por tanto, su capacidad para aportar argumentos o rebatir los formulados y, con ello, modelar el ejercicio pleno de su derecho al debido proceso, a la defensa y su efectiva tutela judicial.

En este sentido, el artículo 180 del texto orgánico que regula las funciones de este Máximo Juzgado, exige que la demanda contencioso electoral contenga "una narración circunstanciada de los hechos que dieron lugar a la infracción que se alegue y de los vicios en los que haya incurrido el supuesto o supuesta agraviante".

Por su parte, con arreglo al mencionado artículo 181 *eiusdem*, la falta de señalamiento de los vicios electorales recogidos en los artículos 215 al 220 de la Ley Orgánica de Procesos Electorales, o la vaguedad de los mismos, ha sido sancionada con la inadmisión de la demanda contencioso electoral por la doctrina emanada de la Sala Electoral de este Máximo Juzgado (véanse fallos N^{ros} 12/2010, caso: *Alfredo Borges* y*114/2010, caso: Román Ibarra*; así como las decisiones N^{ros} *865/2012, caso: Rafael Montero y otros* y *933/2012, caso: Rosario del Valle Heredia*, emitidas por el Juzgado de Sustanciación de dicha Sala).

Estas exigencias guardan una relación de proporcionalidad con la necesidad de preservar la voluntad del pueblo expresada en comicios libres, conjugada con la necesidad de brindar garantías institucionales de paz, estabilidad y seguridad, al evitar el trivial cuestionamiento de la función pública ejercida por un representante elegido por el pueblo (*vid.* sentencias de esta Sala Constitucional N^{ros} 812/2003, *caso: Carlos Ramón Brett*; 2444/2004, caso: *Tulio Rafael Gudiño* y las aclaratorias de este fallo 174/2005 y 1056/2005; así como lo dispuesto en sentencias N^{ros} 1680/2007, caso: *Pedro Santaella* y 06/2010, caso*: Jorge Barboza*).

1. En relación con la impugnación efectuada por la parte actora, respecto de 5.729 mesas de votación, los argumentos se centraron en señalar irregularidades en (**i**) la constitución de las mesas electorales; (**ii**) la presunta violencia ejercida sobre cualquiera de los miembros de mesa; (**iii**) la supuesta coacción contra los electores para obligarlos a sufragar por una opción política o abstenerse de votar por la contraria; (**iv**) diversas actuaciones de los miembros de mesa que comprometieron la libertad de los sufragios celebrados en ella.

En relación con el primer punto, relataron que no se permitió a los miembros de mesa seleccionados por el Consejo Nacional Electoral integrarse a la misma, o que no se conformaron de conformidad con el procedimiento pautado cuando ella estaba incompleta (excluyendo, según su dicho, a quienes apareciesen vinculados con la opción demandante) o bien que hubo mesas constituidas exclusivamente con miembros suplentes.

En este sentido, afirmaron llanamente que, tratándose de una infracción de índole objetiva, bastaría la comprobación de su ocurrencia para la inmediata anulación de los comicios celebrados en tales mesas que, según sus estimaciones, totalizarían 1.079.490 votos.

Sin embargo, la parte demandante no indicó sino los centros electorales en los que se produjeron las supuestas irregularidades, sin identificar en forma precisa la mesa o grupo de ellas en las que se produjeron vicios apreciables, en cuáles de ellas se vulneró el procedimiento y quórum para su instalación, o bajo qué mecanismo fueron identificados (y excluidos) los miembros identificados con la candidatura de Henrique Capriles Radonsky, cuando el propio artículo 134 de la Constitución estatuye como deber de todo ciudadano prestar el servicio electoral en los términos que establezca la ley.

Aunque la falta de especificidad, en los términos que fueron reseñados *supra*, sea suficiente para desechar la admisibilidad de la demanda propuesta en ese sentido, conviene acotar que la parte actora tampoco puso en evidencia, como le correspondía, no sólo suponer la ocurrencia de una supuesta irregularidad, sino dejar claro que su magnitud influyó definitivamente en los resultados comiciales.

En este sentido, constituye una trampa argumentativa señalar que una determinada cantidad de mesas se vio afectada por una determinada irregularidad, sin identificar el modo preciso en que ello pudo haber influenciado los resultados electorales. No basta, entonces, que exista una anomalía: ella debe ser decisiva para comprometer la voluntad del cuerpo electoral y ninguna razón se blandió en ese sentido. Por el contrario, erróneamente, la parte actora asumió que la sola ocurrencia de alguna irregularidad bastaba para producir la anulación de una determinada mesa y, como se vio, el principio de conservación de los actos electorales, en respaldo a la manifestación de la voluntad del cuerpo electoral, así como el principio de economía del derecho, demandan que la falla producida sea de una entidad tal que menoscabe, apreciablemente, el fin último que tutela la legislación electoral, como es la libre manifestación de la voluntad de los ciudadanos.

En lo que respecta a la supuesta violencia producida en perjuicio de algunos miembros de mesa, cabe predicar las mismas consideraciones ya vertidas, pues los impugnantes se limitaron a relatar episodios genéricos de los que no se deduce el uso sistematizado de la violencia para limitar el ejercicio del deber que correspondía acometer a los miembros de mesa, así como tampoco la identificación precisa de aquellas mesas electorales en las que se produjeron y, lo más importante, el modo en que ello comprometió la voluntad de los electores que acudieron a dichas urnas.

Ya en cuanto respecta al supuesto voto coaccionado que, según denuncian, habría afectado un importante número de sufragantes, nuevamente los demandantes sintetizan bajo múltiples acontecimientos el constreñimiento de los electores, pero no precisan las mesas que pudieron verse afectadas por tales acontecimientos, sino acaso los centros electorales a los que pertenecían; lo que impide comprobar razonablemente la ocurrencia de cualquier perturbación de entidad relevante que haya intimidado de manera palpable a la mayoría de electores que comparecieron a dichos centros.

Asimismo, en lo que respecta a diversas actuaciones de los miembros de mesa que comprometieron la libertad de los sufragios celebrados en ella, la parte actora identificó con una serie de "palabras clave" eventualidades recogidas por su propio comando de campaña bajo denominaciones inespecíficas como "retraso máquina o malfuncionamiento de la mesa", "suplantación de identidad" o "retiro testigos", para referirse a los casos en los que por razones técnicas o humanas no se siguieron los procedimientos que establece la normativa electoral para restablecer el funcionamiento de la mesa, retrasando el proceso y, a su decir, desincentivando la participación; casos en los que personas no registradas en el sistema de identificación biométrica ejercieron su derecho al sufragio o los supuestos en que no se permitió la participación de testigos acreditados por la organización política Mesa de la Unidad Democrática (MUD).

En este sentido, la organización política demandante narró múltiples circunstancias en las que se produjeron eventuales retrasos en el proceso de votación e incidencias no concatenadas entre sí, ni identificadas debidamente, que permitan a esta Juzgadora ponderar efectivamente las circunstancias de modo, tiempo y lugar en que se habrían presentado tales irregularidades y, especialmente, su impacto determinante en la decisión que habrían tomado los electores y electoras en los comicios celebrados el 14 de abril.

Por ello, en definitiva, las denuncias efectuadas respecto de 5.729 mesas de votación, deben ser declaradas inadmisibles, con arreglo en lo dispuesto en los artículos 180 y 181 de la Ley Orgánica del Tribunal Supremo de Justicia. Así se decide.

2. Corresponde ahora analizar la impugnación efectuada sobre 21.562 actas de escrutinio, de las que se desprenderían vicios invalidantes que la actora agrupó en tres supuestos fundamentales: (i) "casos de inconsistencia numérica y de omisión del número de votantes según el cuaderno de votación"; (ii) "discordancias entre Actas de Escrutinio y Constancias de Verificación Ciudadana, en cuanto a los comprobantes de voto, los votantes según el cuaderno y los votantes según la máquina"; y (iii) "la falta en el Acta de Escrutinio de elementos de identificación personal de los miembros de la Mesa Electoral, así como de la propia Mesa".

En relación con estas delaciones, se estima pertinente recordar que, conforme la diuturna doctrina electoral, la anulación de resultados de un proceso comicial implica la capacidad de desvirtuar la presunción de validez y legitimidad del acto electoral, sólo posible sí, efectivamente, el vicio alegado no es susceptible de subsanación, compromete gravemente su propia esencia y, adicionalmente, produce una alteración radical de los resultados.

No obstante que la organización política actora narró copiosamente lo que, desde su perspectiva, constituyeron vicios en las señaladas actas, lo cierto es que no detalló la magnitud que los mismos tuvieron sobre los escrutinios de manera que puedan ponerse en duda los resultados oficiales emitidos por el Máximo Ente Comicial y, por el contrario, partieron de la premisa de que la mera enunciación de alguna inconsistencia implicaría –de plano- sospechas acerca de la transparencia del proceso.

En este sentido, ningún argumento contundente fue levantado y, en su lugar, acudieron a este proceso con el deliberado propósito de que fuese el órgano jurisdiccional quien despejase sus propias dudas, calificadas por la actora acaso como "indicios" de irregularidades que, por sí mismos, no pueden ser considerados suficientes para cuestionar y revertir la presunción de validez que asiste a los actos electorales.

Sobre los alcances de la presunción de legitimidad de los actos electorales, la jurisprudencia de la Sala Electoral de este Supremo Tribunal ha señalado lo siguiente (*vid.* N° 151 del 25 de octubre de 2001, caso: *Luis Guillermo Troconis*):

> *"[L]os actos emanados de la Administración Electoral, al igual que los emanados de cualquier otro órgano de la Administración Pública, poseen una presunción de legitimidad y en consecuencia, cualquier Acta electoral, incluso las Actas electorales impugnadas en el presente caso, deben presumirse legítimas, es decir, ajustadas a derecho hasta tanto se demuestre lo contrario en el curso de un procedimiento administrativo o de un proceso judicial (Cfr. sentencia de esta Sala Electoral N° 114 del 2 de octubre de 2000); y, visto que esta Sala no cuenta con instrumentos fundamentales para confrontar los alegatos del recurrente; que es una carga de las partes probar sus argumentos; que de conformidad con la prohibición de aplicar el conocimiento privado del juez sobre los hechos (artículo 12 del Código de Procedimiento Civil), el juez no puede sacar elementos de convicción fuera de los autos, salvo que se trate de máximas de experiencia; de la presunción de exactitud de las Actas impugnadas, y, de la presunción de legitimidad de las mismas".*

Por otra parte, en lo que atañe a las denuncias de vicios formales de las actas de escrutinio por defectos en las firmas de los miembros de mesa que las suscribieron, resulta pertinente, nuevamente, referir la opinión vertida por la Sala Electoral y que esta juzgadora hace suya mediante el presente fallo:

> *"En efecto, la norma in refero [numeral 2 del artículo 221 de la Ley Orgánica del Sufragio y Participación Política] establece que: '[s]erán nulas las actas electorales (...) [c]uando no estén firmadas, por la mayoría de los miembros integrantes del organismo electoral respectivo', por tanto, en principio es una obligación, so pena de nulidad del acta electoral, que los miembros de las mesas electorales, en su condición de órganos subalternos del Consejo Nacional Electoral, suscriban en señal de conformidad las actas de escrutinio (Corchetes de la Sala).*

En ese sentido, es preciso señalar que dicha norma fue concebida por el legislador para su aplicación en procesos electorales manuales, en los cuales la suscripción del acta conllevaba -entre otras cosas- la conformidad con los datos contenidos en el acta, toda vez que los resultados en ella plasmados eran contabilizados manualmente, de allí que fuere forzoso, al grado de declarar la nulidad del acta por ausencia de este requisito, que por lo menos tres (03) miembros de la mesa electoral manifestaran su consentimiento con los resultados expresados en dicha acta, o por el contrario, en caso de inconformidad total o parcial dejaran constancia por escrito de la misma (vid. Artículo 29 de la Ley Orgánica del Sufragio y Participación Política).

Ahora bien, en el caso de los procesos electorales automatizados, es bien sabido que el conteo de los votos no se realiza de modo manual, sino que por el contrario dicha operación aritmética es totalmente computarizada, es decir, al final de la votación se imprime un comprobante que arroja los resultados conformando al instante el contenido del acta de escrutinio automatizada, de allí que quepa concluir que en dicha totalización no cabe el error humano que si pudiese ocurrir en un sistema de totalización manual de escrutinios.

Entonces, siendo que el resultado de la votación no puede ser alterado por los miembros de mesa, en virtud de que dicha operación aritmética es completamente automatizada, considera esta Sala que declarar la nulidad del acta de escrutinio automatizada por la ausencia de firmas de los miembros que conforman la mesa (entre los que se encuentran incluidos el Presidente y Secretario de la misma), constituye una consecuencia rígida y ajena al principio de conservación de la voluntad del electorado que constituye el norte de la interpretación electoral, ya que como se señalara supra, el espíritu, propósito y razón de la norma comentada era el establecimiento del mínimo de firmas requeridas que confirmaran la certeza de los datos contenidos en el acta, en supuestos de sumatorias manuales, las cuales, por su naturaleza, eran susceptibles de alteración o manipulación, de allí que se justificara la declaratoria de nulidad por defecto de este requisito".

Tampoco resulta procedente el reclamo atinente a que se exija al Consejo Nacional Electoral los comprobantes y otros instrumentos electorales, con miras a procurar un reconteo manual de los votos que, en definitiva, emerge como una de las pretensiones de la demanda de autos. Así lo dispuso con meridiana claridad la Sala Electoral de este Máximo Juzgado, mediante sentencia N° 86 del 14 de julio de 2005 (caso: *Guillermo Moreno Alcalá*)

"A mayor abundamiento, cabe señalar que la Ley Orgánica del Sufragio y Participación Política contempla como regla la automatización del proceso de escrutinio (artículos 154 y 168), aun cuando prevé que excepcionalmente, en los casos en que ésta no pueda instrumentarse, debe optarse por el sistema manual de escrutinio (artículo 154).

Ello permite concluir que en el proceso automatizado el escrutinio lo realiza la máquina de votación, no requiriéndose por tanto, la contabilización manual de los votos, y la posterior impresión del Acta cumple, entre otras funciones, la de servir de constancia de los resultados, así como de soporte para el ejercicio de los mecanismos de control y también para una eventual impugnación.

En ese orden de ideas, al analizar los artículos 44 y 50 de las Normas para la Instalación y Constitución de la Mesa de Referendo y para los Actos de Votación y de Escrutinio de los Referendos Revocatorios de Mandatos de Cargos de Elección Popular, se evidencia que tales normas prevén tanto el sistema automatizado como el sistema manual de votación y escrutinio, y en el caso del sistema automatizado, en el cual, como ya se expresó, el escrutinio lo realiza la máquina de votación, las normas en cuestión sólo contemplan que una vez finalizado el acto votación se solicitará al operador de la máquina que trasmita y luego imprima el Acta correspondiente.

Es evidente entonces que las normas cuestionadas se adecuan al espíritu y propósito de lo que establece la Ley Orgánica del Sufragio y Participación Política en materia de escrutinio de los procesos automatizados.

Cabe agregar que lo anterior en modo alguno significa que en un proceso automatizado resulte imposible que, bajo ciertos supuestos y después de emanada el Acta de Escrutinio, deba procederse a un recuento manual de los votos, pero dentro de los principios que rigen las impugnaciones en materia electoral, entre ellos el de la preservación de la voluntad del electorado (artículo 2 de la Ley Orgánica del Poder Electoral) tal como lo ha establecido la jurisprudencia de esta Sala Electoral en sentencias como la número 114 del 2 de octubre de 2000, en la que se dejó sentado lo siguiente:

'Por otra parte, observa la Sala que la Ley Orgánica del Sufragio y Participación Política, partiendo del supuesto de que todo el proceso electoral está revestido de la presunción de legitimidad, no contempla, ni puede contemplar, independientemente de la causal invocada, sobre la base de la norma que establece la conservación de los instrumentos de votación durante cuarenta y cinco días, la realización de un nuevo escrutinio manual, realizado por el órgano electoral, en caso de recurso jerárquico, o por el órgano jurisdiccional. Y la inexistencia de una norma en ese sentido obedece a los principios de publicidad y de participación de los ciudadanos, así como de las organizaciones con fines políticos, en las fases claves (votación, escrutinios y totalización), que caracterizan al proceso electoral. A lo anterior se agrega en el marco de la nueva Constitución que los órganos del Poder Electoral están regidos por los principios de independencia orgánica, autonomía funcional, despartidización e imparcialidad.

Pues bien, resulta lógico que ante una regulación normativa de las características antes indicadas de un proceso electoral, automatizado en su fase de escrutinio en un ochenta por ciento, se proscriba la realización de un nuevo escrutinio o 'recuento manual' por parte de un único órgano: El Consejo Nacional Electoral, cuando la impugnación es en sede administrativa, o en la Sala Electoral del Tribunal Supremo de Justicia, cuando es en sede jurisdiccional. En fin, la tesis del escrutinio o recuento manual atentaría contra la racionalidad del sistema contenido en la Ley Orgánica del Sufragio y Participación Política, e inclusive de todo el sistema normativo, pues basta imaginarse únicamente el tiempo que requeriría uno de esos órganos para escrutar nuevamente los votos en una elección de Gobernador, y ni se diga la presidencial, tiempo durante el cual el país regional o nacionalmente estaría signado por la inestabilidad política, sin tomar en cuenta las graves dificultades materiales que comporta el cómputo de votos en 'óvalos' marcados, en tarjetas que sirven hasta para cinco votaciones. De allí entonces, que resulte concluyente para la Sala la inexistencia de un nuevo y total escrutinio manual ('recuento'), como mecanismo para resolver recursos administrativos o contencioso electorales.

Por otra parte, es importante destacar que la Ley sí contempla la posibilidad de realización de nuevos escrutinios, para dilucidar recursos administrativos o contenciosos electorales, pero se encarga de condicionar categóricamente esos nuevos escrutinios, a la invocación por parte del recurrente de determinadas y precisas causales de nulidad, todas relacionadas lógicamente con actas de escrutinio'."

De cara a las anteriores consideraciones, las denuncias efectuadas respecto de 21.562 actas de escrutinio, deben ser declaradas igualmente inadmisibles, de conformidad con lo dispuesto en los artículos 180 y 181 de la Ley Orgánica del Tribunal Supremo de Justicia. Así se decide.

3. En lo que atañe a la impugnación del acta emitida por la mesa electoral número 1 del centro de votación 191703001, de la Escuela Estadal Concentrada número 642 de la Parroquia Antonio José de Sucre del Municipio José F. M. Cañizal del Estado Trujillo, de la que se apreciaría *"una importante inconsistencia numérica en relación con los votos que le fueron asignados al candidato Henrique Capriles Radonski en la Constancia de Verificación Ciudadana que también fue levantada"*, según la cual *"164 votos asignados en la Constancia de Verificación Ciudadana al candidato de la MUD, son asignados en el Acta de Escrutinio de Contingencia a la candidata Reina Sequera, en lo que es un evidente error material, que quedó, sin embargo, registrado así en la totalización"*.

A este respecto, predicando las mismas consideraciones que fueron vertidas *supra*, debe referirse que la organización política demandante no explicitó la forma en que tal denuncia afectó de manera decisiva los resultados el proceso comicial y la sola constatación de la cifra de votos que son puestos en duda basta para confirmar que mal pudieron haber afectado las resultas finales del proceso.

Aunado a lo anterior, conviene referir el precedente contenido en fallo N° 67 del 20 de julio de 2011 (caso: *Lisandro Cabello*), en cuyo texto se dispuso lo siguiente:

> *"[D]e la lectura de la denuncia pareciera desprenderse que el recurrente pretende que el acto de verificación ciudadana del cierre de votación, se convierta en una especie de totalización manual de los resultados de los Centros de Votación, con lo cual se desnaturalizaría su condición de simple auditoría del proceso electoral, situación que a todas luces resulta inadmisible y se traduciría en un retroceso de la evolución favorable que ha ocurrido en el sistema electoral venezolano durante estos últimos años".*

Así las cosas, debe esta Máxima Juzgadora declarar inadmisible la petición plateada en este sentido, de conformidad con lo previsto en el artículo 181 de la Ley Orgánica del Tribunal Supremo de Justicia, en concordancia con el artículo 180 *eiusdem*. Así se decide.

4. Finalmente, en relación con la impugnación de los actos de totalización, adjudicación y proclamación dictados por el Consejo Nacional Electoral, el 15 de abril de 2013, debe observarse que la demandante no adminiculó ninguna de las denuncias efectuadas en este aparte con las causales de nulidad previstas en la ley electoral; aunado al hecho de que las supuestas actuaciones *"anticipadas"* del Máximo Ente Electoral, al proceder a la adjudicación y proclamación del candidato Nicolás Maduro Moros cuando ya existía una tendencia estadística irreversible a su favor, en modo alguno alteraron la intención última del Cuerpo Electoral, pues la totalización definitiva de los resultados comiciales, según consta en la Gaceta Electoral Extraordinaria N° 21 Extraordinario, favoreció igualmente al candidato proclamado, de manera que constituiría una grave afectación del principio de conservación electoral atender a dicho pedimento.

En atención a ello, la demanda planteada en este sentido debe ser declarada inadmisible, de conformidad con lo previsto en el artículo 181 de la Ley Orgánica del Tribunal Supremo de Justicia, en concordancia con el artículo 180 *eiusdem*. Así, finalmente, se decide.

V. LA JUSTICIA CONSTITUCIONAL

1. *Acción de Inconstitucionalidad*

A. *Acumulación de la acción de nulidad del acto de efectos generales y la nulidad del acto de efectos particulares*

TSJ-SC (893)   **11-7-2013**

Magistrada Ponente: Luisa Estella Morales Lamuño

Caso: Cervecería Polar, C.A. y Pepsi-Cola Venezuela, C.A. (Artículo 3 de la Ley del Régimen Prestacional de Vivienda y Hábitat y el Decreto presidencial N° 7.395 mediante el cual se ordenó la expropiación de cinco lotes de terreno propiedad de Cervecería Polar, C. A.).

La Sala Constitucional reitera que únicamente conocerá de la pretensión de nulidad de actos dictados en ejecución directa e inmediata de la Constitución, así como de la pretensión contencioso-administrativa de nulidad de actos de rango sub-legal dictados con

base en el acto de rango legal impugnado por inconstitucional, sólo cuando el vicio que se atribuya al acto administrativo sea la ausencia de base legal.

Establecida la competencia de la Sala para el conocimiento de la causa, le corresponde emitir el pronunciamiento respecto a la admisibilidad de la acción propuesta.

Como punto previo, considera necesario destacar que en *Gaceta Oficial* N° 39.945 del 15 de junio de 2012, se publicó una reforma parcial del Decreto con Rango, Valor y Fuerza de Ley del Régimen Prestacional de Vivienda y Hábitat, en el cual no se modificó el contenido del artículo 3 de la norma objeto de impugnación, la cual se mantiene vigente por lo que procede un pronunciamiento respecto a la admisibilidad del recurso de nulidad interpuesto. Así se declara.

Precisado lo anterior, esta Sala advierte que la Ley Orgánica del Tribunal Supremo de Justicia, publicada su modificación por error material en la *Gaceta Oficial* N° 39.522, del 1 de octubre de 2010, no contiene una norma expresa como la que anteriormente regulaba el artículo 132 de la extinta Ley Orgánica de la Corte Suprema de Justicia, sino que esta Sala ha asumido dicha competencia por razones de conexidad, conforme con lo establecido en el artículo 31.3 de la referida Ley Orgánica del Tribunal Supremo de Justicia, en atención a ello, resulta ilustrativo citar lo dispuesto en el derogado artículo 132 *eiusdem*, que señalaba: "*Cuando se demande la nulidad de un acto administrativo de efectos particulares y al mismo tiempo la del acto general que le sirva de fundamento, y se alegaren razones de inconstitucionalidad para impugnarlos, se seguirá el procedimiento establecido en la Sección Tercera de este Capítulo y el conocimiento de la acción y del recurso corresponderá a la Corte en Pleno*".

Así, del contenido gramatical de la norma, así como la interpretación que efectuara desde sus inicios la extinta Corte Suprema de Justicia, se admitió la posibilidad de acumular ambas acciones –nulidad de efectos generales y nulidad de efectos particulares- siempre que el último de ellos se hubiese fundamentado en la norma objeto de inconstitucionalidad, en este tenor, es relevante citar lo establecido por la Sala Político Administrativa de la extinta Corte, mediante sentencia del 24 de abril de 1980, caso: "*Fiscal General de la República*", cuando dispuso: "*Las señaladas diferencias en el tratamiento jurisdiccional de impugnación para los actos efectos generales (sic) y para los actos administrativos de efectos particulares revela la imposibilidad que existe en acumular en un mismo procedimiento la acción y el recurso, salvo el caso previsto en el artículo 132 eiusdem, en cuyo supuesto si se demanda la nulidad de un acto administrativo de efectos particulares y al mismo tiempo la del acto general que le sirva de fundamento, se ordena seguir el procedimiento establecido en la Sección Tercera*".

En atención al criterio anteriormente citado e interpretando el referido artículo 132 *eiusdem*, esta Sala Constitucional (Véase sentencia N° 82 en *Revista de Derecho Público* N° 97-98, 2004, pp. 185 y ss.) determinó la relación de conexidad fundada en la necesaria interrelación entre la ausencia de base legal del acto administrativo impugnado y la norma legal viciada de presunta inconstitucionalidad que le sirvió de fundamento, limitando incluso, preliminarmente, los motivos de nulidad a ser objeto de revisión por esta Sala.

Conforme con lo expuesto, resulta claro para esta Sala que "la relación de conexidad para conocer de ambos recursos, existente en la actual Ley Orgánica del Tribunal Supremo de Justicia, con fundamento en razones de economía, celeridad procesal y para evitar decisiones contradictorias, es una condición necesaria e indispensable que ella derive de la presunta ausencia de base legal conforme a la presunta inconstitucionalidad de la norma que le sirve de fundamento, de no ser así se permitiría la impugnación indiscriminada de actos administrativos de efectos particulares ante esta Sala Constitucional como mecanismo de eludir incluso los criterios competenciales, la ausencia o restricción de la ulterior impugnabilidad de los fallos o el ejercicio de la solicitud de revisión constitucional de las sentencias" (*Cfr.* Sentencia de esta Sala N° 670/12).

Así pues, se aprecia de la propia cita de las sentencias referidas por la parte recurrente, que la conexidad necesariamente deriva de la base legal de la norma legislativa impugnada que le sirve de fundamento al acto administrativo impugnado conjuntamente con el recurso de nulidad, por ello cabe citar sentencia de esta Sala N° 2097/2007, que dispuso:

"La posibilidad de plantear, en un mismo proceso, la acumulación de pretensiones de nulidad de normas legales conjuntamente con la nulidad de actos de rango sublegal resultó posible, bajo la vigencia de la Ley Orgánica de la Corte Suprema de Justicia, de conformidad con el artículo 132 de esa Ley, y lo es ahora, desde la entrada en vigencia de la Ley Orgánica del Tribunal Supremo de Justicia, con fundamento en el artículo 5, numeral 50 de ésta, que dispone, como competencia genérica de todas las Salas según la afinidad con la materia debatida, 'Conocer de los juicios en que se ventilen varias acciones conexas, siempre que al tribunal esté atribuido el conocimiento de alguna de ellas'.

*Así lo ha establecido esta Sala en sentencias Nos. 2794 y 2795 del 27 y 28 de septiembre de 2005, 1452 del 3 de agosto de 2004 y 723 del 5 de abril de 2006. En tales casos, la Sala ha invocado los precedentes dictados durante la vigencia del artículo 132 de la Ley Orgánica de la Corte Suprema de Justicia **para dejar en claro que la acumulación de pretensiones procede siempre que el acto sublegal se haya dictado en ejecución directa del acto legal cuya nulidad también se planteó**, es decir, siempre que la Ley que se impugnó sea la base legal del acto sublegal cuya nulidad se acumula con aquélla".* (Negrillas del presente fallo). *(Vid. En similares términos, sentencias de esta Sala N*^ros^ *3096/2004, 913/2008, entre otras)*

Finalmente, esta Sala en atención a la modificación de la Ley Orgánica del Tribunal Supremo de Justicia operada en el año 2010, y realizada su publicación por error material en *Gaceta Oficial* N° 39.522 del 1 de octubre de 2010, ha ratificado dicho criterio interpretativo en sentencia N° 1.025/2010, en la cual se estableció:

"El artículo 336.2, de la Carta Magna, establece que es competencia de la Sala Constitucional 'Declarar la nulidad total o parcial de las Constituciones y leyes estadales, de las ordenanzas municipales y demás actos de los cuerpos deliberantes de los Estados y Municipios dictados en ejecución directa e inmediata de esta Constitución y que colidan con ella'.

En igual sentido, el artículo 25.2 de la Ley Orgánica del Tribunal Supremo de Justicia, prevé:

'Artículo 25. Son competencias de la Sala Constitucional del Tribunal Supremo de Justicia:

2. Declarar la nulidad total o parcial de las constituciones y leyes estadales, de las ordenanzas municipales y demás actos de los cuerpos deliberantes de los estados y municipios que sean dictados en ejecución directa e inmediata de la Constitución de la República y que colida con ella'.

Por su parte, el artículo 31.3 de la Ley Orgánica del Tribunal Supremo de Justicia, prevé como competencia común de todas las Salas:

'Artículo 31. Son competencias comunes de cada Sala del Tribunal Supremo de Justicia:

3, (sic) Conocer de los juicios en que se ventilen varias pretensiones conexas, siempre que al Tribunal esté atribuido el conocimiento de alguna de ellas'.

Conforme a las normas atributivas de competencia que rigen a la jurisdicción constitucional, esta Sala es competente para conocer de la presente demanda de nulidad interpuesta contra el artículo 99 (numerales 3 y 5) de la Constitución del Estado Táchira. Asimismo, **visto que el Decreto núm. 199 del 17 de abril de 2009, dictado por el Gobernador del Estado Táchira se fundamenta en las normas estadales denunciadas,** esta Sala determina que ambas pretensiones tienen conexidad entre sí, ello en consideración a que el acto administrativo se encuentra supeditado también al mismo juicio de constitucionalidad. En virtud de ello, esta Sala asume la competencia para conocer de la presente demanda de nulidad. Así se declara" (Negrillas de esta Sala).

Por ello, se destaca que en atención a los precedentes jurisprudenciales citados, y tal como lo afirma los recurrentes el fundamento del Decreto Expropiatorio impugnado que *"la invocación conjunta y concordada del artículo 14 de la LECUPS y del artículo 3 del DLRPVH, como fundamentos de la declaratoria de Utilidad Pública en la cual se sustenta la emisión del Decreto 7.395, está destinada a brindar a este último instrumento su explicación finalista; a saber: se requiere disponer los terrenos expropiados para la construcción de viviendas, lo cual engrana perfectamente con la actividad indicada en el artículo 14 de la LECUPS e invocada expresamente en el propio texto del Decreto 7.395; vale decir, la construcción de urbanizaciones obreras. Dicho de otro modo, la invocación conjunta y concordada en el texto del Decreto 7.395 de los artículos 14 de la LECUPS y 3 del DLRPVH, deja claramente establecido que el objetivo de ese acto no es otro que expropiar los terrenos identificados en el artículo 1° del mismo para destinarlos a la construcción de viviendas. En consecuencia, queda acreditado que al traer a colación la aplicación plena del artículo 3 del DLRPVH, el Decreto 7.395 padece de la misma inconstitucionalidad que aqueja a aquélla norma, siendo procedente por tanto declarar la nulidad absoluta del mismo, a tenor de lo dispuesto en el artículo 19 (ordinal 1°) de la LOPA, en concordancia con lo establecido por los artículos 25 y 115 de la CRBV, y así solicitamos, siempre, con el debido respeto y acatamiento, sea declarado por esa Sala"*.

Conforme con ello, se aprecia que el Decreto impugnado conjuntamente con el recurso de nulidad por inconstitucional del artículo 3 del Decreto con Rango, Valor y Fuerza de Ley del Régimen Prestacional de Vivienda y Hábitat, no se fundamenta tan sólo en la norma cuestionada de inconstitucionalidad en el presente proceso, sino además entre otros elementos en el artículo 14 de la Ley de Expropiación por Causa de Utilidad Pública y Social, con lo cual la conexidad necesaria para la impugnación planteada, supone un análisis vinculado con los *"fundamentos de la declaratoria de Utilidad Pública en la cual se sustenta la emisión del Decreto 7.395"*, vale decir de la integridad de las normas antes señaladas, circunstancia que no se verifica en el presente caso, lo cual no sólo imposibilitaría un pronunciamiento respecto de la legalidad de la actuación administrativa, sino en relación a la constitucionalidad de la norma aisladamente considerada, en tanto los argumentos contenidos en el recurso interpuesto constituyen una unidad que imposibilita a la Sala escindir los mismos y plantear de oficio, el conocimiento de la presente causa de conformidad con el artículo 32 de la Ley Orgánica del Tribunal Supremo de Justicia.

En atención a lo expuesto, se considera que no existe la relación de conexidad necesaria para proceder a la acumulación peticionada y además, cabe destacar que vista la falta de conexidad entre la norma en que se fundamenta el acto administrativo impugnado y la norma viciada de presunta inconstitucionalidad, la acumulación de ambos recursos no resulta procedente, ya que si bien la Sala posee la competencia para conocer del recurso de nulidad contra el artículo 3 delDecreto con Rango, Valor y Fuerza de Ley del Régimen Prestacional de Vivienda y Hábitat, no es menos cierto que la competencia para conocer del acto de contenido expropiatorio corresponde a la jurisdicción contencioso administrativa (*Vid.* Artículos 26.5 de la Ley Orgánica del Tribunal Supremo de Justicia y 23.5 de la Ley Orgánica de la Jurisdicción Contencioso Administrativa), en razón de lo cual, no existe una identidad entre el órgano competente para conocer de ambos actos al verificarse la ausencia del fundamento legal del acto administrativo de efectos particulares, así como no existe una similitud procedimental.

Aunado a ello, se verifica del escrito interpuesto que el mismo fundamenta la acción de nulidad por inconstitucionalidad no sólo en los presuntos vicios de inconstitucionalidad del acto administrativo sino a vicios de legalidad del acto administrativo, los cuales tienen su origen no en la inconstitucionalidad de la norma sino en circunstancias de hecho o de derecho cuya competencia no le corresponde a la jurisdicción constitucional sino a la jurisdicción contencioso administrativa (*Vid.* Sentencia de esta Sala N° 825/2004).

Al efecto, se aprecia que ambas pretensiones se excluyen en cuanto a su finalidad y procedimiento, por tanto, debe esta Sala declarar inadmisible la acción de nulidad por inconstitucionalidad ejercida, conforme a lo establecido en el artículo 133.1 de la Ley Orgánica del Tribunal Supremo de Justicia, que establece como causal de inadmisibilidad de las demandas, el que se acumulen demandas o recursos que se excluyan mutuamente o cuyos procedimientos sean incompatibles (*Vid.* Sentencia de esta Sala N^{ros} 1802/2004, 833/2009 y 1214/2009, entre otras). Así se decide.

2.   *Recurso de Revisión Constitucional*

   A.   *Actos decisorios interlocutorios*

   TSJ-SC (1259)   **26-8-2013**

   Magistrada Ponente: Gladys María Gutiérrez Alvarado

   Caso: Jorge Bali Rahbe. Revisión de Sentencia.

   La Sala Constitucional declara no ha lugar la solicitud de revisión constitucional, ya que no se dan los supuestos excepcionales que han dado lugar a la revisión de sentencias de naturaleza incidental donde se resuelvan asuntos de competencia.

En el caso *sub examine* se pretende la revisión del acto jurisdiccional del 23 de mayo de 2002, mediante el cual la Sala Político Administrativa de este Tribunal Supremo de Justicia, declinó la competencia para conocer y decidir un recurso de nulidad de un contrato de venta sobre un terreno de origen ejidal en el Juzgado Superior en lo Civil y Contencioso Administrativo de la Región Oriental, con sede en la ciudad de Maturín, Estado Monagas.

Ahora bien, el artículo 25 numerales 10 y 11 de la Ley Orgánica del Tribunal Supremo de Justicia, que recogió la jurisprudencia de esta Sala, disponen lo siguiente:

"...Son competencias de la Sala Constitucional del Tribunal Supremo de Justicia: / (...)

*10. Revisar **las sentencias definitivamente firmes** que sean dictadas por los tribunales de la República cuando hayan desconocido algún precedente dictado por la Sala Constitucional; efectuado una indebida aplicación de una norma o principio constitucional; o producido un error grave en su interpretación; o por falta de aplicación de algún principio o normas constitucionales.*

*11. Revisar **las sentencias dictadas por las otras Salas que se subsuman en los supuestos que señala el numeral anterior**, así como la violación de principios jurídicos fundamentales que estén contenidos en la Constitución de la República Bolivariana de Venezuela, tratados, pactos o convenios internacionales suscritos y ratificados válidamente por la República o cuando incurran en violaciones de derechos constitucionales...".* (Resaltado añadido).

En lo que respecta a las sentencias definitivamente firmes que pueden ser objeto de revisión, esta Sala ha sostenido lo siguiente:

> "...Sólo de manera extraordinaria, excepcional, restringida y discrecional, esta Sala posee la potestad de revisar lo siguiente:
>
> 1. **Las sentencias definitivamente firmes** de amparo constitucional de cualquier carácter, dictadas por las demás Salas del Tribunal Supremo de Justicia y por cualquier juzgado o tribunal del país.
>
> 2. **Las sentencias definitivamente firmes** de control expreso de constitucionalidad de leyes o normas jurídicas por los tribunales de la República o las demás Salas del Tribunal Supremo de Justicia.
>
> 3. **Las sentencias definitivamente firmes** que hayan sido dictadas por las demás Salas de este Tribunal o por los demás tribunales o juzgados del país apartándose u obviando expresa o tácitamente alguna interpretación de la Constitución contenida en alguna sentencia dictada por esta Sala con anterioridad al fallo impugnado, realizando un errado control de constitucionalidad al aplicar indebidamente la norma constitucional.
>
> 4. **Las sentencias definitivamente firmes** que hayan sido dictadas por las demás Salas de este Tribunal o por los demás tribunales o juzgados del país que de manera evidente hayan incurrido, según el criterio de la Sala, en un error grotesco en cuanto a la interpretación de la Constitución o que sencillamente hayan obviado por completo la interpretación de la norma constitucional. En estos casos hay también un errado control constitucional..." (s. S.C. N° 93 del 06-02-01. Resaltado añadido).

Se observa de las trascripciones anteriores que la revisión contenida en el artículo 336.10 constitucional, constituye una facultad extraordinaria, excepcional, restringida y discrecional que posee esta Sala Constitucional con la finalidad objetiva de resguardo de la integridad del texto constitucional con la vigilancia o control del acatamiento de las interpretaciones vinculantes que hubiese hecho, por parte del resto de los tribunales del país con inclusión de las demás Salas de este Tribunal Supremo de Justicia, para el mantenimiento de una interpretación uniforme de sus normas y principios jurídicos fundamentales, lo cual conlleva a la seguridad jurídica, de allí que se cuestione y deba impedirse que la misma se emplee como sucedáneo de los medios o recurso de impugnación o gravamen, como si con ella fuese posible el replanteamiento y juzgamiento sobre el mérito de lo debatido, con una nueva instancia del proceso, al que debió ponérsele fin con el acto de juzgamiento cuestionado, con el sólo propósito del restablecimiento de la situación jurídica supuestamente lesionada, es decir, con un claro interés jurídico subjetivo que abiertamente colide con la finalidad objetiva de dicho instrumento o medio de protección del texto constitucional.

Dada la naturaleza extraordinaria y excepcional de la revisión, esta Sala fijó claros supuestos de procedencia (s.S.C. N° 93 del 6 de febrero de 2001; caso: "Corpoturismo"), lo cuales fueron recogidos en la vigente Ley Orgánica del Tribunal Supremo de Justicia (artículo 25, numerales 10 y 11), con el propósito de evitar su empleo indiscriminado y exagerado con fundamento en el sólo interés en el restablecimiento de la situación jurídica subjetiva supuestamente lesionada, en clara colisión con su verdadera finalidad. En ese sentido, no sólo se establecieron límites a su procedencia, sino también a su admisión y tramitación; para ello se estableció cuáles actos jurisdiccionales pueden ser objeto de revisión (vid., s. S.C. N° 5096, del 16 de diciembre de 2005; caso: "Daniel Darío Andrade Rodríguez y otro"), pues no todo acto que dicten los órganos de administración de justicia puede ser objeto de este extraordinario medio de tutela del texto constitucional, ya que sólo se admite contra las "sentencias definitivamente firmes", cuyo concepto ha precisado esta Sala no solo para aquellos actos decisorios definitivos (que juzgan sobre el mérito de lo debatido) contra los cuáles se hubiesen agotado todos los medios ordinarios o extraordinarios de impugnación, o haya precluído el lapso para su interposición sin que éstos se hubiesen ejercidos, sino, además, contra aquéllos actos decisorios interlocutorios (que hubiesen adquirido firmeza, en los términos expuestos) que pongan fin al juicio, impidan su continuación (verbigracia, la perención), prejuzguen sobre lo definitivo (mérito de la causa) o causen un gravamen que no pueda ser reparado mediante la decisión definitiva (*Vid.*, entre otras, s. S.C. N^{ros} 1202, del 21 de junio de 2004; caso: *"Fundación Venezolana Contra la Parálisis Infantil"*; 2156, del 14 de septiembre de 2004; caso: *"Miguel Antonio Lara García"*; así como las N^{ros} 2254/03, 1045/06, 2312/06 y 123/07).

De esa forma, lo reiteró esta Sala Constitucional cuando, en reciente decisión (s.S.C. N° 217, del 05-04-2013, caso: *"Rafael Enrique González Larreal"*), expresó:

"...*De la sentencia N° 00062 dictada el 1 de febrero de 2012 y publicada el 2 de febrero de 2012, dictado por la Sala Político Administrativa del Tribunal Supremo de Justicia que motiva la presente solicitud de revisión, no se evidencia que se den los supuestos excepcionales que permite que aquellas decisiones que aun cuando puedan considerarse interlocutorias, ponen fin al juicio y adquieren firmeza, como lo son las sentencias interlocutorias que declaran la perención de la instancia, las cuales, dados los supuestos que hacen posible la revisión, sí puedan ser revisadas por esta Sala (Vid. sentencia N° 2673/14-12-2001, N° 2921/04-11-2003 y N° 1735/16-12-2009), así como también, el caso de ciertas sentencias que aun siendo interlocutorias, prejuzgan sobre la definitiva o causan un gravamen irreparable como sería el contenido en la sentencia N° 442/23-03-2004, caso: Ismael García, donde se permitió la revisión sobre la base de que contra la decisión: '....no hay posibilidad de ejercer recurso de apelación ni posibilita la consulta prevista en el artículo 35 de la Ley Orgánica de Amparo sobre Derechos y Garantías Constitucionales, no es susceptible de impugnación por vía de los medios judiciales ordinarios, por lo que adquiere carácter de sentencia definitivamente firme, aunque haya sido proferida en sede cautelar', aunado a la doctrina establecida por esta Sala Constitucional en el fallo N° 93/2001, 'respecto a las sentencias sobre las cuales la Sala ejerce su potestad de revisión, incluye no sólo los fallos dictados en amparos autónomos, sino también los pronunciados en sede cautelar, siempre que sea definitivamente firme'...*" (*Vid.* sentencia N° 1045/17-05-2006).

En el caso de autos se propuso la revisión contra una sentencia que declinó la competencia para conocer y decidir un recurso de nulidad de un contrato de venta sobre un terreno de origen ejidal, en el Juzgado Superior en lo Civil y Contencioso Administrativo de la Región Oriental, con sede en la ciudad de Maturín, Estado Monagas, y sólo se pronuncia sobre su incompetencia para el conocimiento de la pretensión, señalando cual es el juzgado que considera competente para la iniciación y tramitación del proceso, la cual no causa un perjuicio irreparable al accionante y revisada como ha sido la misma, no se dan los supuestos excepcionales que han dado lugar a que la Sala Constitucional haya revisado sentencias de naturaleza incidental donde se resuelvan asuntos de competencia.

Así, en atención a la reiterada doctrina de esta Sala Constitucional sobre el objeto de su potestad discrecional y extraordinaria como la que se peticionó en el asunto *sub examine*, se aprecia que las delaciones que fueron formuladas por el peticionario no constituyen fundamentación para su procedencia.

Como consecuencia del examen de la sentencia recurrida, estima la Sala, que en el presente caso no se dan los supuestos necesarios para que proceda la revisión solicitada, puesto que no se considera que existan infracciones grotescas de interpretación de norma constitucional alguna, ni se evidencia que el mismo desconozca algún criterio interpretativo de normas constitucionales, que haya fijado esta Sala Constitucional, es decir, no se puede afirmar que la decisión judicial sometida a su consideración, quebrante principios jurídicos fundamentales contenidos en la Constitución de la República Bolivariana de Venezuela, Tratados,

Pactos o Convenios Internacionales suscritos y ratificados válidamente por la República, ni fue dictada como consecuencia de un error inexcusable, dolo, cohecho o prevaricación, así como tampoco contradice sentencia alguna dictada por esta Sala.

De tal manera que, la Sala considera que de lo expuesto por el solicitante no se desprende que su examen pueda contribuir a la uniformidad de la interpretación de normas y principios constitucionales, motivo por el cual declara no ha lugar la revisión solicitada, y así se decide.

3.   *Acción de Amparo Constitucional*

   A.   *Competencia*

      a.   *Sala Constitucional: Altos funcionarios públicos nacionales de rango constitucional*

TSJ-SC (832)   **3-7-2013**

Magistrado Ponente: Francisco A. Carrasquero López

Caso: Richard Miguel Mardo Mardo vs. Fiscal General de la República.

De conformidad con el artículo 8 de la Ley Orgánica de Amparo sobre Derechos y Garantías Constitucionales, el fuero especial que allí está preceptuado debe reunir dos requisitos intrínsecos: la jerarquía constitucional y el carácter nacional; es decir, que la actividad de la autoridad derive de un mandato expreso de la Constitución y que su competencia sea ejercida en todo el territorio de la República.

Siendo la oportunidad de pronunciarse respecto de la competencia para conocer del presente asunto, esta Sala pasa a hacerlo y, a tal efecto, observa:

Conforme a lo dispuesto en los artículos 266, numeral 1, y 336, numeral 11, de la Constitución de la República Bolivariana de Venezuela, y en el artículo 25, numeral 18, de la Ley Orgánica del Tribunal Supremo de Justicia, le concierne a la Sala Constitucional del Tribunal Supremo de Justicia conocer, en única instancia, las demandas de amparo constitucional interpuestas contra los altos funcionarios públicos nacionales de rango constitucional.

Ahora bien, en esta oportunidad se interpuso acción de amparo constitucional contra actuaciones de la ciudadana Luisa Ortega Díaz, en su condición de Fiscal General de la República Bolivariana de Venezuela, en el marco del antejuicio de mérito que se sigue ante la Sala Plena de este Tribunal Supremo de Justicia contra el hoy accionante.

En este orden de ideas, deben entenderse por altos funcionarios públicos los establecidos en el artículo 8 de la Ley Orgánica de Amparo sobre Derechos y Garantías Constitucionales y los establecidos en el artículo 45 de la Ley Orgánica de la Administración Pública, los cuales disponen:

"**Artículo 8.** La Corte Suprema de Justicia conocerá en única instancia, en la Sala de competencia afín con el derecho o garantía constitucionales violados o amenazados de violación, de la acción de amparo contra el hecho, acto u omisión emanados del Presidente de la República, de los Ministros, del Consejo Supremo Electoral y demás organismos electorales del país, del Fiscal General de la República, del Procurador General de la República o del Contralor General de la República" (Subrayado nuestro).

"**Artículo 45.** Son órganos superiores de dirección de la Administración Pública Central, el Presidente o Presidenta de la República, el Vicepresidente Ejecutivo o la Vicepresidenta Ejecutiva, el Consejo de Ministros, los ministros o ministras y los viceministros o viceministras.

Son órganos superiores de consulta de la Administración Pública Central, la Procuraduría General de la República, el Consejo de Estado, el Consejo de Defensa de la Nación, los gabinetes sectoriales y los gabinetes".

Así pues, se observa que esta Sala controla con carácter excluyente y exclusivo los actos, hechos u omisiones de los altos funcionarios públicos nacionales, establecidos anteriormente; no obstante, la enumeración expuesta en los mencionados artículos es enunciativa y no taxativa (*Vid.* Entre otras sentencias de esta Sala del 30 de junio de 2000, caso: "*Defensoría del Pueblo*"; 20 de enero de 2000, caso: "*Emery Mata Millán*"; y 15 de febrero de 2001, caso: "*María Zamora Ron*").

En tal sentido, precisa esta Sala señalar que de conformidad con el artículo 8 transcrito *supra*, el fuero especial que allí está preceptuado debe reunir dos requisitos intrínsecos: la jerarquía constitucional y el carácter nacional; es decir, que la actividad de la autoridad derive de un mandato expreso de la Constitución y que su competencia sea ejercida en todo el territorio de la República.

En el caso de autos, la acción de amparo fue interpuesta contra actuaciones de la ciudadana Luisa Ortega Díaz, en su condición de Fiscal General de la República Bolivariana de Venezuela. En consecuencia, al encontrarse la presunta agraviante dentro de los funcionarios indicados en el artículo 8 de la Ley Orgánica Amparo sobre Derechos y Garantías Constitucionales, congruente con las disposiciones constitucionales y legales antes citadas y los criterios jurisprudenciales referidos, esta Sala Constitucional resulta competente para conocer y resolver la mencionada acción de amparo. Así se decide.

    B.   *Admisibilidad*

        a.   *Amenazas imposibles e irrealizables por el imputado*

        TSJ-SE (84)   **6-8-2013**

        Magistrado Ponente: Fernando Ramón Vegas Torrealba

        Caso: José Arianna Mirabal vs. Mesa de la Unidad Democrática (MUD)

        La admisibilidad de la acción de amparo constitucional depende de que el daño al derecho constitucional invocado sea cierto, inminente y realizable por el sujeto al que se le atribuye.

Tal como fue señalado anteriormente, en el presente caso el ciudadano José Arianna Mirabal, antes identificado, ejerció acción de amparo constitucional conjuntamente con solicitud de amparo cautelar contra la "...*MESA DE LA UNIDAD DEMOCRÁTICA (MUD), representada por su Secretario Ejecutivo Dr. RAMÓN GUILLERMO AVELEDO, (...) por la amenaza de violación de*[sus] *derechos constitucionales establecidos en los artículo 62, 63 y 67* [porque] *pretende nombrar un candidato diferente al electo, en las elecciones primarias celebradas el 12 de febrero de 2012, a la Alcaldía del Municipio Atures del estado Amazonas*" (corchetes de la Sala).

Corresponde a esta Sala pronunciarse acerca de la admisión de la solicitud de amparo constitucional interpuesta en la presente causa, para lo cual observa que conforme a lo previsto en el artículo 6, numeral 2, de la Ley Orgánica de Amparo sobre Derechos y Garantías

Constitucionales, la acción de amparo constitucional es inadmisible si la amenaza de violación denunciada no es "...*inmediata, posible y realizable por el imputado*...".

Sobre la referida causal de inadmisibilidad, la Sala Constitucional en sentencia número 374 del 24 de marzo de 2011, acogida por esta Sala en sentencia número 7 del 5 de abril de 2013, señaló lo siguiente:

"Al respecto, esta Sala debe señalar que, con relación a la acción interpuesta, en razón de la posible existencia de una amenaza que pueda vulnerar un derecho constitucional, se han determinado ciertos presupuestos para amparar al agraviado de la presunta vulneración constitucional, como lo es: que sea inminente, cierta y que esté próxima a materializarse. Así, en el supuesto negado de que no concurran tales condiciones el amparo constitucional sería inadmisible en virtud de lo dispuesto en el artículo 6, numeral 2, de la Ley Orgánica de Amparo sobre Derechos y Garantías Constitucionales, que establece lo siguiente: 'No se admitirá la acción de amparo: 2. Cuando la amenaza contra el derecho a la garantía constitucionales no sea inmediata, posible y realizable por el imputable' (...).

La disposición normativa antes transcrita ha sido interpretada en diversas oportunidades por esta Sala, entre otras, en la sentencia Nro: 326, del 09 de marzo de 2001 (Caso: Frigoríficos Ordaz S.A.), en la cual expresamente estableció lo siguiente:

En otros términos lo señala el numeral 2 del artículo 6 de la misma Ley, al indicar que la amenaza que hace procedente la acción de amparo es aquella que sea inmediata, posible y realizable por el imputado, estableciendo al efecto que tales requisitos deben ser concurrentes, por lo cual es indispensable -además de la inmediación de la amenaza- que la eventual violación de los derechos alegados, que podrían materializarse de no ser protegidos mediante el mandamiento que se solicita, deba ser consecuencia directa e inmediata del acto, hecho u omisión que constituyan el objeto de la acción(...).

A la par, esta Sala estima preciso reiterar el criterio establecido en la sentencia N° 1807, de fecha 28 de septiembre de 2001, caso: 'Josefa Otilia Carrasquel Díaz', en la cual a la letra se señaló lo siguiente:

Ahora bien, al tener el amparo constitucional como objeto la protección frente a las actuaciones que puedan producir lesiones, en forma directa, sobre la esfera de garantías y derechos constitucionales del presunto agraviado, a fin de que se restablezca por esta vía la situación jurídica infringida, es condición esencial para el ejercicio del mismo que la violación o amenaza sea objetiva, real e imputable al presunto agraviante (Subrayado de esta Sala).

De esta manera, en el presente caso, la actuación imputada no es posible ni realizable por el ciudadano Tareck El Aissami, en su carácter de Ministro del Poder Popular para Relaciones Interiores y Justicia supuestamente agraviante..."

El texto refleja que la admisibilidad de la acción de amparo constitucional depende de que el daño al derecho constitucional invocado sea cierto, inminente y realizable por el sujeto al que se le atribuye. En este caso la parte actora alegó que la Mesa de la Unidad Democrática (MUD) representada por el ciudadano Ramón Guillermo Aveledo, en su carácter de Secretario Ejecutivo, es responsable de las declaraciones supuestamente expresadas por el Gobernador del estado Amazonas y presuntos "...*Dirigentes juveniles*...", quienes son terceros que sin ser voceros o representantes oficiales de la referida organización, manifestaron aparente respaldo a otra persona para postularla como candidata a las elecciones Municipales.

De esas supuestas declaraciones y de los recaudos aportados no puede esta Sala deducir que exista un riesgo o amenaza de riesgo atribuible a la organización denominada Mesa de la Unidad democrática (MUD) o al ciudadano Ramón Guillermo Aveledo, ya que constituyen manifestaciones de terceros que además no significa un hecho cierto de que la postulación del accionante no se va a concretar.

En virtud de lo anterior, esta Sala considera que la actuación denunciada como lesiva de los derechos constitucionales invocados con fundamento en declaraciones de terceros aparecidas en una copia fotostática de un diario local, asimismo en declaraciones rendidas por el ciudadano Liborio Guarulla en una entrevista reproducida en un CD que corre inserto al folio 14, quien no es vocero de la Mesa de la Unidad democrática (MUD), no es posible ni realizable por la referida organización o su representante, por lo que resulta inadmisible de conformidad con lo previsto en el artículo 6, numeral 2, de la Ley Orgánica de Amparo sobre Derechos y Garantías Constitucionales. Así se decide.

Declarada la inadmisibilidad de la presente acción de amparo constitucional resulta inoficioso pronunciarse sobre la solicitud cautelar, en virtud del carácter accesorio de ese tipo de pretensiones.

   b. *Existencia de medios judiciales ordinarios o preexistentes*

   TSJ-SC (895)   **11-7-2013**

   Magistrada Ponente: Luisa Estella Morales Lamuño

   Caso: Eduardo Bardelis Hernández Díaz vs. Ministerio del Poder Popular del Despacho de la Presidencia y Seguimiento de la Gestión de Gobierno.

   El amparo será procedente cuando se desprenda, de las circunstancias de hecho y de derecho del caso, que el ejercicio de los medios procesales ordinarios resulte insuficiente para el restablecimiento del disfrute del bien jurídico que fue lesionado

Examinado el escrito que encabeza las siguientes actuaciones, esta Sala considera cumplidos los extremos formales a que se refiere el artículo 18 de la Ley Orgánica de Amparo sobre Derechos y Garantías Constitucionales.

Así mismo, la pretensión no se encuentra incursa en las causales de inadmisión sistematizadas en los artículos 6 de la Ley Orgánica de Amparo sobre Derechos y Garantías Constitucionales y 133 de la Ley Orgánica del Tribunal Supremo de Justicia. No obstante, se observa:

De los precarios términos de la pretensión de tutela constitucional planteada por el actor, es pertinente indicar que esta Sala advierte, que el presunto agraviado se limita a cuestionar la constitucionalidad e ilegalidad de la intervención urbana y arquitectónica que se materializó en la construcción del llamado "Mausoleo del Libertador" y a la remodelación de la estructura física del Panteón Nacional y sus adyacencias, denunciando a su vez, lo que a su juicio se constituye una *"construcción de una estructura en forma de medio V (sic) o la mita (sic) de una letra V parecida a las siglas del Psuv (...)"*, aunado a la comisión de *"delito"* al constituirse el *"mismo Ministro señor 'Farruco Sesto' (...) el encargado de ejecutar y desarrollar el proyecto (...) y ese mismo señor (...) es el dueño de las empresas constructoras que estaban modificando al Panteón Nacional"*, que constituyen circunstancias que se materializan en la violación de la consulta pública por referendo popular, establecida en el artículo 71 y del contenido de los artículos 99 y 143 del Texto Fundamental, referidos a los derechos culturales y al derecho a la información, respectivamente.

Del contenido de las denuncias parcialmente transcritas, la Sala reitera que el amparo constitucional tiene como objeto la protección frente a las actuaciones que puedan producir lesiones, en forma directa, sobre la esfera de garantías y derechos constitucionales de los particulares. Esta acción está destinada a restablecer a través de un procedimiento breve los derechos lesionados o amenazados de violación, siendo un instrumento para garantizar el pacífico disfrute de los mismos, que opera sólo cuando se dan las condiciones previamente expuestas y aceptadas como necesarias de la institución de amparo, de conformidad con la ley que rige la materia y la jurisprudencia de esta Sala.

En este sentido, la acción de amparo constitucional debe ajustarse a los requerimientos establecidos en la Ley Orgánica de Amparo sobre Derechos y Garantías Constitucionales, constituyendo una condición esencial para el ejercicio del mismo que la parte presuntamente lesionada en sus derechos fundamentales no hubiese hecho uso de medios judiciales preexistentes o que existiendo otras vías judiciales para alcanzar el restablecimiento de la situación jurídica presuntamente vulnerada, estas no resulten idóneas para alcanzar la protección o restitución constitucional requerida. Al respecto, el cardinal 5 del artículo 6 de la Ley Orgánica de Amparo sobre Derechos y Garantías Constitucionales, establece expresamente que:

"No se admitirá la acción de amparo:

...omissis...

5) Cuando el agraviado haya optado por recurrir a las vías judiciales ordinarias o hecho uso de los medios judiciales preexistentes".

En este sentido, se advierte que es doctrina reiterada de esta Sala que la admisibilidad de la acción de amparo está sujeta a que el interesado no cuente con vías judiciales idóneas o medios judiciales preexistentes o bien que, ante la existencia de éstos, los mismos no permitan la reparación apropiada del perjuicio a los derechos o garantías constitucionales que se denuncian como vulnerados; de modo que el amparo será procedente cuando se desprenda, de las circunstancias de hecho y de derecho del caso, que el ejercicio de los medios procesales ordinarios resulte insuficiente para el restablecimiento del disfrute del bien jurídico que fue lesionado (*Vid.* Sentencia de esta Sala del 9 de agosto de 2000, caso: *"Stefan Mar"*).

Respecto a estos medios idóneos, la Constitución de la República Bolivariana de Venezuela en su artículo 259, otorga competencia a los órganos de la jurisdicción contencioso administrativa para *"anular los actos administrativos generales o individuales contrarios a derecho, incluso por desviación de poder; condenar al pago de sumas de dinero y a la reparación de daños y perjuicios originados en responsabilidad de la Administración; conocer de reclamos por la prestación de servicios públicos; y disponer lo necesario para el restablecimiento de las situaciones jurídicas subjetivas lesionadas por la actividad administrativa"*, lo que conduce a afirmar que los derechos o garantías constitucionales que resulten lesionados por actos o hechos dictados o ejecutados en ejercicio de la función administrativa u omisiones o abstenciones de órganos o personas obligados por normas de derecho administrativo, se encuentran tutelados, en virtud de la potestad que la Constitución otorga, por esos órganos jurisdiccionales (*Cfr.* Sentencia de esta Sala N° 1.346/12).

En el presente caso, resulta claro que la actividad desplegada por diversos órganos de la Administración Pública, para la construcción del llamado "Mausoleo del Libertador" y a la remodelación de la estructura física del Panteón Nacional y sus adyacencias, constituyen hechos y actos controlables por la jurisdicción contencioso administrativa.

Así, en el caso de autos, esta Sala observa que la parte accionante tenía a su disposición el recurso contencioso administrativo de nulidad, el cual es un medio procesal que, de manera idónea, puede restablecer la situación jurídica que supuestamente ha sido vulnerada. Ello por cuanto el acto que fue impugnado no es un acto del Poder Público que hubiere sido dictado en ejecución directa del Texto Fundamental, sino en ejercicio de la función administrativa y, por ende, de rango sublegal; razón por la cual no es la jurisdicción constitucional que ejerce esta Sala la competente para su control, pues de conformidad con el artículo 259 de la Constitución de la República Bolivariana de Venezuela corresponde a la jurisdicción contencioso-administrativa, en la que puede ser impugnado dicho acto a través de la respectiva demanda de nulidad, como vía judicial idónea para el restablecimiento de los derechos presuntamente vulnerados, en el que incluso pueden solicitarse medidas cautelares (*Vid.* Sentencia número 3.117 del 15 de diciembre de 2004, caso: *"María del Carmen Trastoy Hombre"*).

En tal sentido, con relación a la eficacia del recurso contencioso administrativo de nulidad, esta Sala estableció en sentencia número 82 del 1 de febrero de 2001, lo siguiente:

> *"(...) la eficacia del recurso contencioso administrativo de anulación como medio judicial a los fines del cabal restablecimiento de la situación jurídica infringida, se evidencia de las amplias potestades que por disposición del texto constitucional le han sido otorgadas al juez contencioso, dado que no sólo puede anular el acto administrativo impugnado, sino también '...disponer lo necesario para el restablecimiento de las situaciones jurídicas subjetivas lesionadas por la actividad administrativa...', lo cual demuestra su absoluta idoneidad, con relación a lo que ocurre con el juez constitucional de amparo, para alcanzar así la efectiva protección de los derechos y garantías constitucionales que han sido conculcados por el acto administrativo impugnado...".*

Visto lo anterior observa esta Sala que, en el caso bajo examen, el presunto agraviado en ningún momento señaló que el recurso contencioso administrativo de nulidad contra el acto impugnado fuese un medio insuficiente para restablecer el disfrute del bien jurídico lesionado. Es por ello que considera la Sala que el accionante debió haber ejercido el referido recurso, mediante el cual podría obtener lo mismo que fue requerido en esta acción de amparo constitucional.

Ciertamente, esta Sala debe precisar al presunto agraviado, que el régimen estatutario de derecho público aplicable a los bienes que forman parte del patrimonio cultural, si bien pueden ser objeto de tutela mediante las acciones de amparo, la procedencia de las mismas se encuentra supeditada a la idoneidad de los recursos establecidos por el ordenamiento jurídico para el control de la actividad de la Administración Pública, para lo cual no sólo se debe tomar en consideración la urgencia o inminencia de las supuestas lesiones -circunstancias que no se evidencian en el presente caso- sino además la posibilidad de formular un análisis pormenorizado, respecto de la legalidad de una intervención urbana determinada, más aún cuando *"puede ocurrir que una actividad perfectamente lícita desde el punto de vista urbanístico o ambiental, transgreda derechos e intereses vinculados al contenido del artículo 99 de la Constitución de la República Bolivariana de Venezuela, cuya tutela en el caso del ordenamiento jurídico vigente, es más amplia que la regulada por las normas ambientales o urbanísticas aplicables"* (*Cfr.* Sentencia de esta Sala N° 1.817/08).

Lo anterior, resulta igualmente aplicable en términos generales, a las aseveraciones del accionante respecto de lo que a su juicio considera la posible comisión de hechos punibles, lo cual no constituye objeto de tutela mediante acciones de amparo constitucional, en la medida que no se denuncia la vulneración de derecho constitucional alguno, sino se limita a una aseveración que se deriva a su entender de las lesiones constitucionales que denuncia en su escrito de amparo.

Por último, a pesar de la inadmisibilidad de la totalidad de la acción de amparo interpuesta con fundamento en el artículo 6.5 de la Ley Orgánica de Amparo sobre Derechos y Garantías Constitucionales, respecto de la denuncia de violación del artículo 71 de la Constitución, resulta oportuno reiterar el carácter optativo del mismo en relación con la iniciativa a cargo de las autoridades u órganos que en ella se mencionan, ya que de *"una simple lectura del artículo parcialmente transcrito, se evidencia que no sólo es opcional (...), sino que los particulares pueden mediante la solicitud de un número no menor del diez por ciento de los electores inscritos en el Registro Civil y Electoral, convocar un referendo consultivo a tal fin" (Cfr.* Sentencia de esta Sala N° 919/07), con lo cual la denuncia en particular puede subsumirse además bajo el supuesto contenido en el artículo 6.2 de la Ley Orgánica de Amparo sobre Derechos y Garantías Constitucionales.

En virtud de lo anterior, se desprende que el accionante gozaba del mecanismo judicial idóneo, como es el recurso contencioso administrativo de nulidad contra la actividad de la Administración en la construcción del llamado "Mausoleo del Libertador" y a la remodelación de la estructura física del Panteón Nacional y sus adyacencias, aunado a ello el quejoso no demostró que esta vía no constituía el medio expedito para lograr el restablecimiento de la situación jurídica alegada como infringida en el presente caso, razones por las cuales se debe declarar inadmisible la presente acción de amparo constitucional, toda vez que la misma se encuentra inmersa en la causal contemplada en el cardinal 5 del artículo 6 de la Ley Orgánica de Amparo sobre Derechos y Garantías Constitucionales; y así se declara.

TSJ-SC (832)   **3-7-2013**

Magistrado Ponente: Francisco A. Carrasquero López

Caso: Richard Miguel Mardo Mardo vs. Fiscal General de la República.

El antejuicio de mérito, si bien no constituye una vía judicial ordinaria, en el presente caso se plantea como un medio judicial preexistente, a efectos de la declaratoria de inadmisibilidad de la acción de amparo constitucional.

Establecida la competencia de la Sala para el conocimiento de la causa, le corresponde emitir el pronunciamiento respecto de la admisibilidad de la acción propuesta.

En tal sentido, es necesario recordar que la presente acción de amparo fue interpuesta contra actuaciones de la ciudadana Luisa Ortega Díaz, en su condición de Fiscal General de la República Bolivariana de Venezuela, en el marco del antejuicio de mérito que se sigue ante la Sala Plena de este Tribunal Supremo de Justicia contra el hoy accionante. De allí que pase esta Sala a analizar los alegatos esgrimidos por el ciudadano Richard Miguel Mardo Mardo en su escrito de amparo.

En primer término, el accionante insiste en su temor de *"…que la Dra. Luisa Marvelia Ortega Díaz continúe consignando nuevos supuestos elementos de convicción a los fines de retardar el proceso y evitar que se celebre la audiencia de Antejuicio de Mérito, colocándome en una situación de total inseguridad jurídica…".*

Ahora bien, es un hecho notorio la realización, el día martes 25 de junio de 2013, en el Auditorio Principal del Edificio Sede de este Máximo Tribunal, de la audiencia pública con ocasión del antejuicio de mérito seguido contra el ciudadano Richard Miguel Mardo Mardo; razón por la cual, de haber existido la supuesta amenaza de violación de los derechos constitucionales denunciada por el hoy accionante, la misma cesó al haberse celebrado el mencionado acto procesal. Por lo que la acción de amparo resulta inadmisible conforme a lo establecido en el cardinal 1 del artículo 6 de la Ley Orgánica de Amparo sobre Derechos y Garantías Constitucionales. Así se decide.

En segundo lugar, el accionante efectúa una serie de denuncias relacionadas con el desarrollo de la investigación preliminar llevada a cabo por el Ministerio Público.

En tal sentido, debe acotarse que, a raíz de dicha denuncia, la Fiscal General de la República Bolivariana de Venezuela, ciudadana Luisa Ortega Díaz, presentó formalmente la solicitud de antejuicio de mérito en contra del ciudadano Richard Miguel Mardo Mardo ante la Sala Plena de este Tribunal Supremo de Justicia.

En efecto, como se expuso con anterioridad, ya la audiencia pública fue celebrada en dicha causa, oportunidad en la cual el accionante y sus defensores privados reprodujeron las mismas delaciones.

Así las cosas, esta Sala considera oportuno recordar lo establecido en la Ley Orgánica de Amparo sobre Derechos y Garantías Constitucionales:

"Artículo 6: No se admitirá la acción de amparo:

(...omissis...)

5) Cuando el agraviado haya optado por recurrir a las vías judiciales ordinarias o hecho uso de los medios judiciales preexistentes (...omissis...)".

De lo anterior se desprende que el accionante realizó las mismas denuncias aquí contenidas, en el marco de la audiencia pública celebrada con ocasión de la solicitud de antejuicio de mérito efectuada en su contra.

Al respecto, cabe señalar que esta Sala ha interpretado la citada causal de inadmisibilidad de la acción de amparo, en el siguiente sentido:

"(...) la Sala estima pertinente señalar que la norma prevista en el artículo 6, numeral 5 de la Ley Orgánica de Amparo sobre Derechos y Garantías Constitucionales, consagra simultáneamente el supuesto de admisibilidad e inadmisibilidad de la acción de amparo.

Así, en primer término, se consagra claramente la inadmisión de la acción cuando el agraviado haya optado por recurrir a la vías ordinarias o a los medios judiciales preexistentes, sobre el fundamento de que todo juez de la República es constitucional y, a través del ejercicio de los recursos que ofrece la jurisdicción ordinaria, se pueda alcanzar la tutela judicial efectiva de derechos o garantías constitucionales.

No obstante, la misma norma es inconsistente, cuando consagra que, en el caso de la opción por la vía ordinaria, si se alega violación o amenaza de violación de un derecho o garantía constitucionales, la acción de amparo será admisible, caso en el cual el juez deberá acogerse al procedimiento y a los lapsos previstos en los artículos 23, 24 y 26 de la Ley Orgánica de Amparo sobre Derechos y Garantías Constitucionales, y su decisión versará exclusivamente sobre la suspensión o no, de manera provisional, sobre el acto cuestionado de inconstitucionalidad. En otras palabras, la acción de amparo es inadmisible cuando el agraviado haya optado por recurrir a vías ordinarias o hecho uso de los medios judiciales preexistentes; por argumento a contrario es admisible, entonces, si el agraviado alega injuria constitucional, en cuyo caso el juez debe acogerse al procedimiento y a los lapsos establecidos en los artículos 23, 24 y 26 de la Ley Orgánica de Amparo sobre Derechos y Garantías Constitucionales, a fin de ordenar la suspensión provisional de los efectos del acto cuestionado.

Ahora bien, para que el artículo 6.5 no sea inconsistente es necesario, no sólo admitir el amparo en caso de injuria inconstitucional, aun en el supuesto de que el agraviado haya optado por la jurisdicción ordinaria, sino, también, inadmitirlo si éste pudo disponer de recursos ordinarios que no ejerció previamente." (Sentencia N° 2369 de esta Sala, del 23 de noviembre de 2001, caso: *Mario Téllez García* y otro).

Asimismo, con relación a esa causal de inadmisibilidad, esta Sala reiteró recientemente lo siguiente:

"...estima esta Sala que no puede pretender el quejoso la sustitución, con el amparo, de los medios jurisdiccionales que preceptuó el ordenamiento procesal para la corrección del supuesto error que cometió el órgano jurisdiccional, pues ellos constituyen la vía idónea para la garantía de la tutela judicial eficaz. La admisión de lo contrario llevaría a la desaparición de las vías judiciales que estableció el legislador para el aseguramiento de los derechos e intereses de las partes dentro de un determinado proceso" (Vid. sentencia de esta Sala N° 478, del 25 de abril de 2012).

Ahora bien, debe analizarse brevemente la naturaleza del antejuicio de mérito. En tal sentido, el artículo 266 de la Constitución de la República Bolivariana de Venezuela establece:

"**Artículo 266.** Son atribuciones del Tribunal Supremo de Justicia:

(...*omissis*...)

3. Declarar si hay o no mérito para el enjuiciamiento del Vicepresidente Ejecutivo o Vicepresidenta Ejecutiva, de los o las integrantes de la Asamblea Nacional o del propio Tribunal Supremo de Justicia, de los Ministros o Ministras, del Procurador o Procuradora General, del Fiscal o la Fiscal General, del Contralor o Contralora General de la República, del Defensor o Defensora del Pueblo, los Gobernadores o Gobernadoras, oficiales, generales y almirantes de la Fuerza Armada Nacional y de los jefes o jefas de misiones diplomáticas de la República y, en caso afirmativo, remitir los autos al Fiscal o la Fiscal General de la República o a quien haga sus veces, si fuere el caso; y si el delito fuere común, continuará conociendo de la causa hasta la sentencia definitiva.

(...*omissis*...) (Subrayado nuestro)".

Así, las personas que se hallan investidas de las más elevadas funciones públicas, gozan de prerrogativas constitucionales para el ejercicio de sus funciones, siendo una de ellas el antejuicio de mérito, cuyo conocimiento le corresponde a la Sala Plena de este Máximo Tribunal.

En tal sentido, ha señalado este Tribunal Supremo de Justicia en reiteradas decisiones, que el régimen del antejuicio de mérito previsto en la Constitución de la República Bolivariana de Venezuela consiste en un privilegio para las altas autoridades del Estado, que tiene por objeto proteger la labor de los funcionarios públicos que ocupan y desempeñan cargos de alta relevancia, por lo que procura la continuidad en el desempeño de las tareas esenciales que presupone el ejercicio de la función pública.

En otras palabras, el antejuicio de mérito es una prerrogativa procesal de la que son acreedores los altos funcionarios del Estado, que garantiza ese ejercicio de la función pública y, por ende, evita la existencia de perturbaciones derivadas de posibles querellas injustificadas o maliciosas que se interpongan contra las personas que desempeñen una alta investidura.

De manera que cuando se considera que algún alto funcionario ha cometido algún hecho punible –*conditio sine qua non* para la solicitud del antejuicio de mérito que debe preceder al enjuiciamiento penal contra los altos funcionarios a los cuales hace referencia los numerales 2 y 3 del artículo 266 de la Constitución de la República Bolivariana de Venezuela– la ley otorga al titular de la acción penal, específicamente, al Fiscal General de la República, la facultad para proponer formalmente, ante la Sala Plena de este Tribunal Supremo de Justicia, solicitud de antejuicio de mérito mediante una querella, como lo señala el artículo 377 del Código Orgánico Procesal Penal.

De lo anterior se deduce que el antejuicio de mérito, si bien no constituye una vía judicial ordinaria, en el presente caso se plantea como un medio judicial preexistente. En efecto, el hecho de que las denuncias que soportan la presente demanda de amparo –indebidamente calificado como sobrevenido, según se expuso *ut supra*- hayan sido igualmente expuestas ante la Sala Plena de este Alto Tribunal, que es el juez natural que conoce de la causa de antejuicio en el marco de la cual el accionante denuncia que fueron violados sus derechos y garantías constitucionales, hace que se configure la causal de inadmisibilidad contenida en el cardinal 5 del artículo 6 de la Ley Orgánica de Amparo sobre Derechos y Garantías Constitucionales, pues sus alegatos serán objeto de pronunciamiento por parte de la referida Sala en la oportunidad de dictarse la decisión de fondo en dicha causa. Así también se decide.

Finalmente, debe recordar esta Sala que la naturaleza de la acción de amparo constitucional, en tanto considerada extraordinaria, fue revisada en sentencia N° 848, de fecha 28 de julio de 2000 (caso: *Luis Alberto Baca*), oportunidad en la cual señaló lo siguiente:

> "...el amparo previsto en el artículo 4 de la Ley Orgánica de Amparo sobre Derechos y Garantías Constitucionales, no obra en sus supuestos como una acción que puede ser utilizada en cualquier momento en que lo considere el actor. Es por ello, que la doctrina y muchas sentencias, la consideran una acción extraordinaria, aunque en realidad no lo sea, ya que ella es una acción común que la Constitución vigente (artículo 27) otorga a todo aquél a quien se le infrinjan derechos y garantías constitucionales, pero cuya admisibilidad varía, de acuerdo a las diversas fuentes de trasgresión constitucional que la Ley Orgánica de Amparo sobre Derechos y Garantías Constitucionales previene.
>
> Estas infracciones pueden provenir de vías de hecho, o estar contenidas en actos administrativos, normas jurídicas, actos u omisiones procesales, sentencias judiciales, etc.
>
> Por lo tanto, no es cierto que *per se* cualquier trasgresión de derechos y garantías constitucionales está sujeta de inmediato a la tutela del amparo, y menos las provenientes de la actividad procesal, ya que siendo todos los jueces de la República tutores de la integridad de la Constitución, ellos deben restablecer, al ser utilizadas las vías procesales ordinarias (recursos, etc.), la situación jurídica infringida, antes que ella se haga irreparable...".

En virtud de las consideraciones antes expuestas y de los criterios jurisprudenciales parcialmente transcritos *supra*, esta Sala considera que lo ajustado a derecho es declarar inadmisible la presente acción de amparo constitucional interpuesta, de conformidad con lo establecido en los cardinales 1 y 5 del artículo 6 de la Ley Orgánica de Amparo sobre Derechos y Garantías Constitucionales. Así se decide.

C. *Procedimiento: Procedencia in limine en asuntos de mero derecho*

TSJ-SC (993)   **16-7-2013**

Magistrada Ponente: Carmen Zuleta De Merchán

Caso: Ministerio Público vs. Decisión Sala N° 2 de la Corte de Apelaciones del Circuito Judicial Penal del Área Metropolitana de Caracas 17-9-2012.

La Sala Constitucional reitera y complemente la jurisprudencia existente estableciendo con carácter vinculante, que en las demandas de amparos en las cuales se ventile la resolución de un punto de mero derecho, el Juez constitucional podrá, en la oportunidad de la admisión de la solicitud de amparo, decretar el caso como de mero derecho y pasar a dictar, sin necesidad de convocar y celebrar la audiencia oral, la decisión de fondo que permita restablecer inmediatamente y en forma definitiva la situación jurídica infringida o la situación que más se asemeje a ella.

Admitida como ha sido la presente demanda de amparo presentada por los representantes del Ministerio Público, la Sala procede a realizar las siguientes consideraciones:

En la sentencia N° 7, del 1° de febrero de 2000 (caso: *José Amando Mejía*), la Sala ajustó a la nueva Carta Magna el procedimiento de amparo constitucional, de la siguiente manera:

1.- Con relación a los amparos que no se interpongan contra sentencias, tal como lo expresan los artículos 16 y 18 de la Ley Orgánica de Amparo sobre Derechos y Garantías Constitucionales, el proceso se iniciará por escrito o en forma oral conforme a lo señalado en dichos artículos; pero el accionante además de los elementos prescritos en el citado artículo 18 deberá también señalar en su solicitud, oral o escrita, las pruebas que desea promover, siendo esta una carga cuya omisión produce la preclusión de la oportunidad, no solo la de la oferta de las pruebas omitidas, sino la de la producción de todos los instrumentos escritos, audiovisuales o gráficos, con que cuenta para el momento de incoar la acción y que no promoviere y presentare con su escrito o interposición oral; prefiriéndose entre los instrumentos a producir los auténticos. El principio de libertad de medios regirá estos procedimientos, valorándose las pruebas por la sana crítica, excepto la prueba instrumental que tendrá los valores establecidos en los artículos 1359 y 1360 del Código Civil para los documentos públicos y en el artículo 1363 del mismo Código para los documentos privados auténticos y otros que merezcan autenticidad, entre ellos los documentos públicos administrativos.

Los Tribunales o la Sala Constitucional que conozcan de la solicitud de amparo, por aplicación de los artículos de la Ley Orgánica de Amparo sobre Derechos y Garantías Constitucionales, admitirán o no el amparo, ordenarán que se amplíen los hechos y las pruebas, o se corrijan los defectos u omisiones de la solicitud, para lo cual se señalará un lapso, también preclusivo. Todo ello conforme a los artículos 17 y 19 de la Ley Orgánica de Amparo sobre Derechos y Garantías Constitucionales.

Admitida la acción, se ordenará la citación del presunto agraviante y la notificación del Ministerio Público, para que concurran al tribunal a conocer el día en que se celebrará la audiencia oral, la cual tendrá lugar, tanto en su fijación como para su practica, dentro de las noventa y seis (96) horas a partir de la última notificación efectuada. Para dar cumplimiento a la brevedad y falta de formalidad, la notificación podrá ser practicada mediante boleta, o comunicación telefónica, fax, telegrama, correo electrónico, o cualquier medio de comunicación interpersonal, bien por el órgano jurisdiccional o bien por el Alguacil del mismo, indicándose en la notificación la fecha de comparecencia del presunto agraviante y dejando el Secretario del órgano jurisdiccional, en autos, constancia detallada de haberse efectuado la citación o notificación y de sus consecuencias.

En la fecha de la comparecencia que constituirá una audiencia oral y pública, las partes, oralmente, propondrán sus alegatos y defensas ante la Sala Constitucional o el tribunal que conozca de la causa en primera instancia, y esta o este decidirá si hay lugar a pruebas, caso en que el presunto agraviante podrá ofrecer las que considere legales y pertinentes, ya que este es el criterio que rige la admisibilidad de las pruebas. Los hechos esenciales para la defensa del agraviante, así como los medios ofrecidos por él se recogerán en un acta, al igual que las circunstancias del proceso.

La falta de comparecencia del presunto agraviante a la audiencia oral aquí señalada producirá los efectos previstos en el artículo 23 de la Ley Orgánica de Amparo Sobre Derechos y Garantías Constitucionales.

La falta de comparencia del presunto agraviado dará por terminado el procedimiento, a menos que el Tribunal considere que los hechos alegados afectan el orden público, caso en que podrá inquirir sobre los hechos alegados, en un lapso breve, ya que conforme al principio general contenido en el artículo 11 del Código de Procedimiento Civil y el artículo 14 de la Ley Orgánica de Amparo Sobre Derechos y Garantías Constitucionales, en materia de orden público el juez podrá tomar de oficio las providencias que creyere necesarias.

En caso de litis consorcios necesarios activos o pasivos, cualquiera de los litis consortes que concurran a los actos, representará al consorcio.

El órgano jurisdiccional, en la misma audiencia, decretará cuáles son las pruebas admisibles y necesarias, y ordenará, de ser admisibles, también en la misma audiencia, su evacuación, que se realizará en ese mismo día, con inmediación del órgano en cumplimiento del requisito de la oralidad o podrá diferir para el día inmediato posterior la evacuación de las pruebas.

Debido al mandato constitucional de que el procedimiento de amparo no estará sujeto a formalidades, los trámites como se desarrollarán las audiencias y la evacuación de las pruebas, si fueran necesarias, las dictará en las audiencias el tribunal que conozca del amparo, siempre manteniendo la igualdad entre las partes y el derecho de defensa. Todas las actuaciones serán públicas, a menos que por protección a derechos civiles de rango constitucional, como el comprendido en el artículo 60 de la Constitución de la República Bolivariana de Venezuela, se decida que los actos orales sean a puerta cerrada, pero siempre con inmediación del tribunal.

Una vez concluido el debate oral o las pruebas, el juez o el Tribunal en el mismo día estudiará individualmente el expediente o deliberará (en los caso de los Tribunales colegiados) y podrá:

a) Decidir inmediatamente; en cuyo caso expondrá de forma oral los términos del dispositivo del fallo; el cual deberá ser publicado íntegramente dentro de los cinco (5) días siguientes a la audiencia en la cual se dictó la decisión correspondiente. El fallo lo comunicará el juez o el presidente del Tribunal colegiado, pero la sentencia escrita la redactará el ponente o quien el Presidente del Tribunal Colegiado decida.

El dispositivo del fallo surtirá los efectos previstos en el artículo 29 de la Ley Orgánica de Amparo Sobre Derechos y Garantías Constitucionales, mientras que la sentencia se adaptará a lo previsto en el artículo 32 ejusdem.

b) Diferir la audiencia por un lapso que en ningún momento será mayor de cuarenta y ocho (48) horas, por estimar que es necesaria la presentación o evacuación de alguna prueba que sea fundamental para decidir el caso, o a petición de alguna de las partes o del Ministerio Público.

Contra la decisión dictada en primera instancia, podrá apelarse dentro de los tres (3) días siguientes a la publicación del fallo, la cual se oirá en un sólo efecto a menos que se trate del fallo dictado en un proceso que, por excepción, tenga una sola instancia. De no apelarse, pero ser el fallo susceptible de consulta, deberá seguirse el procedimiento seguido en el artículo 35 de la Ley Orgánica de Amparo Sobre (sic) Derechos y Garantías Constitucionales, esto es, que la sentencia será consultada con el Tribunal Superior respectivo, al cual se le remitirá inmediatamente el expediente, dejando copia de la decisión para la ejecución inmediata. Este Tribunal decidirá en un lapso no mayor de treinta (30) días. La falta de decisión equivaldrá a una denegación de justicia, a menos que por el volumen de consultas a decidir se haga necesario prorrogar las decisiones conforma al orden de entrada de las consultas al Tribunal de la segunda instancia.

Cuando se trate de causas que cursen ante tribunales cuyas decisiones serán conocidas por otros jueces o por esta Sala, por la vía de la apelación o consulta, en cuanto a las pruebas que se evacuen en las audiencias orales, se grabarán o registrarán las actuaciones, las cuales se verterán en actas que permitan al juez de la Alzada conocer el devenir probatorio. Además, en la audiencia ante el Tribunal que conozca en primera instancia en que se evacuen estas pruebas de lo actuado, se levantará un acta que firmarán los intervinientes. El artículo 189 del Código Procedimiento Civil regirá la confección de las actas, a menos que las partes soliciten que los soportes de los actas se envíen al Tribunal Superior.

Los Jueces Constitucionales siempre podrán interrogar a las partes y a los comparecientes.

2.- Cuando el amparo sea contra sentencias, las formalidades se simplificarán aún más y por un medio de comunicación escrita que deberá anexarse al expediente de la causa donde se emitió el fallo, inmediatamente a su recepción, se notificará al juez o encargado del Tribunal, así como a las partes en su domicilio procesal, de la oportunidad en que habrá de realizarse la audiencia oral, en la que ellos manifestarán sus razones y argumentos respecto a la acción. Los amparos contra sentencias se intentarán con copia certificada del fallo objeto de la acción, a menos que por la urgencia no pueda obtenerse a tiempo la copia certificada, caso en el cual se admitirán las copias previstas en el artículo 429 del Código Procedimiento Civil, no obstante en la audiencia oral deberá presentarse copia auténtica de la sentencia.

Las partes del juicio donde se dictó el fallo impugnado podrán hacerse partes, en el proceso de amparo, antes y aún dentro de la audiencia pública, mas no después, sin necesidad de probar su interés. Los terceros coadyuvantes deberán demostrar su interés legítimo y directo para intervenir en los procesos de amparo de cualquier clase antes de la audiencia pública.

La falta de comparecencia del Juez que dicte el fallo impugnado o de quien esté a cargo del Tribunal, no significará aceptación de los hechos, y el órgano que conoce del amparo, examinará la decisión impugnada.

Se mantuvo en dicha interpretación el criterio de la sentencia de la entonces Corte Suprema de Justicia, N° 644, del 21 de mayo de 1996, con ponencia del Magistrado emérito Doctor Humberto J. La Roche, mediante la cual se declaró la nulidad del artículo 22 de la Ley Orgánica de Amparo sobre Derechos y Garantías Constitucionales, por ser contrario a lo que disponía el único aparte del artículo del 49 y la última parte del artículo 68, ambos de la Constitución de 1961. Desde entonces, se instauró un procedimiento en el cual, una vez admitida la solicitud de amparo constitucional incoada contra cualquier hecho, acto u omisión proveniente de un particular, órganos del Poder Público nacional, Estadal o Municipal, o contra una decisión judicial, se debe realizar una audiencia oral en la que se va a debatir todos aquellos hechos que conforman la controversia y evacuar, en caso, de haberse promovidos, los medios de pruebas que sustentan los alegatos de las partes involucradas en la acción de amparo.

De modo que, la celebración de la audiencia oral en el procedimiento de amparo se hizo rutinaria para hacer prevalecer el derecho de la defensa y oír a las partes y a los terceros interesados.

Por lo tanto, la exigencia de la celebración de la audiencia oral, a juicio de la Sala en realidad se justifica en aquellos procedimientos de amparo constitucional en los cuales debe oírse ineludiblemente a las partes intervinientes, lo que coincide además con lo señalado en el artículo 49.3 constitucional que establece: *"[t]oda persona tiene derecho a ser oída en cualquier clase de proceso"*. Sin embargo, en los casos en los cuales se interponga una demanda de amparo contra una decisión judicial, la Sala estableció que la falta de comparecencia a la audiencia oral del Juez o de los Jueces que dictaron la sentencia considerada como lesiva no significa la aceptación de los hechos, toda vez que el pronunciamiento judicial adversado se basta por sí solo para contradecir los alegatos plasmados en la solicitud de amparo, por lo que el derecho a la defensa de dichos funcionarios judiciales, en este supuesto, no se encuentra cercenado.

Reinterpretando estos conceptos de cara a la Constitución Nacional de 1961 y a la vigente Constitución de la República Bolivariana de Venezuela, debemos señalar que a diferencia de la derogada Constitución Nacional (1961) que concebía el amparo como una acción procesal conforme al artículo 49 que establecía: *"[l]os Tribunales ampararán a todo habitante de la República en el goce y ejercicio de los derechos y garantías que la Constitución establece, en conformidad con la ley. El procedimiento será breve y sumario, y el juez com-*

petente tendrá potestad para restablecer inmediatamente la situación jurídica infringida"; la vigente Constitución de la República Bolivariana de Venezuela además de considerar el amparo en su aspecto procesal como una acción, lo considera también como un derecho al señalar en el artículo 27, lo siguiente:

> *Todos tienen derecho a ser amparados por los tribunales en el goce y ejercicio de los derechos y garantías constitucionales, aun de aquéllos inherentes a la persona que no figuren expresamente en esta Constitución o en los instrumentos internacionales sobre derechos humanos.*
>
> *El procedimiento de la acción de amparo constitucional será oral, público, breve, gratuito y no sujeto a formalidad, y la autoridad judicial competente tendrá potestad para restablecer inmediatamente la situación jurídica infringida o la situación que más se asemeje a ella. Todo tiempo será hábil y el tribunal lo tramitará con preferencia a cualquier otro asunto.*
>
> *La acción de amparo a la libertad o seguridad podrá ser interpuesta por cualquier persona, y el detenido o detenida será puesta bajo la custodia del tribunal de manera inmediata, sin dilación alguna.*
>
> *El ejercicio de este derecho no puede ser afectado, en modo alguno, por la declaración del estado de excepción o de la restricción de garantías constitucionales.*

De modo que, es la inmediatez y el restablecimiento de la situación jurídica infringida lo que debe prevalecer en la ponderación con otros derechos constitucionales de igual rango como lo sería el derecho a la defensa.

Así pues, tanto la acción de amparo como el derecho al amparo llevan implícita la celeridad y el restablecimiento inmediato de la situación jurídica lesionada constitucionalmente, razón por la cual el artículo 27 constitucional, conforme con el artículo 1 de la Ley Orgánica de Amparo sobre Derechos y Garantías Constitucionales, refieren que la autoridad judicial competente tendrá la potestad para restablecer **inmediatamente** la situación jurídica infringida o la situación que más se asemeje a ella; de allí que pueda o no hacerse exigible el contradictorio en el procedimiento de amparo, dependiendo ello del hecho de que el juez constitucional estime el procedimiento más conveniente para el restablecimiento inmediato de la situación jurídica infringida que es lo medular en la vía del amparo; si ello no fuese así, el amparo carecería de eficacia. Por lo tanto, cuando el mandamiento de amparo se fundamente en un medio de prueba **fehaciente** constitutivo de **presunción grave** de la violación constitucional, debe repararse **inmediatamente, en forma definitiva, y sin dilaciones** la situación infringida, sin que se haga necesario abrir el contradictorio, el cual, sólo en caso de duda o de hechos controvertidos, justificará la realización de una audiencia oral contradictoria. Si ello no fuera así se desvirtuaría la inmediatez y eficacia del amparo.

En efecto, existen situaciones de mero derecho o de tan obvia violación constitucional que pueden ser resueltas con inmediatez y sin necesidad del previo debate contradictorio porque se hace obvia igualmente la situación jurídica infringida; ¿por qué demorar entonces la restitución de los derechos constitucionales infringidos?

La Sala considera que el procedimiento de amparo constitucional, en aras de la celeridad, inmediatez, urgencia y gravedad del derecho constitucional infringido debe ser distinto, cuando se discute un punto netamente jurídico que no necesita ser complementado por algún medio probatorio ni requiere de un alegato nuevo para decidir la controversia constitucional. En estos casos, a juicio de la Sala, no es necesario celebrar la audiencia oral, toda vez que lo alegado con la solicitud del amparo y lo aportado con la consignación del documento fundamental en el momento en que se incoa la demanda, es suficiente para resolver el amparo en forma **inmediata y definitiva**.

Así pues, la Sala considera que la celebración de la audiencia oral en estos tipos de acciones de amparo constitucional, en las que se planteen la resolución de puntos de mero derecho, sería antagónico con lo señalado en el artículo 27 de la Carta Magna, que establece que: el *"procedimiento de amparo constitucional será oral, público, breve, gratuito y no sujeto a formalidad, y la autoridad judicial competente tendrá potestad para restablecer **inmediatamente** la situación jurídica infringida o la situación que más se asemeje a ella"* (destacado de este fallo); debido a que el Juez constitucional debe esperar, aun cuando cuenta con todo lo necesario en autos para dictar la decisión de fondo en forma inmediata, la celebración de la audiencia oral que no va a aportar nada nuevo a la controversia. Se trataría, entonces, de una audiencia inútil o redundante que crearía una dilación innecesaria en el procedimiento de amparo incompatible con su naturaleza.

Ejemplo de ello sería el caso en el cual se interponga una demanda de amparo contra una decisión judicial, firme, que condenó a un ciudadano a la ejecución de una pena de muerte o a cumplir una pena de prisión de cuarenta años. En estos supuestos, esperar la celebración de la audiencia oral para resolver el mérito de la controversia planteada, atentaría contra la posibilidad de la restitución inmediata de la situación jurídica infringida, ya que bastaría, con la sola interposición del amparo y la consignación de la copia de la decisión adversada, que el Juez constitucional concluyera *ipso iure*, por tratarse el asunto de un punto de mero derecho, que toda condena de muerte o la aplicación de una pena que exceda de treinta años es contrario a lo que disponen los artículos 43 y 44.3 de la Constitución de la República Bolivariana de Venezuela, respectivamente.

De modo que, condicionar la resolución del fondo del amparo a la celebración de la audiencia oral sería inútil en aquellos casos en los cuales se intenta el amparo contra una decisión judicial por un asunto de mero derecho o de obvia violación constitucional, toda vez que ello ocasionaría la violación del derecho a la tutela judicial efectiva prevista en el artículo 26 *eiusdem*, que se concreta en materia de amparo constitucional en el artículo 27 *ibidem*, debido a que el Estado no garantizaría, en estos casos, una justicia *"expedita"*.

Por lo tanto, a pesar de que en anterior oportunidad la Sala, con base en la necesidad de celebrar la audiencia oral contradictoria, negó una solicitud de declaratoria de mero derecho en un procedimiento de amparo (*vid.* sentencia N° 988 del 15 de octubre de 2010, caso: *Clarense Daniel Rusian Pérez*), se impone en el presente caso un complemento de la sentencia N° 7/2000 y se establece, con carácter vinculante, que, en las demandas de amparos en las cuales se ventile la resolución de un punto de mero derecho, el Juez constitucional podrá, en la oportunidad de la admisión de la solicitud de amparo, decretar el caso como de mero derecho y pasar a dictar, sin necesidad de convocar y celebrar la audiencia oral, la decisión de fondo que permita restablecer **inmediatamente y en forma definitiva** la situación jurídica infringida o la situación que más se asemeje a ella. Así se establece.

Ahora bien, la Sala, tomando en cuenta la anterior doctrina procede a verificar si, en el caso bajo estudio, lo alegado por la representación del Ministerio Público se refiere a la resolución de un punto de mero derecho y, a tal efecto, observa:

Los abogados Daniel Guédez Hernández, Lucy Correa y Agnedys Martínez Barceló, en su condición de Fiscal Quincuagésimo del Ministerio Público a Nivel Nacional con Competencia Plena, Fiscal Auxiliar Quincuagésimo del Ministerio Público a Nivel Nacional con Competencia Plena y Fiscal Décima Séptima del Ministerio Público a Nivel Nacional con Competencia Plena, respectivamente, interpusieron la acción de amparo constitucional contra la decisión dictada, el 17 de septiembre de 2012, por la Sala N° 2 de la Corte de Apelaciones del Circuito Judicial Penal del Área Metropolitana de Caracas, mediante la cual declaró sin lugar el recurso de apelación interpuesto por el Ministerio Público contra la decisión dictada, el 23 de julio de 2012, por el Juzgado Vigésimo Quinto de Juicio del mismo Circuito Judicial Penal, que decretó: a) la nulidad absoluta del acto de imputación y de la acusación fiscal, del 8 de julio de 2008 y 8 de diciembre de 2008, en su orden; b) la nulidad absoluta de la investigación fiscal; y c) la remisión de las actas penales al Ministerio Público, con el objeto de que se solicite el antejuicio de mérito en contra del ciudadano Víctor Antonio Cruz Weffer; en el proceso penal que se le sigue por la presunta comisión de los delitos de enriquecimiento ilícito y ocultamiento de datos que debe tener la declaración jurada de patrimonio.

La parte actora alegó, como motivo esencial de la interposición del amparo, que la referida Sala N° 2 de la Corte de Apelaciones le vulneró derechos fundamentales al Ministerio Público dado que, a juicio de la quejosa, no debió ordenarse la reposición en el proceso penal seguido al ciudadano Víctor Antonio Cruz Weffer, quien, en el momento en que fue imputado de los *"cargos"* por los cuales fue investigado, no gozaba de la prerrogativa procesal del antejuicio de mérito. En ese sentido, precisó el Ministerio Público que el ciudadano Víctor Antonio Cruz Weffer fue Comandante General de Ejército cuando sucedieron los hechos presuntamente delictivos, pero que esa condición no la tenía en la oportunidad en que fue imputado, en virtud de que había pasado a situación de retiro. Por lo tanto, estimó la parte actora que la reposición ordenada por la Sala N° 2 de la Corte de Apelaciones del Circuito Judicial Penal del Área Metropolitana de Caracas era inútil y que no existía un motivo jurídico para decretarla.

Ahora bien, la Sala precisa que el presente caso versa exclusivamente sobre un punto de mero derecho, esto es, sobre la aplicabilidad o no, en el proceso penal primigenio, de la prerrogativa del antejuicio de mérito establecida en el artículo 266.3 de la Constitución de la República Bolivariana de Venezuela, no siendo necesario, a los fines de la resolución de fondo de la controversia, la convocatoria y sucedánea celebración de la audiencia oral, toda vez que lo señalado en la solicitud de amparo y el contenido del expediente penal original que consignó la parte actora, constituyen elementos suficientes para que la Sala se pronuncie inmediatamente sobre el fondo de la presente controversia, dado que las partes y los terceros involucrados no aportarían nada nuevo en esa audiencia oral. Además, la Sala destaca que parte de las actas del presente expediente constan todas las actuaciones originales (consignadas por la quejosa) de la causa penal primigenia, lo que permiten a esta máxima instancia constitucional, sin lugar a ninguna duda, decidir el amparo en esta misma oportunidad. Así se declara.

Comentarios Jurisprudenciales

EL JUEZ CONSTITUCIONAL Y LA ILEGÍTIMA DECLARACIÓN, MEDIANTE UNA "NOTA DE PRENSA," DE LA "LEGITIMIDAD" DE LA ELECCIÓN PRESIDENCIAL DEL 14 DE ABRIL DE 2013

Allan R. Brewer-Carías

Profesor de la Universidad Central de Venezuela

Resumen: *Este comentario analiza la manera cómo el Tribunal Supremo de Justicia, después de declarar como inadmisibles todas las demandas que se intentaron solicitando la declaratoria de nulidad de la elección presidencial de abril de 2013, terminó sin embargo declarando la "legitimidad" de dicha elección mediante una "nota de prensa."*

Palabras Clave: *Elección Presidencial. Nulidad de elecciones.*

Abstract: *This article analyzes the way through which the Supreme Tribunal of Justice, after declaring inadmissible all the actions that were filed challenging the presidential election of April 2013, eventually declared the "legitimacy" of such disputed election by means of a "press communiqué."*

Key words: *Presidential Election. Annulment pof Elections.*

Con fecha 20 de junio de 2013, la Sala Constitucional del Tribunal Supremo, mediante sentencia N° 795,[1] de oficio, y sólo por notoriedad judicial, constató que ante la Sala Electoral se encontraban en sustanciación siete procesos contencioso electorales, en los expedientes identificados con los números AA70-E-2013-000025, AA70-E-2013-000026, AA70-E-2013-000027, AA70-E-2013-000028, AA70-E-2013-000029, AA70-E-2013-000031 y AA70-E-20 13-000033, en los cuales se habían impugnado las referidas elecciones de 14 de abril de 2013.

La Sala, en atención a dichas impugnaciones, procedió, de oficio, a quitarle a la Sala Electoral el conocimiento de las causas, y a fundamentar el avocamiento de dichas causas analizando en el capítulo "Único" de la sentencia, el artículo 25.16 de la Ley Orgánica del Tribunal Supremo de Justicia de 2010, en el cual se definió dijo, como "competencia privativa de esta Sala Constitucional," la de "avocar las causas en las que se presuma violación al orden público constitucional, tanto de las otras Salas como de los demás tribunales de la República, siempre que no haya recaído sentencia definitivamente firme."

Se trata, como lo identificó la Sala en la sentencia, de una "extraordinaria potestad, consecuente con las altas funciones que como máximo garante de la constitucionalidad y último intérprete del Texto Fundamental" que se han asignado a esta Sala Constitucional, reconociendo que:

---

[1] Véase en http://www.tsj.gov.ve/decisiones/scon/Junio/795-20613-2013-13-0538. html

"el avocamiento es una figura de superlativo carácter extraordinario, toda vez que afecta las garantías del juez natural y, por ello, debe ser ejercida con suma prudencia y sólo en aquellos casos en los que pueda verse comprometido el orden público constitucional (*vid*. sentencias números 845/2005 y 1350/2006)."

La doctrina y la norma que autoría el avocamiento es, sin duda clara, y de aplicación estricta por la excepcionalidad de la potestad, al exigir como motivo para la avocación que "se presuma violación al orden público constitucional" para lo cual, lo mínimo que se requería era que la Sala hubiera tenido previamente conocimiento del expediente de la causa para poder deducir una presunción de violación del orden público constitucional. Por lo demás, efectivamente tiene que tratarse de que del estudio de los expedientes resulte dicha presunción de "violación al orden público constitucional" y no de cualquier otro motivo, ni siquiera que el tema debatido tenga importancia nacional

Pero por lo visto del texto de la sentencia, esta limitación legal no tuvo importancia alguna para La Sala Constitucional, la cual simplemente anunció que":

"no sólo hará uso de esta facultad en los casos de posible transgresión del orden público constitucional, ante la ocurrencia de acciones de diversa índole en las cuales se podría estar haciendo uso indebido de los medios jurisdiccionales para la resolución de conflictos o con el fin de evitar el posible desorden procesal que se podría generar en los correspondientes juicios, sino también cuando el asunto que subyace al caso particular tenga especial trascendencia nacional, esté vinculado con los valores superiores del ordenamiento jurídico, guarde relación con los intereses públicos y el funcionamiento de las instituciones o que las pretensiones que han generado dichos procesos incidan sobre la institucionalidad democrática o el ejercicio de los derechos fundamentales de los ciudadanos, particularmente sus derechos políticos."

Es decir, para la Sala, su poder de avocación podría ejercerse ilimitadamente, por cualquier motivo de interés general, como (i) la "posible transgresión del orden público constitucional," (ii) "la ocurrencia de acciones de diversa índole en las cuales se podría estar haciendo uso indebido de los medios jurisdiccionales para la resolución de conflictos," (iii) "con el fin de evitar el posible desorden procesal que se podría generar en los correspondientes juicios," (iv) "cuando el asunto que subyace al caso particular tenga especial trascendencia nacional," (v) cuando dicho asunto "esté vinculado con los valores superiores del ordenamiento jurídico, guarde relación con los intereses públicos y el funcionamiento de las instituciones" o (vi) "que las pretensiones que han generado dichos procesos incidan sobre la institucionalidad democrática o el ejercicio de los derechos fundamentales de los ciudadanos, particularmente sus derechos políticos."

Todo ello es esencialmente contrario a lo que dispone la norma atributiva de competencia, la cual no autoriza en forma alguna a que mediante avocamiento, la Sala Constitucional pretenda fundamentar una potestad universal para "aclarar las dudas y agenciar los procesos previstos para darle respuesta a los planteamientos de los ciudadanos y garantizar el ejercicio de sus derechos." Ello no está autorizado en norma alguna, por lo que los párrafos siguientes de la sentencia no pasan de ser pura retórica vacía, que:

"Así pues, la jurisdicción constitucional en la oportunidad respectiva debe atender al caso concreto y realizar un análisis en cuanto al contrapeso de los intereses involucrados y a la posible afectación de los requisitos de procedencia establecidos para la avocación, en los términos expuestos, con la finalidad de atender prontamente a las posibles vulneraciones de los principios jurídicos y los derechos constitucionales de los justiciables.

De esta manera, la competencia de la Sala establecida en la referida disposición viene determinada, como se expuso, en función de la situación de especial relevancia que afecte de una manera grave al colectivo, en cuyo caso, la Sala podría uniformar un criterio jurisprudencial, en aras de salvaguardar la supremacía del Texto Fundamental y, así, el interés general.

Luego la Sala, para seguir buscando cómo justificar un avocamiento que era a todas luces improcedente apeló a un supuesto "criterio consolidado," citando las sentencias números 373/2012 y 451/2012, supuestamente relativo a "los asuntos litigiosos relacionados con los derechos de participación y postulación, se encuentra vinculado el orden público constitucional," razón por la cual, al decir de la Sala, "en el caso de autos," es decir de la impugnación de las elecciones del 14 de abril de 2013:

"con mayor razón, existen méritos suficientes para que esta Sala estime justificado el ejercicio de la señalada potestad, pues ha sido cuestionada la trasparencia de un proceso comicial de la mayor envergadura, como el destinado a la elección del máximo representante del Poder Ejecutivo, así como la actuación de órganos del Poder Público en el ejercicio de sus atribuciones constitucionales, de lo que se deduce la altísima trascendencia para la preservación de la paz pública que reviste cualquier juzgamiento que pueda emitirse en esta causa."

O sea que la Sala Electoral podrá ser despojada de su competencia por la Sala Constitucional, a su arbitrio, cada vez que se impugne unas elecciones.

Con base en lo antes indicado, y sólo con base en ello, mediante la sentencia N° 795 de 20 de junio de 2013, la Sala Constitucional "de oficio, en tutela de los derechos políticos de los ciudadanos y ciudadanas, del interés público, la paz institucional y el orden público constitucional, así como por la trascendencia nacional e internacional de las resultas del proceso instaurado," se avocó al conocimiento de las siete antes identificadas causas contencioso electorales

"así como cualquier otra que curse ante la Sala Electoral de este Máximo Juzgado y cuyo objeto sea la impugnación de los actos, actuaciones u omisiones del Consejo Nacional Electoral como máximo órgano del Poder Electoral, así como sus organismos subordinados, relacionados con el proceso comicial celebrado el 14 de abril de 2013."

De todo ello, la Sala entonces ordenó a la Sala Electoral, que le remitiera todas y cada de las actuaciones correspondientes, no antes de avocarse como lo exige la Ley Orgánica, sino después de ello.

Esta decisión de la Sala Constitucional, implicó, entre otros aspectos, lo siguiente:

Primero, que la Sala Constitucional, materialmente vació de competencias a la Sala Electoral, violando la Constitución, al avocarse en este caso para conocer de impugnaciones a un proceso electoral presidencial. Cualquiera impugnación que se haga en el futuro, implicará el mismo interés general alegado por la Sala, y podrá ser avocado por esta.[2]

En segundo lugar, la Sala Constitucional tenía que comenzar decidiendo sobre la admisibilidad de los recursos contenciosos electorales, ninguno de los cuales había llegado a ser admitido judicialmente.

---

[2]   Como lo ha dicho la profesora Sosa Gómez, Cecilia, ex Presidenta de la antigua Corte Suprema de Justicia: "La Sala Constitucional por sentencia de 20 de junio de 2013 borró el artículo constitucional 297 al resolver que esa Sala no estaba en condiciones para sentenciar las demandas de nulidad de las elecciones celebradas el 14 de abril de 2013," en "La auto implosión de un Tribunal," publicado en Panorama.com.ve, 28 de junio de 2013, en http://m.panorama.com.ve/not.php?id=72067

En tercer lugar, para ello, los Magistrados de la Sala Constitucional que participaron en las decisiones N° 2 del 9 de enero de 2013 y N° 141 del 8 de marzo de 2013 mediante las cuales ante la ausencia del Presidente Chávez del país, y su posterior fallecimiento, se instaló en el ejercicio de la Presidencia de la República a Nicolás Maduro, a quien además se autorizó a ser candidato a la Presidencia sin separarse del cargo de Vicepresidente; debía inhibirse de decidir sobre los proceso pues los recursos cuestionaban la forma cómo se había instalado a Maduro en la Presidencia y ésta se había ejercido desde el 8 de diciembre de 2012 hasta el 14 de abril de 2013,[3] razón por la cual fueron recusados por los apoderados de Henrique Capriles Radonski, uno de los impugnantes del proceso electoral, porque consideraron que los Magistrados evidentemente tenían "comprometida su imparcialidad y su capacidad subjetiva de resolver el asunto conforme a derecho" pues habían "manifestaron su opinión al suscribir y publicar" las sentencias N° 2 de enero de 2013 y N° 141 de marzo de 2013, mediante las cuales la Sala Constitucional había establecido el régimen constitucional de transición ante la falta del Presidente Electo Hugo Chávez.

Pero como era previsible, nada de ello ocurrió: los recursos de nulidad ni siquiera fueron admitidos, no hubo inhibición alguna, y las recusaciones fueron declaradas "inadmisibles," [4] de manera que desde que se decidió el avocamiento ya se sabía cómo se decidirían las causas.[5]

Por ello, en realidad, la sentencia de avocamiento de la Sala Constitucional no fue sino una muestra más de la actuación de un órgano del Estado, no sujeto a control alguno, que se ha colocado por encima de la Constitución y la ley, que muta y reforma la Constitución a su antojo y libremente; que reforma las leyes sin limite; que las interpreta *contra legem*; que se inventa poderes por encima de la propia Constitución, como el de controlar ilimitadamente a las otras Salas del Tribunal Supremo; que confisca bienes; que impone Presidentes sin legitimidad democrática; y que hasta controla la actuación de los tribunales internacionales declarando sus sentencias inejecutables y hasta "inconstitucionales." Con esta sentencia de avocamiento, se podía decir abiertamente, que todo en Venezuela dependía de la Sala Constitucional, y que todo ella lo controla, y además, dirige.

---

[3]   Véase Hernández G. José Ignacio, "¿Por qué la Sala Constitucional le quitó a la Sala Electoral las impugnaciones?," en http://www.venetubo.com/noticias/%BFPor-qu%E9-la-Sala-Constitucional-le-quit%F3-a-la-Sala-Electoral-las-impugnaciones-R34977.html

[4]   La Presidente de la Sala declaró "inadmisible" las recusaciones contra todos los Magistrados de la misma porque supuestamente carecían de fundamentación, ya que "las sentencias que pronunció la Sala Constitucional a las que hacen referencia los recusantes, tuvieron como objeto, la resolución de circunstancias claramente distintas a las planteadas por los recusantes en la causa instaurada originalmente ante la Sala Electoral de este Supremo Tribunal, la cual esta Sala Constitucional resolvió avocar mediante la decisión N° 795 del 20 de junio de 2013." La Presidente incluso consideró que resultaba "patente la inverosimilitud de que se suponga un adelanto de opinión por parte de la Magistrada Presidenta de la Sala Constitucional, en unos fallos en los que se examinaron supuestos de hecho y de derecho disímiles de las pretensiones esgrimidas por los recusantes en el recurso contencioso electoral intentado contra la elección presidencial efectuada el 14 de abril de 2013." Véase sentencia N° 1000 de 17 de julio de 2013. Véase en http://www.tsj.gov.ve/decisiones/scon/julio/1000-17713-2013-13-0565.html

[5]   Como también lo dijo la profesora Sosa G., Cecilia, ex Presidenta de la antigua Corte Suprema de Justicia: "Estos expedientes ya están sentenciados, y no hay nada que esperar de la Sala Constitucional," en "La auto implosión de un Tribunal," publicado en Panorama.com.ve, 28 de junio de 2013, en http://m.panorama.com.ve/not.php?id=72067

Lo antes dicho, en todo caso, quedó confirmado con las sentencias dictadas por la Sala Constitucional en 7 de agosto de 2012, todas las cuales declararon inadmisibles los recursos contencioso electorales respecto de los cuales se había avocado; y con la "decisión" contenida en la "Nota de prensa" difundida por el Tribunal Supremo el mismo día, que fue realmente la "decisión de fondo" en todos los casos, proclamando la "legitimidad" de la elección del Sr. Maduro.

En efecto, mediante la sentencia N° 1.111 de 7 de agosto de 2013,[6] la Sala Constitucional declaró inadmisible un recursos contencioso electoral de anulación intentado contra el Acto de Votación, de Escrutinio, de Totalización y de Proclamación del ganador de las elecciones celebradas el 14 de abril de 2013, (Caso: *María Soledad Sarría Pietri y otros*) quienes alegaron que estaban "viciados de nulidad absoluta, en virtud de que según se denunció, fueron producto de actuaciones y omisiones imputables al Consejo Nacional Electoral, y que en su conjunto constituían un fraude estructural y masivo que afectaba al sistema electoral venezolano" Entre los argumentos esgrimidos se indicó que el candidato Nicolás Maduro no había sido seleccionado en elecciones internas como lo exige la Constitución; que como la condición para ser Presidente era tener la nacionalidad venezolana por nacimiento se solicitó de la Sala que instara al Consejo Supremo Electoral para que se pronunciara sobre ello; y que la elección había sido nula por fraude en la formación del Registro Electoral y por el control que el poder central ejercía sobre el sistema electoral.

Para declarar la inadmisibilidad del recurso, la Sala consideró que en demandas de ese tipo era necesario que las denuncias fueran "debidamente planteadas," particularmente por la preeminencia del principio de "*conservación de la voluntad expresada del Cuerpo Electoral, o, más brevemente, principio de conservación del acto electoral*;" afirmando que para desvirtuar la presunción de validez del acto electoral, los vicios denunciados no sólo debían estar fundados sino que debían suponer "una modificación de los resultados comiciales."

Así, a pesar de que supuestamente se trataba de una sentencia de inadmisibilidad, la base del argumento de la Sala fue que lo alegado debía estar "soportado por las pruebas necesarias y pertinentes para lograr convencer al juez de lo que la parte actora afirmó en su escrito," razonamiento que era más propiamente de una decisión de fondo. Por ello, la Sala, sin más, consideró que el juzgador también podía "examinar lo sostenido por la parte demandante, en la fase de examinar los requisitos de admisibilidad." Y fue así, por ejemplo, que en relación con el alegato de que el candidato Maduro no había sido seleccionado en elecciones internas, simplemente dijo la Sala que ya se había decidido en otros casos electorales que "ello no excluye otras formas de participación distintas a las elecciones abiertas o primarias;" agregando, sin embargo, que en el caso concreto no se habían acompañado los documentos indispensables para verificar la admisibilidad. En relación con el alegato de que el Consejo Nacional Electoral no se había pronunciado sobre el tema de la nacionalidad del candidato Maduro, la Sala lo que decidió fue que los "demandantes no impugnan ningún un acto, ni señalan ninguna actuación, abstención u omisión imputables al Consejo Nacional Electoral." En relación con la denuncia del fraude masivo en el proceso electoral, la Sala recurrió a lo previsto en el artículo 206 de la la Ley Orgánica de Procesos Electorales, según el cual "si se impugnan las actuaciones materiales o vías de hecho, deberán narrarse los hechos e indicarse los elementos de prueba que serán evacuados en el procedimiento administrativo," lo que a pesar de ser un tema de fondo, juzgó que sin embargo, debía examinarse en la fase de admisión de la acción, concluyendo que las denuncias sobre fraude "no son claras, ni precisas, ni

---

[6]   Véase en http://www.tsj.gov.ve/decisiones/scon/agosto/1111-7813-2013-13-0561.html

completas, y no han sido enmarcadas en una narración circunstanciada de las mismas, ni enlazadas racionalmente con el resultado que se supone provocaron." Y todo ello para, en definitiva, después de analizar el tema de fondo al considerar que la causal de nulidad de las elecciones por comisión de un fraude en la formación del Registro Electoral, en las votaciones o en los escrutinios (art. 215.2 Ley Orgánica de los procesos Electorales), "debe ser interpretada en un sentido que garantice el principio de mínima afectación del resultado a que dio lugar la expresión de la voluntad del Cuerpo Electoral, al cual se ha llamado en este fallo *principio de conservación del acto electoral;*" terminar declarando inadmisible la acción.

Repitiendo básicamente los mismos argumentos, la Sala Constitucional mediante sentencia 1113 también de 7 de agosto de 2013,[7] igualmente declaró inadmisible el recurso contencioso electoral contra el Acto de Votación, de Escrutinio, de Totalización y de Proclamación del ganador de las elecciones celebradas el 14 de abril del año en curso (Caso: *Adriana Vigilanza García y otros*).

Mediante la sentencia N° 1112 igualmente de 7 de agosto de 2013,[8] la Sala Constitucional también decidió declarar inadmisible el recurso contencioso electoral interpuesto un grupo de personas (Caso: *Iván Rogelio Ramos Barnola y otros*), contra el Acto de proclamación de Nicolás Maduro como Presidente Electo, alegando fraude, en particular, por no haberse abierto mesas de votación en la ciudad de Miami; por haberse permitido indiscriminadamente el "voto asistido," y haberse expulsado a testigos de mesa durante el proceso electoral. En esta la sentencia la Sala lo que hizo fue ratificar la decisión de inadmisibilidad que ya había resuelto el Juzgado de Sustanciación de la Sala Electoral en el caso, antes de que se decidiera el avocamiento, por considerar que en el caso, en relación con los hechos que dieron lugar a la infracción alegada, no hubo "la indicación de los vicios de que padece el acto recurrido, en orden a plantear los elementos objetivos necesarios para un pronunciamiento sobre la admisibilidad o no de los recursos para la cual es competente la jurisdicción contencioso electoral."

En la misma línea de inadmisibilidad se dictó la sentencia N° 1114 de 7 de agosto de 2013[9] en el recurso contencioso electoral contra el acto de votación que tuvo lugar el 14 de abril de 2013 (Caso: *Adolfo Márquez López*), en el cual el recurrente había cuestionado el Registro Electoral Permanente utilizado por haber sido elaborado con fraude; la asignación de votos del partido "Podemos" al candidato Maduro; y la nacionalidad misma de dicho candidato por no ostentar las condiciones de elegibilidad para ser Presidente de la República. La Sala, para decidir la inadmisibilidad, sobre el primer alegato, consideró que el mismo no constituía "un recurso por fraude, sino relativas a la inscripción o actualización del referido Registro Electoral" cuya impugnación estimó ya era extemporánea; sobre el segundo alegato, consideró que se trataba de un tema de impugnación del acto de postulación, lo cual también consideró extemporáneo; y sobre el tercer alegato, consideró que en la demanda basada en el cuestionamiento de la nacionalidad de Nicolás Maduro, no había elementos de convicción, "hechos o vicios mas allá de opiniones particulares y la exposición de posiciones políticas del recurrente."

En otro caso, la Sala Constitucional mediante sentencia N° 1116 de 7 de agosto de 2013, también declaró inadmisible un recurso contencioso electoral mediante el cual se solicitó la

---

[7]   Véase en http://www.tsj.gov.ve/decisiones/scon/agosto/1113-7813-2013-13-0563.html

[8]   Véase en http://www.tsj.gov.ve/decisiones/scon/agosto/1112-7813-2013-13-0562.html

[9]   Véase en http://www.tsj.gov.ve/decisiones/scon/agosto/1114-7813-2013-13-0564.html

nulidad de "las "Elecciones 7 de Octubre de 2012" (*sic*); b) el "acto Proclamación Presidente Ejecutivo de la República Sr. Nicolás Maduro Moros en fecha 14 de Abril 2013" (*sic*); y c) las "Elecciones 14 de Abril 2013" (*sic*)," (Caso: *Gilberto Rúa*), para lo cual la Sala argumentó que en relación al primer acto, el lapso de impugnación de dicha elección ya había caducado; y en relación con los otros dos actos objeto del recurso, eran inadmisibles pues el recurrente no señaló los vicios concretos ni contra "el acto de proclamación y el evento electoral del 14 de abril de 2013," considerando que se había omitido "un requisito esencial para la tramitación de la demanda, lo cual acarrea su inadmisibilidad." La Sala consideró, además, que el recurrente había desconocido "el contenido de la sentencia de esta Sala Constitucional signada con el N° 141 de 8 de marzo de 2013, en la cual *se dirimió cuál era el régimen constitucional de la transición presidencial* con ocasión de la muerte del Presidente Hugo Rafael Chávez Frías." Finalmente, en este caso, el recurrente fue multado por haber afirmado que la acción de amparo constitucional que había interpuesto desde 6 de marzo de 2013 en contra del Consejo Nacional Electoral, había sido "aguantado" por la Sala Constitucional," expresión que ésta consideró "como irrespetuosa [...] pues sugiere que los criterios decisorios y la gerencia judicial de este órgano jurisdiccional no obedecen a parámetros objetivos."

La Sala Constitucional en otra sentencia N° 1118 de 7 de agosto de 2013[10] también declaró inadmisible el recurso contencioso electoral interpuesto contra la negativa tácita del Consejo Nacional Electoral en dar respuesta a un recurso jerárquico que se había intentado el 15 de mayo de 2013, contra una decisión de una Comisión del Consejo en relación con una denuncia de violaciones de los artículos 75, 76, 85 y 86 de la Ley Orgánica de Procesos Electorales solicitando se ordenase a dicho Consejo que iniciara la correspondiente "averiguación administrativa para establecer las responsabilidades relativas a la colocación de propaganda indebida y uso de recursos públicos para beneficio de una parcialidad política en las instituciones mencionadas." (Caso: *Transparencia Venezuela*) La Sala Constitucional declaró inadmisible la acción por considerar que conforme a los estatutos de la Asociación Civil recurrente, solo el Directorio de la misma podía otorgar poder para ser representada, no pudiendo hacerlo la Directora Ejecutiva, como había ocurrido en ese caso.

La Sala Constitucional, igualmente, mediante sentencia N° 1119 de 7 de agosto de 2013[11] también declaró inadmisible la acción popular de inconstitucionalidad contra la "aceptación por parte del Consejo Nacional Electoral de las postulaciones de candidatos a los cargos de elección popular correspondiente a las elecciones presidenciales del 14 de abril de 2013" (Caso: *Antonio José Varela*)**,** en el cual se alegó que los postulados no habían sido electos mediante el mecanismo de elecciones internas, y en especial, en relación con el candidato Nicolás Maduro, que no había presentado programa electoral propio, además de no poder postularse por ser inelegible por estar en ejercicio del cargo de Presidente de la República. Para decidir la inadmisibilidad del recurso en este caso, la Sala argumentó que el recurso de nulidad fue "planteado en términos genéricos e indeterminados, con la inclusión de apreciaciones particulares o valorativas de orden personal del recurrente, sin que, al menos, se hayan señalado con precisión los datos que permitan identificar con exactitud el acto emanado del Consejo Nacional Electoral cuya nulidad peticionó, así como tampoco se acompañó copia del mismo, ni fueron revelados los supuestos vicios concretos de que adolecería este acto del Poder Electoral atinente a las elecciones presidenciales celebradas en abril del presente año." La Sala para concluir, recordó que había sido ella misma la que mediante la

---

[10]   Véase en http://www.tsj.gov.ve/decisiones/scon/agosto/1118-7813-2013-13-0568.html

[11]   Véase en http://www.tsj.gov.ve/decisiones/scon/agosto/1119-7813-2013-13-0569.html

sentencia N° 141 de marzo de 2013, había resuelto que la candidatura de Nicolás Maduro como Presidente Encargado sí se podía admitir "para participar en las elecciones presidenciales, por no estar comprendido en los supuestos de incompatibilidad del artículo 229 Constitucional." Y sobre el tema de la falta de selección de los candidatos en "elecciones internas con la participación de los integrantes de los partidos políticos" que exige la Constitución, la Sala ratificó su criterio de que "ello no excluye otras formas de participación de elecciones distintas a las elecciones abiertas o primarias." La Sala, finalmente, consideró que nada de lo dicho en el escrito del recurso sobre las infracciones denunciadas, evidencia "ni tan siquiera los datos que permitan identificar con fidelidad o exactitud, el acto del Poder Electoral cuya nulidad pretende, menos aún acompañó copia del mismo, así como tampoco relató los vicios que estarían presentes en aquel, ni su fundamentación argumentativa," declarando inadmisible la acción.

En otra sentencia N° 1117 de 7 de agosto de 2013,[12] la Sala Constitucional declaró inadmisible una acción de inconstitucionalidad por omisión que había intentado Henrique Capriles Radonski contra el Consejo Nacional Electoral por no haberse pronunciado sobre las solicitudes que le fueron formuladas los días 17 y 22 de abril de 2013 respecto a la auditoría del proceso electoral, (Caso: *Henrique Capriles Radonski*) porque el petitorio del mismo, según consideró la Sala, era contradictorio "pues constituye un absurdo pretender a través del recurso por abstención, una respuesta; y por medio del mismo recurso, indicar el desacuerdo con los términos de la respuesta recibida." La Sala consideró que se trataba de "pretensiones evidentemente excluyentes, por lo que conforme al marco normativo señalado es procedente declarar inadmisible el recurso contencioso electoral ejercido."

La Sala Constitucional mediante sentencia N° 1120 de 7 de agosto de 2013,[13] también declaró inadmisible el recurso contencioso electoral de nulidad intentado contra "(*i*) las votaciones" efectuadas en 5.729 mesas electorales; (*ii*) 21.562 Actas de Escrutinio automatizadas y 1 Acta de Escrutinio de Contingencia, y (*iii*) los Actos de Totalización, Adjudicación y Proclamación, con ocasión del proceso comicial celebrado el 14 de abril de 2013," (Caso: *Mesa de la Unidad Democrática*) considerando la recurrente que dichos hechos tenían incidencia en los resultados de las votaciones. Para declarar la inadmisibilidad del recurso en este caso, la Sala también partió del principio de la necesaria *conservación del acto electoral*, que exigen del recurrente que: "(*i*) desvirtúe la presunción de validez y legitimidad del acto electoral; (*ii*) demuestre la gravedad de un vicio que altere la esencia del acto electoral, no de una mera irregularidad no invalidante; y (*iii*) ponga en evidencia, además, que el vicio altera de tal modo los resultados electorales que resulte imposible su convalidación." Y con base en ello consideró la Sala que en el recurso hubo "falta de especificidad," de manera que en el mismo no se "puso en evidencia, como le correspondía, no sólo suponer la ocurrencia de una supuesta irregularidad, sino dejar claro que su magnitud influyó definitivamente en los resultados comiciales." Agregó además la Sala que en estos casos "No basta, entonces, que exista una anomalía: ella debe ser decisiva para comprometer la voluntad del cuerpo electoral y ninguna razón se blandió en ese sentido," lo cual sin duda, era un razonamiento de una decisión de fondo, y no de inadmisibilidad.

Por último, mediante sentencia N° 1.115 de 7 de agosto de 2013[14] la Sala Constitucional también declaró inadmisible el recurso contencioso electoral de nulidad del proceso electoral

---

[12]   Véase en http://www.tsj.gov.ve/decisiones/scon/agosto/1117-7813-2013-13-0567.html

[13]   Véase en http://www.tsj.gov.ve/decisiones/scon/agosto/1120-7813-2013-13-0570.html

[14]   Véase en http://www.tsj.gov.ve/decisiones/scon/agosto/1115-7813-2013-13-0565.html

para la elección presidencial del 14 de abril de 2013, que había intentado el candidato de la oposición democrática a dicha elección, Henrique Capriles Radonski, y en la cual como lo resumió la Sala, éste había denunciado contra el mismo una serie de vicios que se "produjeron: (*i*) previas a los comicios, (*ii*) durante la jornada electoral propiamente dicha y (*iii*) una vez concluida la participación de los electores en las urnas" (Caso: *Henrique Capriles Radonski*). La Sala, para decidir, destacó en cuanto a los vicios de la primera categoría, en particular:

"las acusaciones dirigidas contra esta Sala Constitucional como integrante del Máximo Tribunal de la República, cuya actuación fue calificada sin soslayo como parcializada en favor de la candidatura del ciudadano Nicolás Maduro Moros. En este sentido, el escrito libelar pretendió delatar, desde el principio, que el ejercicio de la Vicepresidencia por parte de dicho ciudadano fue producto de una sesgada interpretación efectuada por esta Máxima Juzgadora a través de sus sentencias N°s 02/2013 (caso: *Marelys D'Arpino*) y 141/2013 (caso: *Otoniel Pautt*).

La declaración de inadmisibilidad de la demanda lo fundamento la Sala en el hecho de que la misma contenía "conceptos ofensivos e irrespetuosos en contra de esta Sala y otros órganos del Poder Público;" es decir, como se afirmó en la sentencia, porque la Sala consideró que los representantes del actor en el libelo de la demanda incurrieron en supuestas "falta a la majestad del Poder Judicial" al haber "en diversas oportunidades y a través de distintos medios ha acusado expresa y radicalmente a la judicatura y, en particular, a esta Sala Constitucional, como un órgano completamente parcializado y llegó incluso a afirmar que este Máximo Juzgado obedecía la línea del partido de gobierno"

Con esta decisión, la Sala, evidentemente decidió en causa propia, pues la inadmisibilidad fue motivada por los conceptos que había emitido el accionante o sus representantes contra ella misma, motivo por el cual, precisamente, en el proceso se había recusado a todos sus Magistrados por haber firmado las mencionadas sentencias N° 2 y No 141 de enero y marzo de 2013. Pero en lugar de inhibirse los magistrados como correspondía, o de haber declarado con lugar la recusación como era obligado, la Presidenta de la Sala lo que hizo fue declararla sin lugar mediante la sentencia N° 1000 de 17 de julio de 2013, para proceder luego todos los Magistrados "ofendidos" a decidir la inadmisibilidad del la acción, no por razones sustanciales del proceso, sino por los conceptos críticos emitidos contra la Sala, que ésta consideró ofensivos e irrespetuosos, a tal punto que multó al accionante y remitió al Ministerio Público, copia del fallo y del escrito del libelo "con el objeto de que realice un análisis detallado de dichos documentos e inicie las investigaciones que estime necesarias a fin de determinar la responsabilidad penal a que haya lugar;" iniciándose así una nueva línea de persecución en contra de Capriles.[15]

Luego pasó la Sala, después de haber resuelto la inadmisibilidad de la acción, en un *Orbiter dictum*, a referirse a lo que denominó "otras falencias del escrito" del recurso, que a su juicio impedían "que la causa sea abierta a trámite," como que el libelo "se limitó a narrar supuestos abusos cometidos por los órganos del Poder Público, pero en modo alguno señala con certeza el impacto que lo que ella caracteriza como mera *"corrupción electoral"* afectó la voluntad del electorado manifestada el día de los comicios, o llanamente acusa la colusión de los órganos del Poder Público para favorecer la candidatura del ciudadano Nicolás Maduro Moros en supuesto perjuicio del actor, especialmente de esta Máxima Juzgadora Constitucio-

---

[15]   Véase por ejemplo, Córdova, José de and Minaya, Ezequiel. "Venezuelan Opposition Comes Under Siege," The Wall Street Journal, New York, Sunday, August 10-11, 2013, p. A6.

nal," cuando la Sala supuestamente había actuado "de conformidad con las atribuciones que la propia Carta Magna le encomienda y en total consonancia con los precedentes jurisprudenciales que ha instituido."

La Sala, al decidir el fondo de algunas denuncias, como la relativa al cuestionamiento de la postulación de Nicolás Maduro efectuada por el partido "Podemos," a pesar de que hubiera aclarado que lo hizo "sin entrar a analizar el mérito del asunto," afirmó, sin duda refiriéndose al fondo, que "-en una elección unipersonal como la celebrada- los supuestos vicios formales mal podrían conducir a la anulación arbitraria de los votos obtenidos por el representante electo."

Además, otra "falencia" que destacó la Sala en su sentencia fue que el actor refirió que su Comando de Campaña había recibido "más de cinco mil denuncias" de irregularidades "sin relatar con amplitud suficiente en qué consistieron las irregularidades y su concatenación con los vicios electorales contenidos en los artículos 215 del 220 de la Ley Orgánica de Procesos Electorales." Todos estos argumentos adicionales, por supuesto, no correspondían a cuestión alguna de admisibilidad, sino de fondo o mérito que debieron ser decididos en la sentencia definitiva que la Sala sin embargo se negó a dictar.

De todas las anteriores sentencias se informó oficialmente por el Tribunal Supremo de Justicia en una "Nota de Prensa" del mismo día 7 de agosto de 2013,[16] en la cual puede decirse que el Tribunal Supremo, utilizando una vía irregular de "decidir mediante notas de prensa"[17] resolvió el fondo de todas las demandas que cuestionaban el proceso electoral del 14 de abril de 2013 y sus resultados.

En dicha Nota de Prensa, en efecto, se comenzó informando que el Tribunal Supremo de Justicia, en Sala Constitucional, con ponencia conjunta, había declarado.

> "inadmisibles los recursos contencioso electorales contra la elección presidencial realizada el pasado 14 de abril de 2013, los cuales fueron incoados por los ciudadanos María Soledad Sarría Pietri, Sonia Hercilia Guanipa Rodríguez y otros; Iván Rogelio Ramos Barnola, Oscar Eduardo Ganem Arenas y otros; Adriana Vigilanza García, Theresly Malavé y otros; Adolfo Márquez López; Henrique Capriles Radonski; Gilberto Rúa; María de las Mercedes de Freitas Sánchez, representante de la Asociación Civil Transparencia Venezuela; Antonio José Varela; así como Carlos Guillermo Arocha y Fernando Alberto Alban, representantes de la organización política "Mesa de la Unidad Democrática (MUD)".

Aclaró la Sala Constitucional, que todos los mencionados recursos contencioso electorales habían sido originalmente intentados ante la Sala Electoral del Máximo Tribunal, a cuyo conocimiento se avocó la Sala Constitucional mediante la sentencia N° 795 de 20 de junio de 2013,

> "en tutela de los derechos políticos de la ciudadanía, del interés público, la paz institucional y el orden público constitucional, así como por la trascendencia nacional e internacional de las resultas del proceso instaurado, sustentando que había sido cuestionada la transparencia de un proceso comicial de la mayor envergadura, como el destinado a la elección del máximo

---

[16]   Véase en http://www.tsj.gov.ve/informacion/notasdeprensa/notasdeprensa.asp?codigo=11423

[17]   Véase por ejemplo, Brewer-Carías, Allan R. "Comentarios sobre el 'Caso: *Consolidación de la inmunidad de jurisdicción del Estado frente a tribunales extranjeros*,' o de cómo el Tribunal Supremo adopta decisiones interpretativas de sus sentencias, de oficio, sin proceso ni partes, mediante 'Boletines de Prensa,'" en *Revista de Derecho Público*, N° 118, (abril-junio 2009), Editorial Jurídica Venezolana, Caracas 2009, pp. 319-330.

representante del Poder Ejecutivo, así como la actuación de órganos del Poder Público en el ejercicio de sus atribuciones constitucionales, de lo que se deducía la altísima trascendencia para la preservación de la paz pública que revestía cualquier juzgamiento relativo a estas causas."

Según la Nota de Prensa, la Sala procedió a examinar que los recursos intentados cumplieran con los requisitos de admisibilidad que ordenan los artículos 133 y 180 de la Ley Orgánica del Tribunal Supremo de Justicia, al igual que el artículo 206 de la Ley Orgánica de Procesos Electorales, y constató "que los mismos no observaron tales requisitos, los cuales son indispensables para la tramitación de las demandas contra actos de naturaleza electoral," pasando así a hacer el siguiente resumen de las sentencias:

"Refieren las sentencias que en el proceso contencioso electoral corresponde realizar un acucioso examen para estimar la procedencia de esta clase de demandas y, por ello, se exige a los reclamantes la carga de exponer de manera clara, precisa y completa las circunstancias cuyo acaecimiento encuadre en los supuestos específicos de nulidad que prevé la ley; no sólo con el propósito de que el órgano administrativo o judicial establezca sin ambages los límites de la controversia, sino porque resulta indispensable para la preservación de la voluntad del pueblo expresada en comicios libres, conjugada con la necesidad de brindar garantías institucionales de paz, estabilidad y seguridad, al evitar el cuestionamiento ligero y trivial de la función pública ejercida por un representante elegido por el pueblo.

Los demandantes acaso indicaron la comisión de supuestas irregularidades en diversos centros electorales, sin identificar en forma precisa el cómo los eventos puntuales a los que aludieron produjeron vicios apreciables, capaces de alterar los resultados definitivos que se produjeron en los comicios celebrados el 14 de abril de este año para la elección del Presidente de la República.

De esta manera, queda en evidencia que no fueron alegados motivos suficientes que pongan en duda la voluntad popular expresada en las pasadas elecciones presidenciales."

Adicionalmente, narra la Nota de Prensa que

"determinados recursos esgrimieron alegatos contra la majestad del Tribunal Supremo de Justicia, lo que mereció algunos apuntes en las respectivas sentencias, entre los que destacan que ello no puede ser tenido a la ligera, no sólo porque revela el desconocimiento sobre las competencias de la Sala sino porque se pretende empañar el ejercicio de una garantía como el derecho de acceso a la justicia. Estos cuestionamientos contra las autoridades judiciales, no sólo deben ser desechados porque desconocen la función garantista de la Sala Constitucional, sino porque con su afrenta trivializa el debate democrático. Se evidencia, por tanto, que no se acude a los tribunales con el ánimo de resolver una disputa, sino para acusar al árbitro por no someterse a sus designios y voluntades. Así, por lo que respecta a tales señalamientos, se impuso la inadmisibilidad según el artículo 133, numeral 5, de la Ley Orgánica del Tribunal Supremo de Justicia."

En general, concluyó la "Nota de Prensa" que "las decisiones estatuyen que los alegatos esgrimidos por las partes recurrentes, son argumentos genéricos e imprecisos que conducen también a declarar inadmisibles las pretensiones, según el artículo 181 de la Ley Orgánica del Tribunal Supremo de Justicia, en concatenación del artículo 180 *eiusdem*."

Como se puede colegir de la reseña que hemos efectuado al analizar las sentencias del 7 de agosto de 2013, **todas las demandas que fueron intentadas contra el proceso electoral del 14 de abril de 2013 y sus resultados tuvieron por objeto buscar del Tribunal Supremo que en definitiva se pronunciara definitivamente sobre la legitimidad o ilegitimidad de dicho proceso de votación y, más que todo, sobre la legitimidad o la ilegitimidad de la postulación y la elección declarada del candidato Nicolás Maduro.** Eso fue lo que los recurrentes persistieron al acudir ante el "máximo y último garante de la Constitución" como suele autocalificarse la Sala Constitucional del Tribunal Supremo. Como sentencias formales dictadas en sus recursos, sin embargo, no obtuvieron la decisión en justicia que esperaban, y más bien lo que obtuvieron fue la decisión de que sus peticiones eran inadmisibles, es decir, que no reunían los requisitos legales para ser siquiera consideradas y juzgadas, por lo que formalmente en ninguno de los casos se produjo pronunciamiento de fondo alguno – salvo veladamente, como antes se ha advertido – y en ningún caso sobre el tema de la legitimidad electoral que se buscaba, y que sin duda necesitaba el país.

La decisión de fondo, en realidad, se dictó en la "Nota de Prensa" del Tribunal Supremo de Justicia del 7 de agosto de 2013, en la cual, desechadas las impugnaciones por inadmisibles, en definitiva se "decidió" que el proceso electoral de abril de 2013 fue legítimo y que el Presidente Electo Maduro está amparado por una legitimidad "plena y de derecho." Ello lo "decidió" el Tribunal Supremo de Justicia en la "Nota de Prensa" antes mencionada en la cual concluyó afirmando:

Primero, sobre las impugnaciones incoadas ante el Supremo Tribunal, que:

"no consiguieron alegar ninguna irregularidad que significase una diferencia con los resultados que emanaron del Poder Electoral, se evidencia que los mismos **fueron completamente legítimos**."

Y segundo, que en ese sentido, para el Tribunal Supremo también fue posible colegir de los fallos que:

"**la legitimidad** del Presidente de la República Bolivariana de Venezuela Nicolás Maduro Moros, quien obtuvo la mayoría de los votos escrutados en ese proceso, **es plena y de derecho a tenor de las leyes**."

Quizás era a esa "justicia," dada a través de "Notas de Prensa," a lo que el Tribunal Supremo de Justicia se refería al final de su "Nota de Prensa," cuando en la misma quiso reiterar a la ciudadanía que podía contar "con un Poder Judicial fortalecido, que aplica en cada una de sus actuaciones, los mandatos que el Texto Fundamental señala," pidiéndole además al pueblo "puede confiar en la solidez del elenco institucional que impera en nuestro país."

EX TUNC: TODA NULIDAD ES RETROACTIVA. LA DEROGATORIA DE LA POTESTAD DEL JUEZ CONTENCIOSO DE "DETERMINAR LOS EFECTOS DE LA DECISIÓN EN EL TIEMPO"

Gustavo Linares Benzo
Profesor Derecho Administrativo
de la Universidad Central de Venezuela

Resumen: *Derogada la potestad judicial de fijar los efectos de la decisión en el tiempo, y a falta de una disposición expresa de Derecho positivo para el caso de que se trate, toda sentencia de nulidad de un acto administrativo, sea por vicios de nulidad absoluta o por vicios de nulidad relativa, tiene efectos retroactivos, ex tunc, y en consecuencia el acto anulado no produjo efecto alguno.*

Palabras: *Nulidad, efectos, exnunc, extunc.*

Abstract: *Since Administrative Jurisdiction Organic Law any judicial nullity of administrative acts have extunc effects, regardless the nullity is absolute or relative. The annulled act never produced effects, exception made of special legal rules applicable.*

Key words: *Nullity, consequences, exnunc, extunc.*

La entrada en vigor de dos leyes fundamentales para la disciplina de los actos administrativos, la Ley Orgánica de la Jurisdicción Contencioso Administrativa, publicada en la *G.O.* N° 39.451 de 22 de junio de 2010 y la Ley Orgánica del Tribunal Supremo de Justicia publicada en la *G.O.* N° 39.483 de 9 de agosto de 2010, pueden representar un giro copernicano en la disciplina de la nulidad de los actos administrativos, por la sencilla razón de que derogaron, al menos implícitamente, el tan importante artículo 21,18 de la Ley Orgánica del Tribunal Supremo de Justicia de 2004, que contenía lo esencial del tradicional artículo 131 de la Ley Orgánica de la Corte Suprema de Justicia, es decir, la potestad del juez contencioso de "fijar los efectos en el tiempo" de la sentencia de nulidad de un acto administrativo.

I. ANTECEDENTES

El análisis del procedimiento legislativo de la LOJCA incluso apunta a que la derogatoria del artículo 21,18 de la LOTSJ fue consciente por parte del legislador. En efecto, en el informe para segunda discusión de la ley se preveía un capítulo (Capítulo IV, De la Sentencia y de los modos de terminación del procedimiento, del Título IV, De los procedimientos en el Contencioso Administrativo) cuyo artículo 86 se refería al "contenido de las sentencia". Allí se decía:

"La sentencia que declare con lugar la pretensión deducida, en relación con un acto administrativo, declarará la nulidad total o parcial del acto administrativo particular cuya nulidad se pretende (...), establecerá los efectos de dicha nulidad en el tiempo, pudiendo establecer un lapso no mayor de tres (3) meses para que se materialice la nulidad" (Resaltado mío).

Se reproducía así la potestad del juez de determinar si la nulidad del acto incluía determinar sus efectos *ex tunc* o *ex nunc* o cualquier otra solución dentro de estos dos extremos, e inclusive se añadía la novedad de una nulidad sometida a un plazo, éste no mayor de tres meses, confirmación del otorgamiento al juez de amplias potestades sobre la eficacia temporal de sus decisiones.

Este Capítulo IV sobre la Sentencia fue totalmente eliminado en la ley que en definitiva se promulgó, a pesar de que el mencionado informe fue acogido casi totalmente para el resto del articulado. Tampoco hay mención alguna al contenido de la sentencia en la exposición de motivos de la ley.

En otras palabras, la base para considerar que en Venezuela no existía diferencia entre la nulidad relativa y la nulidad absoluta en lo referente a los efectos temporales de la nulidad ha desaparecido, con lo cual volvemos a necesitar de la teoría general de las nulidades para determinar esos efectos.

A tal objeto no son de mayor ayuda las nuevas normas sobre el contenido de las sentencias de nulidad contenidas en las dos leyes mencionadas. En la LOJCA los artículos sobre la sentencia se limitan a reproducir los requisitos de derecho común del artículo 243 del CPC y a permitir la adopción de las medidas necesarias para restablecer la situación jurídica Infringida y la continuidad de los servicios públicos (art. 74 LOJCA, referido al procedimiento breve). Sólo el artículo 101, parte de la disciplina del recurso de juridicidad, como se sabe suspendido por la Sala Constitucional (sentencia 1149 de 17-11-2010) habla de que el resolver el mérito de la causa, si es el caso, tiene por objeto "restablecer la situación jurídica infringida". Por último, la ley en materia de habeas data establece una serie de posibles contenidos de la sentencia que el juez acogerá en su fallo "según corresponda" (art. 172).

Por su parte, la LOTSJ menciona un posible contenido de las sentencias en su artículo 35, cuando expresa que en la sentencia del recurso de revisión constitucional la propia SC "determinará los efectos inmediatos de su decisión". Si quiere verse en esta frase un poder discrecional de determinar los efectos temporales del fallo, habría también que concluir que éste sólo existiría para el recurso de revisión constitucional, argumento adicional a favor de su eliminación en general para el contencioso administrativo.

En materia de avocación, la LOTSJ permite a la Sala correspondiente del TSJ "adoptar cualquier medida legal que estime idónea para el restablecimiento del orden jurídico infringido" (art. 109).

Todas estas normas parecen en definitiva un eco de la norma clásica sobre el contencioso administrativo, el hoy artículo 259 de la Constitución, que tiene su origen el famoso 206 de la Constitución de 1961. Allí se dice que los órganos de la jurisdicción contencioso administrativa son competentes para (…) disponer lo necesario para el restablecimiento de las situaciones jurídicas subjetivas lesionadas por la actividad administrativa". El módulo de las decisiones contenciosas utiliza el adjetivo "necesario", cuyo análisis permite continuar con nuestra indagación sobre el instituto de la nulidad de los actos administrativos luego de la derogatoria de su principal normativa desde al menos 1976, potestad del juez de "determinar los efectos de la decisión en el tiempo".

Lo que está en juego es la presunta potestad discrecional del juez contencioso sobre los alcances temporales de su decisión. Como se vio más arriba, asumir la teoría clásica de la nulidad de los actos administrativos, es decir, que el ordenamiento determina abstractamente tanto la calidad del vicio (nulidad absoluta o relativa) como sus consecuencias temporales (*ex tunc* para la nulidad absoluta, *ex nunc* para la relativa), implica la ausencia de toda discrecionalidad del juez contencioso en la materia, tan sólo debe calificar el vicio conforme a la ley e inexorablemente darle los efectos temporales también predeterminados. La derogatoria del artículo 21,18 LOTSJ elimina la principal base para la teoría contraria, es decir, la existencia de un poder discrecional del juez contencioso para fijar los efectos de la nulidad en el tiempo, con independencia de la calidad del vicio correspondiente. Bajo esta teoría de un poder judicial discrecional en la materia, el juez podría, por ejemplo, considerar que un acto absolutamente nulo produjo efectos válidos hasta la fecha de la nulidad. Desde la vigencia de la LOTSJ y la LOJCA ya no tendría ese poder.

Analizando esta teoría general, Urdaneta (1993) realizó una disección de su vigencia en el Derecho Administrativo venezolano. Para ello invoca una de las normas más importantes de nuestro Derecho Público, con efectos devastadores sobre esa teoría general, el artículo 131 de la Ley Orgánica de la Corte Suprema de Justicia, reproducido en el artículo 21, párrafo 18, de la Ley Orgánica del Tribunal Supremo de Justicia del 2004 y ahora derogado por la LOTSJ y la LOJCA:

> Artículo 21. (…) En su fallo definitivo el Tribunal Supremo de Justicia declarará, si procede o no, la nulidad de los actos o de los artículos impugnados, y determinará, en su caso, los efectos de la decisión en el tiempo; igualmente podrá, de acuerdo con los términos de la solicitud, condenar el pago de sumas de dinero y a la reparación de daños y perjuicios originados en responsabilidad de la administración, así como disponer lo necesario para el restablecimiento de las situaciones jurídicas subjetivas lesionadas por la actividad administrativa. Cuando la acción hubiese sido temeraria o evidentemente infundada, impondrá al solicitante multa entre cincuenta unidades tributarias (50 U.T.) y cien unidades tributarias (100 U.T.).

La cláusula clave de esta norma es la que habilitaba al juez para "determinar (…) los efectos de la decisión en el tiempo". En otras palabras, según URDANETA (1993), el juez contencioso al anular un acto administrativo podía soberanamente establecer la eficacia temporal del fallo: desde la emisión del acto, desde la sentencia o toda la gama de posibilidades intermedias:

> La Ley Orgánica de la Corte Suprema de Justicia, cuyo artículo 131, 21, 18 LOTSJ 2004] incorporó la ahora muy conocida disposición, pero novedosa para entonces, según la cual corresponde al juez contencioso-administrativo, al declarar la nulidad del acto impugnado, "determinar los efectos de su decisión en el tiempo". Esto impide a nivel teórico asignar cualquier clase de efecto en el tiempo, con carácter necesario y a priori, a ningún tipo de nulidad; es el juez –en cada caso y a la vista normalmente de la repercusión práctica que su decisión podría tener y no del mayor o menor grado del vicio- quien determina tales efectos en el tiempo. Se ha eliminado, pues, en nuestro Derecho Administrativo la idea tan extendida de que la nulidad absoluta tiene efectos *ex tunc* mientras que la relativa sólo los tiene *ex nunc*. (Urdaneta (1993): 18)

De todas las diferencias entre los dos tipos de nulidad, la relativa y la absoluta, quizás éste de lo que la LOTSJ llamaba "los efectos de la decisión en el tiempo" es el más importante. En efecto, dada la definición clásica de nulidad absoluta, un vicio en los elementos esenciales del acto, un tal vicio supone que el acto no produjo efectos, con lo cual la declaratoria de nulidad no sólo destruye la apariencia del acto absolutamente nulo, sino también sus efectos posteriores. El caso clásico es la nulidad absoluta de la designación de un funcionario, que implica en consecuencia la nulidad de los actos que haya dictado.

En otras palabras, la nulidad absoluta produce gran inestabilidad en el medio jurídico. En cambio, la nulidad relativa supone que su declaratoria es constitutiva, con lo cual los efectos derivados de un acto relativamente nulo se mantiene; su virtualidad para seguirlos produciendo es la que se cancela con la sentencia de nulidad. Según Urdaneta (1993), esta diferencia no existiría en nuestro Derecho, pues el juez sería soberano para establecer los efectos de su fallo sobre el acto anulado y sus consecuencias, pudiendo, para seguir con el ejemplo, anular el nombramiento del funcionario pero mantener vigentes los actos que hubiera dictado, aun cuando los vicios que afectase su designación fueran de nulidad absoluta.

El fenómeno específico al cual pretende responder esta postulada discrecionalidad judicial en materia de nulidad de actos administrativos son las consecuencia indeseables que puede producir la nulidad de todos los actos consecuenciales a la de un acto declarado absolutamente nulo: como dije, el caso de la nulidad absoluta del nombramiento de un funcionario y todos los actos dictados por éste mientras ejerció el cargo, por ejemplo. Al consagrar la discrecionalidad judicial en materia de efectos temporales de la decisión, la ley venezolana resolvía el problema de raíz al dotar al juez de los poderes de permitir que un acto absolutamente nulo hubiese producido efectos válidos antes de tal declaratoria.

Con este problema en mente, hay que enfrentar dos asuntos. Primero, si a pesar de la derogatoria del artículo 21,18 LOTSJ se mantiene la discrecionalidad judicial en materia de efectos de la sentencia en el tiempo y, luego, si la respuesta es negativa, cuáles son los efectos temporales de la nulidad de un acto administrativo y si hay alguna distinción entre ellos según esta sea absoluta o relativa.

II.   LAS NULIDADES EN LA CONSTITUCIÓN

Empecemos por el tema de la discrecionalidad judicial en la determinación de los efectos temporales de la sentencia contencioso administrativa. El análisis literal de las normas correspondientes, empezando por la Constitución, establecen la existencia indudable de una potestad general del juez administrativo de "restablecer las situaciones jurídicas lesionadas por la actividad administrativa" (art. 259), para lo cual puede dictar las mediadas que sean "necesarias". ¿Es ésta una potestad discrecional? El restablecimiento de una situación jurídica es obviamente una situación regida por el Derecho, reglada para usar el concepto antinómico a discrecional. Y las medidas "necesarias" para ello están condicionadas por la realidad reglada anterior, la de la situación jurídica que se busca restablecer.

Si se consulta el módulo constitucional específico de las nulidades, se confirma la tesis de la inexistencia de una "discrecionalidad judicial". El juez administrativo anula los actos administrativos "contrarios a derecho". El juicio de nulidad es pues de disconformidad con un orden que el juez no crea, sino que le precede, precisamente el ordenamiento jurídico. Si existiese una discrecionalidad judicial, la constitución utilizara expresiones como "el juez anulará los actos "cuando estime procedente" o semejantes. Similar razonamiento puede hacerse con otros lugares de la Constitución, por ejemplo la competencia del TSJ de anular los actos administrativos "cuando sea procedente": nada de discrecionalidad.

Si se indaga en otros lugares de la Constitución, encontramos otras normas que se refieren a la nulidad. Su artículo 25, uno de los más comentados por la doctrina, que establece que "todo acto dictado en ejercicio del Poder Público que viole o menoscabe los derechos garantizados por esta Constitución es nulo". La doctrina ha interpretado esta norma, al menos desde la sentencia venerable Manuel Antonio Sira, como se verá más adelante, en el sentido de que toda violación de la Constitución produce la nulidad absoluta, pero como puede verse el texto no lo dice expresamente.

De igual modo, el artículo 49, 1 de la Constitución, novedad en nuestro Derecho constitucional, dice que son "nulas las pruebas obtenidas mediante violación del debido proceso", sin determinar si tal nulidad es absoluta o relativa. En materia laboral, "es nula toda acción, acuerdo o convenio que implique renuncia o menoscabo de estos derechos laborales)" (art. 89, 2): nada se dice de los efectos de la nulidad. "Toda autoridad usurpada es ineficaz y sus actos son nulos" (art. 138), usurpación que la jurisprudencia (de nuevo, Manuel Antonio Sira y sus epígonos) considera un vicio de nulidad absoluta que impide se produzca cualquier efecto, pero sin que la constitución expresamente lo establezca.

Las siguientes normas constitucionales sobre nulidad son atributivas de competencias anulatorias. La primera al Tribunal Supremo de Justicia que le permite a la Sala Político Administrativa "declarar la nulidad total o parcial de los reglamentos y demás actos administrativos generales o individuales del ejecutivo nacional, cuando sea procedente" (art. 266, 5), ya mencionado pero que tampoco fija módulo alguno a los efectos de esa declaratoria de nulidad en el tiempo, sólo su extensión sobre el contenido del acto: total o parcial. De igual modo, las facultades anulatorias de la Sala Constitucional, (arts. 334 y 336, 1, 2, 3 y 4) tampoco establecen si se trata de absolutas o relativas ni sus efectos temporales. El CNE puede declarar la nulidad total o parcial de las elecciones (art. 293, 4), pero la Constitución no dice si con efectos retroactivos o no.

Sin embargo, la Constitución sí prevé expresamente los efectos temporales de la decisión judicial de nulidad al menos en un caso: en el artículo 89, 4:

Toda medida o acto del patrono o patrona contrario a esta Constitución es nulo y no genera efecto alguno.

Es en materia laboral que la Constitución prevé expresamente los efectos de la nulidad. En ese campo, toda contrariedad a la Constitución produce que el acto trasgresor no produzca efectos, en otras palabras, que su declaratoria de nulidad tendrá efectos *ex tunc*, retroactivos. Encontramos así un ejemplo, al menos, de solución en el Derecho positivo a los efectos de la sentencia de nulidad, y nada menos que en la Constitución

Ahora, que en la propia Constitución se encuentre una norma (art. 89, 4) que expresamente determine los efectos temporales de la nulidad –"(el acto nulo) no genera efecto alguno"- exige también indagar si entonces en los otros casos la nulidad sólo se produce hacia el futuro. Como veremos más adelante, la figura de la convalidación es decisiva para apuntar en que ambos tipos de nulidad producen idénticos efectos *ex tunc*, retroactivos, una vez declaradas, pero baste un análisis de la norma de la nulidad retroactiva de los actos patronales contrarios a la Constitución para determinar que el artículo 89, 4 no puede ser una clave hermenéutica para el resto de la Constitución y del ordenamiento.

En efecto, esa norma se refiere específicamente al tema laboral y por ello puede decirse que es un simple eco del principio favor *operaris* que es la regla básica de la Constitución laboral.

Cuando hubiere dudas acerca de la aplicación o concurrencia de varias normas, o en la interpretación de una determinada norma, se aplicará la más favorable al trabajador o a la trabajadora. (art. 89, 3).

Pero en el caso de las nulidades administrativas, no hay un principio general de favor *cives*, que determine que toda nulidad es absoluta e impida que el acto viciado produzca efecto alguno. Por el contrario, si existe alguna presunción en esa materia, es la contraria, el favor *acti*, la necesidad de resguardar la estabilidad de los actos administrativos, como medio de buscar el interés general que son.

Estas normas, pues, son un argumento más a favor de que no existe una tal discrecionalidad judicial, y con mucha más fuerza en materia de nulidades. Sin embargo, es prueba también de que el constituyente y, como veremos, el legislador, ha sido muy parco a la hora de determinar expresamente los efectos de la nulidad en el tiempo.

Puede concluirse, entonces, que la Constitución no deja a la discrecionalidad del juez la determinación del contenido de sus sentencias, sino a la aplicación que haga del Derecho establecido.

III. DERECHO PRIVADO Y DERECHO PÚBLICO EN MATERIA DE EFECTOS TEMPORALES DE LA NULIDAD

Todo este análisis conduce a la necesidad de estudiar de nuevo la teoría de la nulidad de los actos administrativos en el Derecho venezolana, pues la teoría mayoritaria desde la LOCSJ ha perdido su sustento positivo y principal, el artículo 21,18 del LOTSJ de 2004.

Busquemos, pues, la regla general sobre los efectos temporales de la declaratoria de nulidad de un acto administrativo y si existe alguna diferencia debida a que tal declaración afirme la nulidad absoluta o bien la relativa. Comencemos por la solución en el Derecho privado, continente de la mayoría de las teorías generales de las instituciones de las cuales el Derecho administrativo muchas veces no es más que una modulación.

La unanimidad de la doctrina civilista considera que la declaratoria judicial de nulidad de un acto tiene efectos retroactivos, *ex tunc*, es decir, el acto anulado se considera que no produjo efectos, tanto si esa declaratoria se debe a vicios de nulidad absoluta como si se trata de una nulidad relativa. Este principio parece tan evidente que es prácticamente imposible encontrar siquiera un razonamiento que lo justifique. Así, Melich (1993:325) se limita a afirmarlo como si se tratara de una evidencia

La nulidad, sea absoluta o relativa, una vez declarada implica la desaparición de las consecuencias jurídicas que se pretendía imputarle al contrato nulo, desaparición o ablación de la eficacia de tal contrato que debe remontarse al origen mismo de éste. Para resumir esto en una breve expresión se habla de la eficacia retroactiva de la nulidad. (Cursivas del autor, negritas mías).

De la misma manera la casi totalidad de los autores venezolanos, resumidos en el trabajo de los profesores Annicchiarico y Madrid (2012)

En el Derecho venezolano se reconocen dos causales de nulidad: los vicios de nulidad absoluta y los vicios de nulidad relativa. Tal como afirmamos en el punto anterior, ambas causales requieren declaración judicial y, una vez declaradas, surten efectos retroactivos. (Annicchiarico y Madrid 2012: 493).

En el Derecho Privado venezolano, pues, no hay diferencia entre nulidad absoluta y nulidad relativa en cuanto a los efectos de su declaración judicial: esta tiene efectos retroactivos y se considera que el acto anulado no produjo ningún efecto. Una primera posibilidad de solución del problema de los efectos de la nulidad de un acto administrativo, luego de la derogatoria de la "discrecionalidad judicial" en la materia, sería en consecuencia aplicar la teoría general y considerar que toda sentencia de nulidad, sin importar la calidad del vicio que la causa (nulidad relativa o nulidad absoluta) tiene efectos retroactivos, *ex tunc*, y implica que el acto nunca produjo efectos. En lo que respecta a los efectos de su declaratoria, pues, no habría diferencia entre nulidad absoluta y relativa.

Sin embargo y por el contrario, la doctrina más aceptada en Derecho Administrativo venezolano e inclusive en el comparado postula que la declaratoria judicial de nulidad absoluta produce efectos *ex tunc*, el acto no produjo nunca efectos, mientras que la sentencia de nulidad relativa tiene efectos *ex nunc*, desde la sentencia, por lo que se mantienen los efectos que el acto anulado causó hasta entonces.

Ejemplo clásico de esta doctrina tradicional, que además recoge jurisprudencia anterior, es la posición del maestro Brewer-Carías (1964, 87-90):

El acto nulo (se refiere a la nulidad absoluta) no puede crear ningún derecho ni puede convertirse, por tanto, en definitivo. Nadie puede alegar derechos adquiridos de un acto nulo. Por ello nuestra Corte, refiriéndose al acto nulo por violación de la Constitución, señalaba que "sobre él nada útil puede levantarse" (CFC-CP- 12-06-1951)

El acto administrativo anulable (se refiere a la nulidad relativa), mientras no sea declarado anulado, produce todos sus efectos jurídicos y, por tanto, es susceptible de crear derechos a favor de los particulares"

Desde entonces, con base en esta doctrina a su vez fundamentada en la famosa sentencia Manuel Antonio Sira de la CFC de 12 de junio de 1951, la nulidad absoluta producía efectos *ex tunc* y la nulidad relativa efectos *ex nunc*. Con toda rotundidad lo afirma Meyer (1991: 186-187)

La declaratoria de nulidad (absoluta) es un reconocimiento de invalidez total; por tanto, el acto nulo desaparece de la vida jurídica, como si nunca hubiese existido. Los efectos producidos se pierden, se borran, y por supuesto, tampoco podrá generar efectos para el futuro (El clásico axioma *Extunc, Exnunc*).

No sucede esto con el acto anulable, ya que la declaratoria de nulidad en este supuesto, sólo tiene efectos futuros. De modo que las situaciones jurídicas que se hubieren establecido en el pasado, antes de la declaratoria de nulidad, permanecen inalterables.

Absoluta unanimidad, pues, ni siquiera alterada con la entrada en vigor de la LOCSJ de 1976, salvo por la ya expuesta opinión de Urdaneta (1993).

Esa unanimidad se aprecia también en la jurisprudencia. Las sentencias líderes afirman sin ambages la diferencia de efectos de la sentencia anulatoria por motivos de nulidad absoluta con la basada en nulidad relativa. Así, la mayoría de los fallos mientras estuvo en vigor el artículo 131 LOTSJ 1976 o bien invocaban ese artículo para establecer sus efectos temporales (véase sents. de la CSJ en SPA de 14-05-1985, caso *Freddy Rojas*; de 14-08-1991, caso *Armando Felipe Melo Solórzano*) o anulaban todos los efectos del acto porque expresamente declaraban que el vicio que lo afectaba era de nulidad absoluta (véanse sents. de la CSJ en SPA de 26-07 1984, caso *Despachos Los Teques*, de 31-01-1990, caso *Farmacia Unicentro*, de 25-07-1990, caso *Compagnie Generale Maritime*.

En consecuencia, hay una discrepancia absoluta, una solución exactamente contraria entre el Derecho Civil y el Derecho Administrativo sobre los efectos de la declaratoria de nulidad absoluta y de la nulidad relativa. Para el Derecho Civil, la sentencia de nulidad tiene efectos retroactivos, *ex tunc*, en ambos casos, no hay diferencia entre ambos tipos de nulidad a este respecto. En cambio, el Derecho Administrativo sí distingue, la sentencia de nulidad absoluta tiene efectos retroactivos, *ex tunc*, el acto nunca produjo efectos; la sentencia de nulidad relativa tiene efectos *ex nunc*, se mantienen los efectos del acto relativamente nulo.

Esta conclusión algo sorprendente para quienes se dedican al Derecho Administrativo viene acompañada de otra, ya entrevista: ninguna norma en Venezuela, con excepción del derogado artículo 131 LOCSJ reproducido en el 21,18 LOTSJ, establece las consecuencias en el tiempo de una declaratoria judicial de nulidad. Sorprendentemente, pues, el dogma administrativo de los efectos *extunc* de la nulidad absoluta y *exnunc* de la nulidad relativa no tiene base en el derecho positivo, es una regla exclusivamente doctrinal y jurisprudencial. ¿Es entonces un puro dogma, una mera opinión? ¿Debe buscarse una base positiva para la solución?

La regla de Derecho privado, la identidad de efectos de la declaratoria judicial de nulidad, sin importar si es absoluta o relativa, tampoco tiene mucho más fundamento positivo. Ninguna norma del Código Civil o de otras leyes prevé expresamente los efectos de una declaración o de otra. En consecuencia, nos encontramos con dos soluciones estrictamente doctrinales, sin base positiva, recibidas además acríticamente. A los efectos del Derecho Administrativo y hasta la derogatoria del artículo 21,18 LOTSJ por las nuevas LOJCA y LOTSJ, no había mayor problema puesto que el juez tenía libertad para determinar los efectos de su decisión con independencia de la clase de nulidad. Ahora, sin embargo, el problema de debe enfrentarse sin poder recurrir a esa discrecionalidad judicial, a mí ver inconstitucional, pero al menos con base positiva.

IV. EFECTOS TEMPORALES DE LA NULIDAD RELATIVA

Ya se vio que la Constitución impide considerar que existe esa discrecionalidad, más sin un texto legal que la respalde. Por lo tanto, como esa discrecionalidad sería inconstitucional, debemos postular una solución positiva, al menos intentando hallar esa solución antes de recurrir la doctrina o la jurisprudencia. A ese respecto, lo primero que debe decirse es que el ordenamiento positivo prevé los efectos de la decisión de nulidad para varios casos puntuales. Así, en el Derecho Privado existen normas que claramente determinan los efectos de la nulidad en el tiempo para casos excepcionales, pues como ya vimos la regla general desde el punto de vista de la doctrina es la eficacia retroactiva de la nulidad en cualquiera de los dos casos posibles. En materia de los efectos de la nulidad del matrimonio, por ejemplo, el Código Civil mantiene los efectos de ese vínculo para las partes que lo hayan contraído de buena fe y para los hijos en todo caso (art. 127). Nuestra tarea es encontrar normas positivas semejantes para el Derecho Administrativo.

Muy pocas normas determinan expresamente los efectos temporales de la nulidad absoluta o de la nulidad relativa, como parece ser el caso del art. 70 de la Ley Orgánica para la Ordenación del Territorio, o el copiado artículo 89, 4 de la Constitución, pero en materia laboral. Abundan las determinaciones de nulidad, desde el ya centenario artículo 25 de la Constitución, hasta los clásicos módulos de los artículos 19 y 20 LOPA. Sin embargo, normalmente nada se dice sobre si el acto anulado nunca produjo efectos o los produjo hasta su declaratoria de nulidad.

Debemos por tanto regresar al origen y aplicar una teoría general sobre los efectos de la nulidad absoluta y de la nulidad relativa. A estas alturas ya sabemos que la doctrina civil no distingue entre ambas nulidades y le otorga efectos retroactivos, *ex tunc*, a cualquier nulidad, mientras que la doctrina Administrativa sí distingue y aplica efectos *ex tunc* para la nulidad absoluta y *ex nunc* para la relativa. ¿Hay razones para ello o se trata de mera inercia doctrinal?

El problema puede acotarse aún más de lo que hemos hecho hasta ahora. La única diferencia entre el Derecho Civil y el Derecho Administrativo en materia de efectos de la nulidad se circunscribe a los efectos de la declaratoria de nulidad relativa. En efecto, ambas doctrinas predican efectos *ex tunc*, retroactivos, para la nulidad absoluta. Sólo difieren en el caso de la nulidad relativa, *ex tunc*, retroactivos en materia de Derecho Civil y *ex nunc*, desde la declaratoria, en el Derecho Administrativo. Trataré de encontrar justificación para esta diferencia.

Constatar este acuerdo sobre los efectos retroactivos de la nulidad absoluta entre el Derecho Privado y el Derecho Público permite concluir que siempre que la ley hable de nulidad absoluta la anulación judicial correspondiente significa que el acto no produjo efectos, nunca, ni pudo ser base de otros, que en consecuencia se reputan igualmente nulos.

No puede el juez, pues, declarar un acto absolutamente nulo y mantener al mismo tiempo alguno de sus efectos. El único problema es la determinación de los efectos temporales de la nulidad relativa.

Los actos administrativos, aun los dirigidos específicamente a un particular determinado, están necesariamente orientados a la satisfacción del interés general. Esta verdad evidente implica que sus efectos, por más circunscritos que se pretenda a la esfera de una sola persona o personas específicas, tienden a afectar a terceros. Ejemplo claro de esta realidad sería el nombramiento de un funcionario, cuyo destinatario es único, pero que puede afectar a una multitud de terceros a través del ejercicio de las respectivas competencias. En cambio, los actos propios del giro privado por definición afectan únicamente a las partes correspondientes y aunque es posible que terceros se encuentren dentro de su esfera, es mucho menos frecuente.

La mayor probabilidad de la afectación de terceros por parte de los actos administrativos justifica una mayor estabilidad de sus efectos. Esa mayor estabilidad debe ser compatible con un mínimo de respeto al Derecho, manifestado en las consecuencias de las violaciones más graves al ordenamiento. Así, entender que al igual que en el Derecho Civil la declaratoria de nulidad absoluta tiene eficacia retroactiva garantiza el respeto a las normas de más importancia, pero establecer que la nulidad relativa sólo produce efectos desde su declaratoria aumenta la estabilidad de la actuación administrativa frente a lo que es la regla en el Derecho Privado.

A esta solución apunta la disciplina general de la nulidad de los actos administrativos, la cual, aunque como ya dije no contiene reglas expresas en materia de efectos de la nulidad en el tiempo, sí es clara al establecer la nulidad relativa como regla, siendo la nulidad absoluta la excepción. Así lo indica el artículo 20 LOPA, al decir que los vicios que no sean de nulidad absoluta de acuerdo con la lista taxativa del artículo 19 *eiusdem* "harán anulables" a los respectivos actos administrativos. En otras palabras, como se sabe, los supuestos de nulidad absoluta se encuentran en una lista de numerus clausus, fuera de la cual, pues, sólo existe la nulidad relativa. Es lógico considerar entonces que los efectos de ambas nulidades difieran entre sí, como también lo es que sean más graves para los casos de nulidad absoluta (eficacia *ex tunc*) y menos para los de nulidad relativa (efectos *ex nunc*).

Debe insistirse a este respecto la ausencia de norma positiva expresa sobre este punto, al igual que repetir que la práctica unanimidad de la doctrina acepta la diferencia de efectos temporales de una u otra nulidad. Esta doctrina se basa fundamentalmente en la sentencia líder de la Corte Federal y de Casación en Corte Plena de 12 de junio de 1951, y su famosa frase "*sobre él (el acto absolutamente nulo) nada útil puede levantarse*". Examinemos con más detalle ese fallo.

V.   NULIDAD RELATIVA Y CONVALIDACIÓN

Al respecto, lo primero a señalar es que sólo se refiere a los efectos de la declaratoria de nulidad absoluta, nada dice sobre la nulidad relativa. El asunto decidido por esta famosa sentencia se refería a decidir la nulidad por inconstitucionalidad de dos actos, el primero emanado de la Dirección de Alquileres de la Comisión Nacional de Abastecimiento, órgano este creado en 1946 para afrontar las consecuencias desestabilizadoras en lo económico de la Segunda Guerra Mundial, y el segundo del Ministerio de Fomento, convalidando aquel. Ambos autorizaban al propietario de una vivienda a pedir la desocupación del arrendatario, autorización necesaria de acuerdo con el mencionado decreto ley. La Corte declara con lugar el recurso puesto que de acuerdo con la normativa vigente para el momento en que se dictó el primer acto, ya no existía la Dirección de Alquileres de la Comisión Nacional de Abastecimiento, órgano compuesto ahora por un solo comisionado. Por lo tanto, el primero de los actos impugnados constituía una usurpación de atribuciones, absolutamente nula de acuerdo con la constitución vigente para el momento (de 1936). Por ello la Corte declara igualmente nulo el acto convalidante del Ministro de Fomento, pues, de acuerdo con la famosa frase, *"sobre el acto nulo por violación de la Constitución (en este caso, el acto de la inexistente dirección de Alquileres) virtualmente no existe, sobre él nada útil puede levantarse".* Lo que *pretendió levantarse fue el acto convalidante del Ministro de Fomento y "ni este Alto Tribunal (...) puede dar validez alguna al acto ejecutado con violación de algún precepto constitucional".*

Como puede verse, la sentencia se trata primera y directamente de una decisión sobre la convalidación de actos administrativos. El acto nulo por violación de la constitución no puede ser convalidado, puesto que ese acto "virtualmente no existe" y en consecuencia "nada puede levantarse" sobre él, no puede levantarse sobre todo una convalidación como la que pretendía el ministro. La sentencia más famosa en materia de nulidad ya nos ubicaba, pues, sobre la línea que luego el derecho positivo tomaría en su casi única referencia a la nulidad, la convalidación, cuando la LOPA establece treinta años después que sólo pueden convalidarse los actos "anulables" (art. 81), no los viciados de nulidad absoluta.

En consecuencia, el derecho positivo, de la mano de la sentencia Manuel Antonio Sira, establece los efectos de la nulidad por inferencia de la convalidación. Sólo es nulo lo no convalidado, bien porque no pueda serlo (vicios de nulidad absoluta) o porque nunca fue dictado el acto convalidante (en los casos de los vicios de nulidad relativa). En ambos casos, el acto declarado nulo no produjo efectos, nunca los produjo.

En efecto, la LOPA recoge una tradición centenaria en su mencionado artículo 81:

La administración podrá convalidar en cualquier momento los actos anulables, subsanando los vicios de que adolezcan.

Se recoge aquí la regla básica de que sólo se pueden convalidar los actos anulables, por lo que también es cierto que los actos absolutamente nulos no pueden serlo. Veamos detenidamente este concepto.

Convalidación, dice Araujo-Juárez (2007: 925), *"consiste en subsanar los vicios de que adolece un acto administrativo anulable",* de lo que se deriva como esencia de la convalidación su referencia necesaria a la anulabilidad, lo que entre nosotros es de derecho positivo de acuerdo al copiado artículo 81 LOPA. De una vez se aprecia la utilidad del instituto de la convalidación para distinguir una de otra nulidad y sus efectos, como veremos de seguidas.

El mencionado artículo 81 LOPA es eco, de entre tantas voces, de la ya citada sentencia Manuel Antonio Sira. Ese fallo ha sido referido en nuestra doctrina como una decisión líder en materia de nulidad absoluta, como se vio más arriba. Pero debemos recordar de nuevo ahora que también es un caso de convalidación, precisamente al sentar la regla de que los actos absolutamente nulos no son convalidables. Como ya mencioné, Manuel Antonio Sira decidió la nulidad solicitada de dos actos: uno de la Comisión Nacional de Abastecimiento que autorizó el desalojo de un inmueble arrendado y otro, del Ministro de Fomento, que lo confirmó (convalidó). El fallo anula ambos actos, el segundo porque:

"No podría, pues, el Ministerio de Fomento devolver vida o eficacia a un acto constitucionalmente nulo; de lo contrario sería posible eludir, burlar el mandato que prohíbe a los funcionarios ejercer facultades no acordadas expresamente por la ley. (…) Al conocer de otras decisiones dictadas por personas que no tiene tal autoridad, con ánimo de corregir un vicio de nulidad insubsanable, dicho funcionario se extralimitó también en sus atribuciones".

Los actos absolutamente nulos no son convalidables, pues, y así ha sido ratificado desde entonces por pacífica jurisprudencia (*cfr*. Sents. CSJ en SPA de 19-10-1989 y 14-08-1991).

Con estos prolegómenos podemos dedicarnos al asunto más relacionado con nuestra indagación acerca de los efectos temporales de las sentencias de nulidad, precisamente los efectos temporales de la convalidación.

Desde luego puede afirmarse que la convalidación produce efectos *ex tunc*, retroactivos. El acto convalidante valida el acto convalidado de modo que éste produce efectos desde su emisión, como si nunca hubiera presentado los vicios que se sanearon. Esta eficacia retroactiva de la convalidación es pacífica en la doctrina y jurisprudencia venezolanas. El mismo Araujo-Juárez (2007: 925) señala sin ambages

"los efectos de la convalidación se retrotraen a la fecha en que fue dictado el acto enmendado, ello en razón de que su finalidad es regularizar el acto administrativo originalmente viciado, el cual, por tanto, queda plenamente ajustado a Derecho".

De lo contrario, es decir, predicar efectos *ex nunc* de la convalidación, sólo desde la fecha del acto convalidante, haría que ella fuera inútil, porque no habría diferencia con la simple emisión de un acto nuevo. Nada se estaría convalidando.

Tal aserto es pacífico también en la jurisprudencia. Así, en la convalidación,

"se trata de subsanar actuaciones anteriores a la convalidación, relativas a supuestos de hecho realmente existentes en el pasado. Luego, puede afirmarse que la convalidación es uno de esos actos administrativos que pueden tener efecto retroactivo por la naturaleza misma de la función que desempeñan" (CSJ en SPA de 11-08-1983, citada por Araujo).

Nadie discute, pues, que la convalidación tiene efectos retroactivos, *ex tunc*. Ese criterio es clave para el asunto que nos ha venido ocupando, la eficacia temporal de las sentencias de nulidad y específicamente los efectos de la declaratoria de nulidad relativa. En efecto, el Derecho positivo declara expresamente que sólo son convalidables los actos anulables, no los afectados de nulidad absoluta. El artículo 81 de la LOPA así lo establece. Pero como convalidar es dar efectos a lo que de otra manera no los tendría, debe concluirse también que lo no convalidado no produce efectos. Por esta vía habría que dar razón a la solución civilista de que la declaratoria de nulidad tiene efectos retroactivos, *ex tunc*, en ambos casos, por nulidad relativa o por nulidad absoluta, porque obviamente se anula solamente lo no convalidado. Si se concluyera con la mayoría doctrinal venezolana que la nulidad relativa sólo tiene efectos *ex nunc*, hacia el futuro, la convalidación no tendría sentido. En otras palabras, la convalidación sería inútil, sería en realidad la emisión de un nuevo acto.

VI. CONCLUSIONES

En conclusión, que sólo los vicios de nulidad relativa sean convalidables y que esa convalidación tenga efectos retroactivos implica que la declaratoria judicial de nulidad relativa de un acto administrativo tiene efectos *ex tunc*, retroactivos. Por lo tanto, el acto anulado por vicios de nulidad relativa no produjo efecto alguno, exactamente igual que ocurre con una sentencia de nulidad por vicios de nulidad absoluta.

En otras palabras, derogada la potestad judicial de fijar los efectos de la decisión en el tiempo, y a falta de una disposición expresa de Derecho positivo para el caso de que se trate, toda sentencia de nulidad de un acto administrativo, sea por vicios de nulidad absoluta o por vicios de nulidad relativa, tiene efectos retroactivos, *ex tunc*, y en consecuencia el acto anulado no produjo efecto alguno.

VII. BIBLIOGRAFÍA

Annicchiarico, J. y Madrid, C. "Informe Venezuela en Principios latinoamericanos de Derecho de los Contratos". Asociación Colin & Capitant, París 2012.

Araujo-Juárez, J. *Derecho Administrativo*. Parte General. Ediciones Paredes, Caracas 2007.

Brewer-Carías, A. *Las Instituciones Fundamentales del Derecho Administrativo y la Jurisprudencia Venezolana*. Universidad Central de Venezuela, Caracas 1964.

Melich Orsini, J. *Doctrina General del Contrato*. Editorial Jurídica Venezolana, Caracas 1993.

Meyer, H. *Teoría de las Nulidades en el Derecho Administrativo*. Editorial Jurídica Alva. Caracas, 1991.

Urdaneta, G. "Avances Jurisprudenciales sobre los Motivos de Impugnación en el Contencioso Administrativo Venezolano" en *Avances Jurisprudenciales del Contencioso Administrativo en Venezuela*, Instituto de Estudios Jurídicos del Estado Lara, Barquisimeto 1993.

ÍNDICE

ÍNDICE ALFABÉTICO DE LA JURISPRUDENCIA

www.ingramcontent.com/pod-product-compliance
Lightning Source LLC
Chambersburg PA
CBHW061159220326
41599CB00025B/4540

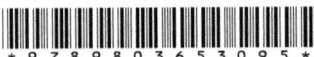